HAMBURGER HAFEN TOUREN

Lisa Mandelartz

15 Spaziergänge, Fahrrad- und Schiffstouren

JUNIUS

INHALT

VORWORT

Eine Tour durch den Hamburger Hafen ist für viele gleichbedeutend mit einer Hafenrundfahrt, von den Fleeten der Speicherstadt bis zu den Containerterminals auf Waltershof. Für andere ist sie dagegen der Weg zu ihrem Arbeitsplatz: einem Hafenimbiss oder einer Werft, einem Umschlagsbetrieb oder einem Museum. Manche fahren einfach zum Vergnügen in den Hafen, zum Schiffegucken und Fotografieren, zum Paddeln, Angeln oder Brombeerenpflücken, für eine Fahrradtour mit Picknick am Elbufer. Wieder andere dokumentieren Zeugnisse der Hafengeschichte, beobachten Vögel und andere Tiere oder kartieren Pflanzen auf Brachen und Böschungen. Die Uferpromenaden, der Elbstrand, die Traditionsschiffs- und Museumshäfen laden zu Spaziergängen ein. Auch das sind Hafentouren.
In dem vorliegenden Buch finden sich all diese Aspekte und noch viele mehr. Es regt dazu an, die Welt des Hafens auf unterschiedlichen Wegen zu erkunden, und erläutert dabei interessante Orte, Fakten und Zusammenhänge. Wer die Touren unternimmt, wird feststellen, dass das selbst Erlebte gelegentlich von den Beschreibungen abweicht, denn der Hamburger Hafen befindet sich in stetigem Wandel. Kein Hafenbuch und keine Hafenkarte kann je vollkommen aktuell

sein. Straßen, Brücken, Gebäude und ganze Hafenbecken verschwinden oder werden neu angelegt. Jede Publikation, jedes Foto ist also nur eine Momentaufnahme, und wer sich in den Hafen begibt, wird automatisch zur Zeitzeugin oder zum Zeitzeugen.
Als ich selbst in den 1990er Jahren damit begann, den Hafen zu erkunden, waren noch wesentlich mehr historische Gebäude und Strukturen erhalten. War man erst einmal drin im damals noch bestehenden Freihafen, eröffnete sich ein riesiger Abenteuerspielplatz. Niemand hielt uns davon ab, alte Kaischuppen und Werftanlagen, das leerstehende Kühlhaus am Rosshafen, das Gelände des U-Boot-Bunkers und viele andere spannende Orte zu erforschen. Auch im Studium befasste ich mich mit dem Hafen, belegte Seminare mit so verlockenden Titeln wie „Sturmflut und Schiffbruch" oder „Die Industrialisierung des Warentransports über See". Während meiner langjährigen Arbeit in der Abteilung Hafen des Museums der Arbeit traf ich dann auf viele Frauen und Männer, die sich auf die gleiche Weise für den Hafen interessierten wie ich. Die ihn nicht nur als Infrastruktur, Wirtschaftsfaktor oder touristische Attraktion betrachteten, sondern mehr über seine Geschichte wissen wollten, seine Technik und Architektur, und über die Menschen, die im und am Hafen lebten und arbeiteten. Seitdem hat sich der Hafen in vielerlei Hinsicht verändert. Der Zollzaun ist gefallen, andere Zäune wurden aufgrund neuer Sicherheitsgesetze errichtet, und viele Zeugnisse der Hafengeschichte sind verschwunden. Dennoch hat der Hafen nur wenig von seiner Faszination verloren. Und so vielschichtig und bunt wie der Hafen selbst sind nun die 15 Touren, die für dieses Buch ausgearbeitet wurden. Sie begeben sich mitten hinein in den Hafen, quer durch ihn hindurch und bis in seine Randgebiete, die nicht weniger interessant sind. Auch einige der behandelten Themen mögen auf den ersten Blick nur am Rand mit dem Hafen zu tun zu haben. Doch wenn man sie genauer betrachtet, dann wird man sehen, dass alles miteinander zusammenhängt. Die Containerschiffe der Post-Panmax-Generation mit dem Stint, die Bille mit den Deichtorhallen, der Schierlings-Wasserfenchel mit dem Hochwasserschutz, die Schwarzkopfmöwen mit dem Logistikunternehmen. Diese Touren bringen uns ganz nah heran. Sie eröffnen ungewöhnliche Perspektiven und laden herzlich dazu ein, den Hamburger Hafen ganz neu kennenzulernen. ●

VOM NIKOLAIFLEET BIS ZUM SANDTORHAFEN: DIE ANFÄNGE VON HAFEN UND STADT

Startpunkt
Rathausmarkt (U-Bahnhof Rathaus, Linie U3)

Endpunkt
Sandtorhafen (Bushaltestellen Magellan-Terrassen, Linie 111, und Auf dem Sande, Linie 6)

Dauer
2 Stunden

Route
Rathausmarkt → Mönckebergstraße → Bergstraße → Schmiedestraße → Domplatz → Alter Fischmarkt → Große Reichenstraße → Brodschrangen → Bei der Alten Börse → Trostbrücke → Hopfenmarkt → Holzbrücke → Katharinenstraße → Katharinenbrücke → Katharinenkirchhof → Bei den Mühren → Katharinenfleet → Reimerstwiete → Bei den Mühren → Bei dem Neuen Krahn → Deichstraße → Kehrwiederstegbrücke → Kehrwieder → Kehrwiederspitze → Wilhelminenbrücke → Am Sandtorkai → Mahatma-Gandhi-Brücke → Am Sandtorkai → Sandtorhafen → Magellan-Terrassen

1

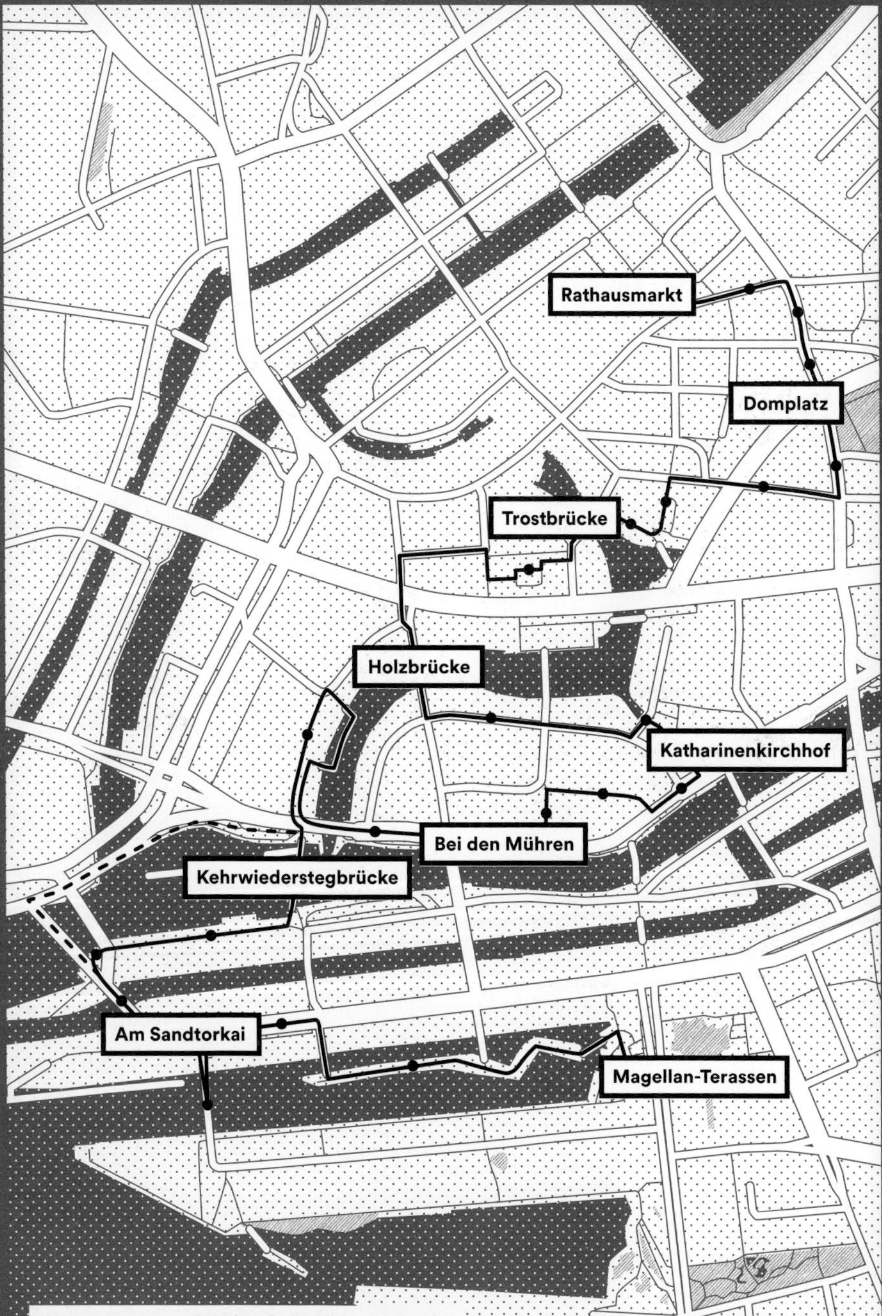

Rathausmarkt
Domplatz
Trostbrücke
Holzbrücke
Katharinenkirchhof
Bei den Mühren
Kehrwiederstegbrücke
Am Sandtorkai
Magellan-Terassen
barrierefreie Alternativroute

Ein Spaziergang zu Hamburgs ersten Häfen. Entlang historischer Gebäude und Plätze, alter Straßen, Fleete und Brücken. Hafengeschichte als Stadtgeschichte

Wenn jedes Jahr im Mai der Hamburger Hafengeburtstag gefeiert wird, dann bezieht man sich dabei auf den 7.5.1189 und somit auf das Datum des **Freibriefs**, durch den Kaiser Friedrich I. der Stadt Zollfreiheit und freien Handelsverkehr auf der Unterelbe gewährte. Doch dieses Dokument wurde erst im Nachhinein von den Hamburgern selbst angefertigt, und einen Hafen gab es da schon einige Hundert Jahre. Auf dieser Tour werden wir uns nun auf die Suche nach den tatsächlichen Anfängen des Hafens begeben und seiner Entwicklung bis ins 19. Jahrhundert folgen. Dafür gehen wir vom Rathausmarkt kommend auf der Mönckebergstraße in Richtung Osten und biegen vor der St.-Petri-Kirche rechts ab auf die Bergstraße, die bald in die Schmiedestraße übergeht. An der nächsten Kreuzung überqueren wir die Domstraße und betreten die Rasenfläche des Domplatzes.

Die ersten Siedlungen

An dieser Stelle wurde im 8. Jahrhundert die **erste Hammaburg** errichtet. Der Name bedeutet so viel wie „Burg in einer feuchten Niederung“, man darf sich darunter jedoch kein steinernes Gebäude mit hohen Mauern vorstellen: Vielmehr bezeichnete er eine kleine Siedlung, die aus einigen Gebäuden aus Holz, Flechtwerk und Lehm bestand und von einem Ringwall mit etwa 65 Metern Durchmesser umgeben war. Sie lag auf einem hochwassersicheren Geestsporn direkt an der Alster, kurz vor deren Mündung in die Elbe. Weitere Hütten und Häuser standen außerhalb des Walls, insgesamt lebten dort etwa zwei- bis dreihundert Menschen. Ein europäischer Fernhandelsweg führte an der Siedlung vorbei und querte die Alster durch eine nahe Furt. Im Jahr 820 erfolgte eine Vergrößerung der Siedlung durch den Bau eines

1

etwas weiteren Ringwalls, wodurch die **zweite Hammaburg** entstand.
Zu sehen ist davon heute nichts mehr, das Wissen darüber verdanken wir archäologischen Grabungen, historischen Berichten und Urkunden. Wir können uns jedoch mithilfe der rosafarbenen Stele am Rand des Platzes einen lebhaften Eindruck von Hamburgs Anfängen verschaffen: Das Gerät ist ein sogenanntes „Archäoskop“ des Archäologischen Museums Hamburg, mit anderen Worten: ein Fernrohr in die Vergangenheit, das den Durchblickenden Bilder davon präsentiert, wie dieser Ort im 9. Jahrhundert aussah. Betrachten wir nun den heutigen Zustand des 2008 neu gestalteten Platzes, fallen vor allem die 39 weißen, flachen Kästen auf, die dort in regelmäßigen Abständen angeordnet sind. Diese bei Dunkelheit beleuchteten „Sitzkissen“ aus Acryl markieren die Stellen, an denen einst die Säulen des **Mariendoms** standen. Aber wie kam es dazu, dass in

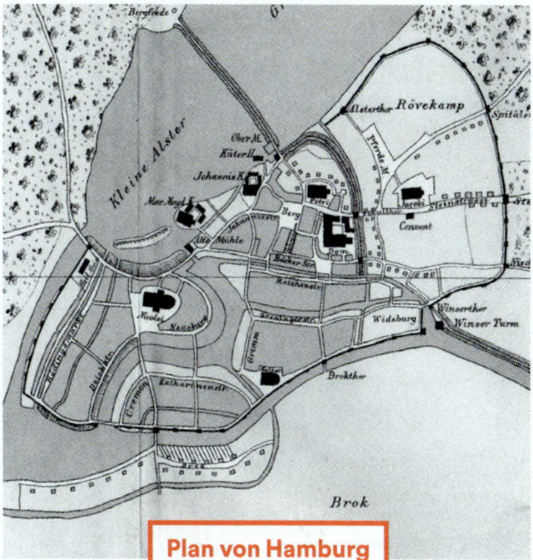

Plan von Hamburg im Jahr 1250

Hamburg ein Dom errichtet wurde? Zunächst rückte die zwar kleine, aber strategisch günstig gelegene Siedlung in den Blick von Kaiser Ludwig I., genannt der Fromme: 831 beorderte dieser den Benediktinermönch Ansgar nach Hamburg. Der sogenannte „Apostel des Nordens“ sollte von hier aus die Missionierung Norddeutschlands und Skandinaviens vorantreiben. Im Jahr 845 wurde die Hammaburg von Wikingern überfallen und zerstört, doch Ansgar ließ bald erneut ein Kloster und einen Dom errichten, und 864 wurde Hamburg zum Erzbistum. Um 900 erfolgte die nächste Vergrößerung der befestigten Siedlung durch einen neuen Ringwall von etwa 140 Metern Durchmesser, die **dritte Hammaburg**.
Die schrägen Wände aus Stahl nördlich des Domplatzes und auf seiner Südseite bilden die Konturen dieses früheren Wallrings nach. 1245 wurde inmitten dieses alten Burgwalls mit dem Bau des Mariendoms begonnen, der als beeindruckende dreischiffige Hallenkirche Jahrhunderte überdauerte, bis er Anfang des 19. Jahrhunderts abgerissen wurde.

Der Hamburger Domplatz

Die ersten Häfen

Wir gehen nun zur Südseite des Platzes, verlassen so das Gelände der damaligen Hammaburg und begeben uns noch einmal zurück ins 9. Jahrhundert. Gleich außerhalb der befestigten Siedlung ließen sich Handwerker, Händler, Bauern und Fischer nieder, die auf der Elbe und ihren Nebenflüssen ihre Netze auswarfen. Das sumpfige Flussufer südlich der Siedlung wurde in dieser Zeit mit hölzernen Stegen aus Pfählen und Eichenbohlen befestigt, an denen die Kähne der Fischer anlegen konnten. Diese erste Hafenanlage der Stadt befand sich ungefähr dort, wo heute die **Große Reichenstraße** verläuft – wir erreichen sie, wenn wir den Schopenstehl überqueren, noch ein Stück auf der Straße Alter Fischmarkt nach Süden gehen und uns an der nächsten Kreuzung rechts halten. Aus dem Hafen entwickelte sich später das Reichenstraßenfleet, das jedoch 1877 zugeschüttet wurde und heute nicht mehr im Stadtbild zu erkennen ist.

Wir folgen nun der Großen Reichenstraße, überqueren die Domstraße und biegen kurz dahinter auf Höhe der Straße Brodschrangen links ab. Über einen Parkplatz gelangen wir so auf einen kleinen Platz am **Nikolaifleet**. Heute geht es hier meist ruhig zu, doch genau an dieser Stelle, am Hauptausfluss der Alster in die Elbe, war über Jahrhunderte das quirlige Zentrum der noch jungen Stadt Hamburg. Nehmen wir also auf einer der Bänke Platz und blicken zurück in die spannende Vergangenheit dieses Ortes.

Um 1020 vollzog sich ein wesentlicher Schritt in der Geschichte der Stadt: Herzog Bernhard II. aus der Familie der Billunger überließ die bisherige Hammaburg, die auf dem linken Alsterufer lag, dem Erzbischof Unwan und ließ für sich und seine Leute auf dem gegenüberliegenden Ufer eine neue Siedlung errichten: die **Neue Burg**. Auch sie war von einem Ringwall mit einem Durchmesser von 170 Metern umgeben, in dem sich zwei Tore befanden. Das Nordtor, durch das man den angrenzenden Handelsweg erreichte, und das Hafentor im Osten, das direkt zur Alster

Nikolaifleet mit Trostbrücke, Patriotischer Gesellschaft und Globushof

und zum neuen Hafen der Siedlung führte: Kleine Boote und einmastige Segelschiffe konnten ihre in Fässern, Körben oder Säcken verpackte Ladung an den Stegen be- und entladen. Heute steht an der Stelle des Hafens der **Laeiszhof**, also das Gebäude gleich gegenüber, dessen Dach mit einer Pudelstatue verziert ist. Und der Zugang der Neuen Burg zur Alster befand sich genau dort, wo ein Portal am linken Rand des Gebäudes noch an einen früheren Durchgang, den „Fleetgang", erinnert.
Doch warum sitzt der **Pudel** auf diesem Dach? Um das zu erklären, müssen wir einen Abstecher ins 19. Jahrhundert unternehmen. Bei dem 1897/98 erbauten Gebäude handelt es sich um den Sitz der Reederei Laeisz. Deren Firmengründer Ferdinand und Carl Laeisz hatten 1857 auf der Hamburger Stülcken-Werft ihre erste eigene Bark bauen lassen, die sie PUDEL nannten – nach dem Spitznamen von Carls lockiger Frau Sophie. Seitdem begannen die Namen aller Schiffe der Laeisz-Reederei mit einem P, darunter das Fünfmastvollschiff PREUSSEN und die berühmten „Flying-P-Liner" PRIWALL, PAMIR, POTOSI und PASSAT. Auch die PEKING, die heute wieder ihren Liegeplatz in Hamburg gefunden hat, gehörte dazu (→ **Tour 3**). An Werktagen lohnt sich ein Blick in den Laeiszhof hinein, in dem sich ein Jugendstil-Treppenhaus und einer der wenigen noch aktiven Paternoster Hamburgs befinden.

Die Entstehung der Stadt

Doch zunächst kehren wir zurück ins 12. Jahrhundert, um der weiteren Entwicklung der Stadt zu folgen. 1106 starb der letzte Billunger, woraufhin die Grafen von Schauenburg die Herrschaft über Holstein und Stormarn erlangten. Die

Laeiszhof und Turm von St. Nikolai

Neue Burg wurde jedoch nicht genutzt und nachdem sie 1139 in einem Konflikt verwüstet worden war, lag sie jahrzehntelang brach – bis Graf Adolf III. von Schauenburg 1188 das Gebiet der Burg einebnen und in etwa fünfzig Grundstücke einteilen ließ. Als zukünftige Bewohner wurden vor allem Kaufleute aus Friesland, Westfalen und Flandern mit der Aussicht auf Bauland, Fischereirechte, Zollfreiheit und weitere Vergünstigungen angeworben. 1189 erhielt diese **Neustadt** (im Gegensatz zur bischöflichen „Altstadt" auf der anderen Seite der Alster) das Stadt- und Marktrecht – und den angeblichen Freibrief, in dem die genannten Privilegien beurkundet waren. Der Hafen am Nikolaifleet wurde wieder belebt, Schiffer ließen sich nieder, und der Handel auf Bille, Alster und Elbe, auf ihren Nebenarmen und entlang der alten Ochsenwege nahm zu.
1216 erfolgte der Zusammenschluss von Alt- und Neustadt, und damit wuchs die Bedeutung der Siedlung rund um das Nikolaifleet weiter. Ende des 13. Jahrhunderts entwickelte sie sich zu einem **Handelszentrum** mit einer Kaianlage,

Darstellung des Nikolaifleets im 15. Jahrhundert (Diorama, Museum für Hamburgische Geschichte)

einem Tretradkran, einer Waage und einer Zollstelle für den Durchfuhrzoll. Ewer und Oberländer Kähne konnten mit gelegten Masten unter den Brücken hindurchfahren und bis in den Hafen gelangen, größere Schiffe ankerten in der Alstermündung und luden ihre Fracht auf kleinere Boote und Schuten um. Unter den umgeschlagenen Gütern dieser Zeit waren Obst und Gemüse aus dem Umland, außerdem Importgüter wie Gewürze, Kupfer, Getreide, Wein, Honig, Heringe, Salz, Teer, Bauholz, Flachs, Leinen und Pelze. Hergestellt wurden in Hamburg hauptsächlich Bier, Textilien und Lederwaren. Um den Verkauf all dieser Waren zu organisieren, wurde 1558 am Nikolaifleet nach dem Vorbild der Antwerpener Börse die erste Börse Deutschlands gegründet, woran der Name dieses Platzes „Bei der Alten Börse" erinnert.

Wir gehen nun am Fleet entlang zur neben dem Laeiszhof liegenden **Trostbrücke**. Bei dem trutzigen Backsteinbau gleich rechts der Brücke handelt es sich um das 1844–47 erbaute Haus der Patriotischen Gesellschaft, die 1765 zur „Förderung von Kunst, Handwerk, sozialen Einrichtungen und Denkmalschutz" gegründet wurde. Zuvor hatte an dieser Stelle das 1290 gebaute Rathaus gestanden, das 1842 während des sogenannten Großen Brandes gesprengt wurde, um dessen Ausweitung zu verhindern. Da diese Maßnahme zu spät ergriffen wurde, hatte sie jedoch keinen Erfolg, und so konnte das verheerende Feuer weiter wüten und im Verlauf von drei Tagen große Teile der Stadt vernichten.

Eine Brücke an dieser Stelle wurde erstmals 1266 urkundlich erwähnt (der heutige Bau stammt von 1881). Über sie gelangte man von der Altstadt in die Neustadt, was die beiden Statuen, die sich auf der Brücke gegenüberstehen, symbolisieren: auf der einen Seite Ansgar mit dem Bischofsstab und einem Kirchenmodell in den Händen, ihm gegenüber Graf Adolf III. von Schauenburg mit einem Schwert und dem Freibrief des Kaisers. Hinter Ansgars Rücken steht auf der linken Seite des Fleets der Globushof (1907), auf dessen Dach kein Hund thront, sondern Poseidon zwischen zwei detailreich ausgearbeiteten Frachtseglern. Vorhanden sind auch noch die in die Grundmauern des Globushofs und der

Patriotischen Gesellschaft eingelassenen Ringe, an denen kleinere Schiffe und Boote festmachen konnten.
Wir überqueren die Brücke, gehen am Laeiszhof vorbei und durchqueren anschließend die Ruine der ehemaligen Hauptkirche **St. Nikolai**. 1195 wurde erstmals eine Kirche an dieser Stelle erwähnt, die nach dem heiligen Nikolaus, dem Schutzpatron der Seefahrer und Kaufleute, benannt war. Auch sie wurde vom Großen Brand vernichtet. Kurz darauf begann der Bau einer neuen Kirche, der 1882 abgeschlossen wurde. 1943 zerstörten Luftangriffe der „Operation Gomorrha" große Teile dieser Kirche, deren Ruine heute ein Mahnmal gegen Krieg und Gewaltherrschaft ist, auch ein integriertes Museum widmet sich diesen Themen.

Märkte und Speicher

Hinter der Kirche gelangen wir auf den **Hopfenmarkt**. Sein Name erinnert daran, dass auf diesem Marktplatz neben Gemüse, Milch und Blumen auch Hopfen für die vielen Bierbrauereien der Stadt gehandelt wurde. Bier war damals ein von allen gesellschaftlichen Schichten verzehrtes Grundnahrungsmittel,

Ruine der Nikolaikirche

Figur des Vierländerin-Brunnens auf dem Hopfenmarkt

1369 gab es bereits über 450 Brauereien in Hamburg, 1517 waren es sogar 531. Das für die Produktion benötigte Wasser wurde aus den Fleeten entnommen, was unter hygienischen Gesichtspunkten recht bedenklich war: Denn die Fleete dienten nicht nur als Transportweg, sondern in ihnen wurden auch alle nur erdenklichen Abwässer entsorgt. Nichtsdestotrotz hatte das Hamburger Bier einen guten Ruf und galt sogar als besonders würzig. Der 1878 fertiggestellte **Vierländerin-Brunnen** war zunächst auf dem Markt am Meßberg aufgestellt worden, hundert Jahre später wurde er auf den Hopfenmarkt verlegt. Er erinnert an die Markthändlerinnen, die in Hamburg Erzeugnisse aus den Vierlanden verkauften (→ Tour 8). Die mit einem Schulterjoch und Gemüsekörben dargestellte Vierländerin trägt ihre typische Tracht mit einer gestärkten Schürzenschleife, einem großen, verzierten Hut und einem relativ kurzen Rock. Die Waren der Marktleute wurden

THEATERSCHIFF im Nikolaifleet

auf Ewern (→ **Tour 8**) über die Dove-Elbe, die Bille und die Elbe in die Stadt gebracht.

Im Bereich des Hopfenmarkts wurde in jüngster Vergangenheit bei archäologischen Ausgrabungen eine sensationelle Entdeckung gemacht: die gut erhaltenen Überreste des aus Holz und Erde errichteten Ringwalls der Neuen Burg von Bernhard II. Der Fund konnte mittels dendrochronologischer Analysen (also der Untersuchung der Jahresringe des verwendeten Bauholzes) auf das Jahr 1021 datiert werden und führte zu wichtigen neuen Erkenntnissen und Gewissheiten. Die bedeutsamen Relikte sollen bei der anstehenden Umgestaltung des Platzes durch die Einrichtung eines „Archäologischen Fensters" berücksichtigt werden.

Am Ende des Hopfenmarkts überqueren wir an der Ampel die Willy-Brandt-Straße und gehen über die **Holzbrücke** benannte Straße auf die heutige Brücke aus Stein, die über das Nikolaifleet führt. Links der Brücke liegt das 1975 von Christa und Eberhard Möbius gegründete THEATERSCHIFF, das auf kleinster Bühne nah am Publikum rasante Kabarettprogramme und mehr bietet. Auf der anderen Seite bietet sich der schöne Anblick einer Reihe alter Kaufmannshäuser und Speicher, die wir später noch näher kennenlernen werden. An der folgenden Kreuzung bleiben wir stehen. Rechts geht die Straße **Cremon** ab, die dem Bogen des Nikolaifleets folgt und erstmals 1251 urkundlich genannt wurde. Hier sind noch einige ehemalige Speicherhäuser aus dem 19. Jahrhundert erhalten, bei deren Sanierung die ursprüngliche Fassadengestaltung bewahrt wurde: In jedem Stockwerk befindet sich eine Öffnung, die sogenannte Luke, am darüber liegenden Giebel eine Gaube mit Kranhaken. In den Speichern wurden Haspelwinden eingesetzt, um

Blick von der Holzbrücke ins Nikolaifleet

Historische Speichergebäude im Cremon

Güter auf die Speicherböden zu ziehen. Dabei handelte es sich um zwei große Holzräder mit einer dazwischen liegenden Welle, auf der das Lastseil auf- und abgewickelt wurde.
Wir wenden uns nun nach links und gehen auf der Katharinenstraße bis zum 1929/30 errichteten Gotenhof, einem großen Kontorhaus aus dunklem Backstein (→ **Tour 2**). Hier biegen wir wieder links ab auf die Straße Katharinenbrücke, die ursprünglich über das Steckelhörnfleet führte, das jedoch wie einige andere Hamburger Fleete nach dem Zweiten Weltkrieg mit Trümmerschutt verfüllt und überbaut wurde. Rechts der Straße sehen wir nun die Hauptkirche **St. Katharinen**, die im 13. Jahrhundert als Gemeindekirche der Schiffsbauer, Bierbrauer und wohlhabenden Kaufleute der Fleetinseln Grimm und Cremon gegründet wurde. Der schmückende Turmhelm ihres Renaissance-Kirchturms besteht der Legende nach aus Gold, das dem Schatz des Seeräubers Claus Störtebeker entstammt (→ **Tour 3**), und ist deshalb auch unter dem Namen „Störtebekerkrone" bekannt. Tatsächlich besteht die Krone aus vergoldetem Kupfer. 1943 wurden große Teile der Katharinenkirche durch Luftangriffe zerstört, 1950/51 erfolgte der originalgetreue Wiederaufbau. Im Foyer der Kirche erinnert eine Gedenktafel an die achtzig Seeleute, die 1957 beim Untergang des Segelschulschiffs PAMIR in einem Hurrikan westlich der Azoren ihr Leben verloren. All ihre Namen und Dienstgrade sind auf der Tafel aufgeführt, vom Kapitän bis zu den zwanzig Schiffsjungen. Darüber hängt die schöne Skulptur eines **Albatros**, der auf seinen langen, schmalen Flügeln gleitet. Nach altem Seefahrerglauben verkörpern Albatrosse die Seelen gestorbener Seeleute.

Turm von St. Katharinen

1

Kontorhaus Gotenhof

Historische Straßen

Vom Katharinenkirchhof gehen wir zurück zum Gotenhof, biegen dort links ab und folgen der Straße Steckelhörn bis zur Straße bei den Mühren. Dort biegen wir rechts ab und nach einem kurzen Stück wieder rechts in die Straße Katharinenfleet, bei der es sich tatsächlich um ein weiteres zugeschüttetes Fleet handelt. An der nächsten Kreuzung nehmen wir nun die links abgehende **Reimerstwiete**, die als eine der ältesten Straßen Hamburgs gilt und an der noch ein beeindruckendes Ensemble alter Fachwerkgebäude aus der zweiten Hälfte des 18. Jahrhunderts erhalten ist. Wir kommen so wieder auf die Straße Bei den Mühren, überqueren sie an der nächsten (rechts liegenden) Ampel und gehen auf der Fußgängerpromenade oberhalb des Binnenhafens weiter. Als um 1230 wegen einer neuen Mühle die Alster stärker gestaut wurde, wodurch sich die Binnen- und die Außenalster bildeten, bekam der Hafen am Nikolaifleet nicht mehr genug Wasser. Immer mehr Schiffe blieben jetzt in der Mündung der Alster in die Elbe, dem späteren **Binnenhafen**, der im 14. Jahrhundert zum wichtigsten Hafen der Stadt wurde: Hier lagen die Koggen, Holks und Kraweele, die Frachtschiffe des späten Mittelalters und der Frühen Neuzeit, und schlugen ihre Waren auf Schuten und Ewer oder an Land um. 1321 wurde Hamburg Mitglied der Hanse und nahm bald eine wichtige Rolle in diesem europaweiten Zusammenschluss von Handelsstädten ein.

Reimerstwiete

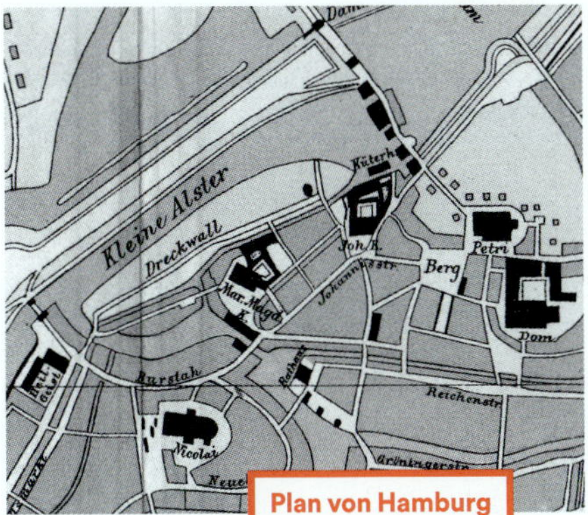

Plan von Hamburg im Jahr 1550

Ein erster Kran an dieser Stelle wurde schon 1352 erwähnt. Um 1570 wurden am neuen Kai des Binnenhafens ein Tretradkran, der von acht Kranknechten betrieben wurde, und eine Waage errichtet. Der heute auf der Promenade stehende **Kran** steht dort seit 1858. Es handelt sich um einen holländischen Kurbelkran mit einer kombinierten Hebe- und Wiegevorrichtung, der 15 Tonnen heben konnte und damit das zu seiner Zeit stärkste Hebezeug im Hafen war. Ursprünglich wurde er mit zwei Handkurbeln angetrieben, 1896 auf Elektroantrieb umgerüstet und erst 1974 stillgelegt. 1986 erfolgte seine Renovierung, heute ist er der älteste erhaltene Kaikran im Hamburger Hafen.

Wir überqueren nun die Hohe Brücke, deren Name darauf verweist, dass auch größere Schiffe unter ihr hindurch in das Nikolaifleet einfahren konnten. Ihre Westseite wird von einem zinnenbekrönten Backsteinbau geprägt, der unter dem Namen „Mäuseturm" bekannt ist. Er wurde 1887/88 als Wohn- und Dienstgebäude für den Kranwärter errichtet, der für die insgesamt drei Kräne östlich der Brücke verantwortlich war. An der folgenden Fußgängerampel überqueren wir nun die Straße für einen Abstecher in die **Deichstraße**.

In dieser kleinen, kopfsteingepflasterten Fußgängerzone ist noch ein letztes Ensemble der früher für Hamburg so typischen, traditionellen **Kaufmannshäuser** erhalten. Schmal und hochaufragend stehen sie zwischen Straße und Fleet, winkelig und ein bisschen schief, mit Sprossenfenstern und spitzen Giebeln. In diesen Häusern befanden sich sowohl Wohnräume der Kaufmannsfamilien und ihrer Angestellten als auch Büro- und Lagerräume, also Kontor und Speicherböden. Den Eingangsbereich bildete die mit kunstvollen Holzarbeiten repräsentativ ausgestaltete, zweigeschossige Diele, die im oberen Bereich von Galerien umlaufen wurde. Zur Straße hin sind die Fassaden verputzt und bemalt, zur Wasserseite zeigt sich noch das alte Fachwerk. Zu beiden Seiten hin befanden sich an den Giebeln Kranbalken, über die Güter hochgehievt und durch Luken in die Speicher hereingenommen oder herausgegeben werden konnten. Heute befinden sich in vielen der Häuser Cafés und Restaurants.

Kran am Binnenhafen

Der Erhalt der alten Häuser in der Deichstraße ist dem Einsatz engagierter Bürgerinnen und Bürger zu verdanken, die 1972 den Verein „Rettet die Deichstraße" gründeten (heute eine Stiftung). Sie schafften es, einen weiteren Verfall der damals stark vernachlässigten Gebäude zu verhindern, sie vor dem Abriss zu retten und zu sanieren. Mehrere an den Häusern angebrachte Tafeln informieren über deren Geschichte und Besonderheiten, so zum Beispiel über den **Großen Brand**, der am 5. Mai 1842 im Haus Deichstraße 42 ausbrach.
Rechts vom „Haus der Bretagne" führt ein schmaler Durchgang zu der Pontonanlage, die hinter den Häusern im Fleet liegt. Im Sommer stehen dort neben öffentlichen Bänken auch Tische des Restaurants „Ti Breizh". Am nördlichen Ende der Pontons kommt man zwischen den Häusern 21 und 23 über einen weiteren Fleetgang wieder zurück auf die Deichstraße.

Der wachsende Hafen

Wir kehren nun zurück zum südlichen Ende der Deichstraße und überqueren auf der Kehrwiederstegbrücke den Binnenhafen. (Für eine barrierefreie Strecke hält man sich rechts und geht auf der Promenade bis zur nächsten Brücke, der Niederbaumbrücke.) An der Pontonanlage gleich unterhalb der Brücke liegt neben den Schiffen zweier Hafenrundfahrtsbetriebe auch die **FLUSSSCHIFFERKIRCHE**: Dieser alte Leichter wurde 1952 von der Flussschiffergemeinde erworben und auf der Hamburger Norderwerft zu einem Kirchenschiff mit Altar, Kanzel, Glockentürmchen und Orgel umgebaut. Durch den Hafen fährt die schwimmende Kirche allerdings nicht, sie hatte von Anfang an einen festen Liegeplatz (der im Laufe der Jahre einige Male wechselte). Die Fahrten zu den Binnenschiffen, die oft von weit her kommen und verteilt im ganzen Hafen liegen, übernimmt die Barkasse JOHANN HINRICH WICHERN. Ein ehrenamtliches Team besucht die Binnenschiffer und deren Familien an Bord und bringt ihnen aktuelle Zeitungen in der jeweili-

Gebäude in der Deichstraße

1

Blick vom Kehrwiedersteg auf den Binnenhafen

gen Landessprache, frische Äpfel und Schokolade. Die Gottesdienste werden dann hier an der Hohen Brücke gefeiert, regelmäßig auch auf Plattdeutsch und mit Nicht-Seeleuten.
Von der Mitte der Brücke aus hat man einen weiten Blick auf Stadt und Hafenrand mit der Hauptkirche St. Michaelis, vielen besser bekannt als Michel, und dem Viadukt der 1912 eingeweihten U-Bahn-Ringlinie. Auf der anderen Seite des Binnenhafens angelangt, nehmen wir die Treppe hinunter auf die Straße Kehrwieder, halten uns dort rechts und können auf dem Weg am Ufer entlang die Vielfalt der Hafenrundfahrtsbarkassen im Binnenhafen bestaunen.
Bevor solche **Barkassen** für touristische Fahrten eingesetzt (und durch diverse Umbauten neuen Sicherheitsanforderungen angepasst) wurden, dienten sie dem alltäglichen Verkehr im Hafen. Hafenarbeiter gelangten auf ihnen vom Baumwall oder den Landungsbrücken zu ihren Einsatzorten im Hafen. Die Werften besaßen Barkassen, die Taucherfirmen und die Stauereien. Barkassen transportierten Post und Lohntüten durch den Hafen und zogen die Schuten der Ewerführereien. Der Hafenarzt und der Hafenkapitän fuhren Barkasse, der Zoll, die Polizei und die Feuerwehr. 1927 waren in Hamburg 850 dieser wackeren kleinen Schiffe im Einsatz, ohne die der Betrieb des Hafens unmöglich gewesen wäre. Seit den 1960er Jahren nahm die Bedeutung von Personen- und Lastkraftwagen für den Verkehr im Hafen

FLUSSSCHIFFERKIRCHE

Kehrwiederspitze

allerdings immer mehr zu, so dass die Zahl der Barkassen im Hamburger Hafen stark zurückgegangen ist.
Neben der Niederbaumbrücke überqueren wir vorsichtig die beiden Straßen (hier gibt es leider keinen Fußgängerüberweg) und betreten die in den Hafen ragende **Kehrwiederspitze**. Bei dem darauf stehenden kompakt-verspielten Backsteinbau, der von einigen Seiten an eine kleine Burg erinnert, handelt es sich um die frühere Hafenpolizeiwache 2, heute Dienststelle des „Referats WSP 62“, das für alle Grenzübertrittsangelegenheiten im Hafen zuständig ist. Das Gebäude dient außerdem als Außenkulisse für die Fernsehserie „Notruf Hafenkante“, was die häufig davor Fotos machenden Touristen erklärt. Wir dagegen gehen bis zur Kaispitze und tauchen noch einmal ein in die Geschichte des Hamburger Hafens.
Der Name der **Niederbaumbrücke** leitet sich ab von einem Floß aus Baumstämmen, also dem Niederbaum, das seit 1531 abends vor die Einfahrt zum Binnenhafen gezogen wurde. Dadurch wurde verhindert, dass nächtliche Besucher wertvolle Umschlagsgüter auf dem Wasserweg aus dem Hafen schaffen konnten. Diese einfache Sicherungsmaßnahme reichte jedoch auf Dauer nicht aus, und so wurde 1576 auf dem Baumwall ein Zollgebäude errichtet und auf der gegenüberliegenden Kehrwieder-Wandrahm-Insel eine Station der Stadtwache, welche die Einfahrt zum Binnenhafen sicherten. Nach den kriegerischen Jahrzehnten des Dreißigjährigen Krieges (1618–48), die Hamburg durch den Bau einer gewaltigen Festungsanlage und eine strikte Neutralitätspolitik unbeschadet überstanden hatte, erschlossen die Schiffe der Hamburger Kaufleute neue Fahrtgebiete. Handel und Schifffahrt nahmen zu, so dass der Hafen vergrößert werden musste. Zunächst erfolgte der Ausbau des **Niederhafens**, der vor dem

Gebäude der Wasserschutzpolizei auf der Kehrwiederspitze

EXTRA INFO

HAFENAUSBAU IM 19. JAHRHUNDERT

Sandtor- und Grasbrookhafen auf einer Karte von 1882

Eine der weitreichendsten Innovationen des 19. Jahrhunderts war die Entwicklung der Dampfmaschine. Nach anfänglichem Einsatz an Land eroberte sie die Seefahrt, und die Dampfschiffe veränderten viele Gewohnheiten des Warentransports über See. Die Schiffe waren nicht mehr auf günstige Winde angewiesen und konnten regelmäßigere Dienste anbieten. Mit den im Vergleich zu den Seglern weitaus höheren Kosten für Dampfschiffe erhöhte sich allerdings auch der Druck, schnell zu sein – und das nicht nur auf den Fahrten zwischen den Häfen, sondern auch in den Häfen selbst.

Hamburger Hafenbaufachleute informierten sich nun in Holland, Frankreich und Großbritannien, um auf der Grundlage der dortigen Erfahrungen ein Konzept für den angestrebten Hafenausbau zu entwickeln. Dabei ergaben sich zwei Möglichkeiten: der Bau von Dockhäfen oder von offenen Tidehäfen. In Hamburg betrug der Tidenhub zu dieser Zeit etwa 2,20 Meter. In Großbritannien, wo ein wesentlich höherer Tidenhub besteht (in London lag er 1825 bei 4,50–4,90 Meter), hatte man sich für Dockhäfen entschieden, also für ein System, in dem alle Hafenbecken gegen den Strom und gegeneinander durch Schleusen abgeschlossen sind. Diese Dockhäfen bieten den Vorteil eines gleichbleibenden Wasserstands in den Hafenbecken, andererseits können sie nur zu bestimmten Zeiten, nämlich wenn der Wasserstand in Strom und Hafenbecken gleich ist, befahren oder verlassen werden.

Die Diskussionen in Hamburg dauerten an und wurden zusätzlich durch die Folgen des Großen Brandes von 1842 verzögert. Schließlich konnte sich 1858 das vom Wasserbauinspektor Johannes Dalmann ausgearbeitete Konzept des offenenen Tidehafens durchsetzen, und 1862 wurde mit dem Bau des ersten modernen Hafenbeckens begonnen. Genutzt wurde dafür ein seit 1841 bestehendes Becken, das im Verlauf des ehemaligen Stadtgrabens errichtet worden war. ●

Binnenhafen (somit gleich vor unserem Standort auf der Kehrwiederspitze) lag und an dessen Stelle sich heute der City- und Sportboothafen sowie die Überseebrücke befinden. Die Hafenanlage bestand ursprünglich nur aus einer Reihe von Pfählen, die in die Elbe gerammt wurden und an denen etwa 250 Seeschiffe festmachen konnten, außerdem viele Kähne, Schuten und andere kleine Hafen- und Binnenschiffe. Der Umschlag erfolgte also nicht zur Landseite, sondern von Schiff zu Schiff. 1795 wurde der Niederhafen durch eine zweite Pfahlreihe erweitert, und in dieser Form blieb er bis zur Mitte des 19. Jahrhunderts Hamburgs Haupthafen. Zu dieser Zeit hatte der inzwischen weltweite Handel der Hamburger Kaufleute noch zugenommen, und auch das neue Verkehrsmittel Eisenbahn trug zu einem weiteren Anstieg des Handelsvolumens bei. Noch einmal wurden die Pfahlreihen im Strom verlängert, doch schon bald wurde offensichtlich, dass solche Maßnahmen auf Dauer nicht reichen würden (→ **Exta Info S. 21**).

Wir überqueren nun auf der mit unzähligen sogenannten „Liebesschlössern" behängten Wilhelminenbrücke das Kehrwiederfleet und gehen um die Kurve der Straße Am Sandtorkai. Dahinter biegen wir rechts ab und gelangen so auf die Mahatma-Gandhi-Brücke (eine moderne Klappbrücke), an deren gegenüberliegendem Ufer die 2017 fertiggestellte Elbphilharmonie auf dem früheren Kaispeicher A thront (→ **Tour 13**). Doch wir interessieren uns gerade mehr für den links der Brücke liegenden Sand-

Blick von der Mahatma-Gandhi-Brücke auf den Sandtorhafen

torhafen, auf den wir von hier aus einen ersten Blick werfen können.

Der Sandtorhafen

Der Sandtorhafen wurde im August 1866 eröffnet. Zunächst wurde der gut einen Kilometer lange **Sandtorkai** an der Nordseite des Hafens fertiggestellt (von der Brücke aus gesehen links), damals jedoch noch mit einer hölzernen Kaivorsetze statt einer Mauer. Auf dem Kai standen für das Laden und Löschen der Umschlagsgüter insgesamt 27 Kräne zur Verfügung (fachtechnisch korrekt lautet der Plural von Kran „Krane", umgangssprachlich hat sich jedoch „Kräne" durchgesetzt). Bei 16 von ihnen handelte es sich um Dampfrollkräne der Londoner Firma Brown, Wilson & Co., die auf Schienen standen und bis zu 1,75 Tonnen heben konnten. Hinter den Kränen und einer Fuhrstraße stand eine Reihe hölzerner, zur Hafenseite offener Schuppen, in denen die ein- und ausgehenden Waren sortiert, geprüft und zwischengelagert wurden. Eine längerfristige Lagerung, Bearbeitung oder Veredelung fand in den Schuppen nicht statt.

Heute ist von diesen Hafenanlagen (abgesehen von den Kaimauern) nichts mehr übrig, das Hafenbecken wird inzwischen von den Neubauten des ersten Bauabschnitts der **Hafencity** eingerahmt (→ **Tour 13**). Gleich links steht außerdem ein kompakter Bürobau von 1993, das sogenannte Vespucci Haus, das leider bis an die Kaikante heranreicht und im Unterschied zu den später errichteten Gebäuden keinen Platz für eine Promenade an der Wasserkante gelassen hat. Neu ist auch die 2008 eingeweihte geschwungene Pontonanlage des **Traditionsschiffhafens** der Stiftung Hamburg Maritim, die sich durch den östlichen Teil des Hafenbeckens schlängelt. Um dorthin zu kommen, kehren wir zurück zur Straße Am Sandtorkai, neben der früher zwei Eisenbahngleise verliefen. Sie waren an die Eisenbahnlinie Berlin–Hamburg angeschlossen und gehörten ebenfalls zur Infrastruktur des Sandtorhafens. Wir gehen nun am Vespucci Haus entlang und können dahinter zum Hafenbecken abbiegen. Sowohl auf der Pontonanlage als auch auf der Promenade an seinem Ufer laden viele Bänke zu einer Pause und einem letzten Rückblick in die Geschichte dieses Hafens ein.

Das Becken des Sandtorhafens war ursprünglich viel länger als heute, es reichte fast bis zum östlich benachbarten Brooktorhafen. Die beiden Häfen waren durch eine Schleuse miteinander verbunden, die Hafenfahrzeugen und kleinen Frachtschiffen der Oberelbe einen direkten Zugang zum Hafen der Seeschiffe ermöglichte. Dieses Prinzip der räumlichen Nähe und Verkehrsverbindung von Seeschiff- und Binnenhäfen wurde auch beim weiteren Ausbau des Hamburger Hafens beibehalten (→ **Tour 3**). Schon im Jahr 1867 legten am Sandtorkai insgesamt 660 Schiffe an, die Importgüter wie Kaffee, Zucker, Tabak, Schlachtvieh, Kohlen, Baumwolle und Guano geladen hatten. 1870 wurde auch der **Kaiserkai** auf der Südseite des

Sandtorhafen um 1999

Sandtorhafen 2023

Sandtorhafens fertiggestellt, der bereits mit einer Kaimauer aus Backsteinen mit Schiffsringen, eisernen Steigleitern und hölzernen Streichpfählen ausgestattet war. Die Kaimauer des Sandtorkais wurde 1879 auf dieselbe Art modernisiert. Gut hundert Jahre nach der Eröffnung des Sandtorhafens begann im Hamburger Hafen eine neue Ära: Nun veränderte das Aufkommen der Containerschifffahrt die gewohnte Hafentopografie. Statt Kaischuppen auf relativ schmalen Kaizungen wurden ab Ende der 1960er Jahre Terminals mit großen, freien Flächen benötigt, die vor allem im westlichen Bereich des Hafens entstanden (→ **Tour 15**). Immer weniger Schiffe legten im Sandtorhafen an, und in den 1970er Jahren wurde er teilweise zugeschüttet, wodurch auch die Schleuse zum Brooktorhafen verschwand. Obwohl Historiker und Denkmalschützer sich für den Erhalt eines am Sandtorkai stehenden Schuppens von 1912–14 einsetzten und vorschlugen, ihn mitsamt dem historischen Hafen für den Aufbau eines Hafenmuseums zu nutzen, wurde dieser Schuppen 1984 abgerissen und sein Standort in einen Parkplatz verwandelt. Später wurden die Kaiflächen des Sandtorhafens mit den ihn heute umgebenden Wohn- und Bürogebäuden bebaut. An die Geschichte des ersten modernen Hafenbeckens Hamburgs erinnert noch eine Reihe von Tafeln mit historischen Fotos und Erläuterungen, die am Geländer der Promenade neben der zweiten Brücke angebracht sind. Hafenstimmung verbreiten jedoch nur noch die beiden alten Halbportalkräne auf dem Kaiserkai und die vielen großen und kleinen Schiffe mit langer Geschichte, die an den Pontons des Traditionsschiffhafens ihre Liegeplätze gefunden haben.

AUSFLUGS- UND ENTDECKERTIPPS
ZWISCHEN NIKOLAIFLEET UND SANDTORHAFEN

● FÜR DEERNS UND JUNGS

Harrys Hamburger Hafenbasar & Museum
Sandtorhafen, Ponton Nr. 2, Sa/So 10–14 Uhr
Nach langen Jahren auf St. Pauli ist diese Sammlung kurioser Fundstücke und Schätze aus aller Welt heute auf dem Schwimmkran GREIF im Sandtorhafen untergebracht.

Magellan-Terrassen
Der Platz mit Blick auf den Sandtorhafen besteht aus Treppen und Rampen, auf denen man mit dem Roller herumsausen kann. Dahinter liegt der Sandtorpark, eine kleine hügelige Grünanlage.

● BUCHTIPP

Rainer-Maria Weiss (Hg.): Burgen in Hamburg – Eine Spurensuche
Der Titel des Buchs ist Programm. Das neue, reich illustrierte Standardwerk über Hamburgs Anfänge (Hamburg 2021).

Ute Krause: Die Muskeltiere
Eine ganze Reihe von Kinderbüchern über die heimlichen Bewohner eines Feinkostladens in der Deichstraße. Die beiden Mäuse, die Ratte und der Hamster sind stets bereit, Abenteuer am und im Hafen zu erleben. Einer für alle, alle für einen!

● HAFENKULTUR

Archäologisches Museum Hamburg
Harburger Rathausplatz 5, Hamburg-Harburg
www.amh.de

Mahnmal St. Nikolai
Willy-Brandt-Straße 60
Museum und Turmbesteigung. Das große Glockenspiel wird donnerstags um 12 Uhr live gespielt.

Museum für Hamburgische Geschichte
Holstenwall 24
Vor allem die detailreichen Dioramen und topografischen Modelle veranschaulichen die Geschichte der Stadt und des Hafens.

THEATERSCHIFF
Nikolaifleet/Holzbrücke 2
www.theaterschiff.de

● STÜCKGUT

Carl Feddersen Sea Shop
Deichstraße 35
Troyer, Dufflecoats, Ostfriesennerze, Dockermützen, Elbsegler und eine lange Geschichte.

Wochenmarkt auf dem Katharinenkirchhof
Di 9–14 Uhr

● VERPFLEGUNG

Café am Fleet
Deichstraße 45
Krämerladen und Café, in dem man sich zwischen historischen Kaffee- und Keksdosen um Jahrzehnte zurückversetzt fühlt.

Lieger Caesar
Sandtorhafen, Ponton Nr. 2
Im denkmalgeschützten alten Hafenlieger wird heute modern gekocht. Kaffee & Kuchen gibt es auch. Und sonntags Frühstück.

Ti Breizh
Deichstraße 39
Bretonisches Restaurant in einem über dreihundert Jahre alten Kaufmannspeicher. Die Crêpes und Galettes werden im Sommer auch auf dem Ponton im Nikolaifleet serviert.

● SCHIFFE

CATARINA
eh. Fischer-Ewer (Gaffelketsch), gebaut 1889 bei Johann Brandt/Hamburg-Neuhof, Länge 13,96 m, Breite 4,57 m, Tiefgang 1,25–2,60 m

FAIRPLAY VIII
eh. Schlepper, gebaut 1962 bei Theodor Buschmann/Hamburg-Wilhelmsburg, Länge 24,55 m, Breite 7,02 m, Tiefgang 3,00 m

HANSA II
Barkasse, gebaut 1918 bei Schlüter/Uetersen, Länge 15,44 m, Breite 3,34 m, Tiefgang 0,85 m

REPSOLD
eh. Feuerlöschboot, gebaut 1941 bei August Pahl/Hamburg-Finkenwerder, Länge 19 m, Breite 4,10 m, Tiefgang 1,30 m

THEATERSCHIFF
eh. Besan-Ewer SEEMÖVE, gebaut 1912 bei van Diepen/Waterhuizen (Niederlande), Länge 34,5 m, 1974 umgebaut auf der Garbers-Werft/Hamburg-Rothenburgsort

SPEICHERSTADT UND RUNDUM: SCHÄTZE IN BACKSTEIN

Startpunkt
Jan-Fedder-Promenade (U-Bahnhof Baumwall)

Endpunkt
U-Bahnhof Meßberg

Dauer
etwa 2 Stunden

Route
Jan-Fedder-Promenade → Baumwall → Bei dem Neuen Krahn → Brooksbrücke → Kehrwieder → Kehrwiedersteg → Am Sandtorkai → Auf dem Sande → Sandbrücke → Brook → Pickhuben → Kannengießerort → Neuerwegsbrücke → St. Annenplatz → St. Annenbrücke → Holländischer Brook → Dienerreihe → Brooktorkai → Poggenmühlenbrücke → Wandrahmsteg → Meßberg → Pumpen → Burchardstraße → Burchardplatz → Niedernstraße → Depenau → Hopfensack → Meßberg

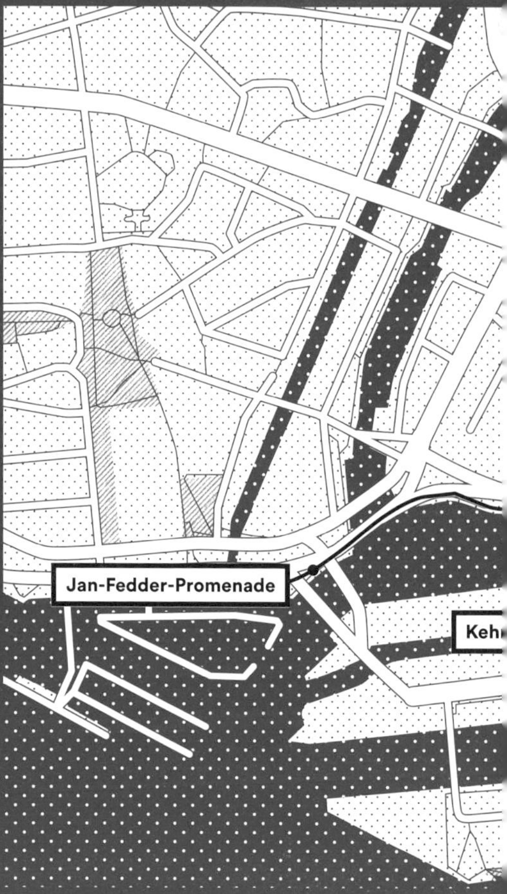

2

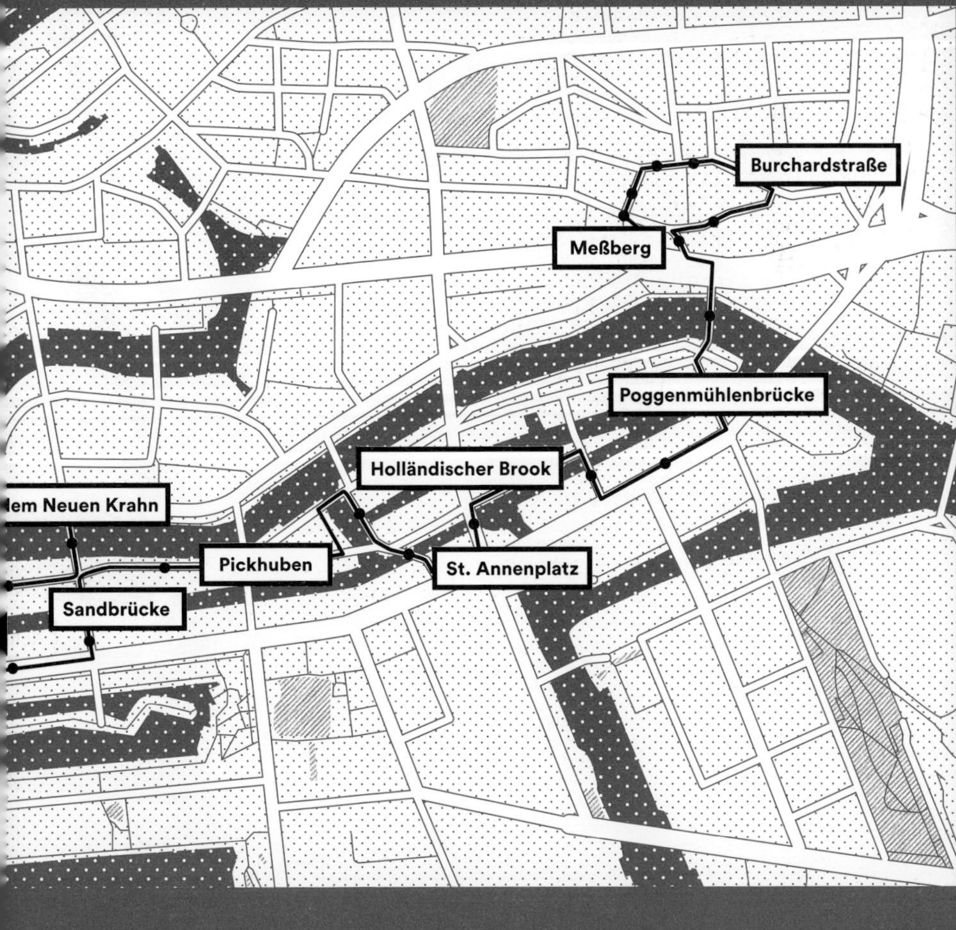

Burchardstraße
Meßberg
Poggenmühlenbrücke
Holländischer Brook
lem Neuen Krahn
Pickhuben
St. Annenplatz
Sandbrücke

Imposante Backsteinbauten an schmalen Fleeten. Kostbare Güter und verschwundene Berufe. Zu schönen Museen, schattigen Plätzen und historischen Brücken.

Die Speicherstadt befindet sich auf der Kehrwieder-Wandrahminsel, die nach ihrem alten Flurnamen auch einfach Brook genannt wird. Zwischen 1885 und 1927 wurden dort 22 Speicherblöcke errichtet, die den größten zusammenhängenden **Lagerhauskomplex** der Welt darstellen. Die Tour durch diesen ganz besonderen Teil des Hamburger Hafens beginnt auf der Jan-Fedder-Promenade am Baumwall. Das von Zaha Hadid Architects entworfene Bauwerk ist eigentlich eine Hochwasserschutzanlage, wurde aber mit vielen Treppen und Rampen als weitläufige Flaniermeile und als Verbindung vom Land zum Wasser gestaltet.

Von der Promenade aus ist die Speicherstadt selbst noch kaum zu sehen, denn sie wird durch den großformatigen Bau des Hanseatic Trade Centers mit seinem runden Büroturm aus Glas und Stahl verdeckt. Man erkennt jedoch ihre Lage zwischen der Innenstadt und der Elbe mit dem Sandtor- und dem Grasbrookhafen, markiert durch die heute dazwischen aufragende Elbphilharmonie. Die Nähe zu diesen Orten war ausschlaggebend für ihren dortigen Bau im späten 19. Jahrhundert. Aber blicken wir zunächst noch etwas weiter zurück.

Geschichte des Brooks

Schon Ende des 15. Jahrhunderts war der Brook vereinzelt besiedelt und 1531 wurde er offiziell zur Bebauung freigegeben. Im westlichen, **Kehrwieder** genannten Teil entstand ein dicht bebautes Wohnquartier, in dem vor allem Arbeiterfamilien lebten, im **Wandrahm**-Viertel im Osten des Brooks fanden sich auch vornehmere Kaufmannshäuser. Viele Niederländer, die als Tuchmacher („Wandbereiter") und -händler arbeiteten, siedelten sich dort an. An den

Straßen, Twieten und Fleeten entstand ein lebendiges Viertel aus Fachwerkbauten, Läden, engen Hinterhöfen und Werkstätten. Viele der Bewohner des Brooks arbeiteten im nahe gelegenen Hafen: im Binnenhafen, im Niederhafen oder im Sandtor- und Grasbrookhafen, an deren Kaianlagen seit 1866 bzw. 1872 Dampfschiffe abgefertigt wurden (→ **Touren 1 + 13**). Einerseits war es praktisch, so kurze Arbeitswege zu haben, andererseits brachten die Häfen auch viel Lärm, Schmutz und schlechte Luft in die Wohnquartiere.

Wir gehen nun nicht auf direktem Weg in die Speicherstadt, sondern spazieren ein Stück auf der Uferpromenade in Richtung Osten. Gleich hinter der Deichstraße liegt die Mündung des **Nikolaifleets**, das bei Sturmfluten durch ein Sperrwerk vom Binnenhafen abgeschottet werden kann. Oberhalb dieser Anlage befindet sich eine Aussichtsplattform, auf der wir einen Zwischenstopp mit bestem Blick auf die Speicherstadt einlegen. Ursprünglich spielte sich der Berufsalltag der Kaufleute rund um das hinter uns liegende Nikolaifleet ab. Dort standen an den Fleeten zwischen Alster und Elbe die traditionellen Kaufmannshäuser, in denen sich Kontore, Speicher und Wohnungen unter einem Dach befanden. In fußläufiger Entfernung sowohl zum Hafen als auch zum Rathaus, zu den Banken, zur Börse, zur Handelskammer, zu den Gerichten und nicht zuletzt zu den Kaffee- und Wirtshäusern, in denen Neuigkeiten ausgetauscht und sicherlich auch so mancher Handel abgeschlossen wurde. Doch dieser jahrhundertelangen Gewohnheit der kurzen Wege drohte in den 1870er Jahren das Ende: Die Stadt sollte nämlich ihre Zollfreiheit verlieren.

Blick von der Hohen Brücke ins Nikolaifleet

Blick von der Jan-Fedder-Promenade über den Binnenhafen und zur Speicherstadt

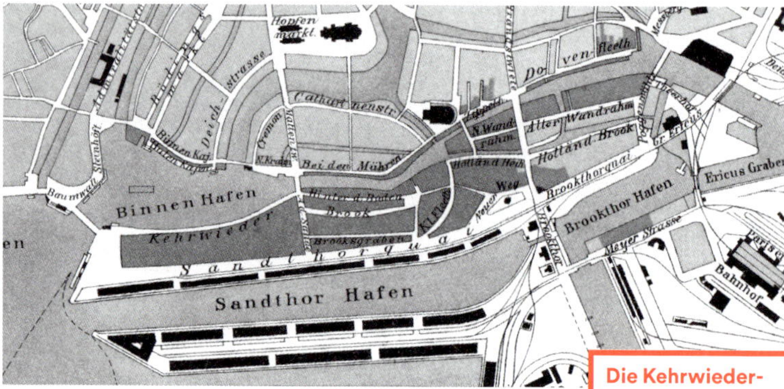

Die Kehrwieder-Wandrahminsel 1883

Hamburgs Weg zum Zollanschluss

Nach den unruhigen Zeiten der napoleonischen Kriege war es im 19. Jahrhundert zu neuen Zusammenschlüssen kleinerer Fürstentümer gekommen. So wurde auf dem Wiener Kongress 1815 die Gründung des Deutschen Bundes beschlossen, dem auch Hamburg beitrat. Als Nächstes entstand 1834 der Deutsche Zollverein, dessen Mitgliedstaaten beim Handel untereinander keine Zölle mehr bezahlen mussten, Abgaben fielen nur bei der Einfuhr in diese Zone und bei der Ausfuhr aus ihr heraus an. Der Reichtum Hamburgs und der anderen Hansestädte beruhte allerdings zum großen Teil auf dem Außenhandel, der frei von Zöllen bleiben sollte. Sie traten dem Zollverein also nicht bei und behielten ihren zollfreien Status auch nach Gründung des **Deutschen Reichs** 1871. Einen Nachteil hatten dabei die Firmen, die Güter für dessen Binnenmarkt produzierten, da bei der Einfuhr der Waren hohe Zölle anfielen. Viele hamburgische Betriebe zogen es deshalb vor, in benachbarte preußische Gemeinden wie Wandsbek, Altona und Harburg umzusiedeln. Währenddessen strebte der Reichskanzler Otto von Bismarck danach, Hamburg zum wichtigsten Hafen des Deutschen Reichs zu entwickeln. Er drängte also immer stärker darauf, dass Hamburg endlich dem Zollgebiet des Deutschen Reichs beitreten sollte.

Dazu erklärten sich die Hamburger erst bereit, als ihnen die Beibehaltung eines **Freihafens**, also eines Bereichs, in dem Waren weiterhin zollfrei umgeschlagen, gelagert und bearbeitet werden konnten, zugesichert worden war. Über dessen Grenzen wurde lange beraten und verhandelt. Auf jeden Fall musste er das Gebiet der damals bestehenden und der geplanten Hafenflächen an der Norderelbe sowie auf dem Kleinen Grasbrook und Steinwerder umfassen. Es war aber auch klar, dass die Innenstadt selbst nicht im Freihafen liegen konnte. Folglich mussten neue Lagermöglichkeiten im Gebiet des Freihafens geschaffen werden – und die sollten möglichst nah zur Geschäftsstadt liegen. In Hamburg wurde nun keine wesentliche Entscheidung getroffen, die den Interessen der Kaufmannschaft zuwiderlief. So rückte das Gelände der Kehrwieder-Wandrahminsel in den Fokus und wurde für die Errichtung von Speichergebäuden

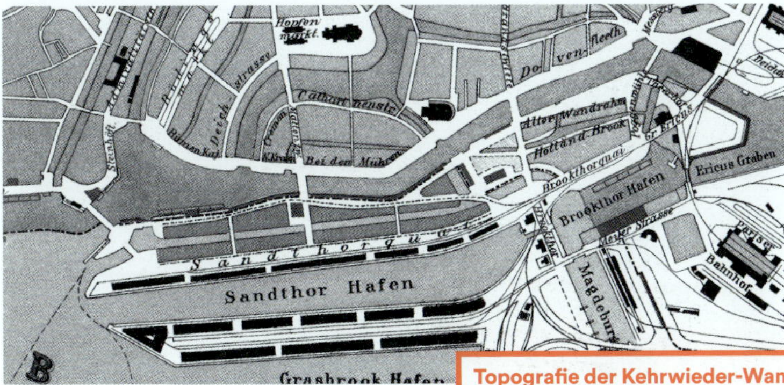

Topografie der Kehrwieder-Wandrahminsel nach dem Zollanschluss

auserkoren. Dass die Insel komplett bebaut war und dort etwa 20 000 Menschen lebten, war kein Hinderungsgrund, sie mussten sich neue Wohnungen suchen. Viele zogen nach Barmbek, Hammerbrook und Eimsbüttel-Nord und hatten nun (im Gegensatz zu den Kaufleuten) wesentlich weitere Wege zum Arbeitsplatz Hafen als zuvor.

Abriss und Neubau

Ende 1883 begannen die Arbeiten. Die Häuser wurden abgerissen, einige Fleete zugeschüttet und andere neu ausgehoben. Diese wurden so tief angelegt, dass sie im Gegensatz zu den Fleeten in der Innenstadt auch bei Niedrigwasser nicht trockenfielen. Als Fundament für die neuen Bauwerke wurden Zehntausende **Holzpfähle** in den Grund gerammt, darauf entstanden im ersten Bauabschnitt von 1885 bis 1888 die Speicherblöcke A bis O. Die Blöcke A, B, C, J und K wurden im Zweiten Weltkrieg stark beschädigt, an ihrer Stelle wurde zwischen 1994 und 2002 der uns schon bekannte Komplex des Hanseatic Trade Centers errichtet. Doch direkt daneben, gleich unserem Standort gegenüber, steht Block D, eines der ältesten noch erhaltenen Gebäude der Speicherstadt. Wir gehen noch ein Stück auf der Promenade weiter bis zur **Brooksbrücke**, an der am 29.10.1888 in Anwesenheit des Kaisers die offizielle Einweihung der Speicherstadt zelebriert wurde: Im Rahmen eines Festakts setzte Wilhelm II. eine Gedenktafel als symbolischen Schlussstein in die Brücke ein. Links und rechts der Straße stehen sich seit 2006 die Statuen der Hammonia und Europa gegenüber, am Tag der Eröffnung waren es noch Hammonia und Germania, die sich dort symbolisch die Hände entgegenstreckten. Die ursprüngliche Brücke mit den Figuren und einem prächtigen,

Brooksbrücke mit Hammonia und Europa

Fassade eines Speicherblocks

an ein Stadttor erinnernden Portal wurde im Zweiten Weltkrieg zerstört.
Wir überqueren nun die Brücke, deren Südseite von zwei weiteren Statuen, die Bischof Ansgar und Kaiser Friedrich I. darstellen (→ **Tour 1**), flankiert wird. Anschließend halten wir uns rechts und gehen auf der Straße Kehrwieder an **Block D** entlang. Heute befinden sich darin unter anderem die Gruselwelt Hamburg Dungeon, die Modelleisenbahn-Anlage Miniatur Wunderland, das Theater Kehrwieder und die Speicherstadt Kaffeerösterei. Viele neue Nutzungen für ein altes Gemäuer, bei dem zunächst einmal das Material der Fassade ins Auge fällt, nämlich roter Backstein. Tatsächlich erinnert der Baustil der gesamten Speicherstadt an die Backsteingotik mittelalterlicher Hansestädte. Die Fassaden sind nicht etwa zurückhaltend schlicht, sondern imposant und ausgeschmückt, neben gliedernden Bändern und Mosaiken aus glasierten Steinen finden sich Reliefs und verzierte Gauben, Türmchen, Giebel und Balkone. Die Architektur der Speicherstadt war ein Statement: Dies sind keine einfachen Zweckbauten! Ihre Schönheit und Kostbarkeit sollte vielmehr ein Hinweis darauf sein, dass man es sich leisten konnte, so aufwendig zu bauen, weil im Inneren der Speicher noch viel größere Schätze lagerten. Inzwischen ist die Speicherstadt selbst zum Schatz erklärt worden: 2015 wurde sie, zusammen mit dem benachbarten Kontorhausviertel, zum **UNESCO-Welterbe** ernannt.

Die Speichergebäude

Die einzelnen Speicher bestanden aus einem Keller, dem Erdgeschoss und fünf bis sechs darüber liegenden Stockwerken, den Böden. Ihre dicken Außenwände garantierten günstige klimatische Bedingungen für die Lagerung der oft hochwertigen Waren: Im Sommer wurde es nicht zu heiß, im Winter nicht zu kalt. Auf der einen Seite der Speicher lagen die Fleete, auf der anderen Straßen, zum Teil mit Gleisanschlüssen (die heute nicht mehr vorhanden sind). In den Gauben befanden sich hydraulisch angetriebene **Winden**, mit denen die in Ballen, Bündeln, Fässern, Kisten und Säcken verpackten Güter hochgehievt und

abgelassen werden konnten. Zusätzlich gab es auch noch handbetriebene Haspelwinden. Wegen der allgegenwärtigen Brandgefahr stand statt Petroleumlampen schon elektrisches Licht zur Verfügung.
Neben der Lagerung und Verarbeitung von Waren gab es noch weitere Nutzungen der Speichergebäude, so befand sich im Ostteil von Block D auch ein Postamt. Die Briefkästen wurden mehrmals täglich geleert, da per Post auch große Mengen an Warenproben verschickt wurden, und in der Speicherstadt wurde nicht weniger als sieben Mal am Tag die Post zugestellt. Bei der näheren Betrachtung des Gebäudes fällt auf, dass einige Mauern aus neueren Ziegeln bestehen und vereinfacht gestaltet sind. Hierbei handelt es sich um Teile, die nach Kriegsbeschädigungen in den 1950er Jahren rekonstruiert wurden. Wir gehen nun bis zum Ende des Gebäudes, biegen dort links ab und überqueren auf dem Kehrwiedersteg das Kehrwiederfleet.
Westlich der Brücke lagen ursprünglich die im Zweiten Weltkrieg zerstörten Blöcke A, B, C (auf der rechten Seite des Fleets) sowie J und K (auf der linken).
Beim Blick nach Osten fällt der verglaste

Windenkasten im Giebel eines Speichers

Kehrwiederfleet bei Niedrigwasser

Übergang auf, der die beiden Speicherblöcke D und L über das Fleet hinweg verbindet. Er gehört zum Miniatur Wunderland, das sich inzwischen in das Nachbargebäude hinein erweitert hat. Bei **Niedrigwasser** kann man von der Brücke aus auch die Holzpfähle sehen, auf denen die Häuser errichtet wurden. Dies war zur Zeit des Baus der Speicherstadt noch nicht so: Ende des 19. Jahrhunderts lief das Wasser bei Ebbe nicht so weit ab (und bei Flut nicht so hoch auf) wie heute (→ Tour 7), die Pfähle waren also immer unter Wasser. Für ihre Stabilität war das deutlich besser, denn Holz verrottet, wenn es Sauerstoff ausgesetzt ist.

Brooksfleet

Fleete und Schiffe

Die Fleete der Speicherstadt werden heute fast nur noch von Hafenrundfahrtsbarkassen befahren. Früher bot sich hier jedoch ein ganz anderes Bild. Unter den Luken der Speicher lagen **Schuten**, die mittels der Winden be- und entladen wurden. Andere Schuten wurden von Ewerführern durch die Fleete zu ihren Bestimmungsorten manövriert. Ohne diese Fahrzeuge und ihre Besatzungen hätte die Speicherstadt nicht funktionieren können.

Quartiersleute und kostbare Güter

Am Ende der Straße wenden wir uns nach links und erreichen einen Ort, der sich wie kein zweiter der Geschichte der Speicherstadt und ihrer Vermittlung verschrieben hat: das **Speicherstadtmuseum**, dessen Besuch unbedingt zu empfehlen ist. Im Erdgeschoss eines alten Speichers wird der Arbeitsalltag der **Quartiersleute** veranschaulicht, die für einen Großteil der praktischen Arbeit in den Speichern verantwortlich waren: Als selbständige Fachleute mieteten sie einzelne oder mehrere Böden und übernahmen dort im Auftrag der Reeder und Kaufleute die Lagerung, Kontrolle und Bearbeitung der importierten Güter. Mit steigendem Arbeitsaufkommen beschäftigten sie zusätzliche Arbeiter wie Kaffeeleserinnen, die schadhafte Kaffeebohnen und Fremdkörper aus der Rohware aussortieren mussten. Auch deren Arbeit kann im Speicherstadtmuseum nachempfunden werden. Weitere Themen der Ausstellung sind der Handel mit Kaffee und Tee, mit dem traditionell viele Firmen in der Speicherstadt befasst waren, sowie die Baugeschichte und Architektur der Speicherstadt.
In der Speicherstadt wurden vor allem hochwertige Güter gelagert, neben Kaffee und Tee waren das vor allem auch Tabak und Gewürze, die von Fachleuten geprüft, gelagert, gemischt und abgepackt wurden. Dieser duftenden Welt widmet sich das nur wenige Eingänge weiter liegende Gewürzmuseum „Spicy"s", das sich ebenfalls in einem alten Speichergebäude befindet. Wir folgen der Straße Am Sandtorkai bis zur nächsten Kreuzung, überqueren noch die Straße Auf dem Sande und stehen nun vor dem **Kesselhaus**, in dem früher Dampf zur zentralen Energieversorgung der Speicherwinden produziert wurde. An die ursprünglich zum Gebäude gehö-

EXTRA INFO

EWERFÜHRER UND SCHUTEN

Kastenschute im Nikolaifleet

Obwohl der Führer einer Schute Ewerführer heißt, hat er nichts mit Ewern zu tun, bei denen es es sich um hölzerne Frachtsegler handelt (> Tour 8). Schuten sind dagegen offene Fahrzeuge ohne eigenen Antrieb, mit denen Waren von den Schiffen zu den Speichern und umgekehrt transportiert wurden. Auch der Umschlag zwischen See- und Binnenschiffen erfolgte meistens nicht direkt, sondern über Schuten. Der Berufsalltag der Ewerführer war vielfältig und ziemlich anspruchsvoll. Sie kümmerten sich um den Umschlag, stauten, zählten und kontrollierten die Ladung und mussten die Schuten fortbewegen. Dafür brauchten sie Kraft, Geschick und ihre Peekhaken, drei bis sieben Meter lange Holzstangen, mit denen sie die Schuten entweder staken oder ziehen konnten. Die geschmiedete Spitze des Peekhakens, der Krauel, wurde dabei an Pfählen, Dalben oder Ringen, die in die Mauern der Fleete und Speicher eingelassen waren, eingehakt. Für weitere Strecken oder Fahrtgebiete mit größeren Wassertiefen mussten Schlepper in Anspruch genommen werden.

1873 gab es im Hamburger Hafen über 2100 Schuten, die meisten davon aus Holz, mit einer durchschnittlichen Tragfähigkeit von 23 Tonnen. Ihre Zahl stieg auf 2715 Holz- und 3120 Eisenschuten im Jahr 1913. Die zunehmende Containerisierung des Warentransports ab den späten 1960er Jahren bedeutete jedoch immer weniger Transport von Stückgut im Hafen und immer weniger Arbeit für die Schuten. In der Folge wurden viele verschrottet, heute sind nur noch wenige von ihnen erhalten (→ **Touren 3 + 14**). Und mit den Schuten verschwanden auch die Ewerführer, deren Beruf wegen seiner Komplexität der erste und lange Zeit auch der einzige Lehrberuf im Hamburger Hafen gewesen war. Noch 2005 erlernten an der Gewerbeschule Werft und Hafen sechs junge Leute den Beruf Ewerführer/-in. 2006 wurde diese Ausbildung jedoch in den Beruf Hafenschiffer/-in integriert. ●

renden Kamine erinnern zwei markante Schornsteinnachbildungen aus Stahlgeflecht. Neben dem Kesselhaus befand sich die Maschinenzentralstation, von der aus Wasser mit hohem Druck in die Speicher gepumpt wurde, um dort die hydraulischen Winden anzutreiben. Nach dem Zweiten Weltkrieg wurde deren Antrieb auf Elektromotoren umgestellt.
Wir folgen nun der Straße Auf dem Sande in Richtung Norden. Auf der gepflasterten Fläche direkt am Fleet, das hier nicht mehr Kehrwieder- sondern Brooksfleet heißt, fanden 25 Jahre lang allsommerlich die äußerst beliebten Aufführungen des „Hamburger Jedermann" nach Hugo von Hofmannsthal statt, inszeniert von Michael Batz. 2018 zum letzten Mal: Neben Baumaßnahmen vor Ort machten auch generell zunehmende Beeinträchtigungen unter anderem durch den Verkehr in der Hafencity eine weitere Nutzung des Ortes als Kulturort unmöglich.
Wir überqueren das Fleet, biegen rechts ab und gehen am Block E entlang Richtung Osten. Die außen angebrachten Reliefs, die Speicherarbeiter darstellen, wurden im Zuge des Wiederaufbaus des im Krieg beschädigten Speichers in den 1950er Jahren ergänzt. Im Gegensatz zu dem zum „Eventspeicher" umgenutzten Block D wird Block E noch in weiten Teilen auf eher traditionelle Weise genutzt: Hier hat eine Vielzahl von Teppichhändlern, die unter anderem **Teppiche** aus dem Iran, Indien, Pakistan, Nepal und Afghanistan importieren, ihre Lager, Schau- und Verkaufsräume. Wird neue Ware angeliefert, kann man beobachten, wie diese auch heute noch mit den Winden über die Luken auf die Speicherböden gehievt wird. Nur kommen die Teppiche nicht mehr von der Fleetseite mit Schuten zu den Speichern, sondern

Traditionelles Transportfahrzeug vor dem Neubau der Kaffeebörse

von der Straßenseite mit Lkw oder Lieferwagen. Ursprünglich war in den Blöcken E und F vorwiegend Wein und Bier gelagert worden.
Neben den traditionellen Firmen und den neuen Museen und Eventlocations finden sich in der Speicherstadt inzwischen viele Büros junger Start-ups, häufig aus der Mode-, Werbe- und Medienbranche. Einige probieren nachhaltige Geschäftsideen aus wie das Unternehmen Wildplastic, das aus gesammeltem Plastikmüll neue Produkte herstellt und vertreibt. Im Prinzip machen sie nichts anderes als traditionelle Betriebe der Speicherstadt: Rohstoffe, hier also Plastikmüll, werden importiert, veredelt und verkauft. In diesem Fall steht jedoch nicht der Gewinn im Vordergrund, sondern das Ziel, die Verschmutzung von Stränden und Gewässern zu bekämpfen.

Kaffee, Tee und Pech

Hinter der Kreuzung mit dem Kibbelsteg gabelt sich die Straße. Wir halten uns rechts und gelangen auf die Straße **Pickhuben**, für deren Namen es unterschiedliche Erklärungsansätze gibt. Kommt er daher, dass hier früher für den Schiffbau benötigte Pechvorräte („Pech-

haufen") gelagert wurden? Oder stammt er aus der Zeit, als sich hier ein Richtplatz befand und den Verurteilten die geschorenen Köpfe mit Pech bestrichen wurden („Pechhäupter", „Pechhauben")? Oder hat er, noch martialischer, mit dem Brauch zu tun, die abgeschlagenen Köpfe von Hingerichteten zur Abschreckung auf Holzpfähle zu nageln (also „aufgepickte Häupter")? Heute sind hier jedenfalls keine Pickhuben welcher Art auch immer zu sehen, stattdessen treffen wir auf den Stammsitz des ältesten Mieters der Speicherstadt: Das Hamburger Unternehmen Hälssen & Lyon, das weltweit im **Teehandel** aktiv ist und schon 1887 den Block G am Pickhuben 9 bezog. Neben Tee wurde in diesem Speicherblock auch Tabak gelagert. Kurz dahinter fällt ein auffallend „modernes" Gebäude aus der Reihe der Backsteinbauten, die frühere **Kaffeebörse**.Deren Saal befand sich ursprünglich im westlich liegenden „Kaffee-Block" O, der jedoch im Zweiten Weltkrieg zerstört wurde. 1956 bezog die Börse diesen Neubau, stellte ihren Betrieb jedoch schon 1958 wieder ein. Heute befindet sich in ihren früheren Räumlichkeiten ein Restaurant.
Auf der linken Seite der Straße Pickhuben steht ein imposantes Gebäude ganz anderer Art: der dreieckige Block H, ein Kontor- und Lagerhaus. Vor dem Umzug in den gegenüberliegenden Neubau war die Kaffeebörse zunächst in diesem Block untergekommen, der in dem Zuge den klangvollen Namen **Sandthorquaihof** verliehen bekommen hatte. Durch ein Kreuzgewölbe gelangt man in dessen schönen Innenhof, in dem man sich wie aus der Zeit gefallen fühlt. Unter den Mietern des Gebäudes ist auch der mare-Verlag, seit 1997 Herausgeber der gleichnamigen Zeitschrift. Inzwischen gehören ein Buchverlag, Fernseh- und Radiosendungen zum Gesamtpro-

Sandthorquaihof

gramm, bei dem die Meere stets eine zentrale Rolle spielen.
Wir verlassen den Innenhof durch einen zweiten Durchgang auf der Nordseite, halten uns rechts und gehen über die sich anschließende Kannengießerbrücke. Gleich hinter der Brücke biegen wir wieder rechts ab und betreten die Kannengießerortbrücke. Am Wandrahmsfleet, das die Brücke überspannt, stehen sich an der Nordseite Block P und an der Südseite die Blöcke Q und R gegenüber. Bei diesen drei Speicherblöcken handelt es sich um die Bauten des 1891 bis 1896 erfolgten **zweiten Bauabschnitts** der Speicherstadt. Im Gegensatz zu den Blöcken A bis O, die im neuen Eisenskelettbau konstruiert worden waren, wurden die Blöcke P bis R im konventionellen Holzbau errichtet. Dies war die Folge eines verheerenden Brands im Speicherblock M im Jahr 1891, bei dem sich die Eisenstützen als weniger stabil erwiesen hatten als massive Eichenbalken. Ein weiterer Unterschied besteht in der Dachgestaltung: Statt der sonst steilen Satteldächer haben die Speicher Q und R Flachdächer, was es ermöglichte, hier zwei mehr als die sonst üblichen sechs Geschosse unterzubringen.

Früherer Hauptsitz der HFLG

2

Von HPA, HFLG und HHLA

In Block P befindet sich der Sitz der **Hamburg Port Authority** (HPA), einer Anstalt öffentlichen Rechts, die für den Betrieb und die Entwicklung der Infrastruktur des Hafens zuständig ist. Sie ist also verantwortlich für Kais, Hafenbecken, Wasserwege, Brücken, Straßen, Tunnel, Schleusen, Leuchttürme und die Hafenbahn. Außerdem ist sie Eignerin der meisten Flächen und vieler Gebäude im Hafen, die sie dann an die jeweiligen Nutzer vermietet. Von der Brücke aus können wir auch den Sandthorquaihof noch einmal von außen betrachten, auffällig sind der hohe Giebel mit dem Wappen der „HFLG“ sowie die Skulptur eines Löwens an der südöstlichen Hausecke, der ein Wappen der „HHLA“ in den Pfoten hält. Diese beiden Abkürzungen stehen für eine zweite wichtige Hafenorganisation, deren Sitz sich jedoch nicht im Sandthorquaihof befand, sondern in dem verspielt-prächtigen Eckgebäude

Wassertreppe am Kleinen Fleet

auf der anderen Seite des Brooksfleets, gleich neben der Neuerwegsbrücke. Wie die umliegenden Speicherblöcke besteht dieser Bau aus rotem Backstein, doch er ist mit Erkern, Ziergiebeln, Dach- und Brüstungsgesimsen aus Sandstein verziert. Es handelt sich um das 1887 fertiggestellte Direktionsgebäude der „**Hamburger Freihafen-Lagerhaus-Gesellschaft**“ (HFLG). Die Aufgabe dieses 1885 gegründeten städtischen Unternehmens war die „Herstellung und Verwertung von Speichern, Lagerhäusern, Comptoiren und sonstigen dem Handel und der Fabrikation dienenden Baulichkeiten im städtischen Freihafengebiete“. Kurz gesagt also der Bau und die Verwaltung der Speicherstadt und der weiteren Hafenanlagen im Freihafen, die HFLG betrieb auch selbst Speicher, die nicht an Quartiersleute vermietet wurden, und beschäftigte eigene Lagerhausmitarbeiter. Schon bald wurde das Gebäude für diese vielfältigen und ständig zunehmenden Anforderungen zu klein, so dass der Bau eines neuen Hauptsitzes nötig wurde.
Wir halten uns links und gehen über den **St. Annenplatz** am Brooksfleet entlang. Der Name des Platzes bezieht sich auf die Annenkapelle, die hier bis 1869 gestanden hatte. Auch die in die Fassadenecke des HFLG-Gebäudes integrierte Skulptur stellt die heilige Anna dar. Am Ende des Platzes geht links die Straße Bei St. Annen ab, und an deren Kreuzung zum Holländischen Brook befindet sich der 1904 eingeweihte neue Hauptsitz der HFLG. Sowohl wegen der Funktion der HFLG als auch wegen der Architektur

Frühere Kaffeebörse von der Neuerwegsbrücke aus gesehen

Holländischer Brook

des Gebäudes wird es als Rathaus der Speicherstadt bezeichnet, unterstützt wird der Eindruck durch den hohen Uhrturm und den wappenverzierten Giebel an der Südseite. Verschiedene Baustile wurden hier munter gemischt: Außen finden sich romanische, barocke und Renaissance-Elemente, das Innere wurde im damals modernen Jugendstil gestaltet. Anfang des 21. Jahrhunderts wurde das Gebäude nach Plänen des Architekturbüros gmp renoviert und umgebaut.
In den 1930er Jahren fusionierte die HFLG mit der staatlichen Kaiverwaltung und wurde anschließend in „Hamburger Hafen- und Lagerhaus-Aktiengesellschaft" (HHLA) umbenannt. Diese war nicht nur für die Verwaltung des Hafens zuständig, sondern wurde auch selbst als Betreiberin von Kaianlagen, Lagerschuppen und anderen Hafeneinrichtungen aktiv. Die Abkürzung HHLA ist bis heute gültig, auch wenn sie inzwischen nach einer erneuten Umbenennung für „**Hamburg Hafen und Logistik AG**" steht. Ende der 1960er Jahre erfolgte eine Umstrukturierung der Hafenwirtschaft, die im Jahr 1970 zum Inkrafttreten einer neuen Hafenordnung führte. Seitdem fungiert die HHLA als Logistikunternehmen, das die städtischen Teile des Hafens bewirtschaftet. Der Rest ist an private Hafenbetriebe wie Großreedereien und Umschlagsfirmen verpachtet.

Speicherstadt im Wandel

Bevor wir unseren Weg auf dem Holländischen Brook am von Holländischen Linden gesäumten Ufer des Brooksfleets fortsetzen, betrachten wir noch das am Südufer des Fleets liegende Gebäude. In dem sogenannten **Fleetschlösschen** befand sich früher ein Kontrollposten der Feuerwehr, später wurde es zu einem Toilettenhäuschen umgebaut, heute wird es gastronomisch genutzt. Unterhalb des Gebäudes liegt eine über Wassertreppen erreichbare Anlegestelle am Fleet, an der 1961 eine Szene

Fleetschlösschen

des Kriminalfilms „Die toten Augen von London" gedreht wurde. Ein als englischer Bobby gekleideter Schauspieler zog hier mit einem Peekhaken einen im Fleet treibenden Leichnam ans Ufer. Die Speicherstadt wurde und wird häufig als Drehort genutzt, unter anderem für die Filme „Die Geschichte meiner Frau" (2021) von Ildikó Enyedi und „3 Engel für Charlie" (2019) von Elizabeth Banks. Auch die Fernsehserie „Die Pfefferkörner" wird in der Speicherstadt gedreht. Hinsichtlich der Orte, die sie darstellt, zeigt sich die Speicherstadt flexibel: So spielt die Handlung des ebenfalls hier gedrehten Films „Karakter" (1997) von Mike van Diem im Rotterdam der 1930er Jahre.

Speicher des dritten Bauabschnitts mit Treppenturm als Flucht- und Rettungsweg, dem sogenannten Westphalenturm

Der Speicherblock U, an dem wir nun vorbeigehen, gehört wie die übrigen Blöcke S bis X auf diesem östlichsten Teil der Kehrwieder-Wandrahminsel zum dritten Bauabschnitt der Speicherstadt. Sie wurden zwischen 1899 und 1910 errichtet, diesmal mit einer Konstruktion aus feuerfest ummantelten eisernen Stützen. Gut dreißig Jahre später zerstörten Luftangriffe während des Zweiten Weltkriegs mehr als die Hälfte der Speicherstadt. Schon kurz nach Kriegsende wurde mit dem Wiederaufbau begonnen, der 1967 abgeschlossen war. Gelagert wurden in der Speicherstadt nach wie vor Waren mit einem hohen Anspruch an passende Lagerungsbedingungen, zu den traditionellen Gütern wie Kakao und Gewürzen kamen nun auch die schon erwähnten Teppiche. Mit etwa 300 Händlern wurde die Speicherstadt zum weltweit größten Umschlagplatz für Orientteppiche.
Doch die Bedingungen für Handel und Lagerung änderten sich. Gabelstapler, Container und Lastwagen ersetzten zunehmend die klassischen Handkarren, Stückgutfrachter und Schuten. Die Böden der Speicherstadt waren nicht mehr die perfekte Allroundlösung für Waren aller Art, immer mehr Firmen zogen sich aus den alten Speichern zurück und eröffneten neue Lager in Lkw-freundlichen Industrie- und Gewerbegebieten. Viele Flächen konnten trotz niedriger Mieten nicht neu vermietet werden, Renovierungen blieben aus, die Bausubstanz verschlechterte sich. Und das Freihafengebiet der Speicherstadt schrumpfte: Die Westgrenze wurde nach Osten verschoben, um Platz für den Neubau des Hanseatic Trade Centers zu schaffen. Dieses Vorgehen, also Abriss und Neubebauung, wurde sogar für die gesamte Speicherstadt erwogen. Doch die Mitglieder der Initiative „**Rettet die Speicherstadt!**" setzten sich intensiv für den Erhalt der Bauten ein. Wie es weiterging, haben wir auf unserem Spaziergang sehen können: Viele Gebäude wurden aufwendig saniert und restauriert, neue Mieter interessierten sich für die alten Speicher, passten die Innenräume ihren Bedürfnissen an und zogen ein. Um dies zu ermöglichen,

war die Freihafengrenze abermals verschoben worden, die gesamte Speicherstadt gehörte nun zum Stadtgebiet. Es entstanden Gastronomiebetriebe, Büros und Lofts. Die Attraktivität des Quartiers wurde auch dadurch gesteigert, dass sich mit dem Bau der Hafencity das Umfeld der Speicherstadt drastisch änderte. Plötzlich lag sie nicht mehr am Rand der Stadt, sondern mittendrin, und sie wirkte nicht mehr altbacken, sondern wie ein lebendiger Kontrast zu den benachbarten Neubauten aus Beton und Glas. 2015 erfuhr die Speicherstadt dann eine ganz besondere Würdigung, als sie zum UNESCO-Welterbe erklärt wurde.
Wir spazieren noch ein Stück weiter und entdecken dabei an der Dienerreihe ein weiteres bemerkenswertes Haus: das sogenannte **Wasserschloss**, heute ein Restaurant mit einer von Bäumen bestandenen Außenterrasse, darunter eine Rosskastanie von 1937. Ursprünglich war das Gebäude als Unterkunft und Werkstatt der Windenwärter genutzt worden, die für das Funktionieren der hydraulischen Speicherwinden zuständig waren. Neben anderem technischen Personal hatten sie das Privileg, in der Speicherstadt wohnen zu dürfen. Wir gehen nun rechts über das Brooksfleet, biegen dann links ab in die Straße Brooktorkai und an deren Ende wieder links auf die **Poggenmühlenbrücke**. Auf ihr befindet sich einer der bekanntesten Fotospots der Speicherstadt, denn von der Brücke aus bietet sich das schöne Bild der sich nach rechts und links gabelnden Fleete, zwischen denen die schmal zulaufende Rückseite des Wasserschlosses mit sei-

Typischer Betrieb auf der Poggenmühlenbrücke

Schild am Teerhof

ner hinteren Terrasse aufragt. Wir überqueren die Brücke und gehen halb rechts weiter. Das Bürogebäude östlich der Brücke (Teerhof 1, um 1903) gehörte zum früheren Hauptzollamt Ericus. Es steht an der Stelle eines 1611 eingerichteten Teermagazins auf dem östlichsten Zipfel der Wandrahminsel und damit am Ende der Speicherstadt, die wir nun über den Wandrahmsteg, der über den Zollkanal führt, in Richtung Altstadt verlassen. Von der Brücke aus bietet sich noch ein Blick zurück auf eine Reihe von Gebäuden am Zollkanal, die zwischen 1899 und 1912 erbaut wurden und ebenfalls zum Zollamt gehörten (→ **Tour 3**).

Kleine Runde durchs Kontorhausviertel

Durch eine Fußgängerunterführung gelangen wir an der gleichnamigen U-Bahn-Station vorbei zum Meßberg (barrierefrei ist die Überquerung der Straße an den westlich gelegenen Ampeln möglich), wo unser Spaziergang noch nicht zu Ende ist: Denn gleich nördlich der Willy-Brandt-Straße befindet sich das Kontorhausviertel, das 2015 gemeinsam mit der Speicherstadt zum Welterbe erklärt wurde. Es handelt sich dabei um ein Quartier, das von großen **Mietsbürobauten** aus den 1920er bis 1950er Jahren geprägt ist. Bauherren waren unter anderem Reedereien, Handelshäuser und Versicherungen, die Teile der Gebäude selbst als repräsentative Niederlassungen nutzten und andere an Unternehmen vermieteten, die zumeist im engeren oder weiteren Sinn in der Hafenwirtschaft tätig waren. Zuvor hatten auch in diesem hafennahen Stadtteil Arbeiterfamilien in den engen Fachwerkhäusern eines der letzten Gängeviertel Hamburgs gelebt. Sie mussten sich nach dem 1913/14 erfolgten Abriss neue Wohnungen in anderen Quartieren suchen. Denn obwohl hier eigentlich wieder Wohnhäuser entstehen sollten, wurde die Planung zugunsten der Bürobauten geändert. Östlich des Meßbergs liegt zwischen der Willy-Brandt-Straße und der Straße Pumpen der zehngeschossige **Meßberghof** der Architekten Hans und Oskar Gerson. Zum Zeitpunkt seiner Fertigstellung 1924 war er zu Ehren des Reeders Albert Ballin „Ballinhaus“ genannt worden, doch um das Andenken an diesen erfolgreichen Juden zu tilgen, wurde das Gebäude 1938 umbenannt. Wie die anderen Häuser des Kontorhausviertels besteht der Meßberghof/das Ballinhaus aus Stahlbeton mit vorgesetzten Klinkerfassaden, heute befindet sich darin unter anderem ein Schokoladenmuseum. Gleich nördlich davon liegt das Wahrzeichen des Kontorhausviertels, das ebenfalls 1924 fertiggestellte **Chilehaus**. Es wurde von dem Architekten Fritz Höger für den

Reeder Henry B. Sloman entworfen, der durch den Import von Salpeter aus Chile reich geworden war. Das Gebäude wird in der Mitte von der Fischertwiete durchquert und umrahmt an seiner Westseite eine Polizeiwache von 1906/08. Am prägendsten ist seine markante Ostspitze, die an einen hoch aufragenden Schiffsbug erinnern soll. Der Volksmund nennt das Gebäude allerdings auch „Bügeleisen“. Gleich nordöstlich des Chilehauses befindet sich der **Sprinkenhof**, erbaut in drei Bauabschnitten von 1927 bis 1943. Zu den weiteren Welterbegebäuden gehören der **Mohlenhof** an der Burchardstraße (1928), der **Montanhof** an der Niedernstraße/Ecke Kattrepel (1926) und das **Miramar-Haus** am Schopenstehl/Ecke Kattrepel (1922). Nach einer Runde um das Chilehaus gelangen wir über die Straßen Depenau und Hopfensack wieder zum Meßberg. Wir haben viel Backstein gesehen auf dieser Tour, haben in Fleete und Twieten geblickt, sind auf altem Kopfsteinpflaster gegangen und konnten den Duft exotischer Gewürze schnuppern. Doch eine Frage ist noch offen geblieben: Wieso nennen die Hamburger Kaufleute ihre Büros eigentlich „Kontor“? Eine Antwort darauf lieferte Heiko Möhle in seinem Buch „Branntwein, Bibeln und Bananen" (1999): „Bureau wird vom französischen Wort für Schreibtisch abgeleitet, während das comptoir den Tisch bezeichnet, an dem das Geld gezählt wird.“ ●

Südfassade des Chilehauses

AUSFLUGS- UND ENTDECKERTIPPS
IN DER SPEICHERSTADT

● FÜR DEERNS UND JUNGS

Miniatur Wunderland
Kehrwieder 2, Block D
Die größte Modelleisenbahn-Anlage der Welt. Tickets am besten vorbestellen unter www.miniatur-wunderland.de

Speicherstadtmuseum (siehe unten)
Kinder können das Museum mit der Rallye „Kalle, de lütte Quartiersmann“ selbst erkunden. Für plietsche Quartierskinder gibt's eine Urkunde!

Entdeckertour für Kinder
Für Kinder von 6 bis 12 Jahren in Begleitung Erwachsener. Infos und Anmeldung unter info@speicherstadtmuseum oder Tel. 040/321192

● HAFENKULTUR

Speicherstadtmuseum
Am Sandtorkai 36
Geschichte der Speicherstadt, Arbeitsalltag der Quartiersleute, Kaffee, Tee, Architektur, Fotos; mit Shop, Büchern, Führungen, Tee-Verkostungen und den beliebten Krimilesungen. (Es ist geplant, Block L komplett als Bürohaus zu revitalisieren. Der Verlust des bisherigen Standortes des Speicherstadtmuseums wird dann voraussichtlich auch dessen Ende bedeuten. Stattdessen soll im ehemaligen Kesselhaus der Speicherstadt ein Welterbe-Infozentrum mit einer Ausstellung zur Geschichte der Speicherstadt eingerichtet werden.)

Spicy's Gewürzmuseum
Am Sandtorkai 34
In einem alten Speicher entführen unzählige Exponate in die Welt der Kräuter und Gewürze.

● BUCHTIPPS

Ralf Lange: Die Hamburger Speicherstadt. Geschichte, Architektur, Welterbe
Umfangreiche Informationen und großartige Fotos (Hamburg 2019)

Harry Braun, Dorothée Engel: Vom Brook zur Speicherstadt
Mit vielen Fotos und Zeichnungen der Kehrwieder-Wandrahminsel kurz vor dem Abriss (Erfurt 2010)

Jürgen Rath: Arbeit im Hamburger Hafen
Detailreiche Beschreibung des Arbeitsalltags von Ewerführern, Schauerleuten, Kai-, Speicher- und Lagerhausarbeitern im Hamburger Hafen (Hamburg 1988)

● STÜCKGUT

Speicherstadt Kaffeerösterei
Kehrwieder 5
Kaffee und Zubehör, mit Café

Wochenmarkt auf dem Burchardplatz
Kontorhausviertel, Do 7–14 Uhr

● VERPFLEGUNG

Fleetschlösschen
Brooktorkai 17
Kleinod mit bewegter Vergangenheit, heute gibt es dort Fisch & Drinks.

Markthalle
Am Sandtorkai 23
Mehrere Restaurants und Imbisse sorgen hier für internationale Mittagstisch-Angebote.

Schmidtchen Speicherstadt
Poggenmühle 3
Bio-Kaffee aus eigener Röstung, Kuchen und Torten aus eigener Bäckerei

● SCHIFFE

H 11347
Kastenschute, gebaut 1913 bei I.P.W. Lütgens/Hamburg, Länge 22 m, Breite 5,40 m, Tiefgang 0,40 m. Heute Bestandteil der Flotte des Hafenmuseums im Hansahafen

HAFENRUNDFAHRT-BARKASSEN
Verschiedene rund um die Speicherstadt angesiedelte Barkassenbetriebe bieten eine Hafenrundfahrt „mit Speicherstadt“ an.

FREIHAFENRUNDE: ÜBER DEN GRASBROOK NACH STEINWERDER

Startpunkt
Brandstwiete/Ecke Dovenfleet (Nähe U-Bahnhof Meßberg)

Endpunkt
St. Pauli-Landungsbrücken (U- und S-Bahnhof Landungsbrücken)

Dauer
etwa 2–3 Stunden, zusätzlich sind auch Besuche des Zoll- und des Hafenmuseums möglich

Route
Kornhausbrücke → Bei St. Annen → Dar-es-Salaam-Platz → Osakaallee → Magedeburger Brücke → Überseeallee → Versmannstraße → Versmannkai → Baakenwerder Straße → Freihafenelbbrücke → Sachsenbrücke → Dessauer Straße → Veddeler Damm → Australiastraße → Am Windhukkai → Veddeler Damm → Argentinienbrücke → Klütjenfelder Straße → Reiherstieg-Hauptdeich → Neuhöfer Straße → Neuhöfer Damm → Nippoldstraße → Köhlbranddeich → Roßweg → Breslauer Straße → Roeloffsufer → Steinwerder Damm → Buchheisterstraße → Reiherdamm → Hermann-Blohm-Straße → St. Pauli-Elbtunnel

3

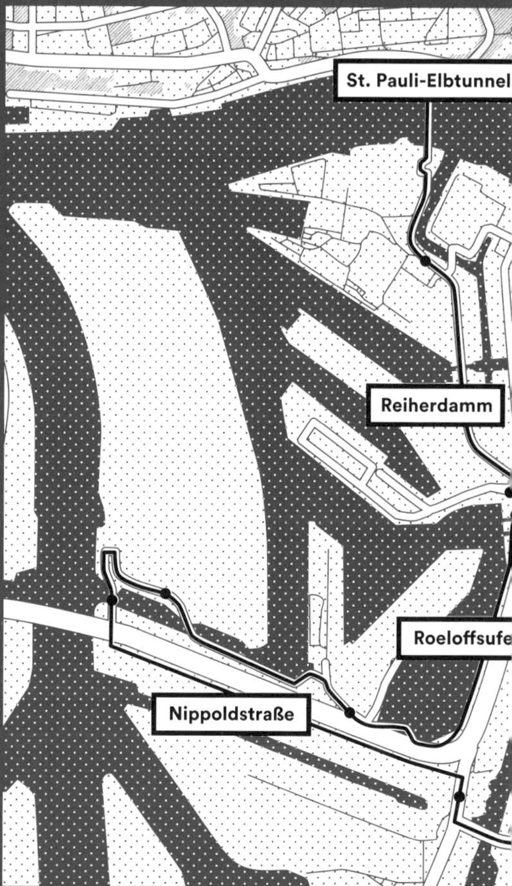

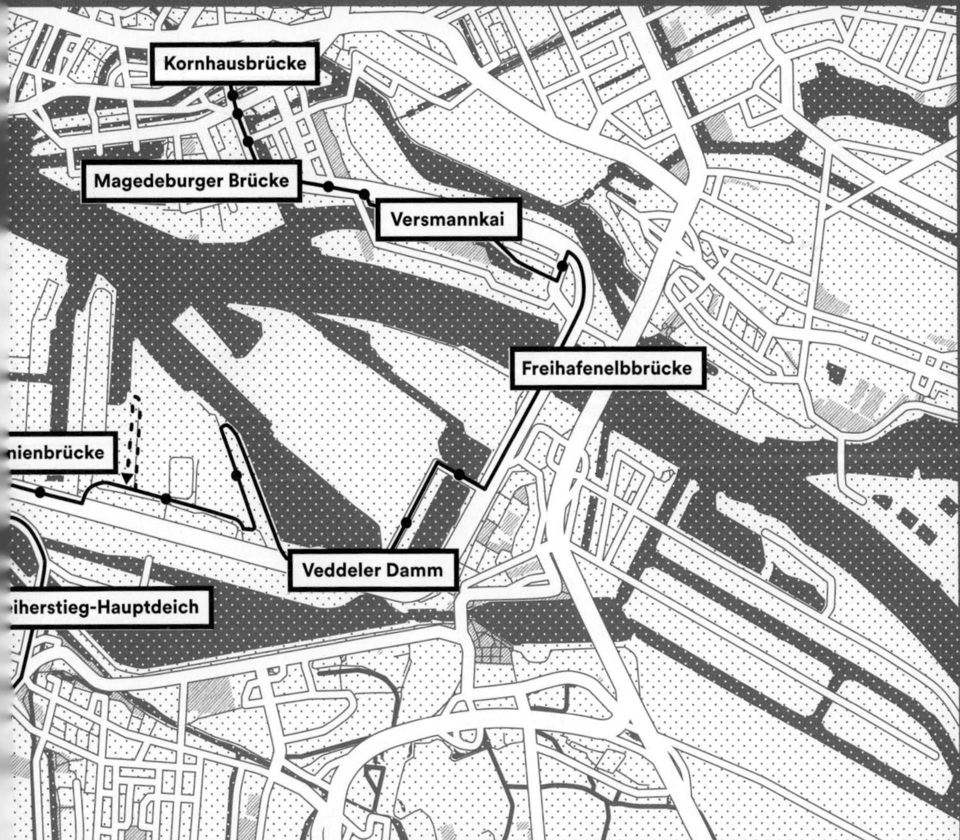
Kornhausbrücke
Magedeburger Brücke
Versmannkai
Freihafenelbbrücke
nienbrücke
Veddeler Damm
iherstieg-Hauptdeich

Entdeckertour im früheren Freihafen: Werften, Brücken und Schleusen, verschwundene Häfen und neue Terminals, historische Schiffe und ein lebendiges Museum

Als Startpunkt dieser Tour bietet sich die kleine, erhöhte Aussichtsplattform gleich nordöstlich der Kornhausbrücke an. Denn von dort aus können wir über den Zollkanal hinüber zum Zollmuseum blicken, vor dem an einem früheren Zollponton der ehemalige Zollkreuzer OLDENBURG liegt – und wenn man eine Freihafenrunde unternehmen möchte, dann kommt man um den Zoll natürlich nicht herum.

Der Hamburger **Freihafen** existierte vom Anschluss der Stadt an das Zollgebiet des Deutschen Reichs am 15.10.1888 bis zu seiner Auflösung am 1.1.2013 (→ Tour 2). Im Freihafengebiet wurden importierte Waren zollfrei umgeschlagen, gelagert und bearbeitet, erst bei der Ausfuhr aus der Freizone wurden Abgaben fällig. Dafür wurden an allen Zu- und Ausgängen des Freihafens Zollabfertigungsstellen eingerichtet. Diese Hafentour wird nun dem Verlauf der früheren Freihafengrenze folgen und damit auch dem Ausbau des Hamburger Hafens vom Großen über den Kleinen Grasbrook bis nach Neuhof und Steinwerder. Denn im Gebiet des Freihafens lagen nicht nur die Speicherstadt und die Häfen auf der Nordseite der Elbe, die zum Zeitpunkt des Zollanschlusses schon fertiggestellt waren. Von Anfang an umfasste er auch große Bereiche südlich der Norderelbe, die erst nach und nach erschlossen und ausgebaut wurden. Zusätzlich entstanden neue Häfen und Wasserwege außerhalb des Freihafens, darunter der Zollkanal, den wir nun auf der Kornhausbrücke überqueren.

Blick über den Zollkanal zum Zollmuseum

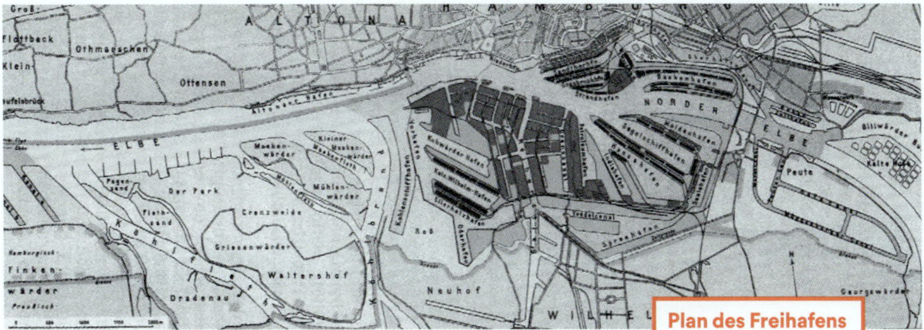

Plan des Freihafens im Jahr 1905

Hinein in den Hafen

Wir bleiben dafür auf dem linken Fußweg und durchschreiten, auf der anderen Seite angelangt, ein offen stehendes Gittertor. Die meisten Passanten bemerken vermutlich weder dieses Tor noch den angrenzenden Zaun, unübersehbar ist jedoch das gleich daneben

stehende Häuschen mit den zwei lebensgroßen Figuren in Zolluniformen. Tatsächlich sind dies Relikte der Zollgrenze und einer Zollstation, und dass sie noch erhalten sind, verdanken sie dem **Zollmuseum**, das im benachbarten ehemaligen Hauptzollamt eingerichtet wurde. Unter dessen weitem Vordach wurden früher Fuhrwerke abgefertigt, am Ponton davor Binnenschiffe, die Waren zwischen dem Hamburger Hafen und der Oberelbe transportierten. In dem modern gestalteten, sehenswerten Museum wird heute anhand spannender Exponate unter anderem die Arbeit von Zöllnern erläutert – und die Tricks, mit denen Schmuggler versuchen, den Zöllnern zu entgehen.

Wir fahren nun auf der Straße Bei St. Annen bis zur nächsten großen Kreuzung, die wir überqueren, um auf den schräg gegenüber liegenden Dar-es-Salaam-Platz zu gelangen. Dieser liegt oberhalb des Brooktorhafens, der weiter östlich mit dem Oberhafen verbunden ist. Früher befand sich in der vor uns liegenden Kurve eine Schleuse zum Sandtorhafen (→ Tour 1), der in den 1960er Jahren jedoch teilweise zugeschüttet wurde, wobei auch die Schleuse verschwand. Ursprünglich zeigte sich an dieser Stelle

Störtebeker-Denkmal am Magdeburger Hafen

ein **Grundprinzip des Hamburger Hafens**: Im Zentrum lagen die Kaistrecken und Hafenbecken für die Seeschiffe, darum herum ein System aus Häfen und Wasserstraßen für Binnen- und Hafenschiffe. Einige davon, wie der Zollkanal, führten extra am Freihafengebiet vorbei. An vielen Stellen konnten die kleineren Schiffe über die Kanäle und Schleusen in die Seehäfen gelangen, ohne den Verkehr der Seeschiffe auf der Elbe zu kreuzen.

Zwischen dem Brooktorhafen und der Norderelbe liegt der Magedeburger Hafen, dessen östliches Ufer vom imposanten Kaispeicher B (erbaut 1878/79) dominiert wird. Ursprünglich als Silo entworfen, wurde er nach dem Einsetzen von Böden als zehngeschossiger Lagerspeicher genutzt. Seit 2008 befindet sich darin das Internationale Maritime Museum (→ **Tour 14**). Wir fahren nun in einem Bogen um die rot-weiße Tonne „Elbe 1“ herum und kommen so auf die Promenade, die am Ufer entlangführt. Der dort stehende kleine Leuchtturm kennzeichnete von 1895 bis 1998 die Einfahrt zum Nord-Ostsee-Kanal in Kiel-Holtenau. Ein Stück weiter erinnert ein Denkmal an den Seeräuber **Klaus Störtebeker**, der nicht weit von dieser Stelle zusammen mit 79 Gefährten geköpft wurde. Im 13. und 14. Jahrhundert wurden vor allem auf der Ostsee viele Frachtschiffe von Seeräubern überfallen, denen besonders Gotland als Rückzugsort diente. Ende des 14. Jahrhunderts erstürmten Mitglieder der Hanse und des Deutschen Ordens die Insel, woraufhin einige der Piraten in die Nordsee auswichen. Unter ihnen war auch Klaus Störtebeker, dessen Schiff 1401 in der Nähe von Helgoland aufgebracht wurde.

Über die Busanbrücke gelangen wir auf die andere Seite des Magdeburger Hafens und fahren noch ein Stück geradeaus, bis wir auf der Shanghaiallee nach rechts abbiegen. Der große Neubau an dieser Ecke beherbergt das heutige Hamburger Hauptzollamt, die älteren Gebäude auf der linken Straßenseite wurden 1904 errichtet und gehörten zur ehemaligen Kautschukfabrik Heinrich Traun & Söhne, vormals Gummi-Kamm-Co. Zuvor hatte sich dort die Rohr-, Stock- und Fischbeinfabrik von H.C. Meyer befunden. An der nächsten Kreu-

Baakenhafen 2023 und 1999 (rechts)

zung geht es links auf die Überseeallee, die hinter dem Park in die Versmannstraße übergeht. Nach etwa hundert Metern biegen wir rechts ab, gelangen so an einem großen Spielschiff aus Holz (das zu einem Hotel gehört) vorbei an den Baakenhafen, wo wir uns links halten und auf der Kaifläche weiterfahren.

Am Baakenhafen

Dieser Hafen wurde 1887, also kurz vor dem Zollanschluss eröffnet. Am Petersenkai auf der Südseite des Hafens wurden Schiffe der **Woermann-Linie** abgefertigt, die 1885 von Adolph Woermann gegründet worden war. Er war unter anderem an Kakaoplantagen in Kamerun beteiligt, für deren Anpflanzung die ursprünglichen Bewohner enteignet, umgesiedelt und zur Arbeit gezwungen wurden. Um die Bevölkerung dennoch ruhig zu halten, verschiffte er billigen Alkohol nach Afrika und erwirkte außerdem, dass seine Handelsniederlassungen unter den Schutz des Deutschen Reichs gestellt wurden. Anschließend verdiente er sowohl am Transport von Sklaven wie auch von deutschen Soldaten. Nicht nur Woermanns Geschäfte und Reichtum basierten auf Kolonialismus und Sklaverei. Auch Firmen wie die Reederei Laeisz oder die des Überseekaufmanns O'Swald engagierten sich in Afrika, andere in Mittelamerika oder Südostasien, und unzählige Betriebe im Hafen verarbeiteten aus den Kolonien stammende Rohstoffe wie Palmöl, Kautschuk, Elfenbein, Ebenholz oder Kokosnüsse.

1928 wurden am Nordufer des Baakenhafens zwei Schuppen in Betrieb genommen, die für den Umschlag von Südfrüchten konzipiert waren. Später wurde das Areal vom 2002 geschlossenen Cellpap-Terminal genutzt. Damals war hier die ursprüngliche **Hafentopografie** noch erkennbar, doch inzwischen sind die Schuppen abgerissen, Straßen verlegt und neue Brücken gebaut worden, auf den Kaiflächen wurden die modernen Wohngebäude der Hafencity gebaut und Bäume gepflanzt. Die Südseite des Hafenbeckens ist zudem zum Teil verfüllt worden, dort befindet sich nun eine kleine Parkanlage mit einem künstlichen Berg (→ **Tour 13**). Übrig geblieben sind noch die alten Poller und Dalben an der Kaikante, außerdem sind

U-Bahn-Station Elbbrücken

unter den Vollportalkränen Reste der früheren Krangleise erhalten.
Die Uferpromenade führt bis zum Amerigo-Vespucci-Platz am Ostufer des Baakenhafens. Oberhalb davon überqueren wir die Straße, fahren zur links gelegenen Kreuzung mit der Versmannstraße und biegen dort rechts ab. Nach der Kurve passieren wir den 2018 eingeweihten **U-Bahnhof Elbbrücken**, der über einen gläsernen Skywalk mit dem daneben liegenden S-Bahnhof verbunden ist. Links der Straße ist noch ein Stück des Zollzauns erhalten, und vor uns liegt nun die Freihafen-Elbbrücke mit ihren markanten Stahlbögen. Während sie uns die Überquerung der Norderelbe ermöglicht, stellt sie für Seeschiffe die östliche Grenze ihrer Fahrt auf der Elbe dar.

Über die Elbe

Die erste feste Brücke über die Norderelbe war eine Eisenbahnbrücke (1872), die nördlich und südlich verlaufende Linien miteinander verband. 1887 folgte in Vorbereitung des bevorstehenden Zollanschlusses der Bau einer Straßenbrücke – zuvor hatte man zur Überquerung der Elbe noch Fähren nutzen müssen (→ Tour 9). 1893 wurde die Eisenbahnbrücke durch einen Neubau ersetzt, 1927 die Straßenbrücke durch die **Freihafen-Elbbrücke**, die ursprünglich zweigeschossig geplant war. Ein Ausbau des oberen Teils für die Nutzung durch eine Hochbahn fand jedoch nicht mehr statt. Der am Rand verlaufende Fuß- und Radweg bietet uns nun einen weiten Blick auf die Stadt und die Elbe mit der an ihrem Nordufer liegenden MS STUBNITZ: Der ehemalige Heckfänger der DDR-Hochseefischereiflotte wurde Anfang der 1990er Jahre zu einem schwimmenden Musikclub umgebaut, war ab 1994 im Ostseeraum unterwegs und bereichert seit 2014 die Hamburger Clubszene.
Die Südseite der Norderelbe wurde 1912 zum Holthusenkai ausgebaut, an dem Massengüter wie Kohle, Zement und Dünger direkt auf die Eisenbahn umgeschlagen wurden. Daneben wurde 1965 das Überseezentrum in Betrieb genommen, in dem kleinere Mengen von Ex- und Importgütern zu größeren Partien zusammengestellt und weiter-

geleitet wurden. Doch der Bedarf an solchen Diensten ging mit der Containerisierung des Warentransports zurück, und 2021 wurden die Gebäude abgerissen. Nun soll auf der inzwischen um etliche Meter aufgehöhten Fläche der neue Stadtteil Grasbrook mit Wohnungen, Büros, einem Park, einer U-Bahn-Station und dem Neubau des **Deutschen Hafenmuseums** entstehen. Am Holthusenkai soll dann die Viermastbark PEKING als „Leitobjekt" des Museums ihren Liegeplatz bekommen. Rund um die Geschichte des Schiffes sollen verschiedene Aspekte des Oberthemas Globalisierung erarbeitet und vermittelt werden. Ob eine geplante Fußgängerbrücke zwischen dem Baakenhöft und dem Hafenmuseum tatsächlich gebaut wird, ist angesichts der hohen Kosten und der Einschränkung der Schifffahrt noch nicht entschieden.

MS STUBNITZ am Kirchenpauerkai

Moldau und Saale

An der nächsten Kreuzung biegen wir rechts ab und fahren zwischen den Flutschutzwänden, die im Hochwasserfall mit einem Sperrtor verschlossen werden können, auf die Sachsenbrücke. Rechts von uns liegt der 1888 eröffnete Moldauhafen, links der Brücke der Saalehafen. Diese Namen weisen schon darauf hin, dass es sich bei ihnen um **Binnenschiffhäfen** handelt. Von Anfang an profitierte Hamburg von der Binnenschifffahrt auf der Oberelbe, so gab es schon im 13. Jahrhundert Verbindungen in die Mark Brandenburg, nach Magdeburg und Lüneburg. Transportiert wurden unter anderem Getreide, Holz, Kupfer, Blei, Zinn, Salz und Heringe. Für Fahrten zwischen Lübeck und Lauenburg wurde Ende des 14. Jahrhunderts der Stecknitzkanal gebaut, der fünfhundert Jahre lang befahren wurde.
Der Moldau- und der Saalehafen haben seit Langem einen Sonderstatus, denn 1929 wurden Teile von ihnen für 99 Jahre

Brücke über die Norderelbe

Moldauhafen 2023 und 1998 (rechts) mit Clubschiff PRAHA

an die Tschechoslowakei verpachtet. Im Moldauhafen stand den Binnenschiffern und Arbeitern der Staatsreederei ČSPLO das Kulturschiff PRAHA mit Bibliothek, Kino, Kneipe und Unterkünften zur Verfügung. Nachdem die ČSPLO im Jahr 2001 jedoch Konkurs anmeldete, wurden die Anlagen nach und nach abgebaut. Inzwischen wird der Hafen kaum noch von tschechischen Schiffen angefahren, und an seinen Ufern soll das Moldauhafenquartier als Teil des Stadtteils Grasbrook entwickelt werden.

Hinter der Brücke biegen wir links ab auf die Dessauer Straße. Rechts von uns lag früher der **Segelschiffhafen**, der ebenfalls im Jahr des Zollanschlusses eröffnet worden war. Die Segelschiffe hatten ihren vorigen Liegeplatz, den Niederhafen, verlassen müssen, da dieser durch den Zollanschluss zollinländisch geworden war. Ende der 1970er Jahre wurde der größte Teil des Hafenbeckens zugeschüttet, denn der Hafen hatte sich inzwischen weiter nach Westen verlagert, wo neue Liegeplätze und Umschlagseinrichtungen für Container- und Massengutschiffe entstanden waren. Stattdessen wurde das Terminal O'Swaldkai vergrößert, auf dem sich unter anderem das Fruchtzentrum der HHLA befindet.

Die linke Seite der Dessauer Straße wird von einer Reihe mehrgeschossiger Speichergebäude gesäumt, von denen das nördlichste inzwischen zu einem Parkhaus umgebaut wurde. Am anderen Ende liegt das **Lagerhaus G** (1907), das aus drei Böden sowie einem zum Wasser hin geöffneten Untergeschoss besteht. Ursprünglich wurden hier vor allem Kaffee, Zucker und Tabak gelagert, doch während des Zweiten Weltkriegs diente das Gebäude als Außenlager des KZ Neuengamme. Von Juli bis September 1944 waren darin bis zu 1500 jüdische Frauen aus Osteuropa untergebracht, die in Raffinerien und anderen zerstörten Hafenbetrieben Aufräumarbeiten verrichten mussten. Anschließend kamen 1500 männliche Häftlinge, die im Gleis- und Panzergrabenbau eingesetzt wurden. Auch in anderen Betrieben im Hafen sowie im Eisenbahnbau wurden Zwangsarbeiter eingesetzt, KZ-Häftlinge mussten unter anderem bei Blohm & Voss, der Deutschen Werft und der Stülcken-Werft arbeiten. Inzwischen wurde die Stiftung LAGERHAUS G Heritage FOUNDATION gegründet, um den

Speicher als Erinnerungsort zu erhalten. Bereits seit 2017 engagiert sich die Initiative Dessauer Ufer dafür, das Gebäude als soziokulturellen Lern- und Gedenkort zu entwickeln und in das geplante Moldauhafenquartier einzubinden.

Hansahafen

Hinter dem Lagerhaus D überquert die Straße eine Durchfahrt zum Hansahafen, der 1893/94 als kombinierter See- und Flussschiffhafen mit direkter Gleisanbindung fertiggestellt wurde. In der Kurve zum Veddeler Damm sind noch Anlagen des früheren **Hafenbahnhofs Hamburg Süd** erhalten, darunter ein 1906 erbauter Güterschuppen und ein kaum jüngeres Verwaltungsgebäude. An der Kreuzung biegen wir rechts ab auf den Veddeler Damm, der parallel zu den Gleisen des Rangierbahnhofs Hamburg Süd verläuft. An den Schildern zum Hafenmuseum („Hier geht's zur PEKING“) halten wir uns wieder rechts, gelangen auf den Wendehammer der Australiastraße und von dort aus durch die weite Öffnung der Flutschutzwand auf den Bremer Kai am Westufer des Hansahafens. Hier befinden wir uns im Reich des **Hafenmuseums**, das sowohl Teile links der Flutschutzwand nutzt als auch die Kaifläche und die davor liegende Pontonanlage. Einen Besuch dieses Museums, ob jetzt gleich oder später, sollte man sich nicht entgehen lassen.

Bremer Kai am Hansahafen

Blick vom Hansahöft hinüber zur Innenstadt

Unsere Tour führt nun am Kai entlang, wobei wir auf die Pontonanlage mit dem Schwimmdampfkran SAATSEE, dem Schutensauger SAUGER IV und der Kastenschute H 11347 blicken können. Es gehört zum Konzept des Museums, die Objekte betriebsfähig zu erhalten, um sowohl die Technik als auch die Arbeitsbedingungen der Hafenarbeiter möglichst anschaulich erlebbar zu machen – einige davon sollen hier kurz beschrieben werden.
Immer wieder versuchten die Seeleute und Hafenarbeiter auch im Hamburger Hafen, ihre Arbeitssituation zu verbessern. 1886 kam es zu Arbeitsniederlegungen der Heizer und Trimmer, denen allein zwischen 1888 und 1890 dreißig Streiks im Hafen folgten. Zweieinhalb Monate dauerte der große **Hafenarbeiterstreik** von 1896/97, bei dem es vor allem um drei Forderungen ging: höhere Löhne, da Mieten und Lebensmittel seit dem Zollanschluss teurer geworden waren, eine Verbesserung der Arbeitsvermittlung, die damals vor allem in Kneipen und an Straßenecken stattfand, und schließlich eine Verringerung der Arbeitszeiten. Eine Normalschicht dauerte damals von 6 bis 18 Uhr, Ewerführer arbeiteten häufig 13 bis 14 Stunden am Tag, und Schauerleute mussten manchmal länger als 36 Stunden zur Verfügung stehen. Der Streik endete mit einer Niederlage der Arbeiter, da sowohl die Unternehmer als auch der Senat hart blieben. Erst im Nachhinein besserten sich die Arbeitsbedingungen der Streikenden, Anfang des 20. Jahrhunderts wurde der Hafenbetriebsverein zur Vermittlung von Hafenarbeitern gegründet, und ab 1912 galten im Hafen Tariflöhne. Weitere Highlights an und auf der Kaistrecke sind die alten Loks und Waggons, die von den Freunden der Hafenbahn betreut werden, und die **Viermastbark PEKING**, die hier bis zur Fertigstellung des Hafenmuseum-Neubaus ihren Liegeplatz gefunden hat. An einer zweiten Pontonanlage liegen weitere historische Schiffe der Stiftung Hamburg Maritim, darunter der Stückgutfrachter BLEICHEN, der Lotsenschoner No. 5 ELBE und das Dampfschiff SCHAARHÖRN. Entlang neuer Flutschutzmauern gelangen wir schließlich zum Hansahöft am Ende des Kais mit fabelhaftem Blick hinüber zur Stadt. Häufig sieht man von hier die großen Autotransporter, die am gegenüberliegenden RoRo-Terminal abgefertigt werden. 2013 kam dieses Terminal in die Schlagzeilen, da auf dem Fahrzeugdeck der ATLANTIC CARTIER ein Brand ausge-

EXTRA INFO

HEIZER

Wenn mindestens an einem Wochenende im Monat der kohlebefeuerte Schwimmkran unter Dampf ist, bekommt man in dessen Kesselraum eine Ahnung davon, wie hart der Berufsalltag der Heizer war. Ihre Aufgabe war es, die Feuer in den Kesseln zu versorgen und den Dampf für den Betrieb der Maschinen zu erzeugen. Auf größeren Schiffen wurden die Heizer dabei von Trimmern unterstützt, die Kohle aus den Bunkern vor die Kessel schaffen mussten. Vor allem auf den Transatlantik-Dampfern, deren Reeder um immer schnellere Fahrten konkurrierten, waren die Dimensionen der Anlagen ungleich größer als auf der SAATSEE. Auf dem 1914 gebauten Transatlantikliner VATERLAND wurden beispielsweise 46 Kessel mit je drei Feuerbuchsen, also insgesamt 138 Feuer zur Dampferzeugung betrieben. Zu den Berufskrankheiten der Heizer, die in der extremen Hitze der Kesselräume tonnenweise Kohle schaufeln mussten, gehörten Lungenkrankheiten durch Kohlenstaub, Ruß und Rauch. Auch kam es häufig zu Arbeitsunfällen, von Verbrennungen oder Verbrühungen bis hin zu Kesselexplosionen. ●

brochen war, der erst nach mehr als acht Stunden unter Kontrolle gebracht werden konnte. An Bord des Frachters befanden sich 33 Gefahrgutcontainer mit zusammen über 230 Tonnen Munition, radioaktiven Stoffen, explosivem Ethanol und hochgiftigem Uranhexafluorid. Zur gleichen Zeit feierten in der etwa fünfhundert Meter entfernten Hafencity Zigtausende Menschen den Auftakt des Kirchentages – und erfuhren erst später, dass sie nur knapp einer Katastrophe entgangen waren. Tatsächlich werden permanent unterschiedlichste **Gefahr- und Rüstungsgüter** im Hamburger Hafen umgeschlagen oder zwischengelagert. Pro Tag werden in Hamburg durchschnittlich drei Container mit Rüstungsgütern verschifft, und allein die Reederei Hapag Lloyd brachte 2021 über 6000 Tonnen Uranhexafluorid aus Kanada zum Containerterminal Altenwerder. Verschiedene Initiativen setzen sich dafür ein, den Transport von Rüstungsgütern und radioaktivem Material über den Hamburger Hafen zu verbieten.

Südwest- und Indiahafen

Wir kehren zurück zum Wendehammer am Ende des Kais, biegen nun rechts ab auf die Australiastraße und können dabei noch die riesige, alte Dampframme und die Sammlung historischer Van Carrier (→ **Tour 15**) auf dem Vorplatz des Hafenmuseums bewundern. Anschließend gelangen wir über einen Links-rechts-Schlenker auf die Straße am Windhukkai. Einen Kai sehen wir hier allerdings nicht, denn der wurde zusammen mit dem dazugehörenden Südwesthafen

Zugeschüttete Hafenbecken Ende der 1990er Jahre

und dem daneben liegenden Indiahafen 1997–99 zugeschüttet. Auf dem dadurch entstandenen Gelände rechts der Straße befinden sich heute Logistikunternehmen mit Lagerhallen, Büros und Betriebsflächen, und an der Stelle des abgerissenen Schuppens 53 steht ein neues Zollamt.

Genau fünfzig Jahre vor der Eröffnung des Südwesthafens 1929 war an seiner Stelle der **Petroleumhafen** als erster Hafen auf dem Kleinen Grasbrook gebaut worden. Da das dort umgeschlagene Leuchtpetroleum extrem feuergefährlich war, hatte man ihn fernab des damals bestehenden Hafengebiets angelegt. Als der Hafen nach dem Zollanschluss immer näher an den Petroleumhafen heranrückte, wurde ein neuer, weiter abseits gelegener Hafen für den Umschlag und die Lagerung von Ölprodukten auf Finkenwerder eingerichtet (**Tour 11 + 15**) und der alte Petroleumhafen für den Stückgutumschlag umgebaut. Heute ist vom ehemaligen Südwesthafen nur noch ein kleiner Teil übrig geblieben, den man auf einem Abstecher über den rechts abgehenden Kamerunweg besuchen kann. Zurück am Windhukkai fahren wir anschließend an einem nach wie vor genutzten Schuppen entlang, der früher am Ufer des Südwesthafens lag. Im Unterschied zu den 50er-Schuppen von 1909–12, bei denen Klinker und Holz dominieren und deren mittig erhöhtes Dach von zwei Säulenreihen getragen wird, handelt es sich beim 1929/30 errichteten **Schuppen 59** um eine Eisenbetonkonstruktion, die von einem Schalengewölbe überspannt wird. So war es möglich, das Gebäude bei etwa fünfzig Metern Breite mit nur einer mittleren Stützreihe auszustatten. Der Windhukkai führt an seiner abgeschrägten Westfassade vorbei auf den **Veddeler Damm**, auf dem wir weiterfahren. Bei dem großen Backsteinbau auf der rechten Seite des Worthdamms, den wir von der Straße aus sehen können, handelt es sich um eine 1926/27 gebaute ehemalige Kaserne der Hafenpolizei, in der heute die Wasserschutzpolizeischule untergebracht ist. Dieser westliche Teil des Kleinen Grasbrooks sowie die benachbarte Insel Steinwerder wurden nach dem Zollanschluss vor allem als Industriegebiet entwickelt. Am Worthdamm entstanden unter anderem das Vaselinwerk Schümann (später Chemiefabrik Sasol)

Schuppen 59 am Windhukkai

EXTRA INFO

KETELKLOPPER-SPROOK

Lagen Dampfschiffe ein paar Tage im Hafen, wurde die Gelegenheit genutzt, um die Kessel zu reinigen. Dafür wurde das Wasser abgelassen, und die Kesselklopfer mussten durch die kleinen Mannlöcher in die engen und meistens noch heißen Kessel kriechen. Ihre Aufgabe war es, den Kesselstein, also die Kalkablagerungen von den Wandungen der Dampfkessel, Flamm- und Rauchrohre zu hämmern. Eine äußerst harte, unbequeme und ungesunde Arbeit, die in der Hierarchie der Hafenarbeit weit unten stand, was einer der Gründe dafür war, dass die „Ketelklopper" eine eigene Geheimsprache entwickelten. Dabei wird der Anlaut eines Wortes, eines Wortteils oder sogar jeder Silbe nach hinten gestellt und bekommt zusätzlich noch ein -i angehängt. Aus „Moin" wird so „Oinmi", aus „Dummtüch" wird „Ummdiüchti" und aus der Kesselklopfersprache, also der „Ketelklopper-sprook", die „Etelkiopperkliookspri". Ein weiterer Nutzen dieser Sprache war, dass die so umgeformten Wörter in der lauten, hallenden Umgebung besser verstanden werden konnten.

und ein Werk der Deutschen Shell AG, das 1888 als Schmierstoffwerk Stern-Sonneborn gegründet worden war.

Brücken mit Aussicht

Wir fahren nun auf die Argentinienbrücke, die über den Reiherstieg führt, biegen gleich an der ersten Ampel links ab und gelangen so auf einen Radweg, der uns am Rand der Klütjenfelder Straße auf die Südseite des Rangierbahnhofs bringt. Der folgende Straßenverlauf quert den Veddelkanal und den Klütjenfelder Hafen. Gleich dahinter verlief die **Grenze des Freihafens**, auch hier befand sich also eine Zolldienststelle, deren Gebäude auf der rechten Straßenseite lagen und leider nicht erhalten sind. Man erkennt den früheren Standort der Station aber noch daran, dass die Straße hier auffallend breit ist. Der links liegende Spreehafen gehörte zum Freihafengebiet und war vom Zollzaun umgeben (→ **Tour 5**).

Die Straße geht nun über in den Reiherstieg-Hauptdeich, dem wir etwa 1,3 Kilometer folgen. Gleich hinter der kreuzenden Neuhöfer Straße biegen wir rechts ab auf den für Autoverkehr gesperrten Weg, der zwischen Hecken und Brachen verläuft und zwei Bahngleise quert.

Kurz vor dem **Reiherstieg** führt der Weg wieder zur Neuhöfer Straße und auf die Reiherstieg-Klappbrücke, von der aus sich ein weiter Blick den Fluss entlang bis hin zur Innenstadt bietet.

An der nächsten Kreuzung biegen wir rechts ab, bleiben aber auf dem Radweg auf der linken Seite, denn gleich hinter dem Waldstück geht es links auf die Nippoldstraße. Die Freihafengrenze verlief gleich nördlich dieser Kreuzung, und auch die Gebäude der früheren **Zollstation Neuhof** wurden komplett abgerissen. Der Zollzaun ist jedoch noch erhalten, er verläuft rechts der Nippoldstraße, die nun schnurgeradeaus parallel zur Köhlbrandbrücke in Richtung Westen führt. Auf der anderen Seite liegt die aus vielen Rohren und Schloten dampfende Anlage der Hamburger Ölmühle, in der Pflanzenöle wie Raps-, Soja- und Palmöle gepresst werden und Biodiesel hergestellt wird.

Bis zum Köhlbrand

Am Ende der Straße biegen wir rechts ab auf die Straße Köhlbranddeich, die unter der 1974 eingeweihten **Köhlbrandbrücke** hindurchführt. Deren Fahrbahnen hängen in 54 Metern Höhe an armdicken Stahlseilen, die an den beiden 130 Meter hohen Pylonen befestigt sind. Die Tage der Brücke sind allerdings gezählt, denn ab 2034 soll sie durch einen Tunnel ersetzt und anschließend abgerissen werden (→ **Tour 15**). Das neben der Straße auf dem Trockenen liegende Schiff gehört zum „maritimen competenzcentrum“, kurz ma-co, das aus der 1975 gegründeten Hafenfachschule der HHLA hervorgegangen ist und unter anderem Weiterbildungen zu Umschlag und Gefahrgütern anbietet. Wir überqueren nun den Roßkanal, der um 1910 angelegt wurde, um Hafen- und Binnenschiffen eine Umfahrung des Freihafengebiets zu ermöglichen (dessen Grenze damals noch etwas weiter nördlich lag). Links der Straße lädt der Fähranleger Neuhof zu einer Pause mit Blick auf den Köhlbrand und hinüber nach Waltershof ein, das seit 1910 ebenfalls zum Freihafengebiet gehörte.

Vor dem würfelförmigen Bau mit dem Kuppeldach (→ **Tour 15**) biegen wir rechts ab und gelangen jetzt wieder in das frühere Freihafengebiet. An dieser Stelle ist mit dem in der Kurve stehenden Gebäude tatsächlich noch ein früheres Zollgebäude erhalten. Nördlich von

Anlagen der Ölmühle an der Nippoldstraße

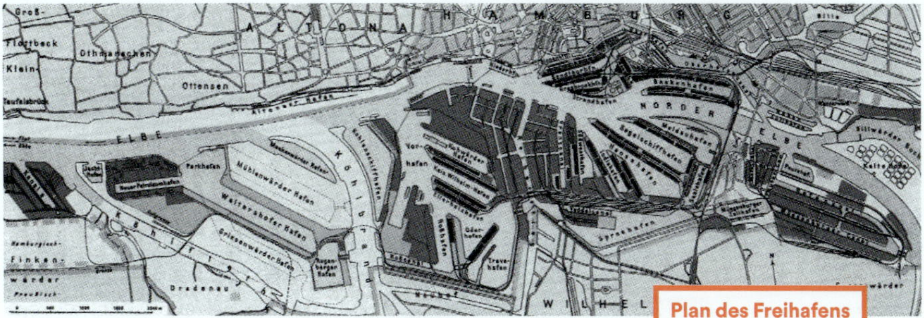

Plan des Freihafens im Jahr 1925

uns liegt das von der HHLA betriebene **Containerterminal Tollerort** (CTT), für dessen Erweiterung zwei Hafenbecken zugeschüttet wurden, der Kohlenschiff- und der Vulkanhafen. Reste davon lassen sich vom Roßweg aus erkennen, auf dem wir weiterfahren: Vor den grün-gelben Hallen ragen etwas fehl am Platz wirkende Spundwände aus dem Erdreich. Zusammen mit dem Hafen verschwanden auch die Überreste eines **U-Boot-Bunkers**, in dem während des Zweiten Weltkriegs U-Boote gebaut wurden. Als er 1946 gesprengt werden sollte, stürzte nur die riesige Deckenplatte ein, und als Ruine überdauerte das Bauwerk mitsamt zwei darin verbliebenen U-Boot-Wracks noch bis zur endgültigen Zuschüttung des Hafenbeckens 1999. Siegfried Lenz ließ dort dramatische Teile seines Nachkriegsromans „Der Mann im Strom“ spielen (→ **Tour 4**).
Der U-Boot-Bunker gehörte zur Vulcan-Werft, die 1906 auf ein Areal zwischen dem Vulkan- und Roßhafen gezogen war. Auf dieser Werft lief unter anderem 1912 der Hapag-Schnelldampfer IMPERATOR vom Stapel, mit 268 Metern Länge das damals größte Schiff der Welt. Neben zivilen Schiffen wurden allerdings zunehmend Kriegsschiffe gebaut, ein Markt, der mit dem Ende des Ersten Weltkriegs 1918 zunächst einbrach. 1929 wurde die Vulcan-Werft von den Kieler Howaldtswerken übernommen, die später mit der Deutschen Werft zur HDW fusionierten. Jahrzehntelang war Hamburg Standort einer ganzen Reihe von erfolgreichen **Großwerften**, bis Wirtschafts-, Öl- und Schifffahrtskrisen viele diese Unternehmen aufgeben oder Konkurs gehen ließen. Gab es 1958 in Hamburg noch 43 Werftbetriebe mit fast 35 000 Beschäftigten, waren es 1982 nur noch 19 Unternehmen mit gut 14 000 Beschäftigten. 1983 kündigte die Unternehmensleitung der HDW an, noch im selben Jahr über 1300 Mitarbeiter in Hamburg zu entlassen. Nach einem ergebnislos gebliebenen Hungerstreik von Ehefrauen der

Ruine des U-Boot-Bunkers

Ellerholzschleuse

Arbeiter besetzte die Belegschaft das Werftgelände. Die Besetzung stieß auf eine große Welle der Solidarität, von nah und fern trafen Spenden ein, auch das Orchester der Staatsoper spielte in der Werkskantine. Doch als das Unternehmen mit Abmahnungen, Kündigungen und Schadensersatzforderungen drohte, wurde die Besetzung nach neun Tagen beendet. Es folgten die angekündigten Entlassungen und die Einstellung des Schiffsneubaus, ein Verkauf an Blohm + Voss und 1988 schließlich die Auflösung des Werks am Roßhafen.

Entlang des Roßkanals

Der Roßweg wechselt nach einiger Zeit auf die andere Seite des neben der Straße verlaufenden Roßkanals und führt bald am **Roßhafen** entlang. An dessen westlichem, also linken Ufer können wir noch einige ehemalige Werkhallen der MAN (Maschinenfabrik Augsburg-Nürnberg) sehen, die dort 1939/40 für den Bau von U-Boot-Motoren errichtet wurden. Der gegenüberliegende Kai wird heute als Umschlagsplatz für Metallschrott genutzt, bis zu seinem Abriss Ende 1998 stand dort noch das zehngeschossige Kühlhaus Roßhafen, erbaut 1926 für die Lagerung von aus China importierten Eiern. Anschließend geht der Roßweg über in die Breslauer Straße, von der wir vor der Auffahrt zur Köhlbrandbrücke rechts auf einen unbefestigten Weg abbiegen, der am Ufer des **Travehafens** entlangführt.

Abriss des Kühlhauses Roßhafen

In den 2010er Jahren schien sich das Ende dieses Hafenbeckens abzuzeichnen, denn der 2012 verfasste Hafenentwicklungsplan 2025 ging von einer enormen Steigerung der Containerumschlagszahlen aus. Um diese abwickeln zu können, sollten der Travehafen und zwei weitere Häfen zugeschüttet und auf der neuen Fläche das Container Terminal Steinwerder (CTS) gebaut werden. Der Platz wurde allerdings nicht gebraucht, da weit weniger Container umgeschlagen wurden als prognostiziert: Die Menge blieb unter 10 Mio. TEU/Jahr, statt auf über 25 zu steigen. Das Projekt CTS wurde also verkleinert und kurzerhand in Central Terminal Steinwerder umbenannt, statt von Containern ist nun von „zukunftsfähigen Geschäftsfeldern … wie Produktion, Leichtmontage und

3

Logistik“ die Rede. Und der Travehafen steht vorerst noch den unterschiedlichsten Hafenschiffen und auch der Vielzahl von Vögeln zur Verfügung, die seine ruhigen Wasserflächen zu schätzen wissen.

Über die Schleuse nach Steinwerder

Am Ende des Wegs liegt ein Revier der Wasserschutzpolizei (WSPK 2) mit einem Anleger für Polizeischiffe und -boote. Dahinter überqueren wir auf dem Fußweg die beiden Kammern der **Ellerholzschleusen**, die um 1900 erbaut wurden. Hierbei handelt es sich um Sperrschleusen, die nicht dazu dienen, unterschiedliche Wasserstände auszugleichen, sondern nur für die Regulierung der Strömungsgeschwindigkeit zwischen zwei Gewässern sorgen. So werden der Transport von Schwebstoffen und das damit verbundene Verschlicken der Hafenbecken und Kanäle vermindert. Nach der Kurve halten wir uns rechts und überqueren an den nächsten beiden Ampeln zunächst die Buchheisterstraße und dann den Reiherdamm, auf den wir links abbiegen. Westlich der Straße liegt zunächst der Kaiser-Wilhelm-Hafen, der früher von Schiffen der Hapag genutzt wurde (→ **Tour 4 + 14**), parallel dazu der Kuhwerder Hafen, in dem sich zwei Schwimmdocks der gleich nördlich davon liegenden Werft Blohm + Voss befinden (→ **Tour 4**). Nachdem wir den Grevenhofkanal

Bewohner des Travehafens

Schachtgebäude des Elbtunnels auf Steinwerder

überquert haben, geht der Reiherdamm über in die Hermann-Blohm-Straße, die vor dem südlichen Schachtgebäude des St.-Pauli-Elbtunnels endet. Zu Zeiten des Freihafens befand sich auch hier eine Zollstation, von der heute ebenfalls nichts mehr zu sehen ist.

Das Ende des Freihafens

Der Freihafen verschwand nicht auf einen Schlag: 1992 wurde als Erstes die Kehrwiederspitze herausgenommen, auf der anschließend das Hanseatic Trade Center gebaut wurde (→ Tour 1 + 2). 2003 wurden dann alle Gebiete nördlich der Elbe aus der Freizone entlassen, um dort die Hafencity bauen zu können. Zu dieser Zeit gab es noch viele Befürworter des Freihafens, die sich in der „Initiative Pro Freihafen" organisierten. Doch gegen seine Beibehaltung sprach das stärkere Zusammenwachsen der Mitgliedstaaten der EU, in der keine Zollgrenzen den innergemeinschaftlichen Handel und Verkehr behindern sollten. Am 1.1.2013 wurde der Hamburger Freihafenstatus aufgehoben, seitdem gilt das gesamte Hafengebiet als Seezollhafen. Sämtliche entladene Waren müssen angemeldet und „einer Zollbehandlung zugeführt" werden, die in der Regel auf elektronischem Wege erfolgen kann; für eine kurzfristige Zwischenverwahrung stehen Zolllager zur Verfügung.

Bevor wir nun zurück auf die Nordseite der Elbe fahren, ohne dass uns vorher jemand fragt, ob wir etwas zu verzollen haben, bietet sich noch ein Abstecher am Schachtgebäude des Tunnels vorbei zum Ufer der Elbe an. Dort befindet sich ein Aussichtspunkt mit Blick auf den Fluss und die Stadt, und vielleicht hat auch der Imbisswagen geöffnet, an dem man sich vor der Durchquerung des Tunnels noch eine Stärkung besorgen kann. ●

Aussichtspunkt am Elbufer

AUSFLUGS- UND ENTDECKERTIPPS
IM FREIHAFEN

● FÜR DEERNS UND JUNGS
Im **Deutschen Zollmuseum** gibt es für Kinder ein tolles Zollquartett, verschiedene Bastelbögen, ein Malbuch und ein Pixibuch zum Thema Zoll.

● HAFENKULTUR
Deutsches Zollmuseum
Alter Wandrahm 16, Hamburg-Speicherstadt
Zollgeschichte vom Altertum bis zur Gegenwart, spannende Schmuggelgeschichten und ein alter Zollkreuzer

Deutsches Hafenmuseum
Standort Schuppen 50A, Australiastraße, Kopfbau Schuppen 50A (→ Tour 14)

Verein Hafenkultur e.V.
Seit 1993 aktiv zur Erforschung und Bewahrung von Hafenkulturgut und zur Unterstützung des Hafenmuseums, www.hafenkultur.eu

● STÜCKGUT
Buchhandlung Hafenfuchs
Shanghaiallee 21, Hamburg-Hafencity
Viele Bücher zu maritimen Themen, neu und antiquarisch

● VERPFLEGUNG
Kaffeeklappe im Hafenmuseum
Die letzte erhaltene Kaffeeklappe des Hamburger Hafens versorgt heute die Besucherinnen und Besucher des Hafenmuseums.

Brücke 10 am Alten Elbtunnel
Aussichtspunkt Steinwerder
Imbiss mit Fischbrötchen

● BUCHTIPPS
Siegfried Lenz: Der Mann im Strom
Nachkriegszeit in Hamburg. Der Hafen liegt in Trümmern, doch überall wird aufgeräumt und aufgebaut. Einige helfen auf der Suche nach ihrem eigenen Stück vom Glück ein bisschen nach – das kann auf Dauer nicht gutgehen.

Anna Prochotta: Koloniales Hamburg
Ein Stadtführer (Hamburg 2023)

Abdulrazak Gurnah: Nachleben
Der auf Sansibar geborene Nobelpreisträger erzählt die Lebenswege von vier Menschen aus Ostafrika während der deutschen Kolonialzeit.

● FILMTIPP
Brüder (1929)
Regie: Werner Hochbaum. Der Große Hafenarbeiterstreik 1896/96. Gedreht in Hamburg mit Laiendarstellern, die selbst im Hafen arbeiteten

● SCHIFFE
OLDENBURG, eh. Zollkreuzer, gebaut 1976 auf der Burmester-Werft/Bremen, Länge 28,07 m, Breite 4,83 m, Tiefgang 1,44 m

MS STUBNITZ, eh. Heckfänger, gebaut 1964 auf der Volkswerft/Stralsund, Länge 79,8 m, Breite 13,2 m, Tiefgang 14,9 m, seit 1994 schwimmender Musikclub

SK SAATSEE, Ex SIMSON, Schwimmdampfkran, gebaut 1917 von der Schiffs- und Maschinenbau AG/Mannheim, Länge 22,5 m, Breite 13,5 m, Tiefgang 2,34 m. Auf dem Nord-Ostsee-Kanal im Einsatz bis 1989

SAUGER IV, Schutendampfsauger, gebaut 1909 von der Lübecker Maschinenbau AG/Lübeck, Länge 33,30 m, Breite 8 m, Tiefgang 2,20 m

WS 37, Schweres Hafenstreifenboot, gebaut 2007 bei Barthel/Derben, Länge 17,65 m, Breite 4,90 m, Tiefgang 4,90 m

AM REIHERSTIEG: ENTLANG DER NORD-SÜD-ACHSE QUER DURCH DEN HAFEN

Start- und Endpunkt
St. Pauli-Elbtunnel, Nordseite (Fähranleger sowie U-/S-Bahnhof Landungsbrücken, Linien U3, S1, S2 + S3)

Dauer
etwa 3 Stunden

Route
St. Pauli-Elbtunnel → Hermann-Blohm-Straße → Nordersand → Rohrweg → Ellerholzdamm → Buchheisterstraße → Steinwerder Damm → Ellerholzweg → Neuhöfer Damm → Rethedamm → Eversween → Hohe-Schaar-Straße → Pollhornweg → Pollhorner Hauptdeich → Schmidts Breite → Bei der Wollkämmerei → Schlengendeich → Alte Schleuse → Reiherstieg Hauptdeich → Klütjenfelder Straße → Argentinienbrücke → Reiherdamm → Hermann-Blohm-Straße → St. Pauli Elbtunnel

4

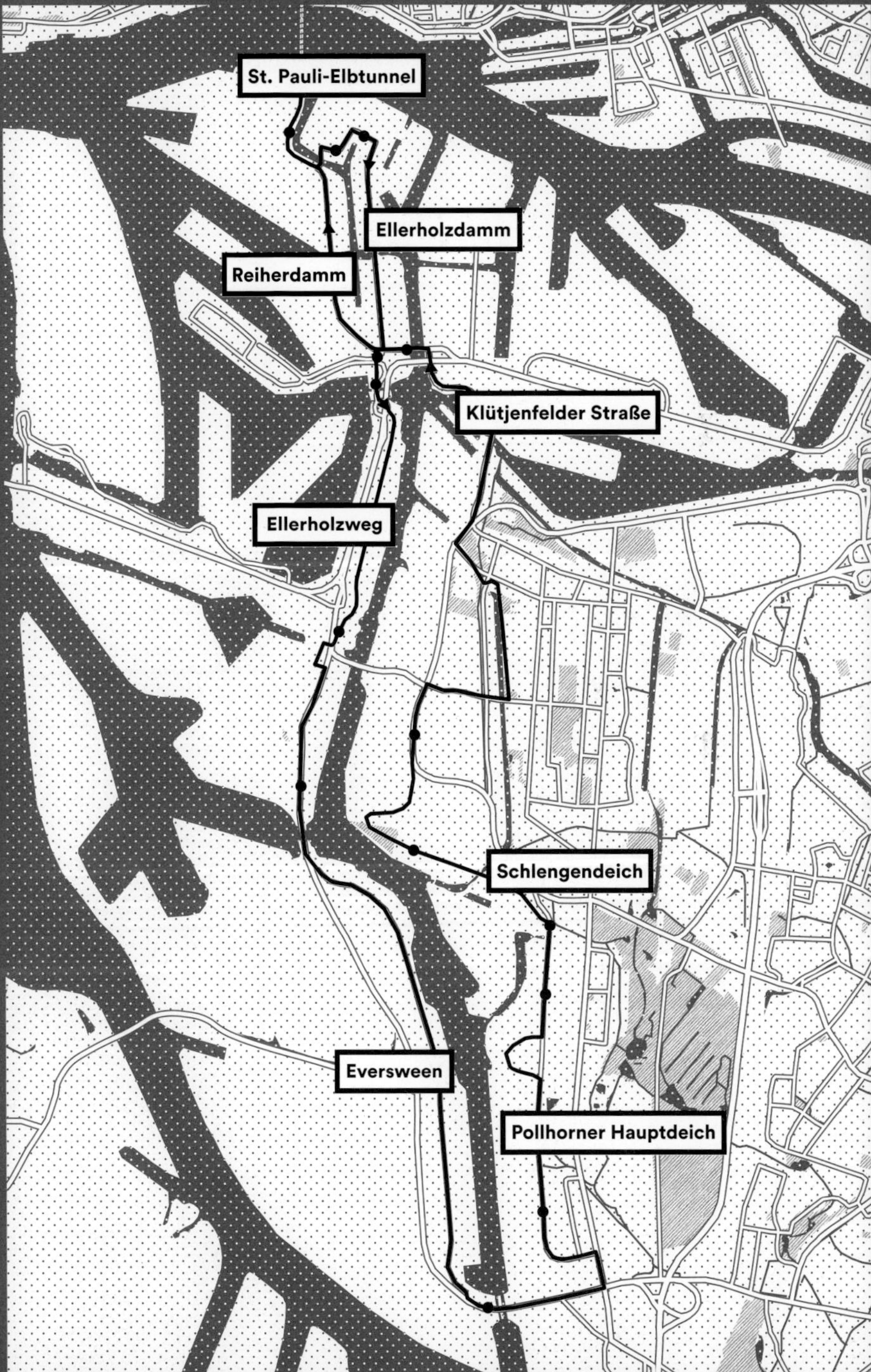
St. Pauli-Elbtunnel
Ellerholzdamm
Reiherdamm
Klütjenfelder Straße
Ellerholzweg
Schlengendeich
Eversween
Pollhorner Hauptdeich

An den Ufern von Reiherstieg und Vering-kanal: von kleinen und großen Werften, Industriegeschichte und Stadtteilkultur, Graureihern und Getreidesilos

Der Startpunkt dieser Tour liegt am Nordufer der Elbe, und von dort müssen wir als Erstes auf ihre andere Seite gelangen. Denn wir werden dem **Reiherstieg** folgen, einem früheren Nebenarm der Elbe, der gegenüber der Elbphilharmonie in die Elbe mündet. Als zentraler Wasserweg verläuft er quer durch den Hafen und stellt die kürzeste Verbindung zwischen Norder- und Süderelbe dar. An Wochentagen könnten wir mit den HADAG-Fähren der Linie 73 oder 75 zur anderen Elbseite übersetzen (→ Tour 14). Wegen des starken Verkehrs im Hafen empfiehlt es sich aber, die Tour am Wochenende zu unternehmen und sie stattdessen mit einer Fahrt durch den **St. Pauli-Elbtunnel** zu beginnen.

Brücke oder Tunnel?

Vor dem Bau dieses Tunnels wurden die Hafenarbeiter mit Fähren, Barkassen und sogar Ruderbooten zu ihren Einsatzorten transportiert. Bei Sturm, Nebel und Eisgang waren solche Fahrten jedoch gefährlich bis unmöglich, und zu Schichtbeginn und -ende kam es zu langen Staus und Wartezeiten. Wollte man auf dem Landweg in die Hafenbereiche auf der Südseite der Norderelbe, musste man den weiten Weg über die Elbbrücken nehmen. Sowohl Vertreter der Hafenwirtschaft als auch der -arbeiter forderten also Ende des 19. Jahrhunderts die Schaffung einer neuen Verbindung zwischen der Stadt und dem Hafen, der sich immer weiter auf der Südseite der Elbe ausbreitete. Zunächst wurde dafür der Bau einer Brücke ins Auge gefasst, die vom Fuße des Michels hinüber nach Steinwerder führen sollte. Ein Entwurf aus dem Jahr 1891 zeigt eine gewaltige Stahlkonstruktion, die von damals neuen und berühmten Bauwerken wie dem

St. Pauli-Elbtunnel, Längsschnitt durch ein Schachtgebäude

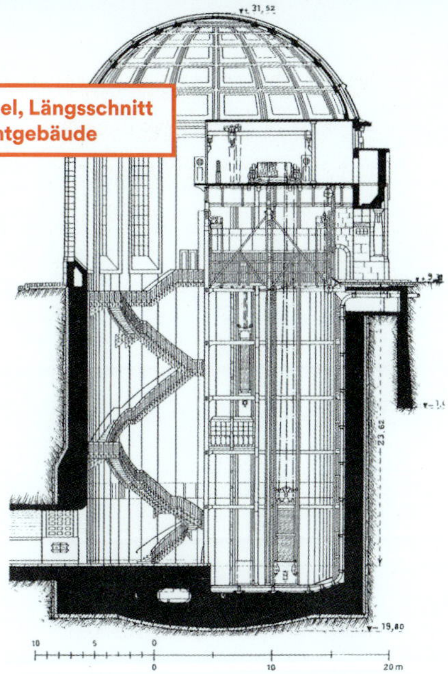

Eiffelturm und der Firth-of-Forth-Brücke beeinflusst war. Wegen der hohen Kosten für so eine Brücke wurde dann jedoch ein Tunnel in Auftrag gegeben, der 1911 eingeweiht wurde.
Das Schachtgebäude auf dem nördlichen Ufer zeigt noch seine ursprüngliche Form mit dem hohen Kuppeldach, während sein Gegenüber auf der Südseite nach Beschädigungen im Zweiten Weltkrieg vereinfacht wiederaufgebaut wurde. Sechs durch Winden betriebene Fahrkörbe bringen die Fahrzeuge und Fußgänger vom Straßenniveau hinunter zu den beiden 448,5 Meter langen **Tunnelröhren**, deren Breite sich an den damals üblichen Pferdefuhrwerken orientierte. Heutige Stadtgeländewagen stoßen da manchmal an ihre Grenzen. Die Röhren wurden im sogenannten Schildvortriebsverfahren hergestellt, wobei in ihnen ein Überdruck von 2,3 atü herrschte, um das Eindringen von Wasser zu verhindern. Die am Bau beteiligten Menschen mussten daher vor und nach ihren Schichten zum Druckausgleich in Druckkabinen, dennoch starben fünf der Arbeiter an Lungenrissen und viele weitere erkrankten. Schließlich wurden die Tunnelröhren mit Eisenbögen, den sogenannten Tübbings, ausgekleidet, verkachelt und mit schmückenden Ornamenten versehen. Inzwischen steht der St. Pauli-Elbtunnel unter Denkmalschutz. Seit 2010 wird er aufwendig saniert, doch zu Fuß oder mit dem Fahrrad kann man ihn weiterhin durchqueren – jederzeit und gebührenfrei.

HADAG-Fähre auf der Fahrt von Steinwerder zu den Landungsbrücken

Tanker STOLT PERSEVERANCE im Dock von Blohm + Voss

Werften auf Steinwerder

Die Insel Steinwerder, auf der wir nach der Fahrt durch den Tunnel herauskommen, war ursprünglich tiefliegendes Marschland. Nach dem Großen Brand 1842 wurde sie mit aus dem Stadtgebiet abtransportiertem Bauschutt und aus der Elbe gebaggertem Sand aufgehöht. Anschließend siedelten sich dort verschiedene Industriebetriebe an, darunter viele Werften, die sich zuvor auf dem Großen Grasbrook befunden hatten und den dort neu entstandenen Hafenanlagen Platz machen mussten. Bis zur Eröffnung des Freihafens gab es auf Steinwerder auch noch Wohnhäuser für die Werft- und Hafenarbeiter. Unser Weg führt nun am Firmengelände der Werft **Blohm + Voss** entlang, der ältesten Großwerft Hamburgs (Schreibweise vor 1965: Blohm & Voss). Gegründet wurde sie 1877 von den Hamburger Ingenieuren Hermann Blohm und Ernst Voss, die in England ausgebildet worden waren und sich auf den dort erlernten Bau von Dampfschiffen spezialisierten. 1892 stiegen Blohm und Voss mit dem kleinen Kreuzer CONDOR in den Bau von Kriegsschiffen ein. Ein Markt mit enormem Potenzial, denn unter Wilhelm II. verstärkte das Kaiserreich sein koloniales Engagement, und es galt die Maxime „Weltpolitik als Aufgabe, Weltmacht als Ziel, Flotte als Instrument". Der Deutsche Flottenverein machte Lobbyarbeit für den massiven Ausbau der deutschen Marine, und die deutschen Werften waren bald mit dem Bau von Schlachtschiffen voll ausgelastet. In den 1930er Jahren wurde bei Blohm & Voss erneut mit dem Bau von Schiffen für die Kriegsmarine begonnen, während des Zweiten Weltkriegs verlegte sich die Werft auf die Produktion von U-Booten. Heute ist das Unternehmen Teil der „Naval Vessels"-Sparte des Lürssen-Konzerns, und weiterhin werden hier neben großen Luxusyachten Schiffe für Seestreitkräfte verschiedener Länder gebaut. Außerdem zum Geschäft gehören die Reparatur und der Umbau von Kreuzfahrtschiffen.

4

Schild am Tor der geschlossenen Werft (etwa 1998)

An der folgenden Kreuzung biegen wir links ab und überqueren das Norderloch. Von der rechten Seite der Brücke aus überblickt man die Biegung des Steinwerderkanals mitsamt seinem nach Norden abknickenden toten Ende. Hier kann man oft **Graureiher** beobachten, die ruhig an der Uferböschung stehen und nach Fischen Ausschau halten – nach diesen Vögeln wurde der Reiherstieg benannt. Gleich hinter der Brücke biegen wir rechts ab und gelangen auf die Straße Nordersand, dann auf den Rohrweg und von da aus auf den Ellerholzdamm, an dessen nördlichem Ende, also links von uns, zwei Theaterhäuser der Musicalfirma Stage Entertainment stehen. Zuvor befand sich dort die **Stülckenwerft** (1846–1966, dann Übernahme durch Blohm + Voss, Stilllegung 1988). Um den Reiherstieg tatsächlich von seinem nördlichsten bis zum südlichsten Ende kennenzulernen, muss man an dieser Stelle einen Abstecher machen, indem man zunächst nach links und vor dem Theater wieder rechts abbiegt. Dahinter überquert man das Guanofleet, einen Kanal, der Mitte des 19. Jahrhunderts während der Erschließung Steinwerders angelegt und später von der Elbe und dem Reiherstieg abgetrennt wurde. Links der Straße liegt nun ein Lkw-Parkplatz, über den man bis zum Elbufer fahren und von dort aus auf die Einmündung des Reiherstiegs blicken kann. Dessen gegenüberliegendes Ufer war lange Standort der 1706 gegründeten **Reiherstiegwerft**, die im Laufe ihres Bestehens mehrmals ihren Namen wechselte (Kramer-, Roosen-, Godeffroy-, Deutsche Werft, HDW) und 1983 geschlossen wurde.

Graureiher am Norderloch

4

Flint-Werft, vom Reiherstieg aus gesehen

Unsere Tour führt anschließend zurück auf den Ellerholzdamm und auf diesem, parallel zum Reiherstieg, nach Süden. Bitte Vorsicht beim Überqueren einiger diagonal über die Straße verlaufender Gleise! Nach dem leichten Linksknick der Straße fährt man direkt am Gelände der **Norderwerft** vorbei, die 1906 gegründet wurde und heute ebenfalls zur Lürssen-Gruppe gehört. In den drei großen Schwimmdocks und an den Kais werden vor allem Reparaturen, Aus- und Umbauten vorgenommen, auch hier geht es häufig um Marineschiffe. Beim Reiherstieg handelt es sich tatsächlich um einen traditionellen Werftenstandort: Bereits im frühen 18. Jahrhundert befanden sich an dem noch unbefestigten Wasserlauf zwischen Bauernhäusern und Viehweiden auch eine ganze Reihe von Schiffbauplätzen. Diese hatten mit den heutigen Anlagen allerdings wenig gemein: Für den Bau der damaligen Holzschiffe waren keine riesigen Gerüste, Docks und Kräne nötig, sondern wenig mehr als etwas Platz an einem Ufer, gutes Holz, viel Kraft und Sachverstand. Erhalten ist keiner dieser Schiffbauplätze. Gleich hinter der Norderwerft kommen wir jedoch an der Kleinwerft **M.A. Flint** vorbei, deren Gelände an den Reiherstieg und den Grevenhofkanal grenzt. Dieser Betrieb unterscheidet sich von seinen großen Nachbarn, denn hier werden nicht graue Kriegsschiffe, sondern Hafenbarkassen und alte Schlepper fit gemacht, und statt in der Hand internationaler Konzerne war die Werft fünf Generationen lang in Familienbesitz (heute eine GmbH). Gegründet wurde sie 1870 vom Hamburger Schiffbauer Martin Adolph Flint (zunächst noch an der Norderelbstraße). Bis 2004 gehörte auch eine Bergungs- und Taucherfirma zu dem Betrieb, der um 1900 an den heutigen Standort zog.

Eine zentrale Position auf dem Werftgelände nimmt die kräftige Winde ein: Sie zieht bei Hochwasser die auf Slipwagen liegenden Schiffe aus dem Wasser. Für Arbeiten am Rumpf wird dieser zunächst gereinigt und von Algen- und Muschelbewuchs befreit. Der Propeller und die Kühlwasserleitungen werden kontrolliert, bei Bedarf werden neue Anoden angebracht, die den Rumpf vor Korrosion schützen. Vor dem anschließenden Farbaufbau, der aus mehreren Schichten besteht, muss noch jeglicher Rost und lose Farbe entfernt werden. Das Gelände der Werft ist ein funktionales Sammelsurium aus Maschinen, Werkzeug und Ersatzteilen aus vielen Jahrzehnten. Kein Wunder, dass es schon oft als Drehort für Filme genutzt wurde: So wurden 2012 bei Flint Teile des Films **Arnes Nachlass** gedreht, eine Verfilmung des gleichnamigen Buchs von Siegfried Lenz. Die Rol-

Lenz. Die Rollen des Werftbesitzers und seiner Frau übernahmen Jan Fedder und Suzanne von Borsody. Dies war schon die vierte Verfilmung eines Romans von Siegfried Lenz, in der der Hamburger Schauspieler Jan Fedder (1955–2019) eine Hauptrolle übernahm. Auch Teile des Taucher-Dramas „Der Mann im Strom" (→ **Tour 3**) waren schon bei Flint gedreht worden, ebenso die erste Verfilmung dieses Buches mit Hans Albers im Jahr 1958.

Jan Fedder bei den Dreharbeiten zu „Arnes Nachlass"

Industriebetriebe …

Von der Brücke über den Grevenhofkanal kann man Teile der Flint-Werft sehen, außerdem bietet sich hier ein freier Blick auf den Reiherstieg. Das gegenüberliegende Ufer wurde jahrzehntelang von den Anlagen der Shell-Raffinerie dominiert, die 2022 abgebrochen wurden. Im Westen liegt die Grevenhofschleuse, an der wir auf der Rückfahrt vorbeikommen werden. Wir fahren nun auf dem Ellerholzdamm weiter und passieren das Gelände der Firma H.D. Cotterell, die 1890 als Quartiersmannbetrieb in der Speicherstadt gegründet wurde. Nach wie vor befasst sich die Firma mit der Einfuhr und Lagerung von Gütern wie Kakaoprodukten, Trockenfrüchten, Nüssen und Gewürzen, was man manchmal sogar beim Vorbeifahren erschnuppern kann. Am Ende des Ellerholzdamms überqueren wir die Kreuzung und geraten nach einem Rechts-links-Schlenker über die Buchheister Straße auf den Steinwerder Damm (den Radweg-Schildern Richtung Moorburg folgen). Hinter der Schleusenanlage (→ **Tour 3**) biegen wir links ab auf den Ellerholzweg, der parallel zum Reiherstieg zwischen Kirschbäumen und alten Industriebetrieben weiter nach Süden führt.

Grevenhofkanal mit angrenzendem Werftgelände

UNA-HAKRA

... und Arbeiterviertel

Kurz vor dem Ende des Ellerholzwegs fällt der Zaun auf der rechten Seite auf: Dabei handelt es sich um einen verbliebenen Teil des Zollzauns, der früher das gesamte Freihafengebiet umgab (→ Tour 3). An der Kreuzung biegen wir links ab und fahren auf dem Neuhöfer Damm weiter. Links der Straße war seit 1888 der Standort der **Oelkers-Werft**, die 1991 in Konkurs ging und ihren Betrieb einstellen musste. Hinter dem verwilderten Wäldchen auf der rechten Straßenseite ist dagegen noch das Relikt eines anderen Kapitels der Geschichte erhalten: Der dunkelrote Backsteinbau (Neuhöfer Damm 95) war früher nämlich eine Schule. Sechzig Jahre lang befand sich auf der Insel **Neuhof** ein Wohnviertel, in dem vor allem Arbeiterfamilien lebten. Ab 1911 hatte die Neuhöfer Wohnstättengesellschaft hier eine Siedlung mit Wohnungen für etwa 3000 Menschen errichtet, zu der die 1913 erbaute Schule gehörte. Viele der Bewohner arbeiteten in den neuen Häfen und Industriebetrieben, die in den 1920er Jahren nach Gründung der Hamburgisch-Preußischen Hafengemeinschaft auf Neuhof, Kattwyk und der Hohen Schaar entstanden. 1970 wurde jedoch auch der besiedelte Teil Neuhofs zum Industriegebiet erklärt und geräumt, die Wohnhäuser wurden abgerissen. Nur das beeindruckende Schulgebäude blieb stehen. Von 1990 bis 2007 wurde das Haus als Unterkunft für Geflüchtete genutzt, wofür im Inneren einige Umbauten vorgenommen wurden. Äußerlich blieb es jedoch weitgehend unverändert, was zu seinem hohen Wert als Baudenkmal beiträgt. Doch seit es wieder leersteht, verschlechtert sich seine Bausubstanz von Jahr zu Jahr. Der Denkmalverein hat die HPA als Eigentümerin des Gebäudes daher aufgefordert, es zu sanieren und durch eine neue Nutzung zu erhalten. Wir können die Schule von Nahem betrachten, wenn wir zwischen zwei Findlingen rechts abbiegen. Folgen wir anschließend dem Kopfsteinpflasterweg, kommen wir hinter einem alten Wohnhaus, in dem sich früher ein kleines Lebensmittelgeschäft befand, wieder zurück auf den **Neuhöfer Damm**, auf den wir rechts abbiegen. Wir kommen

Frühere Schule am Neuhöfer Damm

Tanker auf der Rethe

nun an der Technik- und Umweltschutzwache Wilhelmsburg vorbei, danach am „Freizeitheim Casa de España e. V.“, in dem gelegentlich Feste und Veranstaltungen stattfinden. An der Einmündung des Alten Rethedamms überrascht eine erstaunliche Ansammlung unterschiedlicher Findlinge. Auf der linken Seite folgen die riesigen Silos der Firma UNA-HAKRA (Hanseatische Kraftfuttergesellschaft), die Schweinefutter produziert. Über Umschlagseinrichtungen am Reiherstieg können Rohstoffe und Produkte auf dem Wasserweg an- und abtransportiert werden.

Erdöltanks und Getreidespeicher

Der Neuhöfer Damm ist inzwischen in den **Rethedamm** übergegangen. Bald danach beginnt westlich der Straße das Gelände der Evos GmbH, in deren 149 Tanks Mineralölerzeugnisse, Biokraftstoffe, Flüssiggas, Schwefelsäure, Grundöl und Paraffin gelagert werden. Die Umschlagseinrichtungen dieses Terminals befinden sich an der südlich angrenzenden Rethe. Einen Anleger am Reiherstieg kann dagegen die Umweltschutzorganisation Greenpeace nutzen: In ihrem Gebäude am südlichen Ende des Rethedamms sind Werkstätten und Lagerräume, dahinter machen Schiffe und Boote der Greenpeace-Flotte wie die BELUGA II fest. Die angrenzende weite Wasserfläche wird von den Aktivisten zuweilen für Trainingsmanöver genutzt.

Greenpeace-Schiff BELUGA II

Umschlag an der Rethe

Der Rethedamm führt nun auf die **Rethe-Klappbrücke**, eine kombinierte Eisenbahn- und Straßenbrücke, die seit 2017 die 1934 gebaute Rethe-Hubbrücke ersetzt. Bei der Rethe handelt es sich um einen Elbarm, der den Reiherstieg mit dem Köhlbrand verbindet. In den ersten Jahrzehnten des 20. Jahrhunderts wurde er mehrfach vertieft und ausgebaut, bis er von Seeschiffen befahren werden konnte. An der Rethe selbst wurde 1927/28 eine vollmechanische, noch heute betriebene Umschlagsanlage für Kali errichtet, auch ein Silo von 1937 ist noch erhalten. Ähnlich alt ist das beeindruckende Ensemble mehrerer hoher Getreidespeicher auf der östlichen Seite der Rethebrücke: Das älteste Silo wurde 1935 erbaut, weitere folgten nach dem Zweiten Weltkrieg. An der Wasserseite befinden sich sowohl Saugrohre zur Entladung von Schiffen als auch Schüttrohre zur Beladung.

Auf der Südseite der Rethe liegt die Hohe Schaar, eine Insel, die von riesigen Industrieanlagen und Tanklagern vor allem der Mineralölindustrie dominiert wird. Auf dieser Route werden wir allerdings nicht viel davon sehen, denn wir biegen gleich hinter der Rethebrücke links ab auf die Straße **Eversween** (dafür

Die inzwischen abgerissene Rethe-Hubbrücke von 1934

EXTRA INFO

GETREIDE-UMSCHLAG IM HAMBURGER HAFEN

Für den Getreideumschlag und das Trimmen der Ladung waren traditionell die Kornumstecher zuständig. Ursprünglich war Getreide in Säcken verpackt worden, erst im Zuge der Mechanisierung des Umschlags erfolgte der lose Transport als Massengut. Die Arbeit der Kornumstecher, die auch „Weiße Schauerleute" genannt wurden, war wegen der starken Staubentwicklung ungesund und nicht ungefährlich. Der später „Getreideprüfer" genannte Beruf wurde 1975 in den „Seegüterkontrolleur" integriert, einen Ausbildungsberuf, der bis 2006 existierte und dann seinerseits in der „Fachkraft für Hafenlogistik" aufging. Neben dem Umschlag zwischen Frachtern und Silos fand auch Umschlag von See- auf Binnenschiffen und umgekehrt statt. Dafür standen in Hamburg schwimmende Getreideheber der 1906 gegründeten Getreideheber-Gesellschaft (GHG) zur Verfügung. 1914 waren schon 21 davon im Hafen unterwegs. Noch in den 1970er Jahren wurden Neubauten in Auftrag gegeben, doch dann ging ihr Einsatz aufgrund der zunehmenden Mechanisierung des Massengutumschlags immer weiter zurück. Nach und nach wurden die Getreideheber verkauft oder verschrottet. Versuche, den letzten Hamburger Getreideheber HERBERT (gebaut 1976 bei Sietas/Neuenfelde) als technisches Denkmal zu erhalten, scheiterten leider, so dass heute keiner dieser schwimmenden Giganten mehr erhalten ist. ●

der Radweg-Ausschilderung unter der Hohe-Schaar-Straße hindurch folgen) und bleiben so am Reiherstieg. Parallel zur Straße verlaufen nun die Gleise des Rangierbahnhofs Hohe Schaar, die Wasserseite wird von den Anlagen des Getreide Terminals Hamburg dominiert. Kurz vor dessen südlichem Ende erinnert neben der Bushaltestelle Eversween (Nord) eine Informationstafel daran, dass sich an diesem Ort von 1943 bis 1945 ein „Langer Morgen" genanntes „Arbeitserziehungslager" der Gestapo befand, in dem über hundert Gefangene ums Leben kamen. Hinter den Silos beginnt an der Wasserseite eine niedrige Mauer, die zu einer Pause mit Blick auf den Reiherstieg einlädt. Gleich unterhalb bieten einige Brücken Liegeplätze für Binnenschiffe, gegenüber fallen die Silos der Getreidemühle „Aurora" auf, denen wir auf der Rückfahrt noch näher kommen werden.

Pollhorner Hauptdeich

Der Eversween führt weiter nach Süden, und zwischen der Straße und dem Reiherstieg reiht sich ein Logistikunternehmen an das andere. Sie alle profitieren von der vielseitigen **Infrastruktur des Hamburger Hafens**: Hier treffen Seeschiffe, Binnenschiffe, Pipelines, Schienen und Straßen aufeinander, zudem sind die Mieten für Flächen im Hafen sehr gering. Den modernen grünen Hallen und Silos der Louis Hagel GmbH & Co. KG sieht man nicht an, dass es sich bei diesem Betrieb um einen der ältesten Umschlagsbetriebe Hamburgs handelt: Gegründet wurde die Firma 1878 als Fuhrunternehmen in Harburg, ab 1910 kam der Massengutumschlag dazu. Seit 1969 befindet sich das Familienunternehmen hier am Reiherstieg. Über Greiferkräne und Losebelader erfolgt der Umschlag zwischen Schiffen und der Landseite, der Weitertransport kann per Lkw oder über zwei betriebseigene Bahngleise mit Anschluss an das Netz der Deutschen Bahn erfolgen.

Das südliche Ende des Reiherstiegs

Am Ende der Straße biegen wir links ab auf die Hohe-Schaar-Straße, die den Reiherstieg überquert. Unter der Brücke sperrte von 1903 bis 2023 eine Schleuse den Reiherstieg von der Strömung der gleich südlich querenden Süderelbe ab. Bis Ende 2027 wird sich hier eine Baustelle befinden (eine Durchgängigkeit für den Straßenverkehr soll in der Zeit aber jederzeit gewährleistet sein): Zunächst sollen die alte **Reiherstiegschleuse**, die Straßen- und die Eisenbahnbrücken durch Neubauten ersetzt werden. Doch dabei soll es nicht bleiben: Südlich davon soll eine neue Brücke entstehen, die im Zuge der geplanten Hafenpassage A26 Ost die A26 West und die A7 mit dem Autobahnkreuz Stillhorn verbindet. Über Sinn und Wirtschaftlichkeit dieser Verbindung wird noch diskutiert und gestritten (→ Tour 10). Wir sind hiermit jedenfalls am Scheitelpunkt unserer Tour angelangt und können noch einen letzten Blick auf die Süderelbe und die dahinter liegenden Industrie- und Hafenanlagen Harburgs (→ Tour 9) werfen, bevor wir die Fahrt auf der östlichen Seite des Reiherstiegs fortsetzen.

Kurs Nord

Zunächst bleiben wir noch auf der Hohe-Schaar-Straße und biegen an der nächsten Kreuzung links ab auf die Georg-Wilhelm-Straße. Am besten bleiben wir gleich auf dem Radweg auf der linken Straßenseite, denn kurz hinter dem Haus mit dem markanten Türmchen, in dem sich ein indisches Restaurant befindet, biegen wir erneut links ab auf den **Pollhornweg**. An der Einmündung des Pollhornbogens passieren wir den dort seit vielen Jahren ansässigen Imbiss mit hafenspezifischen Betriebszeiten (Mo–

Plangesche Villa und Getreidesilos

Fr von 4.15 bis 15 Uhr), deftigen Speisen und niedrigen Preisen. Der Pollhornweg geht über in den rechts abknickenden Pollhorner Hauptdeich, der parallel zum Reiherstieg nach Norden führt. Die große Grünfläche auf der rechten Straßenseite ist seit Jahrzehnten ein beliebter Aufenthaltsort von vielen Saat- und Rabenkrähen, oft lassen sich dort auch Turmfalken beobachten.

Diese Gegend im Südwesten Wilhelmsburgs macht einen sehr aufgeräumten Eindruck: gerader Deich, gerade Straße und gerade Bahngleise neben rechteckigen Industriebetrieben. Knaack-Krane rechts und HaBeMa-Futtermittel links, daran anschließend das ausgedehnte Wallmann-Terminal. An dieser Stelle müssen wir aufpassen, denn gleich hinter dem Wallmann-Gelände überqueren wir links an einem kleinen Bahnübergang (BÜ Nr. 556) die Gleise und kommen so auf den ebenfalls sehr akkuraten Haulander Hauptdeich, an dem sich einige unerwartete Bauwerke befinden. Der ursprünglich aus Soest stammende Müller Georg Plange ließ hier 1897 die damals größte Mühle Kontinentaleuropas bauen. Für das von ihm erfundene „Diamant-Mehl" benötigte er Weizen aus Übersee, weshalb die Lage direkt am Wasser ideal war. Auf dem Gelände der heutigen GoodMills Deutschland GmbH stehen neben großen modernen Silos und Industriegebäuden noch mehrere denkmalgeschützte Bauten seiner **Plangeschen Mühle**: Am auffälligsten ist sicherlich die Villa von 1902 (Haulander Hauptdeich 2, umgebaut 1925 und 1985), um die wir herumfahren können, interessant und denkmalgeschützt sind aber auch eine Mühlenanlage mit Kesselhaus von 1896 und zwei Silos von 1934 und 1939 (an der anschließenden Trettaustraße 49) sowie zwei Wohngebäude mit Meisterwohnungen von 1904 (Trettaustraße 40–42).

Über die Trettaustraße gelangen wir wieder auf den Pollhorner Hauptdeich, der hier in Schmidts Breite übergeht. Auf der Weiterfahrt nach Norden passieren wir den links von uns liegenden Rest des **Äußeren Schmidtkanals**, über den der benachbarte Bereich Wilhelmsburgs entwässert wurde, mit einem alten, hölzernen Schleusentor. Gleich dahinter biegen wir links ab auf den Schlengendeich, eine neu angelegte Fahrradstraße. Sie führt zu einer modernen Fußgängerbrücke, auf der wir den Äußeren Veringkanal überqueren.

Wallmann-Terminal

Wilhelmsburg: Industrialisierung und Kultur

Das ursprünglich ländliche Wilhelmsburg wurde erst nach dem Zollanschluss Hamburgs industrialisiert, das jedoch mit hohem Tempo: 1890 eröffnete die Wollkämmerei, in der Wolle aus Übersee verarbeitet wurde, als erstes Industrieunternehmen am Reiherstieg. Die Raffinerie der Deutschen Erdölwerke (später DEA) und die Benzinwerke Wilhelmsburg (später Rhenania-Ossag, dann Shell) folgten. Als Standortvorteile wirkten die Nähe zum (Frei-)Hafen sowie die Lage am Wasser, das sowohl als Transportweg wie auch zur Produktion und zur Aufnahme von Abwässern genutzt wurde.

Ende des 19. Jahrhunderts wurden weitere Flächen für die Ansiedlung von Industrieanlagen am neu ausgebauten Veringkanal erschlossen und besiedelt. Die **Alte Schleuse**, deren Anlage wir von der Brücke aus gut überblicken können, wurde 1894–1897 erbaut. Bei ihr handelt es sich nicht um eine Strömungsschleuse, sondern um eine Kammerschleuse, die den Veringkanal vom tideabhängigen Reiherstieg abtrennte. Die Ausstattung mit je zwei Stemmtoren am sogenannten Außen- und Binnenhaupt ermöglichte es, Schleusungen nicht nur bei gleichem Wasserstand, sondern jederzeit durchführen zu können. Hinter der Schleuse sehen wir einen etwas weiter entfernt stehenden Turm über die Bäume ragen: Dabei handelt es sich um den 1911 erbauten Wilhelmsburger Wasserturm „Groß-Sand“, der heute zum gleichnamigen Krankenhaus gehört und sechs Wohnungen beherbergt. Da die Industriebetriebe viele Arbeitskräfte benötigten, wuchs auch die Bevölkerung Wilhelmsburgs vor allem durch die Anwerbung von Einwanderern aus Schlesien, Pommern und Polen. Westlich und vor allem östlich des Veringkanals entstanden Wohnquartiere, auch die Wasserversorgung wurde ausgebaut. Das **Reiherstiegviertel** entstand.

Vor hundert Jahren wäre allerdings niemand zum Vergnügen an den Veringkanal gekommen. Die anliegenden Industriebetriebe sorgten für eine extrem starke Belastung des Wassers, der Böden und der Luft. Inzwischen hat sich das Viertel enorm gewandelt: Die Industriebetriebe sind verschwunden, stattdessen findet man dort Grünanlagen und Spazierwege, die im Zuge der Internationalen Gartenbauausstellung (igs) 2013 angelegt wurden. Auf dem Kanal selbst fahren keine Schlepper und Schuten mehr, die Alte Schleuse wird also eigentlich nicht mehr gebraucht. Als historische Industrieanlage steht sie jedoch unter Denkmalschutz, 2013 wurde sie sogar renoviert. So ist sie nach wie vor in Betrieb, und nach Voranmeldung kurbelt der Schleusenmeister die Stemmtore wie vor hundert Jahren per Hand auf und zu. Wir halten uns nun links und erreichen den neu angelegten **Uferpark** am Reiherstiegknie. Auf diesem Gelände wurde früher Stückgut umgeschlagen, eine Nutzung, die durch die Containerisierung des Warentransports obsolet geworden ist. Anstatt die Fläche anderen Hafen- oder Industriebetrieben zur Verfügung zu stellen, wurde sie 2013 als Projekt der igs und der zur

Blick von der Brücke über die Alte Schleuse des Veringkanals

gleichen Zeit stattfindenden Internationalen Bauausstellung IBA (→ **Tour 5**) in eine öffentliche Grünfläche verwandelt. Die Besucherinnen und Besucher finden viel Platz und Möglichkeiten zum Pausieren und Austoben, am Wasser bietet sich der Blick auf die imposanten Speicheranlagen der Rethe. Leider hatte der versprochene Fähranleger am Reiherstieg keinen Bestand, dabei wäre eine Fährlinie von hier zu den Landungsbrücken nicht nur attraktiv, sondern hätte auch Tradition: Denn 1891 eröffnete gleich gegenüber der Rethebrücke das Ausflugslokal Stübens Volksgarten. Das Gasthaus verfügte über Ballsäle, viele Plätze im Außenbereich – und einen eigenen Fähranleger. 1944 wurde das Lokal bei Luftangriffen zerstört.
Zur Landseite hin kann man hinter einem Zaun zwischen Pappeln, Weiden und Birken einige merkwürdige Bauwerke und Installationen entdecken: Das frühere Shell-Gelände wird inzwischen vom **MS Dockville**-Festival genutzt, das seit 2007 jedes Jahr im August drei Tage lang viele bunte und laute Konzerte präsentiert („Newcomer und Genregrößen aus Indie, Pop und Electro“). Seit 2016 wird das Dockville durch das davor stattfindende Kunstfestival MS Artville ergänzt, das sich als „progressive Open-Air-Galerie der gegenwärtigen Kunst“ versteht. Vor Ort erarbeiten dann internationale Künstlerinnen und Künstler im Laufe von drei Wochen unterschiedlichste Kunstwerke zu einem zentralen Thema.

▷

Nach einer Runde um den Uferpark halten wir uns links und gelangen auf den Reiherstieg-Hauptdeich, dem wir nach Norden folgen. Auf diesem Teil der Strecke gibt es wegen der großen Firmengelände, die zwischen der Straße und dem Reiherstieg liegen, keine Möglichkeit, am Fluss entlangzufahren. Wir machen stattdessen einen Abstecher in das frühere Industriegebiet am **Veringkanal**. Dafür biegen wir an der folgenden Kreuzung rechts ab auf die Neuhöfer Straße, fahren bald über den Veringkanal und anschließend sofort links auf den Fußweg, der am Dursun-Akçam-Ufer entlang in Richtung Norden führt. Das einzelstehende Gebäude auf der linken Uferseite, auf das man von einer Aussichtsterrasse aus blickt, gehörte zu den 1903 in Betrieb genommenen Wilhelmsburger Zinnwerken, einer Kupferhütte. Nach deren Schließung 1963 stand es lange leer, bis es 2009 als Drehort des Films „Soul Kitchen“ des Hamburger Regisseurs Fatih Akin bekannt wurde. Anschließend wurde die Soulkitchen-Halle einige Jahre für kulturelle und soziale Projekte genutzt, dann aber wegen Baumängeln wieder geschlossen. Auch die großen Fabrikhallen am rechten Ufer, an denen wir etwas später vorbeifahren, waren Teil der **Zinnwerke**. Heute arbeiten Menschen und Firmen aus der Kreativwirtschaft in den ehemaligen Elektrolysehallen, und an jedem ersten Sonntag eines Monats findet dort ein Flohmarkt statt. Bald danach kommen wir zum Gebäude der 1913 gegründeten Asbest- und Gummiwarenfabrik Martin Merkel KG, die bis 1972 in Betrieb war. Auch diese Hallen wurden im Zuge der IBA in ein Kunst- und Kreativzentrum umgenutzt, zu dem das Atelierhaus23 gehört.

Nördliches Ende des Veringkanals mit der Honigfabrik

Blick von der Ernst-August-Schleuse auf den Spreehafen

Wir umrunden das nördliche Ende des Veringkanals mit dem neu gestalteten Sanitaspark. Auf der Westseite befindet sich ein weiterer sehr lebendiger kultureller und sozialer Ort: die **Honigfabrik**. Ursprünglich gehörte das Gebäude des heutigen Kulturzentrums zum Margarine-Werk Mohr und Franzen, das hier 1906 errichtet worden war. Neben dem Haupthaus existieren noch die südlich angrenzende Werkstatt, ein Flügelbau und die 1912 ergänzten Werkhallen am Veringkanal. Nachdem die Margarineproduktion eingestellt worden war, nutzte die Honigfabrik Gieseke die Räumlichkeiten noch bis 1977 und sorgte dafür, dass das Zentrum heute seinen schönen Namen tragen kann. Für Kleine und Große gibt es viele unterschiedliche Angebote und Veranstaltungen, und ein Besuch im ansässigen Café Pause lohnt sich (nicht nur wegen der köstlichen Kuchen) immer.

Wir nehmen nun den Fußpfad gegenüber der Honigfabrik, der dem Verlauf alter Gleise folgt, und überqueren die Reiherstieger Wettern. So gelangen wir auf die Fährstraße, biegen links ab und an der nächsten Kreuzung rechts, wodurch wir wieder auf den Reiherstieg-Hauptdeich kommen. Das Haus Fährstraße 115, das wir passieren, wurde um 1905 erbaut. Seit 2007 befindet sich darin ein Wohnprojekt, dessen Zukunft gefährdet ist: Die Stadt Hamburg möchte das Haus aus Deichschutzgründen abreißen, die Mieterinnen und Mieter dagegen möchten es gern kaufen und erhalten. Jenseits des Reiherstieg-Hauptdeichs führt der Fährstieg zum Reiherstieg. Dort war früher tatsächlich ein Fähranleger, von dem bis 1986 mehrmals täglich Schiffe zu den Landungsbrücken fuhren. Gleich südlich davon befindet sich seit 1945 die 1892 auf Steinwerder gegründete **Werft Theodor Buschmann**, die inzwischen zur Fairplay-Reederei gehört. Daneben hat sich 1984 auf dem Gelände der ehemaligen Rudolf Meyer & Söhne-Werft (gegründet 1920) die **Altenwerder Werft** angesiedelt.

Zurück nach Steinwerder

Der Fährstieg bietet sich für einen Abstecher zum Reiherstieg an, ist allerdings eine Sackgasse. Die Tour führt also anschließend auf dem Reiherstieg-Hauptdeich weiter nach Norden, an der nächsten Kreuzung halten wir uns halblinks, um auf dieser Straße zu bleiben. Rechter Hand mündet schließlich der Ernst-August-Kanal mit der gleichnamigen Schleuse (ein Neubau von 2011) in den **Spreehafen**. Kurz dahinter liegt links der Straße der Klütjenfelder Hafen mit einem Anleger, der von den HADAG-Fähren der Linie 73 angesteuert wird – leider nur an Wochentagen. Viele Bewohnerinnen und Bewohner Wilhelmsburgs setzen sich dafür ein, dass die Verbindung auch an den Wochenenden betrieben wird. Wir folgen dem Straßenverlauf, der sich über drei Brücken schlängelt, und kommen so auf die Argentinienbrücke, auf der wir den Reiherstieg überqueren. Von ihr aus bietet sich noch einmal ein toller Blick den Fluss entlang bis zur Innenstadt. Anschließend überqueren wir den Ellerholzdamm und fahren auf dem Reiherdamm weiter. Links der Straße liegen neuerdings oft große Kreuzfahrtschiffe, denn seit 2015 befindet sich dort das **Cruise Center Steinwerder** mit seiner Kaianlage und zwei Terminalgebäuden. Bei der Schleuse, die wir nach dem Passieren eines weiteren Getreideterminals überqueren, handelt es sich um die 1913 erbaute, inzwischen stillgelegte Grevenhofschleuse, die wir schon von der anderen Seite aus gesehen haben: Sie stellte eine Verbindung zwischen dem Kuhwerder Hafen und dem Grevenhofkanal dar, der zum Reiherstieg führt. Dahinter beginnt schon das Werftgelände von Blohm + Voss, und wir folgen dem Straßenverlauf bis zum St. Pauli-Elbtunnel. Es geht noch einmal unter der Elbe hindurch, dann sind wir wieder am Ausgangspunkt unserer Tour angelangt, auf der wir viel vom Reiherstieg, aber vermutlich nur wenige Reiher gesehen haben: Die befestigten Ufer bieten ihnen keinen Lebensraum mehr. Längst hat der Hafen den früheren Flusslauf in Besitz genommen und seinen Bedürfnissen entsprechend verändert. Doch wie wir festgestellt haben, ziehen sich inzwischen einige Betriebe wieder vom Reiherstieg zurück, und viele Bereiche werden neu gestaltet. An manchen Stellen darf sich nun sogar wieder Natur ausbreiten, und vielleicht siedeln sich irgendwann auch wieder Reiher entlang diesem quer durch den Hamburger Hafen führenden Wasserlauf an. ●

Anlagen zum Getreideumschlag am Kuhwerder Hafen

AUSFLUGS- UND ENTDECKERTIPPS
AM REIHERSTIEG

● FÜR DEERNS UND JUNGS

Findlinge an der Ecke Neuhöfer Damm/Alter Rethedamm
Hamburg-Neuhof
Staunen, forschen, hüpfen, klettern

Kinderkultur im Kulturzentrum Honigfabrik
Industriestraße 125–131, Hamburg-Wilhelmsburg
Offene Angebote, Ferienprogramm, Kulturprojekte und Bilderbücher aus der ganzen Welt

Spielplatz im Sanitaspark
Dursun-Akçam-Ufer, Hamburg-Wilhelmsburg
Am Veringkanal gleich gegenüber der Honigfabrik, geplant unter Beteiligung Wilhelmsburger Kinder

● HAFENKULTUR

Minitopia
Georg-Wilhelm-Straße 322, Hamburg-Wilhelmsburg
Eine Halle, Werkstätten und Außenflächen mit viel Platz für Gemüsebeete, Kochen, Essen, Basteln, Bauen, Upcycling ... nicht nur für Schulprojekte

FlohZinn, Zinnwerke
Veringhof 7, Hamburg-Wilhelmsburg
Kulturflohmarkt, jeden 1. Sonntag im Monat. Mit Live-Musik und Verpflegung

Kulturzentrum Honigfabrik
Industriestraße 125–131, Hamburg-Wilhelmsburg
Werkstätten und Ateliers, Musik und Theater, Gruppen und Kurse und vieles mehr

Geschichtswerkstatt Wilhelmsburg
www.geschichtswerkstatt-wilhelmsburg.de

● STÜCKGUT

Black Ferry
Fährstraße 56, Hamburg-Wilhelmsburg
Vegane Lebensmittel, Klamotten, Bücher, Musik

● VERPFLEGUNG

Café Pause im Kulturzentrum Honigfabrik
Industriestraße 125–131, Hamburg-Wilhelmsburg
Mo–So 9–19 Uhr, köstliche Frühstücksangebote, Snacks, Kaffee und Kuchen

Cafés und Imbisse aus aller Welt
im Wilhelmsburger Reiherstiegviertel

Udo's Imbiss
Pollhornbogen 23, Hamburg-Wilhelmsburg
Belegte Brötchen, Pommes Frites, Currywurst, Bauernfrühstück (spezielle Öffnungszeiten)

Five Rivers Georg-Wilhelm-Straße 329, Hamburg-Wilhelmsburg
Indian Tandoori-Restaurant

● FILMTIPP

Arnes Nachlass
In diesem Film steckt sehr viel Hamburger Hafengeschichte: Reiherstieg, Flint-Werft und Jan Fedder. Nach dem gleichnamigen Roman von Siegfried Lenz (2013, Regie: Thorsten Schmidt)

● SCHIFFE

BELUGA II
Klipper, gebaut 2004 auf der Fridtjof Nansen-Werft/Wolgast, Länge 33,30 m, Breite 6,20 m, Tiefgang 1,80 m. Für Greenpeace unterwegs auf Flüssen und Meeren

MAUREEN S
Mehrzweckschiff, gebaut 1985, Länge 88 m, Breite 11,5 m, Tiefgang 5,35 m

REIHERSTIEG, NALA und RAFIKI
HADAG-Fähren der Linie 73. Mo–Fr unterwegs auf dem Reiherstieg zwischen Landungsbrücken und Ernst-August-Schleuse (→ Tour 14)

WILHELMSBURGER GEGENSÄTZE: GRÜNLAND, INDUSTRIE UND TIDEAUWALD

Start- und Endpunkt
Müggenburger Zollhafen
(S-Bahnhof Veddel/Nordausgang, S3/S31)

Dauer
etwa 2,5 Stunden,
dazu zwei mögliche Abstecher

Route
Am Zollhafen → Neuhäuser Damm → Peutestraße (Peuter Elbdeich / Peutehafen) → Müggenburger Hauptdeich → Georgswerder Bogen → Niedergeorgswerder Deich **→ Abstecher 1** → Rahmwerder Straße → Hövelpromenade → Kirchdorfer Straße → Bullertweg → Sperlsdeicher Weg → Jenerseitedeich → Kreetsander Hauptdeich **→ Abstecher 2** → Einlagedeich → Siedenfelder Weg → Kirchdorfer Straße → Schönenfelder Straße → Thielenstraße → Dratelnstraße → Rotenhäuser Straße → Fahrradstraße → Vogelhüttendeich → Georg-Wilhelm-Straße → Klütjenfelder Hauptdeich / Berliner Ufer → Harburger Chaussee → Am Zollhafen

5

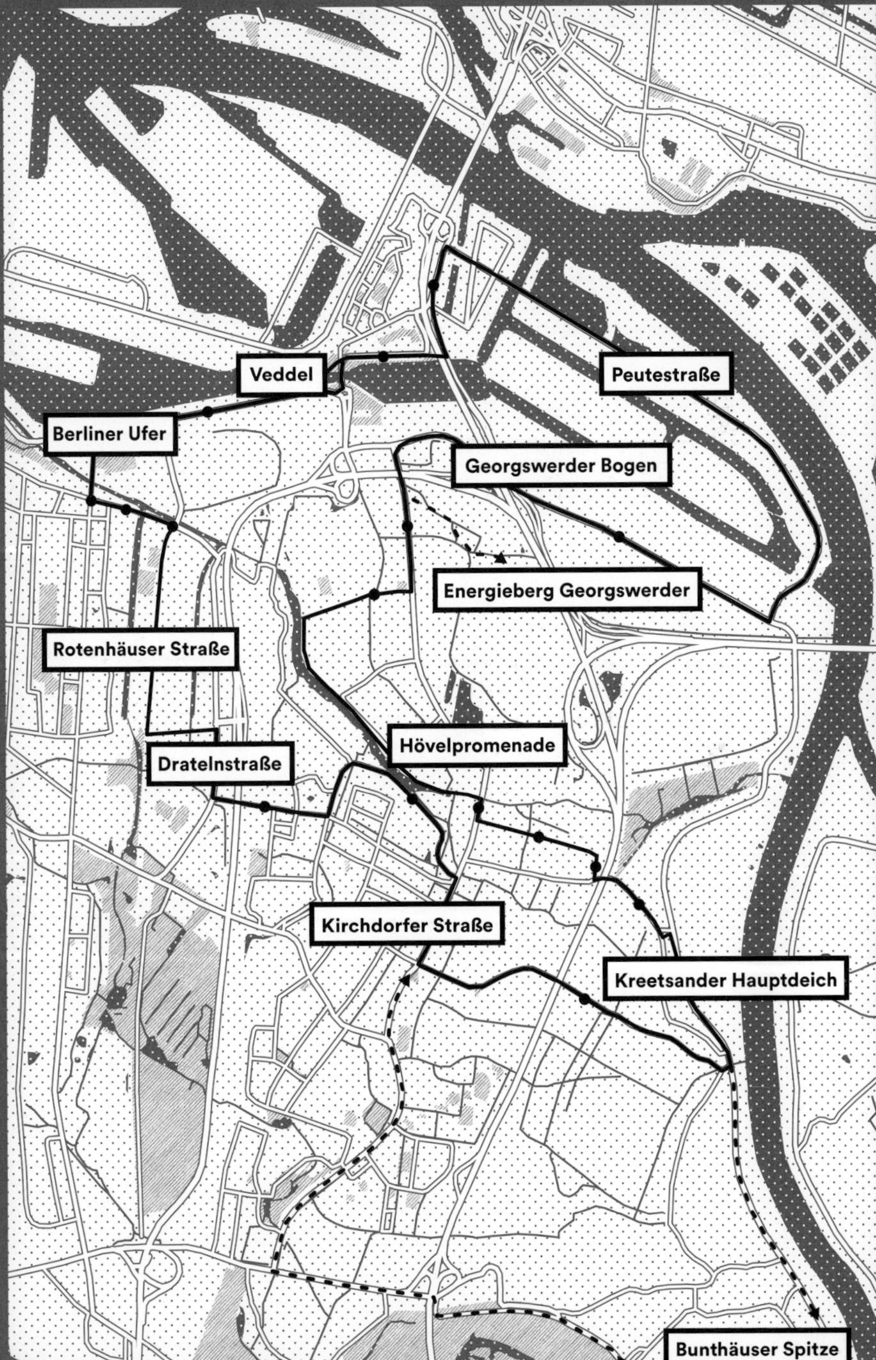

Veddel
Peutestraße
Berliner Ufer
Georgswerder Bogen
Energieberg Georgswerder
Rotenhäuser Straße
Hövelpromenade
Dratelnstraße
Kirchdorfer Straße
Kreetsander Hauptdeich
Bunthäuser Spitze

Abwechslungsreiche Radtour durch Industrie- und Wohngebiete, zu Deichen, Auwäldern und Wasserwegen: Von der Veddel auf die Peute, durch Wilhelmsburg und Georgswerder

▷

Um vom S-Bahnhof Veddel zum Müggenburger Zollhafen zu kommen, folgt man am besten den Schildern Richtung Peute/IBA-Dock. So gelangt man auf die Promenade am nördlichen Ufer des Hafenbeckens, von der aus man sich einen ersten Überblick über den Ort und die Tour verschaffen kann. Wir befinden uns hier noch nicht in Wilhelmsburg, sondern auf der Veddel. Im Unterschied zu der Nachbarinsel, die erst 1937 an Hamburg angegliedert wurde, gehörte die Veddel bereits ab 1768 zum Stadtstaat. Und obwohl die Veddel deutlich kleiner ist als Wilhelmsburg, kann sie in einer Hinsicht absolut mithalten: Beide Inseln fallen dadurch auf, dass sie sehr vielfältige und gegensätzliche Strukturen und Nutzungen aufweisen, die wir auf dieser Tour kennenlernen werden.

Leben auf der Veddel

Beginnen wir gleich hier, im Veddeler Westen. Der vor uns liegende **Müggenburger Zollhafen** wurde 1909 als Verbindung zwischen dem westlich angrenzenden Spreehafen und den Kanälen auf der Peute, die wiederum einen Zugang zur Norderelbe boten, ausgehoben. Der **Spreehafen** gehörte zum Freihafen, so dass zwischen den beiden Häfen die Zollgrenze verlief. Der Müggenburger Zollhafen wurde also auch für die Zollabfertigung von Binnenschiffen und Schuten genutzt, die Waren aus dem Freihafen herausbrachten – sei es zur Verarbeitung in einem der nahegelegenen Industriebetriebe, sei es zum Weitertransport auf der Oberelbe. Gleich nördlich von unserem Standort war bereits in den 1870er Jahren ein erstes Wohnquartier für Arbeiter der nahen Hafen- und Industriebetriebe entstan-

den. Diese Einfamilienhäuser wurden jedoch in den 1920er Jahren abgerissen, um an ihrer Stelle eine neue **Siedlung** in der typischen roten Klinkerbauweise des Hamburger Baudirektors Fritz Schumacher zu errichten. Die gleich östlich angrenzende Peute wurde dagegen ab dem Zollbeitritt Hamburgs durch die Anlage von Kanälen, Straßen und Hafenbecken für Industrieansiedlungen erschlossen. Fahren wir auf der Promenade in Richtung Osten, kommen wir als Erstes an der früheren **Polizeikaserne** von 1926 vorbei, in der sich heute Wohnungen des Hamburger Wohnungsunternehmens SAGA befinden. Einen architektonischen Gegensatz dazu bildet der kubisch bebaute Ponton, der vor der Kaimauer im Hafenbecken liegt: In dem schwimmenden Gebäude wurde während der Dauer der Internationalen Bauausstellung IBA (2007–2013) über deren Planungen und Projekte informiert. Unter dem Motto „Sprung über die Elbe" waren damals vor allem Stadtteile und Bauprojekte auf der Veddel und in Wilhelmsburg entwickelt worden. Heute ist das städtische Unternehmen IBA hamburgweit als Projektentwickler aktiv, dessen Sitz sich nach wie vor auf dem **IBA-Dock** benannten Ponton befindet.

Rundturmbunker am Veddeler Elbdeich

Möwen am Müggenburger Zollhafen

Am gegenüberliegenden Ufer überragt das Haus der Projekte, auch bekannt als „die mügge", die Uferböschung. Der Verein Get the Kick organisiert dort vielfältige Freizeit- und Bildungsangebote für junge Leute. Etwas westlich davon entstanden ab 1901 die sogenannten **Auswandererhallen** der Reederei Hapag, an deren Standort 2007 das Auswanderermuseum BallinStadt eröffnet wurde (→ **Tour 14**).

5

Wir fahren weiter und passieren die **Feuerwache Veddel,** ein 1927/28 nach Plänen von Fritz Schumacher erbautes Backsteingebäude, das heute ebenso wie die frühere Polizeikaserne unter Denkmalschutz steht. Unser Weg führt durch einen Tunnel unter der Autobahn A1 hindurch, biegt gleich dahinter links ab und folgt dem Deichverlauf. Auf dem Radweg links der Straße fahren wir bis zur nächsten Kreuzung, an der ein **Rundturmbunker** von 1939/49 steht. Ein zweiter, annähernd baugleicher Bunker befindet sich auf der anderen Seite der Autobahn am ehemaligen Zollamt Veddel. Wir biegen nun rechts ab auf die Peutestraße und lassen somit den bewohnten Teil der Veddel hinter uns, von jetzt an werden Industriebetriebe, Logistikunternehmen und Lkw das Straßenbild prägen.

Viel Industrie und unerwartete Natur auf der Peute

Der **Peutekanal,** den wir bald überqueren, kann im Hochwasserfall durch ein neben der Brücke gelegenes Sperrwerk von der Elbe abgetrennt werden. Auf der rechten Straßenseite kommen wir zu zwei Gebäuden (Peutestraße 24 und 26), die wir uns etwas genauer ansehen sollten. Sie sind Reste eines ursprünglich wesentlich größeren Gebäudeensembles, nämlich des 1925-27 errichteten ehemaligen Zentrallagers der **Großeinkaufs-Gesellschaft Deutscher Consumvereine m.b.H.** (GEG), zu dem auch mehrere Fabrikgebäude gehörten. Solche Konsumvereine waren ab Mitte des 19. Jahrhunderts gegründet worden, als eine zunehmende Verteuerung von Lebensmitteln einsetzte. Die Konsumvereine wollten diesem Trend etwas entgegensetzen und Arbeitern günstige Lebensmittel verschaffen. Bei dem Komplex an der Peutestraße handelte es sich also nicht nur um ein baulich interessantes Denkmal, sondern auch um ein historisches Zeugnis der Arbeiterkultur. Doch obwohl sich eine breite (Fach-)Öffentlichkeit für seinen Erhalt einsetzte, konnte der 2011 begonnene Abriss eines Großteils des Ensembles nicht verhindert werden. Heute befindet sich an seiner Stelle ein Standort des Versandhändlers amazon.
Auf der linken Straßenseite wird die Peutestraße von einer langen, rostbraunen Spundwand gesäumt, hinter der sich der **Peutehafen** befindet. Sein westlicher Teil wird noch von Binnenschiffen genutzt, der östliche Teil jedoch wurde durch einen Damm davon abgetrennt, ist teilweise verlandet und hat sich zu einem verwilderten Biotop entwickelt. Einen schönen Aussichtspunkt auf dieses Gebiet erreichen wir, indem wir an der nächsten Kreuzung links auf den Peuter Elbdeich abbiegen. Diese Straße führt etwas bergan, so dass man von einer kleinen Anhöhe aus, die sich auch gut für eine Pause eignet, das Hafenbecken überblicken kann. In dessen flachen Uferbereichen haben sich weitläufige Schilfröhrichte entwickelt, dahinter wachsen Weiden, auf dem höheren Gelände Pappeln, Birken und Brombeersträucher. Es ist immer wieder beeindruckend, wie viele verschiedene Tiere solche von Industrie umgebenen

Peutehafen

Lebensräume finden und nutzen. Je nach Jahreszeit lassen sich hier unter anderem Schnatterenten, Brandgänse und Gänsesäger, Mäusebussarde und Turmfalken, Grau- und Silberreiher, Rauchschwalben, Eichelhäher und sogar Eisvögel beobachten.
Die Straße Peuter Elbdeich führt um den Peutehafen herum zum Ufer der Norderelbe, an dem die **Werft Heinrich Buschmann** ansässig ist. Gegründet wurde dieser traditionelle Hafenbetrieb bereits 1882 auf Steinwerder, seit 1934 befindet er sich auf der Peute. Da es sich bei der Straße jedoch um eine Sackgasse handelt, fahren wir zurück auf die Peutestraße und auf dieser weiter nach Osten. Auf der linken Straßenseite sind noch einige Industriegebäude aus den Jahren 1931/33 erhalten (Peutestraße 51–53). Etwas später passieren wir die Asphaltmischwerke Peute, bald danach macht die Straße eine Rechtskurve. Wir folgen dem Straßenverlauf bis zur Kreuzung, an der wir rechts abbiegen und nun auf dem Müggenburger Hauptdeich in Richtung Westen fahren, diesmal flankiert von einer grünen Spundwand auf der rechten Straßenseite. Die linke Seite dagegen beeindruckt durch ihre Gegensätze: Hinter einem schmalen Graben voller Schilf und Rohrkolben ragen gigantische Anlagen aus verschlungenen Rohren auf: Sie gehören zum Werk Ost der Kupferhütte der **Aurubis AG** (deren Hauptstandort sich auf der anderen Seite des Müggenburger Kanals an der Hovestraße befindet).

Von der Norddeutschen Affinerie zur Aurubis AG

Vorgänger dieses Industriebetriebs war ein Kupferwerk, das 1846 auf Steinwerder gegründet worden war. 1868 ging daraus die **Norddeutsche Affinerie AG** hervor, deren Werk auf der Peute 1910 in

Betrieb genommen wurde. 2009 wurde der Name der Gesellschaft in „Aurubis" geändert. Die Umweltbelastung unter anderem durch Schwermetalle, die bei der Kupferproduktion enstehen und sowohl die Gewässer als auch die Luft verschmutzen, ist eine häufig kritisierte Tatsache.

Die Mitverantwortung der Affinerie am Völkermord an den Herero und Nama in Namibia ist dagegen nicht ganz so bekannt. 1904 wurde in der damaligen Kolonie „Deutsch-Südwest" mit dem Bau einer Eisenbahnlinie begonnen, die den Hafen in Swakopmund mit der Tsumeb-Mine verbinden sollte, in der Kupfererz abgebaut wurde. Die Norddeutsche Affinerie war an dieser Mine beteiligt und selbst Hauptabnehmerin des geförderten Kupfererzes. Da die geplante Otavi-Bahn quer durch das Gebiet der Herero führte, befürchteten diese, dass sich entlang der Bahnlinie Siedler niederlassen und sie selbst ihr Land verlieren würden. Tatsächlich war genau das beabsichtigt. Als sich Angehörige der Herero und der benachbarten Nama gegen das Bauprojekt auflehnten, wurde ihr Aufstand von deutschen Truppen mit unfassbarer Grausamkeit niedergeschlagen. Etwa 100 000 Herero und Nama wurden umgebracht oder starben an den Folgen der Vertreibung. Die Bahnlinie wurde 1906 fertiggestellt, die Förderung und der Export von Kupfererz nahmen weiter zu, und erst 1989 verkaufte die Norddeutsche Affinerie ihre Anteile an der Otavi Minen AG.

Unser Weg unterquert nun die Betonstelzen- und Brückenkonstruktionen der A255, eines Teilstücks des Dreiecks Norderelbe, das die A1 mit den Norderelbbrücken verbindet. Anschließend folgen wir der Radwegebeschilderung und fahren entlang einer baumbestandenen Kopfsteinpflasterstraße bis zur nächsten Kreuzung, an der wir links auf den Niedergeorgswerder Deich abbiegen, Richtung Wilhelmsburg-Ost. Auch der **Energieberg Georgswerder** ist dort schon ausgeschildert.

Aurubis

ABSTECHER ❶

Energieberg Georgswerder
→ Fiskalische Straße

Blick vom Energieberg Georgswerder

Um zum **Energieberg Georgswerder** zu gelangen, biegen wir nach dem Passieren einiger Wohngebäude links ab in die Fiskalische Straße, die zum Zugang des Berges führt. Im interaktiven Besucherzentrum kann man sich an mehreren Terminals zu unterschiedlichsten Themen informieren. So werden einzelne Aspekte der Geschichte Georgswerders erläutert, beispielsweise frühe Industriebetriebe wie die 1902 am Niedergeorgswerder Deich gegründete Ziegelfabrik Harriefeld und Ancker und die 1932 eröffnete Konservenfabrik Schmanns, in der regionales Obst und Gemüse verarbeitet wurde. Auch der Arbeitskreis (AK) Georgswerder, in dem sich engagierte Bürgerinnen und Bürger zusammengetan haben, um sich für ihren Stadtteil einzusetzen, wird vorgestellt. Doch im Zentrum der Ausstellung steht die **Mülldeponie Georgswerder** selbst. Insgesamt 14 Millionen Kubikmeter Müll wurden hier zwischen 1935 und 1979 aufgetürmt, darunter etwa 200 000 Tonnen Sondermüll. Die Nachbarschaft litt häufig unter starker Geruchsbelästigung, doch vier Jahre nach Stillegung der Deponie kam es noch viel schlimmer: Aus dem Berg, der eigentlich in ein Naherholungsgebiet umgewandelt werden sollte, sickerte das extrem gesundheitsschädliche Dioxin. Die anschließend ergriffenen Maßnahmen zur Sicherung der Deponie waren langwierig, aufwendig und kompliziert und dauern bis heute an. Im Besucherzentrum werden sie ebenso erläutert wie die dann doch noch erfolgte Umgestaltung des Berges zu einem begehbaren „Energieberg" mit Windrädern, Photovoltaikanlagen und einer Verwertung des nach wie vor austretenden Gases durch Aurubis. Über Treppen oder einen barrierrefreien Serpentinenweg kann man den mit Bäumen und Sträuchern bepflanzten, etwa vierzig Meter hohen Berg besteigen. Ein breiter Rundweg auf Stelzen, der sogenannte Horizontweg, ermöglicht Einblicke in die gesamte Müllbergregion und natürlich weite Sicht in alle Himmelsrichtungen. Abgesehen von den gigantischen Aurubis-Anlagen, der A1 und dem Logistikzentrum Ober-Georgswerder sieht Wilhelmsburg von hier oben vor allem grün aus: Waldstücke wechseln sich mit Grünland und Kleingärten ab. Ein Sicherheitshinweis erinnert jedoch daran, dass wir uns in nächster Nähe zu Hafen und Industrie befinden: Asthmatiker werden davor gewarnt, dass „vom angrenzenden Industriegebiet Luftbelastungen ausgehen [können], die bei körperlicher Anstrengung zu Beeinträchtigungen führen können." So verlassen wir möglichst flach atmend den Berg, fahren zurück zum Niedergeorgswerder Deich und auf dieser Straße weiter nach Süden. ●

Original Veddel Hosen

Etwa vierhundert Meter hinter dem Abzweig der Fiskalischen Straße kommen wir zu einer Kreuzung, an der sich ein ganz anderer Georgswerder Traditionsbetrieb befindet: Die 1962 gegründete R. Paulsen GmbH, besser bekannt unter dem Namen ihres berühmtesten Produktes: Die Original **Veddel Hosen.** Hier wird Zunft-, Arbeits- und Freizeitbekleidung maßgeschneidert und handgefertigt, ob eng, mit Schlag oder klassischer Kellerfalte, für Zimmerleute auf der Walz und für Motorradfreaks. Gleich gegenüber dem Laden liegt ein neu gestalteter Spielplatz, der an den Schulhof der Grundschule Rahmwerder Straße angrenzt. 2010 drohten die Schließung dieser Schule und der Abriss ihres Altbaus von 1902/03. Damals taten sich Aktive des bereits erwähnten AK Georgswerder mit Kunstschaffenden zusammen und gründeten den Verein **Künstlerhaus Georgswerder.** Seitdem nutzt der Verein Räume in dem Haus, unter anderem für regelmäßige Ausstellungen, und die Schule wurde nach vielen Protesten sowie einer Neuplanung der Schulstandorte Wilhelmsburgs dann doch nicht geschlossen.

Wilhelmsburger Wasserwege

Wir biegen rechts ab auf die Rahmwerder Straße, fahren an der Schule vorbei und geradeaus weiter Richtung „Sportplatz", bis wir an die von Bäumen bestandene **Wilhelmsburger Dove-Elbe** gelangen. „Dove" ist Plattdeutsch und bedeutet „taub", im Sinne von abgetrennt. Tatsächlich handelt es sich bei dem Gewässer um einen 1681 abgedeichten, früheren Elbarm, der über den 1852–54 gebauten Ernst-August-Kanal (und die gleichnamige Schleuse) an den Reiherstieg und damit an die Elbe angeschlossen ist. Dies erklärt auch, warum sich am anderen Ufer ein kleiner Sportboothafen befindet, der zunächst einen recht unvermuteten Anblick bietet. Ursprünglich wurden diese Wasserwege natürlich nicht für die Freizeitschifffahrt angelegt, sondern vor allem für den Transport von landwirtschaftlichen Erzeugnissen. Denn (Milch-)Viehwirtschaft, Getreide-, Obst- und Gemüseanbau waren lange die wichtigsten Erwerbszweige auf den fruchtbaren Marschböden der Elbinsel. Wir werden bald selbst sehen, dass auch heute noch große Bereiche Wilhelmsburgs landwirtschaftlich genutzt werden.

Zunächst halten wir uns links und fahren am Ufer der Dove-Elbe entlang. Von einer Fußgängerbrücke aus hat man einen schönen Blick auf das Gewässer, wir bleiben jedoch weiterhin auf dem nördlichen Ufer und folgen dem Weg, bis er auf die Kirchdorfer Straße trifft. Dort biegen wir rechts ab und nach einem kurzen Stück gleich wieder links auf den Bullertweg, der an Weiden und Äckern entlangführt. Am Ende der Straße biegen wir rechts ab auf den Sperlsdeicher Weg, dann links auf den Jenerseitedeich, der die Autobahn unterquert. Das gleich dahinter beginnende Waldstück, das sich in nordöstlicher Richtung bis zum Elbufer hinzieht, gehört zum **Naturschutzgebiet (NSG) Rhee.**

Dessen südlicher Rand wird vom Georgswerder Schleusengraben gebildet, einem früheren Seitenarm der Dove-Elbe, der bis zur verheerenden Sturmflut des Jahres 1962 eine Verbindung zur Norderelbe darstellte. In der Nacht vom 16. auf den 17. Februar stieg damals der Pegel der Elbe auf 5,70 Meter, an vielen Stellen brachen die Deiche, und in Hamburg kamen 315 Menschen in den eisigen Wassermassen ums Leben, die meisten davon in Wilhelmsburg. Der Schleusengraben wurde anschließend von der Elbe abgetrennt. Von dem nun gleichbleibenden Wasserstand profitieren Tiere wie Eisvogel und Biber, Spezialisten der Tideauwälder wie der Schierlings-Wasserfenchel, auf den später eingegangen wird, kommen hier dagegen nicht mehr zurecht und verschwinden nach und nach.

Dove-Elbe

Deichbau und Ausgleich

Bei der nächsten Gelegenheit biegen wir links ab, kommen so zum Kreetsander Hauptdeich und fahren auf dem Radweg am Deichfuß in Richtung Süden, also nach rechts. Abschottungen von Nebengewässern wie dem Schleusengraben dienen zwar ebenso wie hohe Deiche dem Hochwasserschutz, doch insgesamt gesehen führen all diese Einzelmaßnahmen auch dazu, dass Fluten noch höher ausfallen als zuvor: Der Elbe wird Auflauffläche genommen, und wenn das Wasser nicht in die Breite gehen kann, geht es eben in die Höhe. Um dieser Tendenz etwas entgegenzusetzen und um außerdem Ersatz für die durch Deichbau verloren gegangenen Tidelebensräume zu schaffen, wurde in den vergangenen Jahren am Ufer der Elbe mächtig gebaggert. Ein Beispiel dafür ist das Tidegebiet **Kreetsand,** das sich gleich jenseits des Elbdeichs befindet, an dem wir gerade entlangfahren. Eine über dreißig Hektar große frühere Spülfläche wurde zurückgedeicht, zu einem Flachwassergebiet ausgebaggert und über einen Priel an die Elbe angebunden. Zwei Millionen Kubikmeter Erde wurden ausgehoben, damit sich hier etwa eine Million Kubikmeter Wasser ausbreiten können (das sogenannte Tidevolumen): Dadurch sollen in Zukunft Fluten um etwa 1,5 Zentimeter niedriger auflaufen. Außerdem erhoffen die Wasserbauer sich davon eine Verlangsamung des Flutstroms und damit geringere Mengen an Sedimenten, die flussaufwärts transportiert werden, sich im Hafengebiet ablagern und anschließend ausgebaggert und entsorgt werden müssen.

Je nach Jahreszeit/Belaubung der angrenzenden Bäume kann man vom Deich aus mehr oder weniger von der Maßnahme sehen, ein vertiefender Einblick gelingt auf jeden Fall in der sogenannten **Deichbude,** dem kleinen Gebäude auf der Deichkrone, auf das wir nach einiger Zeit treffen. Hier informieren Tafeln über das Projekt Kreetsand selbst sowie über die Be- und Entwässerung Wilhelmsburgs durch Gräben, Siele, Schöpfwerke und die sogenannten Wettern: Dieser niederdeutsche Name bezeichnet Hauptgräben, die dem Ableiten von Niederschlagswasser, den sogenannten „Wettern“, dienen.

An dieser Stelle biegt unser Weg wieder ins Inselinnere ab, es bietet sich hier jedoch auch die Möglichkeit für einen zweiten, etwas längeren Abstecher.

Tidegebiet Kreetsand

ABSTECHER 2

Bunthäuser Spitze und NSG Heuckenlock

Moorwerder Hauptdeich → Stillhorner Hauptdeich → Stillhorner Weg → Stübenhofer Weg → Otto-Brenner-Straße → Kirchdorfer Straße

Wenn man dem Deichverlauf weiter in Richtung Süden folgt, gelangt man nach knapp vier Kilometern zum 2006 gegründeten **Elbe-Tideauenzentrum,** das von der Gesellschaft für ökologische Planung (GÖP) betrieben wird. In diesem Haus informiert eine Ausstellung über die Besonderheiten und Bewohner des Lebensraums „Süßwasser-Tideauen“. Dieser besteht aus Watt- und Röhrichtflächen, Prielen und Auwaldbereichen, die alle dadurch gekennzeichnet sind, dass sie je nach Geländehöhe zweimal täglich oder nur bei höheren Wasserständen überflutet werden. Neben Schilf, Rohrkolben, Sumpfdotterblumen, Weiden und Pappeln finden sich hier auch zwei Elbe-Endemiten, also Pflanzen, die nur in diesem Tideauenbereich zwischen Glückstadt und Geesthacht vorkommen: die Elbe-, Schlamm- oder Wibels-Schmiele (Deschampsia wibeliana) und der Schierlings-Wasserfenchel (Oenanthe conioides). Während die Elbeschmiele sich auch auf befestigten Ufern ansiedelt, ist der Schierlings-Wasserfenchel hinsichtlich seiner Standortbedingungen wesentlich anspruchsvoller: Er braucht schlickigen Grund und regelmäßige Überflutungen – und genau solche Bereiche werden durch Elbvertiefungen, Hafenausbau und Hochwasserschutzanlagen vernichtet. Mit verschiedenen Maßnahmen wird versucht, das völlige Verschwinden der geschützten Pflanze zu verhindern.

Auf dem Gelände der alten Stackmeisterei neben dem Tideauenzentrum analysiert eine **Messstation** des Instituts für Hygiene und Umwelt mehrmals täglich die Güte des Elbwassers und misst beispielsweise den Sauerstoffgehalt und die Temperatur des Wassers. Dort werden als Frühwarnsystem auch Wasserflöhe beobachtet, denn Veränderungen ihres Schwimmverhaltens können Anzeichen für mögliche Schadstoffbelastungen sein. Zwei weitere solche Messstationen im Bereich des Hamburger Hafens befinden sich am Seemannshöft an der Lotsenstation Finkenwerder sowie in Blankenese. Die aktuellen und historischen Messdaten können auf der Website der Stadt Hamburg eingesehen werden.

Ein von alten Linden und Eschen bestandener Fußweg führt vom Besucherzentrum bis zur südlichsten Ecke Wilhelmsburgs, der **Bunthäuser Spitze** mit ihrem knapp sieben Meter hohen hölzernen Leuchtturm, der 1914 errichtet wurde. Hier teilt sich der Fluss in die Norder- und die Süderelbe, die Wilhelmsburg erst zu einer Insel machen.

Im Anschluss an den Besuch des Tide-Auenzentrums und der Bunthäuser Spitze empfiehlt sich ein Spaziergang durch das westlich angrenzende **NSG Heuckenlock:** Ein ausgeschilderter Fußweg führt durch den Auwald, am Elbufer entlang und über einen schilfbestandenen Priel zurück zum Deich. Anschließend kann man an eben diesem Deich weiterfahren, bis hinter der Autobahn rechts der Stübenhofer Weg abgeht. Dieser knickt an der nächsten Kreuzung links ab und führt am Rand der Siedlung Kirchdorf Süd zur Otto-Brenner-Straße. Hier biegt man rechts ab und folgt dem Straßenverlauf, bis zur Kirchdorfer Straße. Auf dieser fährt man weiter, bis man an der Kreuzung mit dem Siedenfelder Weg wieder auf die eigentliche Tour stößt.

EXTRA INFO

DIE LORISCHS'SCHE ELBKARTE

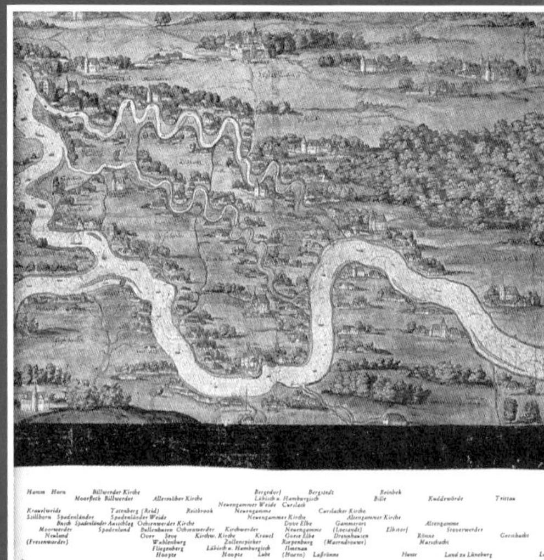

Hamburg sorgte schon Anfang des 18. Jahrhunderts durch strombauliche Maßnahmen dafür, dass an dieser Stelle möglichst viel Wasser den Weg rechts herum nahm und für ausreichende Wassertiefen in der Norderelbe und den Hafenbecken sorgte. Für die Hansestadt war klar, dass „ihre Elbe" den Hauptstrom darstellte. Diese Einstellung führte im 16. Jahrhundert zu heftigem Streit zwischen Hamburg und den Landesherren von Lüneburg, Harburg, Buxtehude und Stade, die wiederum die Süderelbe als ebenbürtigen Strom ansahen. In erster Linie ging es bei den Auseinandersetzungen um das Hamburger Stapelrecht, nach dem alle elbauf- und elbabwärts passierenden Schiffe ihre Waren in Hamburg zum Kauf anbieten mussten. Viele Schiffer wollten diesem Zwang entgehen und umfuhren Hamburg auf der Süderelbe. Es folgten langwierige Prozesse, die jedoch zu keiner Einigung führten. Schließlich gab der Hamburger Rat beim Flensburger Maler und Kartografen Melchior Lorichs die Anfertigung einer Elbkarte in Auftrag, die dem Reichskammergericht als Beweisstück vorgelegt werden sollte. 1568 stellte Lorichs die mit zwölf Metern Länge und einem Meter Höhe außergewöhnlich dimensionierte Karte fertig. Auf ihr sind alle von Hamburg zur Fahrrinnenmarkierung gelegten Tonnen und Baken zwischen Geesthacht und der Elbmündung eingezeichnet und mit dem Hamburger Wappen versehen, was die Hamburger Verantwortung für die Elbe illustrierte. Die Norderelbe ist im Vergleich zur Süderelbe wesentlich breiter dargestellt, dort finden sich auch deutlich mehr Schiffe. Das imposante Gemälde konnte das Reichskammergericht tatsächlich davon überzeugen, dass die Süderelbe nur als ein Nebenarm der Elbe zu werten sei, während die Norderelbe den Hauptstrom darstellte. 1618 erging das endgültige Urteil, in dem den Hamburgern zwar kein Stapelrecht für die Süderelbe, dafür aber Hoheitsrechte auf der Niederelbe zuerkannt wurden. Später wurde im Köhlbrandvertrag zwischen Hamburg und Preußen festgelegt, dass beide Elbarme die gleiche Menge Wasser erhalten sollten. Zu diesem Zweck wurde die Bunthäuser Spitze 1870/71 ausgebaut. ●

Fledermausturm des BUND

Wilhelmsburger Kulturlandschaft

Wer die Extratour in den Wilhelmsburger Süden lieber später einmal machen möchte, fährt auf dem Siedenfelder Weg, der gleich gegenüber der Deichbude vom Einlagedeich abgeht, Richtung Westen. Der Weg führt durch das Landschaftsschutzgebiet Wilhelmsburger Elbinsel zwischen Wiesen und Feldern hindurch, von denen viele als Flächen der **Stiftung Ausgleich Altenwerder** ökologisch aufgewertet werden (→ **Tour 10**). Hier kann man manchmal Weißstörche und vielleicht auch einige der früher so häufigen Kiebitze beobachten. Auf einer etwas weiter südlich gelegenen Streuobstwiese am Jakobsberg erhofft man sich die Wiederansiedlung von Steinkäuzen. Anderen Bewohnern dieser offenen Landschaft steht das ehemaligen Trafohäuschen auf der rechten Straßenseite zur Verfügung: Das kleine Backsteingebäude wurde vom Bund für Umwelt und Naturschutz (BUND) zu einem **Fledermausturm** umgebaut und kann auch von Insekten und Vögeln wie Spatzen, Mehlschwalben oder Eulen bezogen werden. Gleich daneben liegt eine weitere Ausgleichsfläche: Auf einem ehemaligen Acker wurden 2018 verschiedene regionaltypische, blütenreiche Pflanzen eingesät, die nun von den Tieren als Nahrungsquelle genutzt werden können.

Priel im Heuckenlock

Die Straße überquert anschließend die A1 und ermöglicht uns von der Auffahrt auf die Brücke einen Ausblick auf die spezielle Struktur des Grünlandes, das aus vielen langgestreckten Parzellen besteht, zwischen denen die parallel liegenden Entwässerungsgräben verlaufen. Westlich der Autobahn nähern wir uns wieder dem besiedelten Teil Wilhelmsburg, links sieht man die Hochhäuser der 1976 fertiggestellten Siedlung Kirchdorf Süd. Vorbei an Gräben und Wettern fahren wir bis zur Kirchdorfer Straße. Links dieser Kreuzung erinnert ein Gedenkpark an den Beginn der Eindeichung Wilhelmsburgs im Jahr 1933 und an die Opfer der Sturmflut von 1962. An dieser Stelle bietet sich ein Abstecher zum **Museum Elbinsel Wilhelmsburg** an, einem Heimatmuseum, das im alten Amtshaus von 1724 untergebracht ist. Biegt man links ab, erreicht man es nach etwa 850 Metern. Die eigentliche Tour führt jedoch nach rechts, und zwar auf dem Radweg auf der linken Straßenseite. Wir folgen der Beschilderung zur Windmühle, deren Besuch sich auch lohnt, wenn kein Wind die mächtigen Flügel dreht und wenn gerade kein Backtag die Luft mit dem Duft von

Holzfeuer und frischem Brot füllt. Bei der **Mühle Johanna,** die den Namen ihrer letzten Müllerin trägt, handelt es sich um einen prächtigen Galerieholländer, der 1875 erbaut und bis 1960 als Kornmühle betrieben wurde. Seit 1997 kümmert sich der Wilhelmsburger Windmühlenverein um das Bauwerk: zunächst um die aufwendige Restaurierung und seitdem um den Erhalt und den (Vorführungs-)Betrieb, mit dem auch vielfältige Veranstaltungen verbunden sind. Der kopfsteingepflasterte, von Linden bestandene Platz neben der Mühle und der angrenzende Teich tragen zu der schönen Atmosphäre dieses Ortes bei, der so idyllisch ist, dass man hier auch heiraten kann: Die Mühle wird dann zur Hochzeitsmühle, gefeiert wird anschließend auf dem Sackboden oder im Mühlencafé.

Alte Industriegebiete, neue Nutzungen

Wir fahren weiter auf der Straße, die an der Mühle vorbeiführt, und kommen bald an der Fußgängerbrücke über die Dove-Elbe vorbei, die wir schon vom Uferweg von der anderen Seite aus gesehen hatten. Kurz dahinter biegen wir links ab, um auf der Schönenfelder Straße zu bleiben, an der Kreuzung mit der Thielenstraße fahren wir nach rechts. Wir überqueren die Gleise der S-Bahn und die daneben verlaufende Wilhelmsburger Reichsstraße, biegen dahinter erneut rechts ab auf die Dratelnstraße, anschließend an der nächsten Kreuzung links auf die Rotenhäuser Straße. Hier beginnt wieder ein ganz anderes Wilhelmsburg: das (frühere) Industriegebiet rund um den **Jaffe-Davids-Kanal,** das Anfang des 20. Jahrhunderts entwickelt wurde. An der Jaffestraße am westlichen Ufer des Kanals sind noch mehrere markante Gebäude des ehemalige Palminwerks erhalten (vormals H. Schlinck & Cie., erbaut 1908–10), in denen sich inzwischen Wohnungen und Büros befinden. Wenig später geht rechts eine Fahrradstraße ab, auf der wir parallel zum westlich verlaufenden **Assmannkanal** nach Norden fahren (Richtung

Windmühle Johanna

HH-Centrum/Veddel). Das Gebiet rund um diese beiden Kanäle gehört zum sogenannten Elbinselquartier, das als Stadtentwicklungsprojekt der IBA gerade eine völlige Umstrukturierung erlebt: Die alte Industrienutzung verschwindet und macht Platz für Wohnen und Gewerbe. Dass solch eine Entwicklung keine Selbstverständlichkeit ist, zeigt die Geschichte des **Reiherstiegviertels** gleich westlich des Elbinselquartiers. Nach der Ansiedlung erster Fabriken am Reiherstieg und Veringkanal entwickelte sich der Nordwesten Wilhelmsburgs ab den 1890er Jahren schnell zu einem immer weiter wachsenden Industriegebiet (→ **Tour 4**).

Daneben entstanden Wohnquartiere für die Menschen, die in den Betrieben arbeiteten, darunter auch viele Zuwanderer. Die kulturelle Vielfalt des Stadtteils wird nicht nur mit dem jährlich stattfindenden „Fest der Kulturen" auf dem Stübenplatz gefeiert, sondern im täglichen Miteinander gelebt, und sie zeigt sich auch in seinen vielen unterschiedlichsten Restaurants und Imbissen. Nach den Zerstörungen der Sturmflut von 1962 erwogen der Senat und die Bürgerschaft, das Reiherstiegviertel nicht mehr für Wohnzwecke, sondern für die Hafenerweiterung zu nutzen. Daraufhin wurde das Quartier sozusagen aufgegeben, Investitionen in die Infrastruktur blieben aus, der Zustand vieler Häuser verschlechterte sich, und wer es sich leisten konnte, zog weg. Doch es gab auch viele, die bleiben wollten und sich für den Erhalt Wilhelmsburgs einsetzten. Zu einem Umschwung kam es 2001/02 mit der Zukunftskonferenz Wilhelmsburg, auf der Bürgerinnen und Bürger gemeinsam mit Fachbehörden über Verbesserungen für ihren Stadtteil forschten und diskutierten. Anschließend kam es neben verschiedenen Stadtentwicklungsmaßnahmen auch zur Gründung des engagierten Vereins **Zukunft Elbinsel Wilhelmsburg**, der sich nach wie vor in alle Belange der Insel aktiv und kritisch einbringt.

Die Fahrradstraße endet am Vogelhüttendeich, der parallel zum gleich nördlich liegenden Ernst-August-Kanal verläuft. Wir biegen links ab, kommen bald an einem Bootsverleih mit einem beliebten Biergarten vorbei (in den Wintermonaten geschlossen) und biegen an der nächsten Kreuzung rechts ab auf die Georg-Wilhelm-Straße. Rechts und links dieser Straße liegen Waldstücke mit altem Baumbestand, die sich seit der Sturmflut 1962 ungestört entwickeln konnten. Inzwischen stellt dieser sogenannte **Wilde Wald Wilhelmsburg** einen attraktiven Lebensraum für eine Vielzahl seltener Tiere und Pflanzen dar, er sorgt an heißen Tagen für frische Luft und Kühlung, betreibt durch seine Photosynthese aktiven Klimaschutz und bietet den Menschen aus dem dicht besiedelten Reiherstiegviertel Raum für Erholung und Naturerfahrungen. Genau das, was an so einer Stelle gebraucht wird, könnte man meinen. Doch auch dieses Gebiet wurde inzwischen zu einem Projektgebiet der IBA erkoren, dem sogenannten Spreehafenviertel, in dem anstelle des Waldes Wohnungen, Gewerbe und Sportstätten entstehen sollen. Viele halten das für einen Fehler und haben sich in der von Naturschutzverbänden unterstützten Initiative „Waldretter" zusammengeschlossen, um die Rodung des Waldes zu verhindern. Dass als Ausgleich für die Fällungen ein neues Waldstück nahe Buchholz in der Nordheide gepflanzt werden soll, kann die Kritiker der Maßnahme nicht überzeugen.

Am Ende der Georg-Wilhelm-Straße überqueren wir die Harburger Chaussee, fahren links hoch auf den angrenzenden Deich und werden nach diesem Anstieg durch einen weiten Blick auf und über den **Spreehafen** belohnt. Dieser Hafen entstand ab 1890 und bot Hafen- und Binnenschiffen zusammen mit dem Moldau- und dem Saalehafen die Möglichkeit, die neu angelegten Seehäfen Segelschiff-, Hansa- und Indiahafen südlich zu umfahren. Außerdem diente er als Liege- und Überwinterungsplatz für Binnenschiffe. Da der Spreehafen zum Freihafengebiet gehörte, war das gesamte Hafenbecken durch den Zollzaun vom angrenzenden Stadtgebiet abgetrennt. Bis zu ersten Teilöffnungen des Zauns 2010 konnten die Bewohner des Reiherstiegviertels nur über den Durchlass an der Zollstation Klütjenfelder Straße an das Wasser gelangen. Nach dem Ende des Freihafens 2013 wurde der Zaun schließlich ganz abgebaut. Heute beleben viele sogenannte **Hafenlieger** das Berliner Ufer. Dabei handelt es sich zumeist um frühere Werkstattschiffe oder Sitze von Hafenfirmen, heute sind viele davon in Privatbesitz, werden aber weiterhin gewerblich genutzt: Denn das Wohnen auf Hausbooten ist im Hamburger Hafengebiet nicht erlaubt.

Auf oder neben dem Deich fahren wir nun am Berliner Ufer entlang Richtung Osten. Vielleicht sehen wir eine Barkasse der Maritime Circle Line (→ **Tour 14**), die auf ihrer großen Runde durch den Hafen auch hier entlangfährt. Sicherlich können wir jedoch verschiedene Wasservögel beobachten, die je nach Tide auf dem Wasser oder den weiten Schlickflächen ausruhen oder nach Nahrung suchen. Am Ende des Deiches unterqueren wir die Bahngleise, fahren links über die Durchfahrt zum Müggenburger Zollhafen und gelangen so zurück zum Startpunkt der Tour. ●

Spreehafen

AUSFLUGS- UND ENTDECKERTIPPS IN WILHELMSBURG

● FÜR DEERNS UND JUNGS

Spielplatz an der Katenweide
nördlich Müggenburger Zollhafen
Spielplatz am Niedergeorgswerder Deich/
Rahmwerder Straße
Paddeln und Tretbootfahren
auf Wilhelmsburger Wasserwegen, Boote zum Beispiel am Verleih „Zum Anleger“ **(siehe unten)**

● HAFENKULTUR

Energieberg Georgswerder
Fiskalische Straße 2, Georgswerder
Ausstellung, Bergblick, Rundwanderweg
Elbe-Tideauenzentrum
Moorwerder Hauptdeich 33 (Bunthäuser Spitze)
Informationszentrum zu Süßwassertideauen, Ausstellung und Außengelände
Museum Elbinsel Wilhelmsburg
Kirchdorfer Straße 163, Wilhelmsburg
Viele Ausstellungsstücke im denkmalgeschützten Amtshaus illustrieren Wilhelmsburger Alltagsgeschichte (Landwirtschaft, Schiffbau). Sanierungsarbeiten bis Ende 2025
Wassergütemessnetz
www.hamburg.de/wasserguetemessnetz
Wilder Wald Wilhelmsburg
www.waldretter.de
Zukunft Elbinsel Wilhelmsburg e. V.
www.zukunft-elbinsel.de

● VERPFLEGUNG

Bäckerei Baris
Siedenfelder Weg 89, Wilhelmsburg
Zum Anleger
Vogelhüttendeich 123, Wilhelmsburg
Biergarten, Kanu- und Tretbootverleih am Ernst-August-Kanal/Wilhelmsburger Dove-Elbe
Veddeler Fischgaststätte
Tunnelstraße 70, Hamburg-Veddel

● BUCHTIPP

Uwe Timm: Morenga
Der Titel bezieht sich auf Jakob Morenga, Minenarbeiter und Führer des Aufstands der Nama. Das Buch beschreibt die Geschehnisse in Namibia zwischen 1904 und 1908 (Aufstände, Kämpfe, Völkermord) aus der Sicht des Oberveterinärs Johannes Gottschalk.

● FILMTIPP

Nordsee ist Mordsee
Stress mit den Eltern und der Jugendbande, Kleinkriminalität, Polizei. Die Starken teilen aus, die Schwachen stecken ein. Darauf haben die Jungen Dschingis und Uwe keinen Bock mehr, sie hauen ab. Gedreht in Wilhelmsburg und auf der Elbe. „Ich träume oft davon, ein Segelboot zu klau'n …“ (1976, Regie: Hark Bohm)

● SCHIFFE

Biber, Libelle und Stichling
Kanadier des BUND Hamburg im Einsatz für die Natur: Man kann sie ausleihen, um auf Paddeltouren Müll aus den Kanälen und der Wilhelmsburger Dove-Elbe zu sammeln (www.bund-hamburg.de).

HAMMERBROOK, BILLBROOK, ROTHENBURGSORT: DER OSTEN IM UMBRUCH

Start- und Endpunkt
Östliche Amsinckbrücke (Amsinckstraße/Ecke Am Mittelkanal), etwa 500 Meter westlich vom S-Bahnhof Hammerbrook (S-Bahn Linien S3 + S31)

Dauer
etwa 2,5 Stunden

Route
Amsinckstraße → Am Mittelkanal → Norderkai-Ufer → Hammerbrookstraße → Wendenstraße → Victoriakai-Ufer → Bullerdeich → Anton-Rée-Weg → Salzmannweg → Billwerder Steindamm → Grüne Brücke → Bullenhuser Damm → Fußweg → Großmannstraße → Billstraße → Mühlenhagen → Liebigstraße → Billbrookdeich → Moorfleeter Straße → Pinkertweg → Bredowstraße → Grusonstraße (rechts) → Borsigstraße → Am Steinlager / **Variante für Abenteuerlustige: Grusonstraße (links) → Fußweg → Eisenbahnbrücke → Am Steinlager** → Ausschläger Allee → Vierländer Damm → Thiedingreihe → Marckmannstraße → Billhorner Deich → Vierländer Damm → Billhorner Röhrendamm → Billhorner Brückenstraße → Heidenkampsweg → Grüner Deich → Amsinckstraße

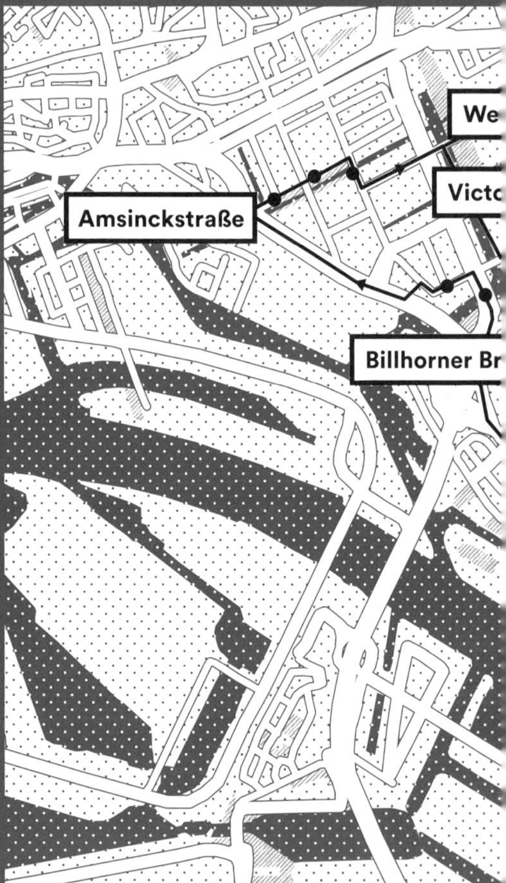

6

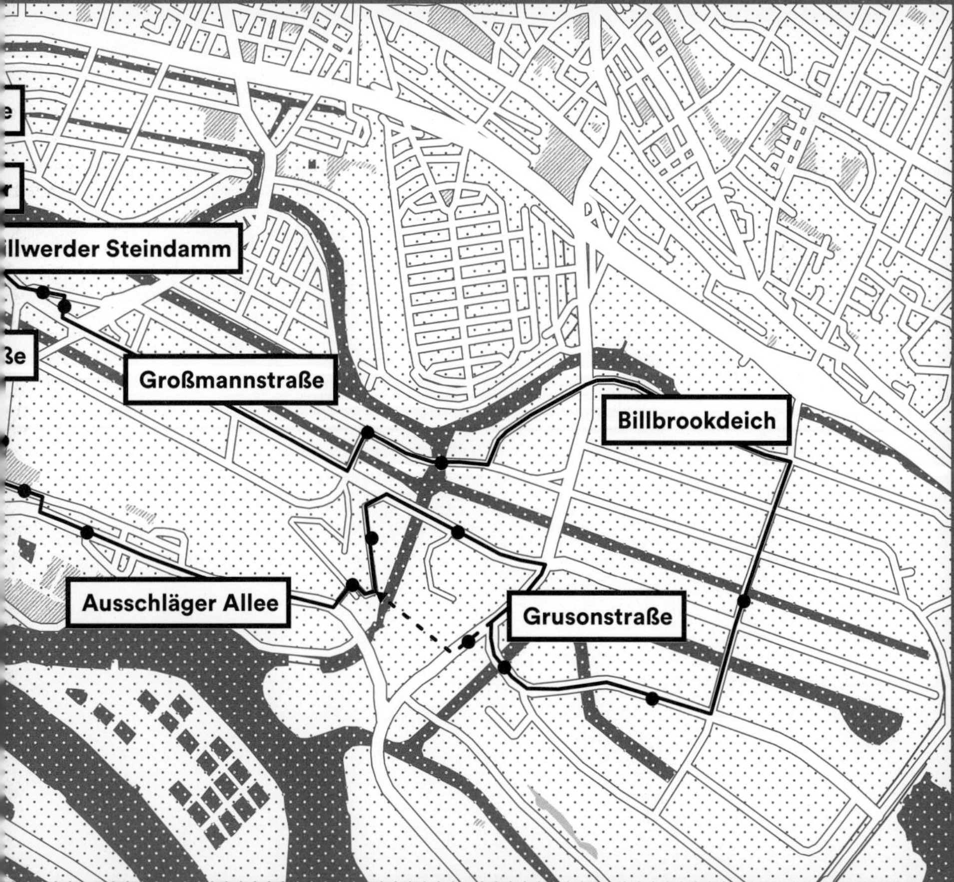
e
r
llwerder Steindamm
ße
Großmannstraße
Billbrookdeich
Ausschläger Allee
Grusonstraße

Drei Stadtteile mit viel Wasser und spannender Geschichte: Kanäle, Kraftwerke und Kreative, Sportboothäfen und Industrieanlagen, Abbruch und Neuanfang

Hammerbrook kennen viele nur vom Vorbeifahren, sei es auf der Amsinckstraße oder dem Heidenkampsweg. Wirklich einladend kommt einem der Stadtteil mit seinen hohen Bürobauten dabei nicht vor, und nur wenig erinnert noch an seine Vergangenheit. Ursprünglich war hier, wie der Name Brook verrät, eine feuchte Marschenlandschaft, die damals noch zu Hamm gehörte und als Weide- und Ackerland genutzt wurde. Nach dem Großen Brand von 1842 wurde das tief liegende Gelände entwässert, mit Trümmerschutt und aus der Elbe gebaggertem Sand aufgeschüttet und anschließend bebaut. Nach und nach entstand so ein dicht besiedeltes Wohn- und Gewerbeviertel, in dem vor allem Arbeiterfamilien lebten. Viele waren in den 1880er Jahren wegen des Baus der Speicherstadt aus ihren Wohnungen auf der Kehrwieder-Wandrahm-Insel verdrängt worden. Die Gewerbe- und Industriebetriebe wurden an den zum Teil neu angelegten Kanälen, die den Stadtteil durchziehen und an den Oberhafen und die Bille angebunden sind, errichtet. So konnten Baumaterial, Rohstoffe und Produkte mittels Schuten und Binnenschiffen auf dem Wasserweg an- und abtransportiert werden.

Heute gibt es nur noch wenige Zeugnisse dieser Vergangenheit Hammerbrooks, denn 1943 wurde fast das gesamte Quartier durch Luftangriffe der Alliierten und den anschließenden verheerenden **Feuersturm** zerstört. Danach lag es einige Jahrzehnte lang brach, bis es in den 1970er Jahren radikal neuentwickelt wurde: In Anlehnung an die City Nord, die zwischen 1964 und 1974 nördlich des Stadtparks in die Höhe gezogen worden war, entstand hier nun eine City Süd. Mit großen Bü-

rogebäuden, funktionaler Architektur, wenig Grün und viel Verkehr. Hammerbrook wurde zu „Hammerbrooklyn“. Unsere Tour beginnt auf der Amsinckbrücke, die den Mittelkanal überquert. Auf dessen südlicher Uferpromenade (von uns aus rechts), die nach der britischen Feministin und Pazifistin Vera Brittain benannt wurde, befindet sich eine Gedenkplatte, die an die Opfer der Bombenangriffe erinnert. Da man dieses Ufer nur über Treppen erreicht, wählen wir stattdessen die linke Seite, die barrierefrei ausgebaut wurde.

Neue Wohngebäude am Kanal

Am Mittelkanal

Zunächst überqueren wir den links abgehenden Sonninkanal, kurz dahinter können wir hinunter auf die Uferpromenade fahren. Links von uns ragt nun ein gewaltiger Häuserkomplex empor: Rund um eine neu angelegte Grünfläche, den sogenannten Sonninpark, stehen dort 24 bis zu achtgeschossige Gebäude mit 750

Norderkai-Uferpromenade mit Hausbooten

mehr oder minder luxuriösen Neubauwohnungen. Die Projektentwickler und Makler bewerben die Häuser als Teil von St. Georg, tatsächlich befinden sie sich in Hammerbrook. Vermutlich lässt sich St. Georg besser vermarkten, doch inzwischen hat sich Hammerbrook vom reinen Bürostandort weiterentwickelt. Von Vorteil war dafür seine innenstadtnahe Lage, aber auch die Kanäle tragen wesentlich zur Attraktivität des Quartiers bei. Manche nennen den Mittelkanal sogar eine „innerstädtischen Oase“: Auf dem Abschnitt hinter der Nagelsbrücke, die wir bald unterqueren, kann man Hausboote begutachten und auf der **Uferpromenade** flanieren, es gibt zum Sitzen einladende Treppenanlagen und Bänke und sogar einige Bäume (die sonst in diesem Viertel eher selten vorkommen).

Zeitzeuge am Mittelkanal

▷

Auffallend sind die vielen **Angler**, die fast immer an den Wasserkanten stehen. Denn auch wenn das Wasser des Mittelkanals braun und trüb aussieht, verbirgt sich darin doch eine Vielzahl unterschiedlichster Fischarten, darunter Karpfen, Rotfedern, Rotaugen und Brassen, Hechte, Zander und Barsche (→ **Tour 7**). Sogar Aale sollen hier manchmal gefangen werden. Um die weite Reise zu ihren Laichgründen in der Sargassosee anzutreten, müssen die Fische allerdings eine Schleuse passieren: Die Bille und ihre angrenzenden Kanäle sind aus Flutschutzgründen von der Elbe abgetrennt. Das gesamte Revier ist also tideunabhängig und bietet neben der Strömungsfreiheit den Vorteil eines nahezu gleichbleibenden, regulierbaren Wasserstands. Zum Ein- und Ausfahren stehen Booten und Aalen die Brandshofer Schleuse (zwischen der Bille und dem Oberhafen) und die Tiefstack-Schleuse (die am Ende des Tiefstackkanals in die Billwerder Bucht mündet) zur Verfügung. Die Hammerbrook-Schleuse am westlichen Ende des Mittelkanals ist dagegen nicht mehr in Betrieb (→ **Tour 7**).

Am Ende der Uferpromenade führt ein Radweg hoch zur Hammerbrookstraße und endet unter der S-Bahnbrücke, die sich etwas futuristisch anmutend durch das Viertel schwingt. Hier findet montags und mittwochs ein Wochenmarkt statt. Wir überqueren nun vorsichtig die Straße (es gibt an dieser Stelle leider keine Ampel) und betreten die rechts von uns liegende Brücke, an deren Geländer sich ein Werk der Künstlerin Anja Kleinhans befindet: das scherenschnittartige **Relief** eines Mannes mit einer Schubkarre. Er sieht aus wie ein Arbeiter, der gerade eine Pause eingelegt hat und über das Geländer in den Kanal blickt, ein Schatten aus der Vergangenheit Hammerbrooks. Wir schieben nun ein Stück weiter und biegen an der nächsten Ecke links ab in die Wendenstraße.

Schon lange, bevor die Immobilienentwickler das Potenzial Hammerbrooks erkannten und begannen, es in Betongold zu verwandeln, hatten Kreative das Viertel entdeckt. Ende der 1980er Jahre besetzte eine Gruppe Kulturschaffender aus dem Umfeld der Hochschule für bildende Künste das leerstehende Haus Wendenstraße 45. Dieses 1910 erbaute Gebäude, das bis zum Mittelkanal reicht und somit über eine Wasseranbindung verfügt, war ursprünglich eine Mietfabrik: Einzelne Räume oder Etagen konnten von kleineren Betrieben, die kein eigenes, großes Gebäude brauchten, angemietet werden. Hier hatten sich vormals, neben anderen, eine Darmsortiererei und eine Kartonagenfabrik befunden. Die Besetzer hatten andere Pläne und richteten im Haus dringend benötigte Werkstätten und Ateliers ein. 1998 sollte das **Künstlerhaus** abgerissen werden, um einem weiteren Bürobau Platz zu machen, doch durch vielfältige Proteste konnte das Vorhaben verhin-

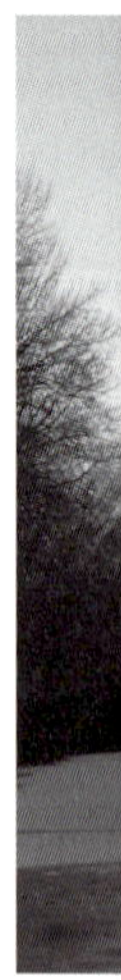

Eisgang auf dem Hochwasserbassin

dert werden. Das Haus steht nicht nur den Mitgliedern der Ateliergemeinschaft zur Verfügung, sondern zeigt sich offen für alle Interessierte: Jährlich wird ein Sommerfest veranstaltet, und im Kunstraum Studio 45 finden Ausstellungen, Konzerte und Filmabende statt.

Hochwasserbassin

Wir überqueren nun den Heidenkampsweg und machen einen Zwischenstopp auf der Brücke, die über das parallel dazu verlaufende Hochwasserbassin führt. Dessen nördliches Ende wird vom 2001 fertiggestellten **Berliner Bogen** überspannt, und wer sich dieses Bauwerk genauer ansehen möchte: Das Atrium des vom Hamburger Architekturbüro BRT (Bothe, Richter und Teherani) entworfenen Bürogebäudes aus Stahl und Glas ist zu Bürozeiten öffentlich zugänglich. Davor liegen mehrere moderne Hausboote, von denen einige aus dem Fernsehen bekannt sind, denn hier praktizieren die „Ernährungs-Docs" und die „Bewegungs-Docs" der gleichnamigen NDR-Produktionen. Bevor wir nun aber dem Verlauf des Hochwasserbassins in südlicher Richtung folgen, machen wir noch einen kleinen Abstecher zur Wendenstraße 130 (ein Stück geradeaus und gleich hinter der Brücke rechts). Hier befindet sich ein historisches Gebäudeensemble, das seit 1994 inklusive der historischen gepflasterten Zufahrt unter Denkmalschutz steht: die **Schokoladenfabrik**. Anfang des 20. Jahrhunderts ließ die Schokoladen-, Kakao- und Zuckerwarenfabrik Reese & Wichmann den Komplex aus Kesselhaus, Fabrikations- und Lagergebäuden als neuen Betriebsstandort errichten. Dieser überstand den Zweiten Weltkrieg weitgehend unbeschadet, und bis in

Berliner Bogen am Hochwasserbassin

PARKS (von der Schwarzen Brücke aus gesehen)

die 1990er Jahre wurde dort tatsächlich Schokolade produziert. Dann erfolgten dem Trend der Zeit gemäß ein Umbau und eine Umnutzung: Die Gebäude wurden um zwei modern gestaltete Geschosse aufgestockt, der Innenhof mit einem Glasdach überspannt. Und die Fabrikräume wurden in Gewerbelofts, Fotostudios und Wohnateliers umgewandelt. Unter den heutigen Mietern befindet sich auch der Schokoladenhersteller Tony's Chocolonely, der faire Schokolade produziert und sich gegen Kinderarbeit und moderne Sklaverei einsetzt.
Zurück am Hochwasserbassin wenden wir uns nun also nach links und fahren zwischen Tennisplätzen und weiteren Hausbooten am Victoriakai-Ufer südwärts. Die gesamten Flächen östlich des Hochwasserbassins gehören zum geplanten **Alster-Bille-Elbe-Grünzug**, der zukünftig vom Ostufer der Außenalster über den Lohmühlenpark in St. Georg durch Hammerbrook und Rothenburgsort bis nach Entenwerder führen soll. „Hochwasserbassin" ist aber auch der Name eines weiteren kreativen Orts, den wir nach dem Queren des Südkanals und der Süderstraße erreichen (Vorsicht, auch hier gibt es keinen Fußgängerüberweg). In den drei Gebäuden des ehemaligen Betriebshofs der Hamburger Wasserwerke befinden sich seit 2016 Ateliers, Werkstätten, Film- und Tonstudios, andere Räume werden für Ausstellungen und Veranstaltungen genutzt. Unser Weg führt über dieses Gelände, zwischen den Häusern hindurch und dann wieder am Wasser entlang.
Die Gebäude am südlichen Ende der sich anschließenden Freifläche beherbergen heute das Atelierhaus Bullerdeich und den Kunstort Zollo, ursprünglich befand sich dort eine nach der Choleraepidemie von 1892 gegründete Desinfektionsan-

stalt. Auf der gegenüberliegenden Seite der Straße Bullerdeich wurde 1893 die erste Müllverbrennungsanlage Hamburgs errichtet, später befand sich an deren Stelle ein Recyclinghof. Heute entwickelt und erprobt hier ein offener Zusammenschluss unterschiedlicher lokaler Einzelakteure und Gruppen unter dem Namen **PARKS** gemeinschaftliche Ideen für die grüne Umgestaltung und Nutzung des öffentlichen Raums. Wenn das Gelände geöffnet hat, sollte man die Gelegenheit für einen Abstecher nutzen und es sich ansehen. Die Fläche reicht bis zur Bille, die im Zuge des Grünzugausbaus in den nächsten Jahren von einer Brücke überspannt werden soll.

Bille

Wir fahren nun auf dem Bullerdeich ostwärts. Auf seiner rechten Seite befindet sich hinter der Unterführung (auf der Brücke verläuft die S-Bahn-Linie nach Bergedorf) ein mächtiger Gebäudekomplex aus rotem Backstein, das 1901 in Betrieb genommene frühere Kohlekraftwerk Bille. Veränderungen der Kraftwerkstechnik zogen in den folgenden Jahrzehnten mehrere Aus- und Umbauten nach sich. Teile der Gebäude wurden durch die Luftangriffe im Jahr 1943 beschädigt, doch das Kraftwerk konnte weiterarbeiten und wurde nach dem Krieg wieder aufgebaut. Heute gilt das **Kraftwerk Bille** als eindrucksvolles Zeugnis der Hamburger Industrie- und Baugeschichte und steht seit 2011 unter Denkmalschutz. Seine Räume werden seit vielen Jahren kreativ genutzt, auch hier gibt es Ateliers und vielfältige Veranstaltungen. Momentan wird eine umfassende Sanierung geplant, die auch einen Teilabriss sowie die Erweiterung durch einen Neubau umfasst. Angestrebt wird eine Mischnutzung aus Ateliers, Büros, Werkstätten, Events und Gastronomie.

Gleich dahinter biegen wir rechts ab in den Anton-Rée-Weg. Auf dessen linker Straßenseite erinnern zwei **Stolpersteine** an frühere Bewohner/-innen dieser Straße, die Opfer der Nationalsozialisten wurden: die Jüdin Betty Guttmann, die am 1905 in Offenbach geboren und am 8.11.1941 nach Minsk deportiert wurde, und Heinrich Hartwig, der 1939 keinen anderen Ausweg als den Tod sah: Aus Furcht, seine Beziehung zu einem Mann könne bekannt werden, sprang der Zwanzigjährige aus einem Zug und starb an den Folgen des Sprungs. Wir biegen nun links ab und fahren den Salzmannweg entlang. An dessen Ende liegt ein weiterer Stolperstein, der an den Sozialdemokraten und Antifaschisten Richard Runge erinnert. Mehr Informationen über die Menschen, derer mit den Stolpersteinen gedacht wird, findet man im Internet oder in der Smartphone-App „Stolpersteine in Hamburg".

Stolperstein in Erinnerung an Richard Runge

Sportboothafen am Billebogen

Wir halten uns rechts, fahren an der SVG-Tankstelle vorbei auf den Billwerder Steindamm und anschließend auf die Grüne Brücke, so dass wir Hammerbrook verlassen und uns nun in **Rothenburgsort** befinden. An der Stelle der heutigen Brücke befand sich seit 1492 die Bullenhuser Schleuse. Sie staute die Bille und verwandelte sie so von einem Tide- zu einem Binnengewässer. Der Vorteil war ein gleichmäßiger, kontrollierbarer Wasserstand auf der Bille und ein Schutz der Anrainer vor Elbehochwasser. 1625 wurde die Schleuse durch eine schwere Sturmflut (die sogenannte Fastnachtsflut oder Eisflut) zerstört. Sie wurde nicht wieder aufgebaut, sondern 1626 durch die weiter billeabwärts gelegene Brandshofer Schleuse ersetzt. Blickt man von der Grünen Brücke nach Süden, kann man am gegenüberliegenden Ufer zwischen einigen Lagerhallen und -flächen ein unscheinbares weißes Gebäude sehen. Darin befindet sich der „Hindutempel Hamburg an der Bille“, der Tempel der Afghanischen Hindu Gemeinde Hamburgs. Nördlich der Brücke befand sich am Ufer des breiten Billebeckens lange Zeit der älteste **Ruderverein** an der Bille, der 1883 gegründete Biller Ruder Club. Heute hat er sein Vereinshaus auf der Billerhuder Insel, an seiner Stelle befindet sich seit Anfang der 1960er Jahre das Bootshaus der Rudervereinigung Bille. Diesen Verein gibt es auch schon seit 1896, und seit vielen Jahrzehnten veranstaltet er jedes Jahr im Oktober seine berühmte Matjesregatta (einmal rund um die Billerhuder Insel). Doch noch ist nicht klar, ob dieser traditionsreiche Verein an seinem gewohnten Standort bleiben wird oder umziehen muss: Das Gelände ist Teil des **Entwicklungsgebiets Billebogen**, das seit 2014 von der städtischen Billebogen Entwicklungsgesellschaft, einer Tochter der HafenCity Hamburg GmbH, geplant wird. Entstehen soll hier und am westlich anschließenden Bullenhuser Kanal „ein zentraler Chancenraum für urbane Produktion und Gewerbe“, dessen „Entwicklungsfokus [...] auf wertschöpfen-

EXTRA INFO

GEDENKSTÄTTE BULLENHUSER DAMM

Das Schulgebäude aus rotem Backstein wurde 1908–10 nach Plänen des Hamburger Architekten Albert Erbe erbaut und beherbergt heute die Gedenkstätte Bullenhuser Damm: Diese erinnert an zwanzig jüdische Kinder, die im KZ Neuengamme zu pseudomedizinischen Experimenten missbraucht worden waren. In der Nacht vom 20. auf den 21. April 1945 wurden sie und mindestens 28 Erwachsene (vier Pfleger und 24 sowjetische KZ-Häftlinge) im Keller dieses Schulgebäudes von SS-Männern ermordet. Die Gedenkstätte, die seit 1999 als Außenstelle zur KZ-Gedenkstätte Neuengamme gehört, besteht aus einer Ausstellung in den Kellerräumen und einem hinter der Schule liegenden Rosengarten mit Gedenktafeln für die Ermordeten.

Nach dem Zweiten Weltkrieg wurde das Gebäude von 1948 bis 1987 wieder als Schule genutzt, die 1980 nach Janusz Korczak benannt wurde. Der polnische Kinderarzt und Pädagoge hatte die jüdischen Kinder des von ihm geleiteten Warschauer Waisenhauses bei deren Deportation in das Vernichtungslager Treblinka begleitet. Den Kindern zur Seite zu stehen war ihm wichtiger, als sein eigenes Leben zu retten. Er starb vermutlich 1942. Seit 1987 steht die frühere Schule unter Denkmalschutz, heute befindet sich darin noch eine Kindertagesstätte. Seit 2018 ist das Gebäude im Besitz der bereits erwähnten Billebogen Entwicklungsgesellschaft, die plant, die Nachbargrundstücke neu zu bebauen. Das Schulgebäude soll jedoch erhalten bleiben und die Gedenkstätte sogar erweitert werden. ●

Relief an der Liebigbrücke

den innovativen gewerblichen Nutzungen sowie auf Forschung & Entwicklung, Start-ups, Makerspaces und kreativen Ideenschmieden [liegt]" – was auch immer das konkret bedeuten mag. Für das Projekt wird jedenfalls viel abgerissen, umgebuddelt und neu gebaut. Am Billebecken sollen naturnah gestaltete, öffentliche Uferzonen entstehen. Die bestehenden Wassersportnutzungen sollen weiterhin möglich bleiben, doch wo und wie, wird noch verhandelt.

Heute wird dieser nördliche Teil von Rothenburgsort (wie auch das angrenzende Billbrook) jedenfalls noch von **Gewerbe- und Industriebetrieben** dominiert. Auf großen Firmengeländen residieren Schrott-, Paletten- und Gebrauchtwagenhändler, Busunternehmen und Speditionen. Doch auch hier war bis zum Zweiten Weltkrieg ein lebendiges Wohn- und Gewerbeviertel. Eines der wenigen Gebäude, das den Feuersturm überstand, ist die frühere Volksschule für Kinder aus Hamm und Rothenburgsort. Wir erreichen sie, indem wir uns an der nächsten Kreuzung links halten und dem Bullenhuser Damm folgen (→ **Extra Info S. 113**).

Billekanal

Über den Fußweg, der vor dem Schulgebäude rechts vom Bullenhuser Damm abgeht, gelangen wir am Rosengarten vorbei zur **Großmannstraße**. Dort biegen wir links ab und überqueren sie an der folgenden Kreuzung, um auf ihrer rechten Straßenseite weiter in Richtung

Sportboote südlich der Liebigstraße

Blick von der Liebigbrücke nach Norden

Osten zu fahren. Wir überqueren nun den Billekanal und kommen etwas später am Werksgelände der Hanseatischen Zuckerraffinerie Hellmi vorbei (Großmannstraße 175). Deren Name geht zurück auf die Raffinerie Milde & Hell, die sich 1879 in Bergedorf angesiedelt hatte und später an der Gründung dieses Unternehmens beteiligt war (→ **Tour 8**). Hinter der Hamburger Gewürzmühle geht es links ab in die Billstraße, wir überqueren noch einmal den Billkanal und biegen anschließend rechts ab auf die Straße Mühlenhagen. Diese Straße geht in die 1910 erbaute Liebigbrücke über, die über das nördliche Ende des Tiefstackkanals führt. Der Kanal wurde 1903 erbaut und ermöglichte über die Tiefstack-Schleuse eine Verbindung zwischen der Bille und der Billwerder Bucht (und somit zur Elbe).

Tiefstackkanal

An der Liebigbrücke fällt neben der schön geschwungenen Stahlkonstruktion das Relief im nordwestlichen Brückenkopf auf. Gleich südlich der Brücke befindet sich ein Ponton, an dem **Sportboote** liegen. Zwischen den ganzen Industriebetrieben ist dies zunächst ein unvermuteter Anblick, doch wenn man genauer hinsieht, entdeckt man überall auf der Bille und ihren Kanälen viele kleine und größere Hafenanlagen für kleine und größere Boote. Das Sportbootrevier ist tatsächlich äußerst beliebt: Es ist abwechslungsreich, ruhig und an vielen Stellen sogar sehr grün, denn hier befinden sich auch Hunderte von Kleingärten, von denen viele ans Wasser grenzen. Neben den mindestens sieben Vereinshäfen gibt es also auch unzählige private Anleger.

Bille

Wir überqueren nun die Brücke und gelangen so nicht nur auf die andere Seite des Kanals, sondern auch von Rothenburgsort nach **Billbrook**. Zu unserer Linken befindet sich sogleich ein Zeugnis der Billbrooker Industriegeschichte, der Sitz des Unternehmens Dr. Sthamer, das hier im Jahr 1886 als Fabrik für chemische Präparate gegründet wurde und heute vor allem Schaumlöschmittel herstellt.

Billbrook wurde von Anfang an als **Industriegebiet** entwickelt. Die Lage dafür war strategisch günstig: Die Bille und die Kanäle stellten für die Produktion benötigtes Wasser zur Verfügung und nahmen die Abwässer der Fabriken auf. Zudem dienten sie als Transportwege für Waren und Rohstoffe, ebenso die 1842 eingeweihte Linie der Hamburg-Bergedorfer Eisenbahn, die entlang der Bille ostwärts verlief. Viele Fabriken besaßen sowohl Wasser- als auch Gleisanschlüsse. Die Bille wurde vertieft und befestigt,

neue Kanäle wurden angelegt. Unter den zwischen 1870 und 1914 gegründeten Betrieben waren besonders viele Unternehmen der chemischen Industrie, Ölfabriken und metallverarbeitendes Gewerbe. Aus deren Schloten wurden häufig ungefiltert Unmengen giftiger Abgase in die Umwelt entlassen, die die Gesundheit der Arbeiter und Anwohner der angrenzenden Wohnviertel stark schädigten. Auch die Gewässer wurden durch die Abwässer verschmutzt und belastet.

Nach dem Ersten Weltkrieg kam es zu weiteren Gründungen von Industriebetrieben, darunter der Firmen Colgate-Palmolive und Still, die heute noch in Billbrook produzieren. Die Gebäude und Anlagen des Gabelstapler-Produzenten Still nehmen zwischen der Liebigstraße und der Berzeliusstraße inzwischen riesige Flächen ein. Die Weltwirtschaftskrise am Ende der 1920er Jahre führte zu einem weitreichenden Produktionsrückgang, nach dem Zweiten Weltkrieg waren viele der Betriebe zerstört, andere wurden geschlossen. An ihrer Stelle siedelten sich vor allem Speditionen, Logistik- und Recyclingfirmen an.

Wir biegen an der nächsten Kreuzung links ab auf den Billbrookdeich, an dem sich früher viele der Chemiefabriken befanden, und folgen so weiter dem Lauf der Bille. An der nächsten Kreuzung queren wir den Ring 2 und fahren weiter geradeaus. Das alte Kopfsteinpflaster ist zwar etwas holprig, aber die Fahrt lohnt sich. Denn bald erreichen wir ein Gebäude, das als weithin sichtbares Wahrzeichen Billbrooks gilt, den 1909/10 erbauten **Uhrenturm** der Firma Commentz & Co. (Billbrookdeich 122). Bei dem markanten Gebäude mit an allen vier Seiten angebrachten großen Uhren handelt es sich um einen Wasserturm. Die Uhren jedoch symbolisieren die neue Arbeitswelt der Industriearbeiter, in der Pünktlichkeit und Zeitdisziplin hohe Priorität hatten. Die Menschen waren ein Rad im

Altes Fabrikgebäude am Billbrookdeich

Getriebe der automatisierten Abläufe, die möglichst perfekt und reibungslos zu funktionieren hatten. Oder mit den Worten des Historikers Richard Evans: „Die Institution Fabrik unterwarf die Angestellten einem bisher ungekannten, brutalen Zeitregime“ – ein deutlicher Gegensatz zur Skulptur des Arbeiters am Hammerbrooker Brückengeländer, der ja Zeit für eine selbstbestimmte Pause zu haben scheint. Ursprünglich gehörte der Turm zur Pflanzenölfabrik Heermann & Co., die Firma Commentz & Co. wurde 1922 als Betrieb für die Terpentindestillation gegründet und ist heute spezialisiert auf die Abfüllung und Lagerung von Lösemitteln.
An der nächsten Kreuzung gelangen wir auf die Moorfleeter Straße, die links nach Billstedt führt. Auf der gegenüberliegenden Straßenseite befand sich noch bis 2017 ein weiteres Industriedenkmal: die 1912/13 errichtete Fabrikanlage eines Metall-Walzwerks mitsamt einem Lagergebäude, in dem sich auch eine Wohnung befand (Billbrookdeich 167/171). Obwohl die Gebäude seit 2005 unter Denkmalschutz standen, wurden sie abgerissen, um einem Logistikunternehmen Platz zu machen. Wir wenden uns nun nach rechts und fahren auf dem Radweg der Moorfleeter Straße nach Süden. Auf der linken Straßenseite stehen als weitere Denkmäler der Billbrooker Industrievergangenheit das um 1922 gebaute frühere Verwaltungsgebäude der **Zinkhütte** Hamburg (Moorfleeter Straße 19), das später auch als Polizeiwache genutzt wurde. Es folgen mehrere um 1925 errichtete Gebäude, die zum früheren Bahnhof Billbrook gehörten (Moorfleeter Straße 23). Auf der rechten Straßenseite sehen wir die östlichen Ausläufer des Still-Geländes.

Weithin sichtbarer Uhrenturm

Schiffe auf dem Billbrookkanal

Billbrookkanal und Tidekanal

Die nächste Brücke überquert den Billbrookkanal. Die große Lagerhalle an dessen Nordufer ragt weit über die Wasserfläche hinaus, was ein wetterunabhängiges Verladen nässeempfindlicher Güter ermöglichte. Wir überqueren die Werner-Siemens-Straße und bald danach ein weiteres Gewässer, das nicht zum Bille-System gehört: Es ist der Tidekanal, ein tideoffenes Nebengewässer der Billwerder Bucht. Dahinter liegt auf der linken Straßenseite eine große Kaffeerösterei und -lagerei.

An der nächsten Kreuzung biegen wir rechts ab und folgen dem Pinkertweg, der zunächst den Industriekanal überquert (einen Seitenarm des Tidekanals) und bald danach den Tidekanal selbst. Kurz darauf mündet er in die Grusonstraße, und an dieser Stelle bieten sich zwei Möglichkeiten für die folgende Etappe: Die eigentlich Route führt hier nach rechts, vorbei an der **Müllverbrennungsanlage** und an der dann folgenden Kreuzung links auf die Großmannstraße. Auf dieser fahren wir Richtung Westen, überqueren den Tiefstackkanal und biegen bald dahinter links ab auf die kleine Straße Am Steinlager. Diese führt an einem Verkehrsübungsplatz entlang, durchquert dann ein kleines Wäldchen und macht schließlich eine Rechtskurve, die zum S-Bahnhof Tiefstack führt. Nach den vielen Industrieflächen ist das Gelände hier wild und grün. Allerdings nicht mehr lange, denn auch diese Fläche ist längst in den Fokus der Stadtentwicklung geraten. Die Behörde für Stadtentwicklung und Wohnen preist sie als „Raum für einen gewerblichen Innovationskern mit hoher Strahlkraft an einer neuen grünen Passage“ und verortet dort auf einer noch vagen Architektenzeichnung auch einen sogenannten „Pausenboulevard“ am Tiefstackkanal. Die Alternativroute hierher ist nicht ganz

Traditioneller Hafenumschlag auf einem Wandbild

Fernwärmeleitung

barrierefrei, stellenweise recht eng und nur eingeschränkt für Menschen mit Höhenangst geeignet. Abenteuerlustige biegen vom Pinkertweg links ab auf die Grusonstraße und dann nach wenigen Hundert Metern rechts auf einen kleinen Weg, der von Zäunen eingerahmt an einer Kleingartensiedlung vorbeiführt. Dieser Fußweg führt bis zum Tiefstackkanal, den wir nach der Überwindung einiger flacher Stufen am schmalen Rand einer **Eisenbahnbrücke** von 1925 überqueren können. An den Fernwärmeleitungen des Kraftwerks Tiefstack vorbei unterqueren wir die Brücke, anschließend führt der Weg hangaufwärts und mündet auf die Straße Am Steinlager. Haben wir diesen Streckenabschnitt bewältigt, sind wir wieder auf der normalen Route und fahren geradeaus weiter.

Am Ende des Wegs führt ein Tunnel unter den Bahngleisen und der S-Bahn-Station Tiefstack hindurch und bringt uns auf die **Ausschläger Allee**. Dort halten wir uns rechts, fahren parallel zum 1879 gegründeten Rangierbahnhof auf dem Billwerder Ausschlag nach Westen und nähern uns dem heutigen Zentrum von Rothenburgsort. Nachdem die Straße in den Vierländer Damm übergegangen ist, biegen wir rechts ab in die Thiedingreihe und an deren Ende links in die Marckmannstraße. Dort befindet sich das ehemalige **Kinderkrankenhaus Rothenburgsort** (Marckmannstraße

Alte Brückensockel am Tiefstackkanal

Relief am ehemaligen Kinderkrankenhaus

135), in dem die Nationalsozialisten seit Anfang der 1940er Jahre ihr „Euthanasie-Programm" umsetzten. Mehr als fünfzig Kinder und Babys wurden hier getötet, weil sie behindert und deshalb als „lebensunwert" eingestuft worden waren. Eine Tafel am Gebäude erinnert an diese schrecklichen Verbrechen. Vor dem Gebäude liegen 33 Stolpersteine für die Kinder, deren Namen recherchiert werden konnten. Ein weiterer ist all denen gewidmet, deren Identität bislang nicht festgestellt werden konnte. Und schließlich gibt es noch einen Stolperstein für Dr. Carl Stamm, der bis 1933 Leiter des Kinderkrankenhauses war. Wegen seiner jüdischen Herkunft wurde er von den Nationalsozialisten verfolgt, 1941 entzog er sich durch Suizid der drohenden Deportation.
Wir fahren nun auf der Marckmannstraße bis zu ihrer Kreuzung mit dem Billhorner Deich. In der kleinen, rechts der Straße liegenden Grünanlage, die nach Carl Stamm benannt wurde, befindet sich ein **Mahnmal** zum 60. Jahrestag des Feuersturms: Es erinnert an die etwa 35 000 Menschen, die in Hamburg durch die alliierten Luftangriffe im Juli und August 1943 ums Leben kamen. Rothenburgsort und Hammerbrook gehörten zu den Stadtteilen, die dabei fast völlig zerstört wurden. Das Mahnmal besteht aus einem verkleinerten, stilisierten Nachbau eines typischen Rothenburgsorter Wohnhauses. An seinen Innenwänden befinden sich Zitate aus den Erinnerungen von Menschen, die die Bombardierungen und den „Feuersturm" erlebt haben.
Wir wenden hier, fahren wieder ein Stück nach Süden und biegen an der nächsten Ampel rechts ab auf den Vierländer Damm. Bei der an der nächsten Kreuzung stehenden Kirche handelt es sich um die St. Thomas-Kirche, die 1883/85 erbaut wurde, 1943 zerstört und 1957 wiederaufgebaut. Jeden Freitag abends um sechs gibt es hier eine Viertelstunde lang Livemusik, wenn ein **Turmbläser** Choräle vom Turm herabbläst. Dahinter fällt eine Kirche ganz anderen Baustils auf, die 1961–63 erbaute römisch-katholische Kirche St. Erich mit ihrem kühn geschwungenen Glockenturm.
Die Straße ist inzwischen in den Billhorner Röhrendamm übergegangen, und etwas weiter westlich lädt ein ganz profaner Ort dazu ein, sich zu treffen und zu engagieren. Ein ehemaliges Toilettenhäuschen auf der kleinen Grünfläche einer Verkehrsinsel wurde von Menschen

Mahnmal Hamburger Feuersturm

Ein Gebäude mit spezieller Lage

aus der Nachbarschaft zum selbstorganisierten Stadtteilzentrum **Mikropol** umgebaut. Hier finden Veranstaltungen und Feste statt, und es gibt eine Foodsharing-Station, die zur Weitergabe nicht benötigten Essens dient – was hervorragend zum Konzept passt, denn hier geht es vor allem um Austausch: von Ideen, Erfahrungen, Fragen und Erkenntnissen, Fähigkeiten und vielem mehr.
Wir fahren halb rechts auf dem Fahrradweg weiter und passieren nun nacheinander zwei sehr unterschiedliche Gebäude: Das erste – der dicke, runde Turm zwischen den Auffahrten zur Brückenstraße – ist ein 1940/41 gebauter Turmbunker. Sein spitzes Dach sollte auf ihn herabfallende Bomben zu den Seiten hin ablenken. Das zweite Gebäude erscheint zunächst eher durch seine Lage besonders als durch seine Architektur: Es ist das sogenannte Mercedeshaus (bis Anfang 2023 prangte das Symbol der gleichnamigen Automarke auf dem Dach des Gebäudes), das auf einer langgestreckten Verkehrsinsel zwischen den Fahrbahnen der **Billhorner Brückenstraße** steht. Bei seiner Fertigstellung um 1914 gehörte es zu einem dreieckigen Gebäudeensemble, dem Billehof. Es diente als Produktions- und Speicherhaus und war in einer besonders stabilen Eisenbetonkonstruktion erbaut worden, um den Belastungen durch schwere Maschinen und andere Lasten standzuhalten. Diese massive Bauweise ließ das Gebäude auch die Bomben und den Feuersturm überstehen. Zum Zeitpunkt seiner Erbauung stand das Haus noch am Wasser, denn gleich nördlich des Hauses verlief der Billhorner Kanal, der nach dem Zweiten Weltkrieg mit Trümmerschutt aufgefüllt wurde und aus dem Stadtbild verschwand. Stattdessen entstanden immer mehr und immer größere Straßen. Das Haus selbst wurde in den folgenden Jahrzehnten unter anderem von der Lufthansa als Standort für deren Lehrwerkstätten genutzt, beherbergte ein Tonstudio, einen Laden für Angelbedarf und das Lager einer Zauberkunst-Handlung. Heute sind vor allem kreative Kleinunternehmer im Gebäude ansässig, die sich dafür einsetzen, das Haus zu erhalten und als Ort für nachhaltige Ideen und Projekte zu nutzen.
Doch auch hier ist vieles im Umbruch, wie wir gleich sehen werden. Zunächst

Stadtteilzentrum Mikropol

Blick von der Schwarzen Brücke auf die Bille

biegen wir rechts ab auf die Billhorner Brückenstraße und unterqueren die Bahnbrücke. Gleich dahinter erstreckt sich rechts der Straße eine elf Hektar große Fläche auf dem Gelände des ehemaligen **Huckepackbahnhofs**, die seit einigen Jahren völlig neu erschlossen wird. In die ersten Neubauten sind 2018 die Werkstätten und der Kulissenfundus der Hamburgischen Staatsoper eingezogen. Die Entwicklungsgesellschaft preist das Gelände für seine zentrale Lage und „ein Umfeld mit hoher Entwicklungsdynamik", sie erhofft sich eine moderne Mischnutzung aus Produktion und Gewerbe, Kultur und Gastronomie. Auch eine Kita soll entstehen – vermutlich eher für Kinder der auf dem Gelände Beschäftigten als für Anwohner, denn Wohnungen gibt es hier kaum. Eine Ausnahme ist das Wohnhaus Billhorner Brückenstraße 1–5, 1927/28 aus dunkelrotem Backstein erbaut, das wie eine Trutzburg unbeirrt vom Tag und Nacht vorbeirauschenden Verkehr am Rand der Straße steht.

Bille

Wir überqueren nun die Billstraße und blicken von der Schwarzen Brücke noch einmal auf die Bille. Links geht das Hochwasserbassin ab, auf der anderen Uferseite liegt das Gelände von PARKS, und auf der vor uns liegenden Wasserfläche ist manchmal eine Menge los: Denn hier findet der praktische Teil der Hamburger **Sportbootführerschein**-Prüfungen statt. Zumeist sonnabends kann man den Prüflingen bei ihren Mensch-über-Bord- und Anlegemanövern zusehen. Der Theorieteil der Prüfung findet ohne Zuschauer im Haus des Kfz-Gewerbes in der Billstraße statt. Westlich der Brücke liegen dagegen oft mit Mais beladene Binnenschiffe oder Schuten unter einem gewaltigen Industriekomplex, den wir uns noch näher ansehen. Dafür fahren wir an der nächsten Ampel links über den Heidenkampsweg und folgen der Straße Grüner Deich (ein heute auffallend unpassender Name). Bei dem Werk handelt es sich um eine Stärkefabrik der Firma Ingredion (früher National Starch). Es geht auf eine Pudding-Fabrik von Dr. Oetker zurück, die hier 1941 ihren Betrieb aufnahm und 1958 um ein von Cäsar Pinnau entworfenes Quellhaus erweitert wurde.

Etwa auf Höhe der Hausnummer Grüner Deich 19 zweigt links ein Fußweg ab, der uns auf die Amsinckstraße bringt. Dort biegen wir rechts ab und gelangen nach etwa einem Kilometer wieder auf die Amsinckbrücke, den Startpunkt der Tour. ●

AUSFLUGS- UND ENTDECKERTIPPS IN HAMMERBROOK, BILLBROOK, ROTHENBURGSORT

● FÜR DEERNS UND JUNGS

Spielplatz Sonninpark
Hamburg-Hammerbrook, öffentlicher Spielplatz im Innenhof der Wohnanlage, frei zugänglich vom Mittelkanal aus

● HAFENKULTUR

Gedenkstätte Bullenhuser Damm
Bullenhuser Damm 92, Hamburg-Rothenburgsort
Rosengarten mit Gedenktafeln frei zugänglich, Ausstellung So 10–17 Uhr

Geschichtswerkstatt Billstedt
www.geschichtswerkstatt-billstedt.de

Kraftwerk Bille
Bullerdeich 12–14, Hamburg-Hammerbrook

Künstlerhaus Wendenstraße
Wendenstraße 45, Hamburg-Hammerbrook

Mahnmal zum 60. Jahrestag des „Feuersturms“
Carl-Stamm-Park (Billhorner Deich/Marckmannstraße), Hamburg-Rothenburgsort

Mikropol
Verkehrsinsel Billhorner Mühlenweg/Billhorner Röhrendamm, Hamburg-Rothenburgsort

Stolpersteine
www.stolpersteine-hamburg.de

● STÜCKGUT

Wochenmarkt Hammerbrook
Schwabenplatz (S-Bahn-Station Hammerbrook), Mo und Mi 10-14.30 Uhr

Wochenmarkt Rothenburgsort
Rothenburgsorter Marktplatz
Mi und Sa 8–13 Uhr
Im Industriegebiet Billbrook gibt es kaum Geschäfte, aber viele Tankstellen mit Shops und Imbissen, zum Beispiel die **SVG-Tankstelle** am Bullerdeich 36, die auch eine große Auswahl an Werkzeug etc. anbietet.

● VERPFLEGUNG

Maya Kaffeerösterei
Hammerbrookstraße 75, Hamburg-Hammerbrook
Kaffeehaus der eigenen Rösterei, biologisch angebaut und fair produziert

Café Irma
Sonninstraße 22, Hamburg-Hammerbrook

Betriebssportcasino
Wendenstraße 120, Hamburg-Hammerbrook (am Hochwasserbassin)
Gaststätte am Sportpark des Hamburger Betriebssportverbands mit Sommerterrasse

Caglar
Vierländer Damm 9, Hamburg-Rothenburgsort
Bäckerei, Café, Bistro

Dönerei
Rothenburgsorter Marktplatz 1–3, Hamburg-Rothenburgsort

● SCHIFFE

HAUSBOOTE auf dem Mittelkanal und dem Hochwasserbassin, **SPORTBOOTE**, **RUDERBOOTE**, **KANUS** und **SUPs** auf der Bille und den Kanälen, und immer noch einzelne **BINNENSCHIFFE**, **SCHLEPPER** und **SCHUTEN**, die Rohstoffe zu Betrieben an den Wasserstraßen von Hammerbrook und Billbrook transportieren. Mehrere Veranstalter bieten **Barkassenfahrten** durch Hammerbrook, Billbrook und Rothenburgsort an, u.a. das Stadtteilarchiv Hamm und die Bergedorfer Schifffahrtslinie.

VOM OBERHAFEN ZUR BILLWERDER BUCHT: WASSERWELTEN RECHTS DER ELBE

Start- und Endpunkt
Deichtorplatz (Nähe U-Bahnhof Steinstraße)

Dauer
etwa 2,5 Stunden

Route
Deichtorplatz → Altländer Straße → Stadtdeich (Elberadweg) → Auf der Brandshofer Schleuse → Billhorner Röhrendamm → Brandshofer Deich → Hakenufer → Ausschläger Elbdeich → Sperrwerk Billwerder Bucht → Kaltehofer Hauptdeich → Moorfleeter Hauptdeich → Kneidenweg → Vorlandring → Boehringerweg → Moorfleeter Deich → Andreas-Meyer-Brücke → Bergedorfer Heerweg → Ausschläger Elbdeich → Entenwerder Stieg → Billhorner Brückenstraße → Billhorner Deich → Hakenufer → Zweibrückenstraße → Versmannstraße → Am Hannoverschen Bahnhof → Stockmeyerstraße → Deichtorplatz

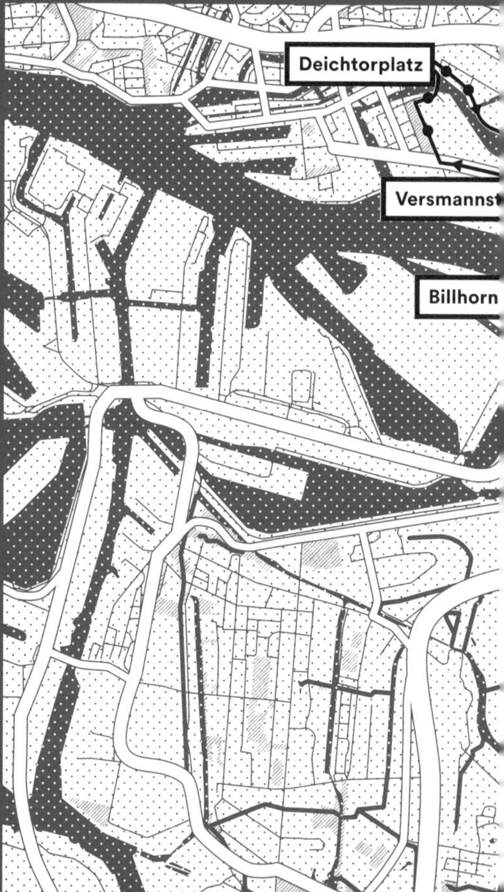

7

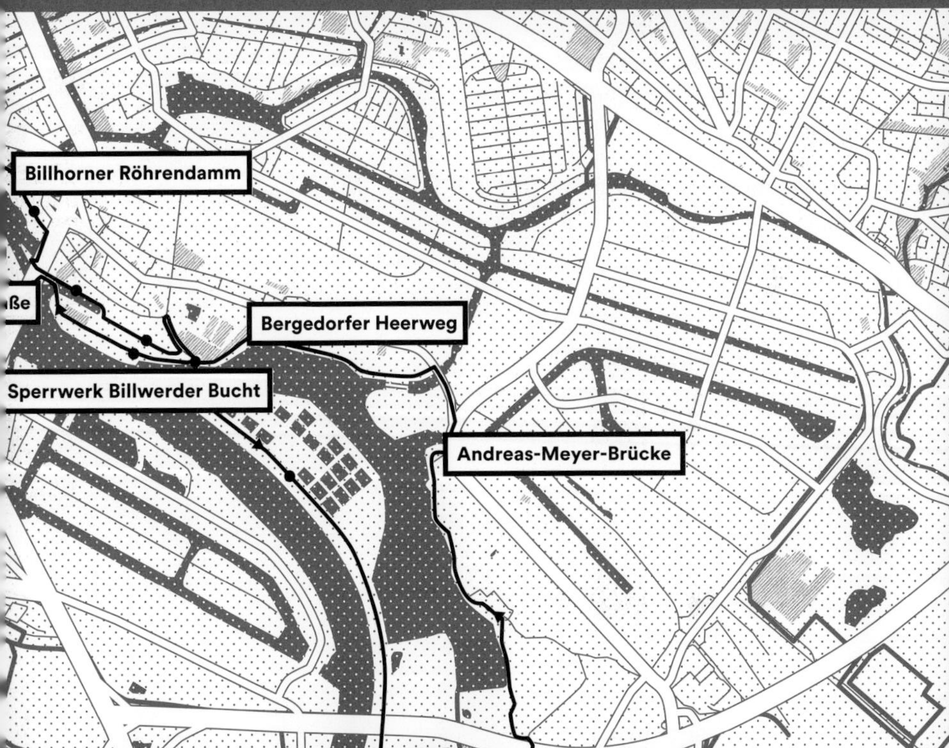
Billhorner Röhrendamm
ße
Bergedorfer Heerweg
Sperrwerk Billwerder Bucht
Andreas-Meyer-Brücke
Moorfleeter Hauptdeich
Boehringerweg

Rund um die Billwerder Bucht geht es um Wasserwege und Wasservögel, um Grund-, Trink- und Abwasser, um Stinte und den berühmten Schierlings-Wasserfenchel.

In diesem Kapitel steht nicht der Hafen selbst im Vordergrund, auch wenn wir ihn unterwegs nie aus den Augen verlieren werden. Die Tour führt zu einer Reihe von Orten, die auf ganz unterschiedliche Art mit einem Element zu tun haben, ohne das weder der Hafen noch die Stadt existieren könnte: das **Wasser**. Nebenbei werden auch einige kulturelle Einrichtungen erwähnt, denn auch davon liegen eine Menge an der Strecke dieser Rundfahrt.

Markthallen am Oberhafen

Wir starten auf dem Vorplatz der **Deichtorhallen**, die 1912 bzw. 1914 als Markthallen erbaut wurden. Auch auf den Flächen um sie herum herrschte damals buntes Markttreiben, denn sie bildeten zusammen den zentralen Großmarkt der Stadt. Dessen Standort lag verkehrstechnisch günstig zwischen dem 1906 eröffneten neuen Hauptbahnhof im Norden und dem Hannoverschen Bahnhof, der nun für den Güterumschlag genutzt wurde, im Süden. Außerdem grenzte das Gelände an den Oberhafen, an dem sowohl Schuten anlegten, die importierte Waren von den Seeschiffen anlieferten, als auch die Ewer und Oberländer Kähne der Obst- und Gemüsebauern des Umlands (→ **Tour 8**).

Nachdem 1962 der etwas weiter östlich gelegene neue Großmarkt eröffnet worden war, wurden die beiden Deichtorhallen noch bis 1984 als Blumenmarkt genutzt, bevor sie restauriert und in Ausstellungshäuser verwandelt wurden. 1989 eröffnete das nördliche Gebäude als Halle für aktuelle Kunst, das südliche folgte 2005 als Haus der Photographie. Die Tour führt auf die Promenade am Oberhafen und auf dieser nach Osten, also hinaus aus der Stadt. Vorsicht beim Unterqueren der zweigeschossigen

Oberhafenbrücke (gebaut 1902–04), denn der Straßenverlauf ist hier etwas unübersichtlich! Dafür geht es direkt hinter der Brücke rechts auf den Stadtdeich, der seit 2014 als Teilstück des **Elberadwegs** für Fußgänger und Radfahrer geöffnet wurde. Gleich an dessen Anfang kommen wir am 2022 eröffneten „Digital Pavillon“ der „Factory Hammerbrooklyn“ vorbei, der den ersten Bauabschnitt des neuen Quartiers Hammerbrooklyn darstellt. Hier sollen Kreative, Wissenschaftler und Unternehmen an Ideen für eine nachhaltige Zukunft arbeiten, wofür das Quartier noch durch mehrere Neubauten, unter anderem ein vierzehngeschossiges Hochhaus, erweitert werden soll. Auf der anderen Seite des Oberhafens steht ein Gebäude, das kaum gegensätzlicher sein könnte als dieses Projekt: die **Oberhafenkantine**, ein sehr kleines, sehr altes und sehr schiefes Haus aus dunklem Backstein. Erbaut wurde es 1925 als Kaffeeklappe, also als Ort, an dem die Hafenarbeiter Speisen und Getränke kaufen und zu sich nehmen konnten (→ **Tour 14**). Die Schieflage kommt daher, dass der Baugrund wiederholt durch Sturmfluten unterspült wurde und absackte. Heute befindet sich in dem denkmalgeschützten Gebäude ein Gastronomiebetrieb. Daneben ist noch ein Stück alte Kaimauer mit hölzernen Dalben, sogenannten Streichpfählen, erhalten, auf denen schon häufig Sturmmöwen gebrütet haben. Die angrenzende Kaifläche wurde in den letzten Jahren saniert und mit verschiedenen Hochbeeten und Wiesenarealen begrünt.

Nördliche Deichtorhalle

Oberhafen

Radweg am Oberhafen (bei Niedrigwasser)

Der von hohen Mauern begrenzte **Oberhafen**, an dem wir nun entlangfahren, stellt nicht gerade ein naturnahes Gewässer dar. Dennoch lassen sich hier, je nach Tide, verschiedene Vögel beobachten. So rasten bei Hochwasser viele Möwen, Stock- und Reiherenten auf seinen recht ruhigen, weil wenig befahrenen Wasserflächen, während bei Niedrigwasser weite Teile trockenfallen. Auf den dann zum Vorschein kommenden Schlickflächen suchen oft Brandgänse nach Nahrung. Eine neue Brücke führt bald über die Hammerbrookschleuse, die 1844–47 erbaut wurde, um den hier abgehenden Mittelkanal (→ **Tour 6**) zum tideoffenen Oberhafen hin abzuschotten. 1865/66 wurde die Schleusenanlage erweitert, so dass bis zu 15 Schuten gleichzeitig geschleust werden konnten. Das damals eingebaute Drehtor, eine einzigartige Konstruktion des Wasserbauingenieurs Johann Hermann Maack, ist heute noch erhalten, die Schleuse jedoch nicht mehr in Betrieb. Der neben dem Radweg verlaufende Zaun gibt nun den Blick auf das Gelände des 1962 eröffneten **Hamburger Großmarkts** frei – also des Nachfolgers der Deichtorhallen. In den riesigen Markthallen mit den markanten geschwungenen Dächern aus Beton werden neben Obst, Gemüse, Blumen und Pflanzen auch andere Lebensmittel wie Backwaren und Molkereiprodukte angeboten. Verkauft wird nicht an Endverbraucher, sondern an Supermärkte, Restaurants oder Markthändler. Uns wird das Gelände wahrscheinlich eher ruhig vorkommen, denn der Handel findet nur zwischen 2 und 9 Uhr morgens statt. Interessierte haben aber die Möglichkeit, den Großmarkt im Rahmen einer Führung zu besichtigen. Auf dem Gelände befinden sich außerdem zwei kulturelle Angebote: das „Mehr! Theater" mit 2100 Plätzen, für das eine der Großmarkthallen aufwendig umgebaut wurde, und das 2008 gegründete Deutsche Zusatzstoffmuseum. Diese Einrichtung der Hamburger Lebensmittelstiftung informiert in einer gut gemachten Ausstellung über Nutzen und Gefahren der Aromastoffe, Enzyme, Farbstoffe und Geschmacksverstärker, die sich in unseren Nahrungsmitteln befinden – unter dem überzeugenden Motto „Zusatzstoffe gehören ins Museum – nicht ins Essen".

Brandshofer Schleuse

Neue Nutzungen alter Gemäuer

Am Ende des Großmarkts überqueren wir die Brandshofer Schleuse, die eine Verbindung zur Bille darstellt: ein Gewässer, auf dem traditionell Obst und Gemüse aus den Vierlanden zu den Hamburger Märkten verschifft wurden (→ Tour 8). Bald dahinter lohnt sich ein Abstecher zur **Großtankstelle Brandshof**, die von 1953 bis 1983 in Betrieb war. Anschließend wurde sie als Kfz-Werkstatt genutzt, heute befinden sich in dem schönen Fünfziger-Jahre-Gebäude eine auf Young- und Oldtimer spezialisierte GTÜ-Prüfstation und ein Bistro, vom Betreiber „Erfrischungsraum" genannt. Vor allem an den Wochenenden ist der Ort ein beliebter Treff von Fans älterer Autos. Von der dahinter verlaufenden Straße kann man sich die Brandshofer Schleuse und den angrenzenden kleinen Hafen im Billhorner Kanal näher ansehen. Die schwimmende Badeanstalt für Frauen, die sich seit 1885 dort befunden hatte, existiert heute leider nicht mehr. Solche Badeanstalten dienten nicht dem Vergnügen, sondern der Hygiene, denn in den kleinen Wohnungen der dicht besiedelten Arbeiterviertel Hammerbrook und Rothenburgsort gab es keine Badezimmer.

Brandshof

Zurück auf dem Radweg fahren wir zwischen dem Billhafen und dem 1924–26 errichteten Gebäudeensemble am **Brandshof** weiter, bei dem es sich um eine der bedeutendsten Flussschiffanlagen des Hamburger Hafens handelt. Der Billhafen wurde ab 1926 von der Schlesischen Dampfer-Compagnie – Berliner Lloyd AG genutzt. Für die vom Oberlauf der Elbe kommenden Binnenschiffe standen Umschlagseinrichtungen zur Verfügung, dazu kamen Lagerschuppen und Verwaltungsgebäude, denn im Brandshof-Kontor befand sich auch der Sitz des Unternehmens. Nach langem Leerstand wurden die denkmalgeschützten Gebäude inzwischen saniert und werden nun unter anderem von Galerien und IT-Firmen genutzt. Der Radweg führt um den Hafen herum und ermöglicht einen weiteren Abstecher auf dessen Kaizunge, den Billhafen-Löschplatz mit seinem alten Kaikran von 1950.

Auf der Großbaustelle am Südufer des Billhafens soll bis 2025 der **Elbtower** entstehen, ein sogenanntes Landmark-Building mit 245 Metern Höhe. Die geplanten Baukosten lagen Ende 2022 bei 950 Millionen Euro. Viele Bewohner des benachbarten Stadtteils Rothenburgsort stehen dem Bau ablehnend gegenüber, denn sie befürchten neben erhöhtem Verkehrsaufkommen die Verschattung und Gentrifizierung ihres Viertels. Auch Ornithologen kritisieren den Bau eines Hochhauses an dieser Stelle: Es steht im Weg von drei wichtigen Zugrouten, nämlich der Vogelzuglinie von und nach Skandinavien, des entlang des Elbtals verlaufenden Wasservogelzugs und des Baltischen Zugwegs entlang der Ost- und Nordseeküste. Sowohl die Höhe des Gebäudes als auch der hohe Glasanteil seiner Fassade werden als problematisch erachtet. Vögel kollidieren nicht nur deshalb mit Glasscheiben, weil sie diese nicht als Hindernis erkennen. Die vielfach nachts ziehenden Vögel sind es gewöhnt, sich am Licht des Monds und der Sterne zu orientieren, folglich werden sie auch von erleuchteten Fenstern angezogen. Eine Problematik, die als „fatal light attraction" bezeichnet wird. Eine 2020 im Zusammenhang mit der Planung des Gebäudes in Auftrag gegebene Studie zu **Vogelschlag** an Hamburger Hochhäusern stellte fest: „Je höher der Glasanteil an einer Fassade ist, desto mehr Vogelverluste sind zu erwarten." Und dabei geht es nicht um kleine Opferzahlen. Schätzungen gehen davon aus, dass in Deutschland jährlich bis zu 115 Millionen Vögel durch Kollisionen mit Glasscheiben sterben. Um diese erschreckend hohe Zahl zu senken, kann man Fensterscheiben mit Vogelschutzmarkierungen versehen und vor allem während der Zeiten besonders intensiven Vogelzugs auf eine nächtliche Beleuchtung der Gebäude verzichten.

Gebäude der Reichsmonopolverwaltung für Branntwein

7

Fährhaus Entenwerder

Über Entenwerder nach Kaltehofe

Der Radweg unterquert nun die Billhorner Brückenstraße und biegt, oben angekommen, rechts ab. Nach einem kleinen Schlenker, um die Treppenstufen zu umgehen, gelangen wir auf den Alexandra-Stieg, der am nördlichen Ufer eines 1862 angelegten Hafenbeckens mit dem schlichten Namen Haken entlangführt. Gleich an dessen Anfang steht noch eine Halle, die zwischen 1936 und 1939 von der **Reichsmonopolverwaltung für Branntwein** errichtet wurde, weitere Bauten kamen in den 1950er Jahren dazu. Hier wurde Branntwein aufbereitet, zwischengelagert und umgeschlagen, der Transport der Produkte und Rohstoffe erfolgte per Lkw, Bahn und Binnenschiff. Da die Kaimauern des Hafenbeckens zum Hochwasserschutz erhöht wurden, sind die Hafenanlagen heute nicht mehr vorhanden. Die Halle soll jedoch erhalten und in die geplante Neugestaltung des Areals einbezogen werden.

Das östliche Ende des Hakens ist untypisch für ein Hafenbecken, denn hier geht eine Flachwasserzone in Röhricht über, dahinter wachsen Birken, Weiden und Pappeln. Das kleine Biotop wurde als Ausgleichsmaßnahme für die Vernichtung einer Röhrichtfläche auf der Hohen Schaar angelegt. Neben heimischen Tierarten wie Teichrohrsängern und Rohrammern haben hier auch Nutrias einen passenden Lebensraum gefunden. Bei den ursprünglich in Südamerika heimischen Nagern handelt es sich um sogenannte **Neozoen**, also gebietsfremde Tierarten, die sich dauerhaft ansiedeln und ausbreiten konnten. In Deichbereichen werden Nutrias ungern gesehen, da sie Höhlen und Gänge ins Erdreich graben. Ein anderer Neubürger ist die Chinesische Wollhandkrabbe, die vermutlich Anfang des 20. Jahrhunderts im Ballastwasser von Seeschiffen aus Asien in die Elbe gelangte und sich seitdem dort und in den Nebenflüssen stark ausgebreitet hat.

Der ausgeschilderte Radweg führt schließlich am Entenwerder Fährhaus vorbei, einer kleinen Gaststätte, die bereits seit 1872 existiert, und mündet in den Ausschläger Elbdeich. Dort bietet sich ein kurzer Abstecher in Richtung Norden an, denn neben der Straße liegt ein Areal der Hamburger Wasserwerke mit mehreren alten Gebäuden, die man schon vom Weg aus betrachten kann. 1848 wurde dort die Rothenburgsorter **Stadtwasserkunst** in Betrieb genommen, die der zentralen städtischen Trink- und Löschwasserversorgung dienen sollte. Ihr Highlight ist der 64 Meter hohe Wasserturm: Durch das Hochpumpen des Wassers in diesen Turm wurde der nötige Druck erzeugt, um es in den Leitungen bis in die Haushalte zu transpor-

Blick auf den Entenwerder Zollhafen und die Norderelbe

tieren. Einerseits war es natürlich Luxus, einen Wasseranschluss im Haus zu haben. Andererseits war dieses Wasser mit unserem heutigen Leitungswasser nicht zu vergleichen. Der Ingenieur William Lindley hatte zwar gefordert, dass das Wasser vor der Einleitung durch eine Sandfilteranlage gereinigt werden müsse, die Stadt empfand diese Maßnahme aber als zu teuer und verzichtete deshalb darauf. Eine Kosten-Nutzen-Abschätzung, die sich am Ende des Jahrhunderts als fataler Fehler erweisen sollte – doch dazu später mehr. Zunächst wurde das Elbwasser also ungefiltert eingespeist, und historische Quellen berichten von Schmutz, Würmern und sogar Aalen, die aus den Wasserhähnen kamen.
Der heutigen Hamburgischen Fischflora widmet sich dagegen das Angelzentrum im Gebäude der **Fischereiaufsicht**, gleich südlich des Ausschläger Elbdeichs am Ufer des Entenwerder Zollhafens. Hier gibt es Informationen über Angelgewässer und -vorschriften sowie über Fische, die in der Elbe vorkommen. Dazu gehört auch der Stint, der noch vor wenigen Jahren den Fischern der Unterelbe in solchen Mengen in die Netze ging, dass in den Gasthäusern zwischen Cuxhaven und Geesthacht im Frühjahr „Stinte satt“ angeboten wurden. Diese Zeit ist jedoch vorbei, denn es gibt kaum noch Stinte in der Elbe.

Höhere Hochwasser

Vom Ausschläger Elbdeich biegen wir nun rechts ab und fahren über das 1966 eingeweihte **Sturmflut-Sperrwerk** Billwerder Bucht auf die Elbinsel Kaltehofe. Die Tore dieses Sperrwerks stehen normalerweise offen, nur bei drohender Sturmflut werden sie geschlossen und schützen dann die dahinter liegende Billwerder Bucht mit dem Kraftwerk Tiefstack vor Überflutungen. Um die Jahrtausendwende wurde das Sperrwerk im Rahmen des Hamburger Hochwasserschutzprogramms umgebaut und die Deichlinie an dieser Stelle dadurch auf eine Höhe von 8,20 Meter über Normalnull (NN) erhöht. Zum Vergleich: Die Sturmflut im Februar 1962 erreichte eine Höhe von 5,70 Meter über NN, 1976 stieg das Wasser auf 6,45 Meter über NN. Da wäre an diesem Sperrwerk also noch Luft nach oben gewesen. Als Folge der zunehmenden Erderwärmung und des damit verbundenen Meeresspiegelanstiegs ist allerdings auch in Hamburg mit

EXTRA INFO

ELBE-STINTE

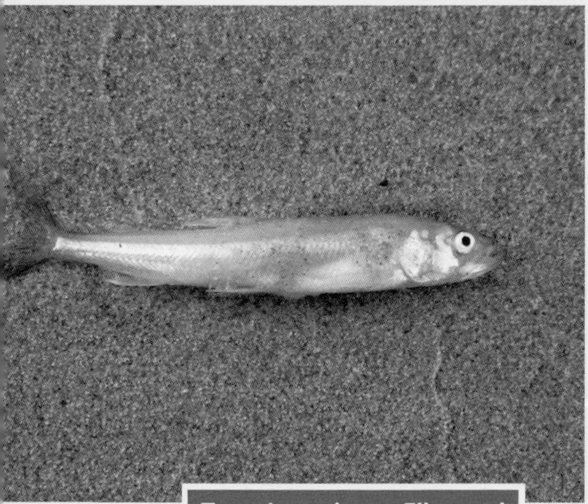

Toter Jungstint am Elbstrand

Jahrhundertelang schwammen die erwachsenen Stinte im Februar und März elbaufwärts, um etwa auf der Höhe von Hoopte abzulaichen. Noch im Larvenstadium wanderte die neue Stintgeneration anschließend langsam Richtung Nordsee, suchte unterwegs nach Nahrung und wuchs und gedieh, bis sie schließlich im Juli oder August als Jungfische die Elbmündung erreichte. Zumindest diejenigen Tiere, die in der Zwischenzeit nicht gefischt worden waren oder beispielsweise Zwergmöwen, Flussseeschwalben und Schweinswalen als Nahrung gedient hatten. Heute funktioniert das leider nicht mehr, denn die Fische können in der Elbe nicht mehr überleben. Faktoren wie die höhere Fließgeschwindigkeit und fehlende Flachwasserzonen machen ihnen das Leben schon schwer genug, dazu kommen die in den Sommermonaten dramatisch niedrige Sauerstoffkonzentration des Wassers und dessen extreme Trübung. Ein Sauerstoffgehalt unter 4 mg/l gilt als „fischkritisch“, unter 2 mg/l sind für Fische tödlich. Seit Jahren entstehen jeden Sommer große Gebiete mit kritischen bis tödlichen Werten im Bereich des Hamburger Hafens, die sogenannten Sauerstofflöcher. Gründe dafür gibt es viele, neben anderen sind es hohe Temperaturen, massiver Nährstoffeintrag und die großen Gewässertiefen. Die Zunahme der Trübung hängt mit der Vertiefung der Fahrrinne sowie mit den Unterhaltungsbaggerungen in der Elbe und dem Hafen zusammen, die ständig Sedimente aufwirbeln. In dem trüben Wasser können Stinte einfach nichts mehr sehen, also auch keine Nahrung finden. Und wo der Stint wegbleibt, verschwinden auch diejenigen, die sich von ihm ernähren konnten, wie die Seevögel, die Elbfischer und die Schweinswale. Diese kleinen Meeressäuger konnte man früher so regelmäßig im Hamburger Hafengebiet beobachten, dass der Bund für Umwelt- und Naturschutz (BUND) sogar zum „Whalewatching“ auf die vor dem Entenwerder Fährhaus gelegene Pontonanlage einlud. 2016 war jedoch das letzte Jahr, in dem noch mehrere Schweinswale gesichtet wurden.

weiter zunehmenden Wasserstandshöhen zu rechnen (Prognosen nennen 63 cm zusätzlich bis 2085), und auch die Elbvertiefungen haben das mittlere Tidehochwasser bereits um mehr als einen halben Meter erhöht.
Die heutige Billwerder Bucht stellte früher den Hauptverlauf der Norderelbe dar, die **Kaltehofe** hing damals noch mit der südlich gelegenen Peute zusammen. 1875–79 wurde diese Insel als wasserbauliche Maßnahme durchstochen und die Billwerder Bucht von der Elbe abgetrennt. Auf dem Kaltehofe-Hauptdeich in Richtung Südosten fahrend, kommen wir am Clubhaus der Niederdeutschen Wanderpaddler und einer Bootswerft vorbei. Dahinter passieren wir eine Schranke und können links der Straße schon die ersten Wasserbecken der Wasserkunst Kaltehofe erkennen.

Schmutziges und sauberes Wasser

Die Qualität des Hamburger Leitungswassers hatte im Lauf des 19. Jahrhunderts weiter abgenommen: Immer mehr Industriebetriebe siedelten sich an der Elbe an und entließen ihre Abwässer in den Fluss, und auch das Abwasser der Häuser und Straßen gelangte in der Nähe der Landungsbrücken über ein gemeinsames Mischsiel ungeklärt in die Elbe. Erst 1890 wurde schließlich mit dem Bau einer Filteranlage auf Kaltehofe begonnen, 1893 wurde sie eingeweiht. Zu spät, um eine Katastrophe zu verhindern.
Die **Sandfiltrationsanlage** auf Kaltehofe bestand aus zunächst 18, später 22 gemauerten Wasserbecken, deren Boden mit Steinen, Kies und Sand befüllt wurde. Das durch die Sedimente gesickerte und so gereinigte Wasser wurde über einen Kanal und einen Düker zum Pumpwerk in Rothenburgsort weitergeleitet. Sichtbarer als diese Abläufe, die im Verborgenen stattfanden, sind die am Beckenrand stehenden Schie-

Brunnen- bzw. Schieberhäuschen der Wasserkunst auf Kaltehofe

EXTRA INFO

DIE HAMBURGER CHOLERA-EPIDEMIE VON 1892

Im Sommer 1892 kamen russische Auswanderer nach Hamburg, die von hier aus in die Neue Welt aufbrechen wollten, und vermutlich brachten sie die Cholera in die Stadt. Die Erreger gelangten in das Elbwasser, das infolge einer langen Hitzeperiode sehr warm war und den Bakterien beste Bedingungen bot, sich rasch zu vermehren und auszubreiten. Durch den trockenheitsbedingt niedrigen Wasserstand lief die Flut besonders weit stromaufwärts, also bis zur Höhe der Wasserentnahme des Rothenburgsorter Wasserwerks. So gelangte infiziertes Wasser in die Leitungen der Stadt. Als erste Cholerafälle auftraten, sorgten sich die Stadtoberen zunächst am meisten um Einschränkungen des Handels und der Schifffahrt und versuchten daher, die Krankheit zu vertuschen. Es wurden also keine Maßnahmen ergriffen, durch die man die Epidemie hätte eindämmen können, und sie weitete sich immer mehr aus. Insgesamt dauerte die Zeit der Cholera etwa sechs Wochen, in denen fast 10 000 Menschen starben, vor allem Bewohner der Gängeviertel in der Nähe des Hafens. Die schließlich doch noch erlassenen Quarantänevorschriften brachten die Schifffahrt und den Hafen zum Erliegen, was den Kaufleuten finanzielle Einbußen und den plötzlich erwerbslos gewordenen Hafenarbeitern existenzielle Not bescherte. Auch Tausende Auswanderer saßen während der Epidemie in Hamburg fest. ●

berhäuschen, in denen die Wasserzufuhr geregelt wurde, und die Villa von 1891/93. Hier wurde das neu gegründete Hygienische Institut angesiedelt, das mit der Kontrolle des Trinkwassers betraut wurde, welches diesen Namen nun tatsächlich verdiente.

Anfang der 1990er Jahre wurde das Areal der Wasserkunst unter Denkmalschutz gestellt. Planungen, die Flächen dennoch zu bebauen und dort ein neues Stadtviertel zu entwickeln, scheiterten an einer zu hohen Schwermetallbelastung des Bodens. Stattdessen wurde ein Konzept entwickelt, um das Gelände als Industriedenkmal und Naturpark für den Publikumsverkehr zu erschließen. 2011 wurde die Anlage, zu der auch ein Neubau mit Ausstellungsräumen gehört, eröffnet.

Wasservögel und andere Tiere

Auf dem weitläufigen Gelände werden nun auch vogelkundliche und Fledermaus-**Führungen** angeboten. Welche Brutvögel hier vorkommen, kann man sich auf der Infotafel am Rand der Wiese gleich rechts der Villa ansehen. Auf einem Plan des Parks sind dort alle bei einer Kartierung erfassten Reviervögel eingetragen, darunter Teichrohrsänger, Blässrallen und Rohrweihen. Die Vielfalt der Biotope (Wasserflächen, offene Wiesen, alter Baumbestand) bietet auch unterschiedlichen **Fledermäusen** gute Bedingungen, so dass auf Kaltehofe schon ein Drittel aller in Deutschland vorkommenden Fledermausarten festgestellt werden konnten. Zur Bestimmung der dämmerungsaktiven Flugakrobaten werden sogenannte Bat-Detektoren eingesetzt, die die hochfrequenten Flugrufe der Fledermäuse erfassen und umwandeln, damit sie für menschliche Ohren wahrnehmbar sind.

Holzhafen

7

Am Westufer der Billwerder Bucht

Die Tour verläuft weiter auf dem Kaltehofe-Hauptdeich. Hinter dem Gelände der Wasserkunst beginnt ein Waldstück mit vielen kahlen Bäumen, auf denen sich früher die Nester einer **Kormorankolonie** befanden. Der Kot dieser Vögel, die sich inzwischen auf der Billwerder Insel angesiedelt haben, verätzt die Blätter, so dass die Bäume abgestorben sind. Nach dem Wäldchen kommen wir ans Ufer des Holzhafens, einer weiten Wasserfläche im Süden der Billwerder Bucht. Hier wurde früher Holz in Form von Flößen aus den Oberelbegebieten angelandet, das von Betrieben am angrenzenden Ufer des Hafens verarbeitet und gehandelt wurde. Heute gehört fast der gesamte Holzhafen mitsamt dem Waldstück zum **Naturschutzgebiet (NSG) Holzhafen**, nur der südöstliche Teil, zu dem wir später gelangen werden, ist davon ausgenommen. Ökologisch besonders

Blick über den Holzhafen und die Billwerder Bucht

wertvoll sind die südlich gelegenen Wattflächen, die 2008 als Ausgleichsmaßnahme für die Zuschüttung des Mühlenberger Lochs erweitert wurden. Leider verlanden diese Flächen durch Sedimentablagerungen immer mehr, so dass große Bereiche inzwischen nicht mehr überflutet werden. Doch noch rasten hier vor allem während der Zugzeiten große Mengen von Wasservögeln, darunter viele Brandgänse, Löffel- und Krickenten.

Verseuchtes Grundwasser

Wir unterqueren nun die Autobahnbrücke der A1 und fahren an einem Gebiet entlang, das ebenfalls zur Wasserkunst gehörte. Hier auf der Billwerder Insel wurde in vier Ablagerungsbecken das der Elbe entnommene Wasser grob vorgereinigt und anschließend zur Filtrationsanlage weitergeleitet. Als im Lauf des 20. Jahrhunderts die Qualität des Elbwassers durch die Industrialisierung von Rothenburgsort und der Peute schlechter wurde, begann man hier 1959 mit dem Bau von Brunnen zur Grundwasserentnahme. Doch auch das ging nicht lange gut: Denn die Schad-

Verlandete Wattflächen im NSG Holzhafen

stoffe der Industriebetriebe drangen bis in das **Grundwasser** vor, und 1990 wurden die Brunnen geschlossen, weil das geförderte Wasser zu stark belastet war. Unter anderem lag etwas weiter östlich das Chemiewerk von **Boehringer** Ingelheim. Auf dessen Firmengelände am Moorfleeter Kanal wurden Pflanzengifte wie Lindan und T-Säure, ein Bestandteil des Entlaubungsmittels Agent Orange, hergestellt. Bei der Produktion fielen große Mengen extrem giftiger Stoffe an, die als Sondermüll auf Deponien gelagert wurden, aber auch in die Luft und in das Erdreich gelangten, wo sie sich als „Giftfahne" ausbreiteten. Fachleute kürzen die toxische Mischung, die dort freigesetzt wurde, als BSS für „Boehringer spezifische Schadstoffe" ab. 1984 wurde das Werk in Moorfleet durch die Umweltbehörde geschlossen. Um eine weitere Ausbreitung des versickerten Gifts zu verhindern, wurde das Grundstück durch bis zu fünfzig Meter tief in den Boden reichende Betonwände zu den Seiten hin abgeschottet. Das verseuchte Grundwasser muss jedoch weiterhin permanent abgepumpt und gereinigt werden.
Mit dem Ende der Wasserentnahme auf der Billwerder Insel wurden in den 1990er Jahren auch die Absetzbecken stillgelegt. Und wo die menschliche Nutzung verschwindet, beginnt sehr schnell die Sukzession: Die Vegetation konnte sich ausbreiten, Kormorane, Fledermäuse und sogar Biber siedelten sich an. Seit 2016 gehört das Areal zum neuen NSG Auenlandschaft Obere Tideelbe. Als Ausgleichsmaßnahme für durch die Elbvertiefung zerstörte Lebensräume wird hier seit 2020 auch der kapriziöse, seltene und akut vom Aussterben bedrohte **Schierlings-Wasserfenchel** angesiedelt (→ **Tour 5**). Dafür wurden 1700 in einer Gärtnerei vorgezogene Setzlinge eingepflanzt. Ob dieser Standort tatsächlich dafür geeignet ist, wird sich erst in den nächsten Jahren herausstellen.
Die 1891–93 erbauten Betriebsgebäude werden inzwischen von der Jugendbauhütte Hamburg genutzt, einem Projekt der Deutschen Stiftung Denkmalschutz, in dem Jugendliche unter anderem alte Handwerke erlernen und Häuser sanieren (→ **Tour 8**). Während man die Wasserbecken selbst von der Straße aus nicht sehen kann, entdeckt man vielleicht beim Blick durch den Zaun eins der alten Brunnenhäuschen, die ein völlig anderes Aussehen haben als die auf Kaltehofe: Die verputzten, halbkugeligen Kuppelbauten erinnern an Bunker oder Iglus. Die Tour führt nun weiter am **Moorfleeter Hauptdeich** entlang, links taucht ein Waldstück

Brunnenhäuschen auf der Billwerder Insel

Golfplatz auf dem Gelände der früheren Billesiedlung

auf, dahinter beginnt ein Wohngebiet. Auf der anderen Seite des Deichs liegt inzwischen nicht mehr die Norderelbe, sondern die Dove-Elbe mit der Tatenberger Schleuse (→ Tour 8). Wir biegen in den bald abgehenden Kneidenweg ab, in dessen Rechtskurve halten wir uns weiter geradeaus und fahren nun auf dem Wanderweg an einem Golfplatz entlang. Auch die Geschichte dieses Ortes ist eng mit dem Hamburger Hafen und dem Wasser verbunden.

Altlasten im Boden

In den 1930er Jahren wurde hier ein früherer Teil der Dove-Elbe mit einem Gemisch aus Sand und Schlick aufgespült, das bei Baggerarbeiten im Hamburger Hafen angefallen war. Und in den 1940er Jahren wurde die Fläche, die sich inzwischen gesetzt hatte, noch zusätzlich mit Schlick bedeckt, um den Boden fruchtbar zu machen. 1951 wurde dann auf diesem Gelände mit dem Bau der **Billesiedlung** begonnen, die vom Moorfleeter Hauptdeich bis zum Holzhafen reichte. Ende der 1980er Jahre stellte sich allerdings heraus, dass dies kein guter Baugrund war: Der Boden war mit Schwermetallen wie Arsen, Blei, Cadmium und Dioxin belastet, an einigen Stellen hatte sich Altöl angesammelt, an anderen (auch in Kellern) methanhaltige Gase. Ein großer Teil des Gifts war sicherlich mit dem Baggergut auf die Fläche gekommen, denn gerade der feinkörnige Schlick bindet die Schwermetalle. Die große Nähe zu Boehringer auf der einen Seite und der Norddeutschen Affinerie auf der anderen war vermutlich auch nicht gerade förderlich für die Gesundheit. Die Konzentration der Schadstoffe war jedenfalls so hoch, dass dort nicht mehr gewohnt werden konnte. Da die Sanierung der Grundstücke aufwendig und teuer war, erwarb die Stadt die meisten Häuser und ließ sie abreißen. Nach dem Abtrag der belasteten Böden und einer Neuaufschüttung wurde auf dem früheren Gelände der Siedlung ein Golfplatz angelegt. Ein online verfügbarer Bodenlehrpfad gibt weitere Informationen zu diesem Giftmüllskandal. Blicken wir über den Golfplatz hinweg nach Osten, können wir eine riesige Halle des Logistik-Unternehmens Fiege sehen, dessen begrüntes Dach seit Jahren von einer **Möwenkolonie** als Brutplatz genutzt wird. Neben Sturmmöwen brüten dort Silber-, Herings- und sogar einige seltene Schwarzkopfmöwen. Bei dem dahinter liegenden Berg handelt es sich um ein Spülfeld neueren Datums: die Schlickdeponie Feldhofe, auf der die HPA insgesamt 6,3 Millionen Kubikmeter schadstoffbelastetes Baggergut lagert (→ Tour 11). Anschließend soll die 38 Meter hohe Halde bepflanzt und als Park genutzt werden.

Travemünder Atoll am Ufer des Holzhafens

Schiffe und Werften

Am Ende des Wanderwegs biegen wir rechts ab auf den Vorlandring, der in den Boehringerweg übergeht. An der Kreuzung geht es dann links auf den Moorfleeter Deich, auf dem wir erneut die A1 unterqueren und danach links abbiegen, um auf der Straße und damit auch dem Deich zu bleiben, der eine uneingeschränkte Sicht auf den **Holzhafen** und die Billwerder Bucht bietet. Gleich am Anfang blicken wir auf ein Hafenbecken, das im früheren Lauf der Dove-Elbe angelegt wurde. Die Pontonanlage mit den vielen Hausbooten wird unter anderem von einer Sportbootschule und dem Bille-Wander-Segel-Verein von 1921 genutzt. Auf Höhe des Getreidespeichers der Firma Schlüter & Maack fällt ein kreisförmiger Schwimmkörper auf, der Ende der 1970er Jahre als Badeinsel vor dem Travemünder Strand lag und später in der Fischereiforschung eingesetzt wurde. Binnendeichs erstrecken sich vor allem für Gemüseanbau genutzte Flächen bis zur angrenzenden Andreas-Meyer-Straße. Etwas weiter nördlich gelangen wir zu einem Moorfleeter Traditionsbetrieb: der **Werft Julius Grube**, die 1890 gegründet wurde. Anfangs wurden hier viele Fluss- und Küstenschiffe gebaut, heute werden vor allem Reparaturen erledigt, beispielsweise von Binnenschiffen. Die Anlage der Werft umfasst neben den Slipanlagen und Gebäuden am Ufer auch ein Schwimmdock und eine Pontonanlage.

Am Ende des Moorfleeter Deichs halten wir uns links und fahren auf der Andreas-Meyer-Brücke über den Moorfleeter Kanal, danach geht es wieder links weiter auf den Bergedorfer Heerweg. Neben uns liegt jetzt das Gelände des **Heizkraftwerks Tiefstack**. Bereits 1917 wurde hier ein erstes Kraftwerk der Hamburgischen Electricitäts-Werke (HEW) gebaut. Das jetzige Kohlekraftwerk stammt aus dem Jahr 1993, seit 2009 wird auch eine Gasturbine betrieben. Zur Kühlung wird Wasser aus der Elbe genutzt, was bei hohen Temperaturen der Elbe jedoch nicht zulässig ist, um

den Fluss nicht noch mehr aufzuheizen – in solchen Fällen muss das Kraftwerk vorübergehend außer Betrieb genommen werden. Im Jahr 2020 wurden bei der Verbrennung der fossilen Energieträger über eine Millionen Tonnen CO_2 freigesetzt. Nun erarbeiten die Hamburger Energiewerke ein Konzept, wie in Zukunft ohne den Einsatz von Kohle Fernwärme erzeugt werden kann. Stattdessen sollen mehr Erdgas und „holzartige Biomasse" verbrannt werden, außerdem könnten zwei Flusswasser-Wärmepumpen die Wärme des Elbwassers nutzen – diese neue Technik wäre dann tatsächlich CO_2-neutral.
Wir überqueren nun den Tiefstackkanal, der durch die 1902 in Betrieb genommene Tiefstackschleuse von der Billwerder Bucht abgetrennt ist. Die dahinter liegenden Kanäle und die Bille sind somit tideunabhängig (→ **Tour 6**). Gleich hinter der Brücke biegen wir links ab auf den Ausschläger Elbdeich und fahren nun wieder direkt an der **Billwerder Bucht** entlang. An einigen Stellen ist der

Tiefstackschleuse

Blick über die Billwerder Bucht

obere Teil der Böschungen unbefestigt und wird nur selten gemäht, so dass sich dort eine erstaunliche Vielfalt von Pflanzen ansiedeln konnte. Einige Aussichtspunkte mit Bänken stehen für Pausen mit Blick auf die Sportboothäfen und Bootswerften am anderen Ufer zur Verfügung. Hinter der Linkskurve verläuft die Straße zwischen einem Waldstück (rechts) und einigen Industriebetrieben (links), darunter die 1951 gegründete Schiffs- und Jachtwerft Hein Garbers und ein Werk des Unternehmens Cargill, in dem Lecithine hergestellt werden. Dessen historische Bauten, ein Speicher und ein Werkstattgebäude (Ausschläger Elbdeich 72 und 72a), wurden um 1890 erbaut und stehen unter Denkmalschutz.
Wir kommen nun wieder am Sperrwerk vorbei, biegen dahinter links ab auf den Entenwerder Stieg (von dem aus man einen Abstecher auf die davor liegende Pontonanlage machen kann) und fahren weiter durch den **Elbpark Entenwerder** mit seinen hohen Pappeln, einem Spielplatz und Sportflächen. Am Ende führt eine Brücke über den Haken, hinter der wir wieder links in Richtung Billhorner Brückenstraße abbiegen. Diesmal fahren wir jedoch nicht unter der Brücke hin-

Wasserstofftankstelle

durch, sondern auf dem an ihrem Rand verlaufenden Radweg nach links, wodurch wir den Oberhafenkanal in Richtung Süden überqueren. Anschließend folgen wir der ausgeschilderten Radwegeverbindung entlang der Zweibrückenstraße in Richtung Hafencity. Dieser Schlenker ist etwas umständlich, eine neue Fahrradbrücke von der östlichen Hafencity hinüber nach Entenwerder jedoch schon geplant. Die Versmannstraße, auf die wir so gelangen, führt an der Südseite des Oberhafens entlang, von wo aus sich ein guter Blick auf die gegenüberliegenden Großmarkthallen bietet.

Bei der nächsten Gelegenheit biegen wir rechts ab und fahren am Rand des Lohseparks bis zur Stockmeyerstraße, dort geht es nach rechts und vor der Oberhafenkantine wieder links auf die Brücke über den Oberhafen. Wenn wir dahinter erneut links abbiegen (Vorsicht, die Kreuzung ist auch von dieser Seite kommend etwas unübersichtlich), gelangen wir wieder zum Ausgangspunkt der Tour an den Deichtorhallen. Nach den vielen historischen Wasserthemen und -orten dieser Rundfahrt können wir uns abschließend noch eine Einrichtung ansehen, die auf sehr moderne Art mit Wasser zu tun hat: eine Wasserstofftankstelle, die sich auf der anderen Seite der gleich westlich liegenden Oberbaumbrücke befindet.

Großmarkthallen

7

AUSFLUGS- UND ENTDECKERTIPPS
WASSERWELTEN RECHTS DER ELBE

● FÜR DEERNS UND JUNGS

Wasserkunst Elbinsel Kaltehofe
Kaltehofe Hauptdeich 6–7, Hamburg-Rothenburgsort
Großes Freigelände mit Disc-Golf-Anlage, ausleihbaren Spielen, Wasserkunst-Quiz und Naturerlebnispfad

Spielplatz im Elbpark Entenwerder
mit Fußballplatz und Beachvolleyball-Feld, Hamburg-Rothenburgsort

Spielplatz im Traunspark
Ausschläger Elbdeich/Billhorner Deich, Hamburg-Rothenburgsort

Halle für Parkour und Freerunning
Parkour Creation e.V., Stockmeyerstraße 43, Halle 4, Tor F, Hamburg-Oberhafenquartier

● HAFENKULTUR

Deichtorhallen Hamburg
Deichtorstraße 1–2, Hamburg

Deutsches Zusatzstoffmuseum
Großmarkt Hamburg, Hamburg-Klostertor
Eingang von der Brandshofer Schleuse

Wasserforum
Billhorner Deich 2, Hamburg-Rothenburgsort
Ausstellung über die städtische Wasserver- und Abwasserentsorgung

Wasserkunst Elbinsel Kaltehofe (siehe oben)
Industriedenkmal mit Ausstellung und Naturpark
www.wasserkunst-hamburg.de

BUND
www.bund-hamburg.de
Im Rahmen seines Umweltbildungsprogramms „Faszination Tideelbe“ bietet der BUND interessante Veranstaltungen und Exkursionen an.
www.faszination-tideelbe.de

Bodenlehrpfad Bille-Siedlung
www.hamburg.de/bodenlehrpfad-bille-siedlung

● STÜCKGUT

Hobenköök
Stockmeyerstraße 43, Hafencity
Markthalle mit regionalen und saisonalen Produkten

● VERPFLEGUNG

Entenwerder 1
Elbpark Entenwerder
Café auf der Pontonanlage Norderelbe

Entenwerder Fährhaus
Entenwerder Stieg 6–8, Hamburg-Rothenburgsort

Café Kaltehofe
in der Villa der Wasserkunst Kaltehofe

● BUCHTIPP

Richard Evans: Tod in Hamburg
Hamburg im 19. Jahrhundert: Im Fokus von Politik und Stadtplanung standen Wirtschaft und Hafen, das Wohlergehen der Bevölkerung war nachrangig. Um Epidemien geht es auch.

● FILMTIPP

Der Stint – Ein Fisch und sein Fluss
Der Film erklärt die vielfältigen Ursachen und Folgen des Verschwindens der Elbe-Stinte (2019, Regie: Holger Vogt).

● SCHIFFE

ATOLL I
Badeinsel, gebaut etwa 1973 bei Fiberglas Technik Lehmann & Sohn/Hamburg-Finkenwerder, Durchmesser 27 m

EIDER
Binnenschiff, gebaut 1970 bei Piet Hein/Papendrecht (Niederlande), Länge 85,00 m, Breite 9,50 m, Tiefgang 2,82 m

ERNI
Schleppbarkasse, gebaut 1939 bei Heinrich Grube/Warwisch, Länge 16,53 m, Breite 3,92 m, Tiefgang 1,23 m

JOHANNES
Schlepper/Eisbrecher, gebaut 1949 auf der Norderwerft/Hamburg, Länge 28,25 m, Breite 7,00 m, Tiefgang 3,26 m

BERGEDORF UND DIE VIER-LANDE: VON FABRIKEN UND GEMÜSE-EWERN TEIL 1

Durch die Vier- und Marschlande:
Von der Tatenberger Schleuse bis nach Bergedorf

Startpunkt:
Tatenberger Schleuse bzw. Mühlenspielplatz an der Ecke Moorfleeter Hauptdeich/Tatenberger Weg

Endpunkt:
Serrahn (Bergedorfer Hafen)

Dauer:
etwa 1,5 bis 3 Stunden

8.1

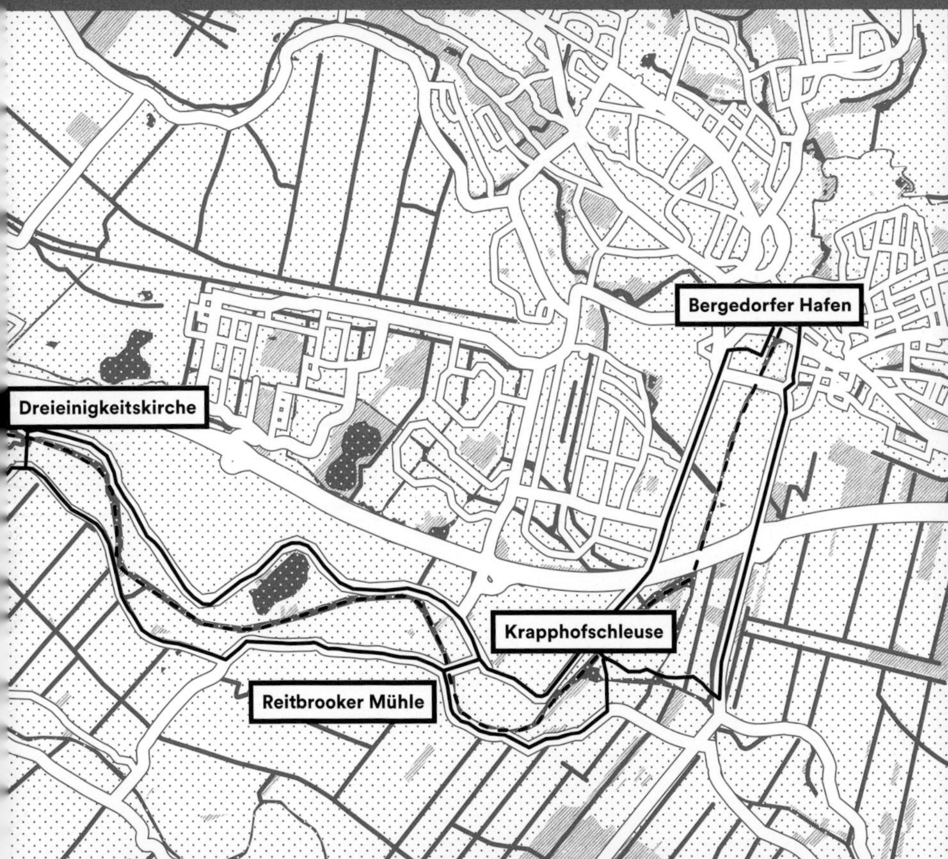
Bergedorfer Hafen
Dreieinigkeitskirche
Krapphofschleuse
Reitbrooker Mühle

Ob per Boot oder mit dem Fahrrad, ob auf dem Fluss oder daneben: Wir folgen dem Lauf der Dove-Elbe. Kurs Ost!

Diese Tour führt, je nach gewähltem Fortbewegungsmittel, auf oder entlang der Dove-Elbe bis nach Bergedorf. Wir kommen dabei zunächst durch Teile der **Marschlande** (zu denen Tatenberg, Spadenland, Ochsenwerder und Reitbrook südlich der Dove-Elbe sowie Moorfleet, Allermöhe und Billwerder nördlich davon gehören), später dann durch die **Vierlande**, bestehend aus den Gemeinden Curslack, Neuengamme, Altengamme und Kirchwerder. Die Dove-Elbe ist ebenso wie die benachbarte Gose-Elbe ein Nebenarm der Elbe, und bevor die beiden Flüsse vom Verlauf der Elbe abgetrennt wurden, kam es bei Hochwasser häufig zu Überflutungen des niedrigen Landstrichs, wodurch sich fruchtbarer Boden bildete. Etwa ab dem 12. Jahrhundert wurde das Gebiet besiedelt und bewirtschaftet, wofür es nach und nach eingedeicht und entwässert wurde.

Auf dem Mühlenspielplatz, dem Startpunkt der landseitigen Tour, steht der Nachbau einer Ochsenwerder Mühle, die nicht etwa dem Mahlen von Getreide diente, sondern der Entwässerung der Felder und Wiesen. Solche **Schöpfmühlen** wurden hier ab etwa 1675 bis in die 1930er/40er Jahre betrieben, danach wurden sie durch dampf- und später elektrisch betriebene Pumpen ersetzt.

Die Spielplatzmühle, die beklettert und berutscht werden kann, wurde 2013 für die Internationale Gartenschau in Wilhelmsburg gebaut und nach deren Ende hier aufgestellt.

Die Tour auf dem Wasser startet gleich hinter der 1952 eingeweihten **Tatenberger Schleuse**, durch die man bei Elbekilometer 615 von der Norderelbe in die Dove-Elbe gelangt. Für die Schleu-

Mühlenspielplatz

sung von Sportbooten fällt eine Gebühr von vier Euro an, die über das telefonische Bezahlsystem der HPA beglichen werden kann. Dahinter beginnt eine Fahrtstrecke mit langer Tradition: Denn auf der Dove-Elbe wurden im Verlauf mehrerer Jahrhunderte Produkte aus den Vier- und Marschlanden und aus Bergedorf nach Hamburg gebracht.

Tatenberger Schleuse

Rechts und links der Dove-Elbe

Die meisten der hiesigen Bewohner waren Hufner und Kätner, also Voll- und Kleinbauern. Sie hielten Vieh und bauten anfangs vor allem Getreide an. Ab dem 16. Jahrhundert kam Hopfen hinzu, gefolgt von Gemüse, Obst und Blumen, und ab 1746 wurden in den Vierlanden auch Kartoffeln angebaut. Immer größere Mengen dieser Erzeugnisse wurden in Hamburg verkauft, denn für dessen wachsende Bevölkerung wurde eine Selbstversorgung ab Ende des 16. Jahrhunderts immer schwieriger. Die Bedeutung der Vier- und Marschlande als Obst- und Gemüselieferant der wachsenden Großstadt nahm also weiter zu. Dass der Transport der Produkte größtenteils auf dem Wasserweg stattfand, hing auch mit dem damals noch sehr schlechten Zustand der Straßen zusammen. Im 19. Jahrhundert verkehrten 16 Ewer zwischen den Vierlanden und Hamburg, und ab 1861 wurden auch Dampfschiffe eingesetzt: sowohl auf der Elbe (ab Lauenburg) als auch auf der Dove-Elbe (seit 1865 ab Curslack/Neuengamme). Von Bergedorf aus konnte man außerdem auf der Bille nach Hamburg gelangen.

Paddelboote auf der Dove-Elbe

Die folgende Beschreibung folgt der Bootstour, wird aber gleichzeitig auf die Orte an Land eingehen und keine detaillierten Angaben zum Streckenverlauf geben: Denn die Fahrt mit dem Rad lässt sich sowohl nördlich als auch südlich der Dove-Elbe machen, und an mehreren Stellen ermöglichen Brücken den Wechsel vom einen ans andere Ufer. An beiden Ufern ist die Route unkompliziert zu finden: Man bleibt einfach möglichst nah am Fluss, meistens fährt man dabei auf alten Deichen. Per Boot folgt man dem leicht mäandernden Lauf des Flusses und hält sich im Zweifelsfall links, wobei die zulässige Höchstgeschwindigkeit ruhige 8 km/h beträgt. Wer kein eigenes Boot zur Verfügung hat, kann eins chartern: Die von der Tide abgetrennte, also strömungsfreie Dove-Elbe ist ein beliebtes **Wassersportrevier** mit vielen Bootsverleihen, die Motor-, Elektro-, Paddel- oder Tretboote anbieten (wobei sich letztere eher für ein Teilstück dieser Tour eignen). Und wenn man nicht selbst ans Ruder möchte, kann man auf einer Barkasse mitfahren. Die Bergedorfer Schifffahrtslinie unternimmt sowohl Fahrten ab Bergedorf als auch von verschiedenen Hamburger Abfahrtsorten über die Dove-Elbe bis nach Bergedorf.

Sport, Kultur & Kaffeepause

Gleich östlich der Tatenberger Schleuse liegen an beiden Ufern die ersten von über einem Dutzend Sportboothäfen, an denen wir nun vorbeikommen werden. Die Dove-Elbe macht hier eine Kurve, die uns nach Süden führt, und bald öffnet sich an der Steuerbordseite eine weite Wasserfläche, die sogenannte **Rentnerbucht**. Hierbei handelt es sich um einen beliebten Ankerplatz, sei es für eine Kaffeepause oder für eine Nacht an Bord. Auf Höhe der Rentnerbucht wird die Dove-Elbe breiter und erstreckt sich schnurgeradeaus nach Osten. Das Fahrwasser verläuft hier an ihrem Nordufer, denn der südliche Bereich wird von einer **Regattastrecke** eingenommen. Die zwei Kilometer lange Rennstrecke wurde ab Ende der 1960er Jahre ausgebaut und wird sowohl für Trainingszwecke als auch für Wettkämpfe genutzt. An deren nördöstlichem Ufer liegt neben dem neuen Zielturm das Landesleistungszentrum (LLZ) für Rudern und Kanurennsport. Die dazu gehörende, quer über den Fluss verlaufende Fußgängerbrücke wird nur während der Regatten benutzt. Vom Bau einer ursprünglich geplanten hohen, dauerhaft durchgängigen Brücke wurde nach Protesten abgesehen, da sie einen massiven Eingriff und vielfältige Störungen der angrenzenden Wasserflächen und Uferbereiche bedeutet hätte, und das gerade in einem Flussabschnitt mit besonders hoher ökologischer Bedeutung: Denn hier liegt am Südufer der Dove-Elbe, gleich östlich der Einmündung der Gose-Elbe, das **Naturschutzgebiet Die Reit**, dessen Feuchtgebiete wichtige Lebensräume sowohl für viele unterschiedliche Amphibien als auch für Vögel sind. Der Naturschutzbund NABU betreibt dort eine Forschungsstation, in der Vögel beringt und vermessen werden.

NSG „Die Reit" am Südufer der Dove-Elbe

Hufnerhaus

Südlich davon befindet sich am Reitbrooker Hinterdeich 291 der Hof des Vereins **Tomatenretter** e.V., der es sich zur Aufgabe gemacht hat, die Vielfalt der Tomaten zu erhalten. Über dreihundert verschiedene Sorten werden dort angebaut, ihr Saatgut wird vermehrt und bewahrt und somit auch das Fortbestehen dieser Pflanzen. Vereinsmitglieder bekommen Saatgut für den eigenen Anbau und dürfen selbst zum Ernten kommen, Interessierte und Förderer sind willkommen.

Vom Boot aus ist nicht zu sehen, dass parallel zur Regattastrecke, direkt hinter dem nördlichen Ufer der Dove-Elbe, ein zweites Gewässer liegt: der **Eichbaumsee**, eine frühere Kiesgrube, die zum Badesee umgestaltet wurde. Das Baden ist dort wegen zu vieler Blaualgen allerdings häufig nicht möglich. Auf einer Wiese östlich von diesem See findet seit 1989 das alternative Wutzrock-Festival statt, das jeden Sommer von vielen engagierten Menschen auf die Beine gestellt wird. Am neben dem See verlaufenden Moorfleeter Deich sollte man sich das Haus mit der Nummer 483 näher ansehen: Das reetgedeckte Hufnerhaus wurde bereits im 16.

Jahrhundert gebaut, was es zu einem der ältesten noch erhaltenen Gebäude Hamburgs macht. Dass das Haus noch steht, verdankt sich Privatpersonen, die es kurz vor seinem geplanten Abriss kauften. Die Crew der Hamburger Jugendbauhütte (→ **Tour 7**) kümmert sich nun mit aufwendigen und fachgerechten Restaurierungsarbeiten darum, dass es auch noch die nächsten Jahrhunderte überdauern wird.

Dreieinigkeitskirche

Vielfältige Traditionen

Vorbei an Feuchtwiesen, auf denen häufig große Ansammlungen von Enten, Gänsen und Kiebitzen zu beobachten sind, gelangen wir nun zur Allermöher Kirchenbrücke. Am Nordufer lohnt sich hier die Besichtigung der 1614 geweihten **Dreieinigkeitskirche**, eines abgerundeten Fachwerkgebäudes mit hölzernem Turm. Die Dove-Elbe schlängelt sich anschließend weiter durch Grün- und Ackerland, und kurz vor der nächsten Brücke erreichen wir einen überregional bekannten Traditionsbetrieb: Am Nordufer liegt die Allermöher Werft, die bereits 1928 von den **Jastram** Motorenwerken gegründet wurde. Diese Firma war ihrerseits 1889 von Carl Jastram in Hamburg gegründet und 1903 nach Bergedorf verlegt worden. Der anfänglichen Produktion von legendären Schiffsmotoren folgte bald der Bau ganzer Barkassen, für die dieser Standort an der Allermöher Dove-Elbe entwickelt wurde. 1971 wurde die Werft verkauft und wird seitdem als Familienbetrieb weitergeführt.

Gleich hinter der Brücke kommen wir schon zur nächsten Sehenswürdigkeit, die sich diesmal am Südufer der Dove-Elbe befindet: der **Reitbrooker Mühle**. 1873 eingeweiht, ersetzte diese Galerieholländer-Mühle ihre abgebrannte Vorgängerin aus dem 18. Jahrhundert. Anfang des 20. Jahrhunderts wurde ihr Mahlwerk auf Elektroantrieb umgestellt, und auf diese Art wird sie auch heute noch von einem Futter- und Düngemittelhändler betrieben. Mühlen waren immer zentrale Orte einer Region, und bevor die nach der Mühle benannte Brücke gebaut wurde, ermöglichte an dieser Stelle eine Fährverbindung die

Feuchtgrünland am Ufer der Dove-Elbe

Erdölförderung mit der Pferdekopfpumpe

Querung des Flusses. Die Inschrift eines sogenannten Fährsteins (1744) oberhalb der Brücke erinnert daran: „Hier fehret man mit Pferde und Wagen über die Elbe nach Reitbrock Neuengam und Zollenspiecker".

An ein ganz anderes Kapitel der Geschichte der Vier- und Marschlande erinnert eine Anlage nördlich des Allermöher Deichs, ein Stück weiter Richtung Bergedorf: Dort nickt eine sogenannte Pferdekopfpumpe auf und nieder und fördert **Erdöl**. Schon Anfang des 20. Jahrhunderts wurde in Allermöhe, Reitbrook und Neuengamme Erdöl und -gas gefördert, in den 1930er/40er Jahren befand sich hier sogar das damals größte Erdölfeld Deutschlands. Die geleerten unterirdischen Felder wurden anschließend als Erdgasspeicher genutzt, doch inzwischen ist die Ölförderung wieder angelaufen, da mit neuen technischen Mitteln weitere Vorkommen erschlossen werden können.

Entdeckt wurden das Öl und das Gas durch einen Zufall: 1910 wurde bei Bohrungen nach Grundwasser am Kirchwerder Landweg ein Erdgasvorkommen angebohrt. Das mit starkem Druck austretende Gas entzündete sich und brannte zwanzig Tage lang. Da eine Flamme senkrecht in die Höhe schoss und zwei weitere zu den Seiten, wurde das Phänomen, das sich zu einer regelrechten Touristenattraktion entwickelte, als „Flammenkreuz von Neuengamme" bekannt. Nachdem das Feuer gelöscht werden konnte, wurde das Gas noch bis 1930 über eine Rohrleitung zum Kraftwerk Tiefstack geleitet und dort verwertet.

Reitbrooker Mühle

Barkasse am Warteponton vor der Krapphofschleuse

Bald hinter der Reitbrooker Mühlenbrücke gabelt sich der Fluss: Würden wir uns hier rechts halten, könnten wir auf dem östlichen Teil der Dove-Elbe noch bis **Neuengamme** weiterfahren. Urprünglich hieß die Dove-Elbe Gammer Elbe, den Beinamen „dov" für „taub" im Sinne von „abgetrennt" erhielt sie, nachdem sie 1437 bei Altengamme von der Elbe abgedämmt wurde. Dadurch wurde verhindert, dass Schiffe auf der Fahrt von der Oberelbe nach Hamburg die seit Mitte des 13. Jahrhunderts bei Zollenspieker eingerichtete Zollstelle auf diesem Nebenarm umfahren konnten.

KZ Neuengamme

In Neuengamme befand sich von 1938 bis 1945 das zentrale norddeutsche Konzentrationslager. Über 100 000 Menschen aus ganz Europa waren in dem dortigen Hauptlager und den über 85 Außenlagern inhaftiert und mussten im Klinkerwerk und der Rüstungproduktion arbeiten. 55 000 von ihnen kamen um. Seit 2005 befindet sich an der Stelle die **KZ-Gedenkstätte** Neuengamme, die fast das gesamte frühere Lagergelände und 17 aus der KZ-Zeit erhaltene Gebäude umfasst. Sie ist damit eine der größten Gedenkstätten in Deutschland, deren Ausstellungen, Führungen und Veranstaltungen erinnern, informieren, mahnen und aufrütteln. Das KZ lag nicht an der Dove-Elbe selbst, sondern am Neuengammer Stichkanal, dem früheren Standort einer damals bereits stillgelegten Ziegelei.

Bergedorfer Schleusengraben

Unsere Bootstour nach Bergedorf folgt ab hier also nicht mehr dem Lauf der Dove-Elbe, sondern führt geradeaus durch die **Krapphofschleuse** von 1929. Motorboote machen zunächst am Ponton auf der östlichen Fahrwasserseite fest und fordern ihre Schleusung selbst an, denn es handelt sich um eine automatisierte Schleuse. Paddler können sie über eine Bootsschleppe neben der Anlage umgehen. Nördlich der Schleuse fahren wir auf dem 1443 gebauten **Schleusengraben** nordwärts. Links und rechts dieses Kanals ließen sich einst Industriebetriebe nieder, die jedoch aufgrund von Wirtschaftskrisen, Umstrukturierungen und Verlagerungen in der zweiten Hälfte des 20. Jahrhunderts nach und nach wieder verschwanden. An ihrer Stelle entstehen nun neue Wohngebiete wie das Schilfpark-Quartier am Ostufer und, ein Stück weiter Richtung Stadt, die Glasbläserhöfe auf der Westseite. Gleich dahinter befand sich, wieder auf der Ostseite, von 1889 bis 1999 die Schiffswerft Menzer, die von 1927 bis 1982 auch einen Zweigbetrieb in Geesthacht unterhielt. Inzwischen wurde auf dem früheren Werftgelände ein Baumarkt errichtet. Kurz dahinter fahren wir unter der Straßenbrücke des Sander Damms hindurch, und vor uns sehen wir schon eine Fußgängerbrücke, die wir beim Bergedorf-Spaziergang überqueren werden. Die Erläuterungen zu diesem Teil Bergedorfs finden sich im zweiten Teil dieses Kapitels. Wir fahren geradeaus weiter, bis wir im (oder am) **Bergedorfer Hafen** ankommen, wo wir unser Boot (oder Fahrrad) am östlichen Ufer festmachen bzw. abstellen können. Der anschließende Bergedorf-Rundgang beginnt gleich gegenüber neben dem alten Kaikran. ▶

Krapphofschleuse

BERGEDORF UND DIE VIERLANDE: VON FABRIKEN UND GEMÜSE-EWERN TEIL 2

Rund um den Bergedorfer Hafen:
Serrahn, Schiffwasser und Schleusengraben

Start- undEndpunkt
Serrahn (Bergedorfer Hafen)

Dauer:
etwa 1,5 Stunden

Route
Serrahnstraße → Alte Holstenstraße → Johann-Adolf-Hasse-Platz → Schlossinsel → Hans-Freese-Weg → Schillerufer → Chrysanderstraße → Arndtweg → Schlossinsel → Kaiser-Wilhelm-Platz → Sachsentor → Johann-Adolf-Hasse-Platz → Kupferhof → (Hafenpromenade) → Holzhude → Vierlandenstraße → Rektor-Ritter-Straße → Neuer Weg → Fußweg → Vierlandenstraße → Am Hohen Stege → Wachsbleiche → Fußgängerbrücke → Kampdeich → Serrahnstraße

8.2

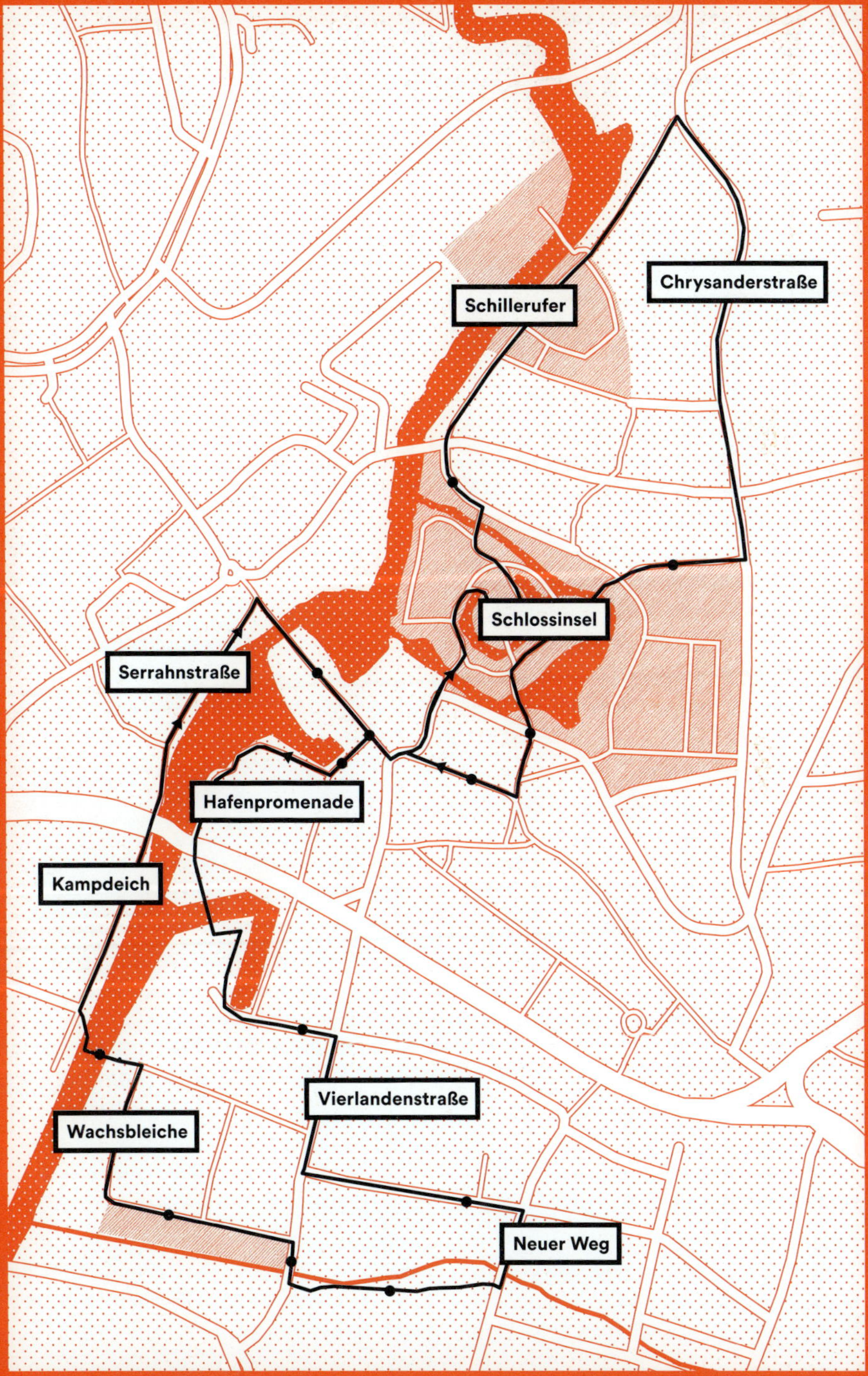

Chrysanderstraße
Schillerufer
Schlossinsel
Serrahnstraße
Hafenpromenade
Kampdeich
Vierlandenstraße
Wachsbleiche
Neuer Weg

Spurensuche an der Bille: Gerbereien, Wind- und Wassermühlen, Holzhandel und Hafenumschlag, Fabriken, Eisenbahnen und ein Schloss. Was ist verschwunden, was noch da?

▷

Bergedorf wurde 1162 erstmals urkundlich als Kirchspiel „Bergerdorp“ erwähnt. Der Ort lag strategisch günstig an einer zwischen Nord- und Westdeutschland verlaufenden Heeres- und Handelsstraße, die hier über eine Furt die Bille querte. Wenn wir nicht per Boot oder Fahrrad anreisen, können wir Bergedorf heute strategisch günstig mit der S-Bahn erreichen. Vom Bahnhof aus gehen wir am Einkaufszentrum City Center Bergedorf (CCB) vorbei und gelangen schon nach wenigen Schritten zum **Serrahn**, dem Bergedorfer Hafen. Dort wenden wir uns auf der neu gestalteten Promenade nach links, also nach Norden. Eine nähere Betrachtung des historischen Hafenkrans und zweier historischer Gebäude, an denen wir nach wenigen Metern vorbeikommen, heben wir uns für den Schluss des Rundgangs auf und nehmen stattdessen das am gegenüberliegenden Ufer liegende Holzschiff in den Blick: Hierbei handelt es sich um den originalgetreuen Nachbau eines traditionellen Vierländer Gemüse-Ewers.
Im 20. Jahrhundert begann der Anteil der Frachtschifffahrt am regionalen Warentransport abzunehmen. Immer mehr Güter wurden mit Lkw transportiert, und 1940 wurde schließlich der letzte Vierländer Ewer außer Dienst gestellt. Der heute im Bergedorfer Hafen liegende **UNS EWER** ist der 2013 fertiggestellte Nachbau eines Schiffes aus der Mitte des 19. Jahrhunderts. Er hat zwar einen Motor, aber auch einen mit Vor- und Gaffelsegel ausgestatteten Mast, der zum Unterqueren von Brücken gelegt werden kann. Das Schiff wird von einem Verein betrieben, der häufig Gästefahrten nicht nur auf dem Schleusengraben und der Dove-Elbe anbietet.

Von der Furt zu Wehr und Brücke

Oberhalb des Hafens kommen wir auf die Alte Holstenstraße, die dem Verlauf der früheren Furt durch die Bille folgt. Sie wird von vielen repräsentativen Altbauten gesäumt, darunter das reich verzierte Gebäude mit der Hausnummer 69, das 1904 für die Bergedorfer Bank erbaut wurde. Gleich rechts davon geht die Straße in die **Serrahnbrücke** über, die ein Wehr zwischen der Bille und dem Serrahn überspannt. Bereits im Jahr 1208 wurde an dieser flachsten Stelle der Bille ein Damm aufgeschüttet, der ihren Lauf staute. Seit 2013 ermöglicht eine neben dem Wehr installierte Fischtreppe wandernden Fischarten das Überqueren dieser sonst für sie unüberwindbaren Barriere zwischen dem Serrahn und dem Oberlauf der Bille.

EXTRA INFO

EWER

UNS EWER im Bergedorfer Hafen

Jahrhundertelang dienten Ewer als Frachtkähne auf der Elbe und ihren Nebenflüssen. In der ersten Zeit wurden sie ausschließlich gesegelt, seit den 1920er Jahren wurden die meisten auf Motorbetrieb umgerüstet, und bei Neubauten wurde zum Teil ganz auf Mast und Segel verzichtet. Da die Boote zumeist in Tidegewässern unterwegs waren, hatten sie einen flachen Rumpf, mit dem sie sich bei Ebbe trockenfallen lassen konnten. Damit sie trotz des fehlenden Kiels nicht nur bei achterlichen Winden segeln konnten, wurde während der Fahrt eins der hölzernen Seitenschwerter, die außen am Rumpf befestigt waren, ins Wasser gelassen. Am bekanntesten sind sicherlich die sogenannten Gemüse-Ewer, auf denen auch Obst, Milch und Blumen von den Vier- und Marschlanden nach Hamburg gebracht wurden. Ewer waren aber auch beim Transport anderer Güter wie Torf, Sand, Ziegelsteinen oder Ton im Einsatz. Je nach Fahrtgebiet hatten diese Frachtewer spezielle Maße, um an die Engstellen der Routen angepasst zu sein. Neben den einmastigen Giek- oder Pfahl-Ewern wurden auch zweimastige Besan-Ewer gebaut.

Blick von der Serrahnbrücke zum Bergedorfer Schloss

Blicken wir von der Brücke auf das Billebecken, das durch die Aufstauung entstanden ist, so fällt auf dem von uns aus linken Ufer hinter dem prächtigen Bankgebäude ein dunkelroter Backsteinbau auf: Dabei handelt es sich um das 1926/27 nach einem Entwurf von Fritz Schumacher erbaute Amtsgericht, zu dem auch ein Gefängnis gehörte. Gleich gegenüber davon liegt auf einer Insel das **Bergedorfer Schloss**, das wir gleich näher kennenlernen werden. Zunächst folgen wir dem Lauf der Alten Holstenstraße bis zu dem Fachwerkgebäude, das auf der rechten Straßenseite an der Ecke zum Kupferhof steht: An dieser Stelle wurde nach dem Aufstauen der Bille die erste Bergedorfer **Kornwassermühle** erbaut. Sie verschaffte ihren Betreibern gute Einnahmen, denn die Bauern der Umgebung mussten ihr Getreide dort mahlen lassen. Im 17. Jahrhundert nutzte auch eine benachbarte Kupfermühle die Wasserkraft der Bille. 1839 wurde hier eine neue Kornwassermühle errichtet, die erst 1939 stillgelegt wurde. Sie sah in etwa so aus wie der heute dort stehende Bau, denn leider handelt es sich dabei nicht um das Original: Die alte Mühle wurde 1973 abgetragen und anschließend neu errichtet.

Gleich gegenüber sehen wir das sogenannte Hasse-Haus, Geburtshaus des Komponisten Johann Adolf Hasse (1699–1783), Sohn eines Organisten der St. Petri und Pauli-Kirche. In dem angebauten Rundturm befindet sich heute die Bergedorfer Tourist-Information. An der um 1500 erbauten Kirche und dem benachbarten Pastorat vorbei gehen wir nun über eine Brücke auf die Schlossinsel und biegen dort zunächst links ab.

Ab 1212 wurde der Mühlenstau der Bille für den Bau einer Wasserburg genutzt. 1420 eroberten die gemeinsam agierenden Hansestädte Hamburg und Lübeck diese Burg und die dazu gehörende Siedlung, die seit 1275 Stadtrecht besessen hatte. In der Folge gehörten Bergedorf, die benachbarten Vierlande und das ebenfalls damit verbundene Geesthacht bis 1867 als Kondominium oder „beiderstädtisches Amt" gleichermaßen zu beiden Städten. Das **Bergedorfer Schloss** diente als Sitz des von ihnen eingesetzten Amtsverwalters und entstand in mehreren Bauabschnitten zwischen

Südfassade mit Stufengiebeln und Fachwerktrakt

dem späten 16. und dem 19. Jahrhundert. Heute beherbergt es das Museum für Bergedorf und die Vierlande sowie ein Restaurant. Weitere Teile des historischen Parks werden wir etwas später noch sehen, zunächst verlassen wir die Insel über ihre nordwestliche Brücke. Wir kommen so auf den Hans-Freese-Weg, biegen dort links ab, überqueren gleich darauf die Ernst-Mantius-Straße und gehen anschließend am Ostufer der Bille entlang in Richtung Norden.

Entlang der Bille

Die **Bille** ist ein Nebenfluss der Elbe, der in der Nähe von Trittau im Kreis Herzogtum Lauenburg entspringt und sich am Nordrand des Sachsenwalds entlang in Südwestrichtung bis nach Bergedorf schlängelt. Von Bergedorf aus schwingt sie anschließend mit Kurs Westnordwest durch Billwerder und Billbrook, bevor sie in Hammerbrook in den Oberhafen mündet. In Bergedorf kam es jedoch zu massiven Eingriffen in den Lauf des Flusses: Zunächst wurde er durch den Damm und das Wehr aufgestaut, später wurde der hier ursprünglich nach Westen abschwenkende Lauf weiträumig überbaut: Erst hinter der B5 und dem Sander Damm taucht das verrohrte Flüsschen wieder auf. Außerdem bekam die Bille mit dem Schleusengraben eine neue Verbindung zur Dove-Elbe, doch dazu später mehr.

Der Fuß- und Radweg am **Schillerufer** führt an einer Grünanlage entlang, in der sich das Urban-Gardening-Projekt Schillergarten, ein Spielplatz und eine Minigolfanlage befinden. Dem modernen Bille-Bad auf dem gegenüberliegenden Ufer sieht man nicht an, dass es an eine lange Tradition anknüpft: Schon 1927 wurde an dieser Stelle eine Flussbadeanstalt gegründet. Der Weg endet schließlich oberhalb des Bootshauses Bergedorf an der Chrysanderstraße, wo wir rechts abbiegen und nach wenigen Metern die sehenswerte **Bergedorfer Mühle** erreichen. Sie wurde 1831 erbaut und zunächst als Lohwindmühle genutzt, dort wurde also Eichenrinde für die Gerberei-

Bergedorfer Mühle

Mehlsäcke in der Bergedorfer Mühle

en gemahlen, von denen sich mehrere in Bergedorf angesiedelt hatten. Kleinere Betriebe befanden sich beispielsweise auf der Nordseite der Alten Holstenstraße, ein größerer war an der Stelle angesiedelt, wo später das Gefängnis gebaut wurde. Als die Bedeutung der Gerbereien und der Lederverarbeitung abnahm, wurde die Mühle 1880 zu einer Kornmühle umgebaut und in dieser Funktion bis 1967 betrieben. Seit 1995 wird sie vom gemeinnützigen Verein Bergedorfer Mühle betreut, instandgehalten und im Rahmen unterschiedlicher Veranstaltungen vorgeführt. Das alles sehr erfolgreich, denn wie einer der engagierten Ehrenamtlichen festgestellt hat: „Die ganze Mühle funktioniert. Zu hundert Prozent."

Zeitzeugen

Wir gehen nun auf der **Chrysanderstraße** mit ihren repräsentativen Stadtvillen und einigen bemerkenswerten alten Platanen und Rotbuchen zurück Richtung Hafen. Hinter der Hausnummer 65 biegen wir rechts ab in den Arndtweg, der auf den östlichen Teil der Schlossinsel führt. Dort halten wir uns links und gelangen über eine weitere Brücke auf die Bergedorfer Schloßstraße mit der früheren **Tabakfabrik** von J.H.P. Rödinger, die dort 1868 eröffnete. Der davon noch erhaltene, inzwischen sanierte Komplex wurde in drei Bauabschnitten zwischen 1887 und 1904 erbaut, umfasste neben den Werksgebäuden auch Läden, Kontore und Wohnungen und erstreckt sich bis zur südlich verlaufenden Straße Sachsentor, die wir über den Kaiser-Wilhelm-Platz erreichen. Dort halten wir uns rechts und gelangen so wieder zum Johann-Adolf-Hasse-Platz. Dessen Südseite wird von einem auffallend verzierten Fachwerkhaus geschmückt, das im 16. und 17. Jahrhundert erbaut wurde und früher den Gasthof „Stadt Hamburg" beherbergte. Dahinter gehen wir über den Zebrastreifen und biegen vor dem Gebäude der Kornwassermühle links ab auf den **Kupferhof**. Von der neu gestalteten Terrasse am östlichen Ufer des Hafens können wir den noch original erhaltenen Unterbau der rekonstruierten Kornwassermühle betrachten und dem Rauschen des durchströmenden Stauwassers lauschen. Eine schmale Promenade führt von der Terrasse aus am Wasser entlang und bietet Zugang zu einer Einsetzstelle für Kanus und einem Anleger für Sportboote. Die Fläche

Kupferhof

Das 2022 eingeweihte Körberhaus

dahinter wird von einem Teil des Bergedorfer Einkaufszentrums eingenommen, das auf dem früheren Standort der Holzhandlung Behr erbaut wurde.

Handwerksbetriebe

Der Handel mit **Holz** und die Holzverarbeitung hatten im vorindustriellen Bergedorf lange eine zentrale Funktion. Zu den wichtigsten Berufszweigen zählten unter anderem die Küper, Drechsler, Tischler und das Schiffbaugewerbe. Von den 130 Bergedorfer Handwerkern, die im „Hamburgischen Adreßbuch" aus dem Jahr 1830 aufgeführt sind, waren 21 in holzverarbeitenden Berufen tätig. An Betrieben finden sich zu der Zeit Branntweinbrennereien, Bier- und Essigbrauereien, mehrere Mühlen und eine Sagofabrik. Weiterhin sind dort 15 Schiffer aufgeführt, die größtenteils auf der Bille und auf der Dove-Elbe Holz aus dem Sachsenwald nach Hamburg transportierten. Das Holz wurde unter anderem für den Bau von Fachwerkhäusern und Hafenanlagen gebraucht, außerdem wurde es im Schiffbau und als Brennstoff verwendet. Um von Bergedorf aus auf die Dove-Elbe zu gelangen (und auf dieser weiter nach Hamburg), wurde bereits 1443 der auf der Höhe des heutigen City Centers Bergedorf beginnende **Schleusengraben** gebaut: Der schiffbare Kanal führt von hier geradewegs nach Süden und mündet nach etwa zweieinhalb Kilometern in die Dove-Elbe. 1929 wurde nördlich dieses Zusammenflusses eine Schleuse eingerichtet, die den Bergedorfer Hafen von der damals noch tidebeeinflussten Dove-Elbe abschottete.
Wir überqueren nun die Bergedorfer Straße (rechts und links sind in je etwa 150 Metern Entfernung Ampelanlagen, auf der Westseite der Brücke gibt es auch eine Unterführung) und gehen zum Stichkanal, der gleich unterhalb der Brücke vom Schleusengraben abgeht. Hierbei handelt es sich um das sogenannte Schiffwasser, den ersten Hafen Bergedorfs, der im Zusammenhang mit dem Bau des Schleusengrabens entstand. In einem spitzen Winkel abknickend umrahmt er eine Landzunge, die **Holzhude**, die als Lade- und Löschplatz für Holz genutzt wurde. Heute befindet sich dort das Ende 2022 eröffnete Körber-Haus mit einer Vielzahl unterschiedlicher Lern-, Beratungs- und Kulturangebote, darunter die Bücherhalle, die Volkshochschule, das Lichtwark-Theater und ein Café. Wir umrunden (oder durchqueren)

Früheres Bahnhofsgebäude von 1842 am Neuen Weg (Nachbau)

das Gebäude und gehen auf der Straße Holzhude zur östlich davon verlaufenden Vierlandenstraße, auf der wir nach rechts abbiegen, dann links in die Rektor-Ritter-Straße und schließlich wieder rechts auf den Neuen Weg. Nach etwa hundert Metern erreichen wir ein auf der rechten Seite stehendes blaues Holzgebäude: das frühere Empfangsgebäude der Eisenbahnlinie Hamburg-Bergedorf. Leider handelt es sich dabei nicht mehr um das Original, sondern ebenso wie im Fall der Kornwassermühle um einen am historischen Vorbild orientierten Neubau.

Die Bahn kommt

Anfang des 19. Jahrhunderts waren die Straßen in Bergedorf sowie die Landverbindungen zu benachbarten Städten noch in sehr schlechtem Zustand. Erst 1837 wurde eine gepflasterte Poststraße von Hamburg über Bergedorf nach Berlin fertiggestellt. Im Mai 1842 machte die Infrastruktur Bergedorfs dann einen gewaltigen Schritt nach vorn: Mit der Strecke Hamburg–Bergedorf wurde die erste **Eisenbahnlinie** Norddeutschlands eingeweiht, die Fahrtzeit betrug damals 25 Minuten. 1846 wurde diese Strecke zunächst nach Boizenburg und anschließend nach Berlin verlängert.

Das dekorative kleine Empfangsgebäude am Neuen Weg wurde nur in der kurzen Zeit von 1842 bis 1846 genutzt. Die neue Strecke Richtung Berlin verlief nordwestlich des Stadtzentrums, weshalb weiter nördlich ein neuer Bahnhof errichtet wurde (etwa an der Stelle des heutigen S-Bahnhofs). In der Nähe des Alten Bahnhofs, allerdings etwas weiter südlich, entstand ab 1906 wiederum die Eisenbahnlinie Bergedorf-Geesthacht. Diese Strecke wird heute noch von einer Museumsbahn befahren und ließe sich im Zuge des Ausbaus des ÖPNV reaktivieren. Nicht mehr in Betrieb ist dagegen die 1912 eröffnete Kleinbahnstrecke von Bergedorf über Neuengamme und Kirchwerder nach Zollenspieker, wo es neben einer Zollstelle auch eine Fährverbindung nach Hoopte gab. Diese sogenannte Vierländer Eisenbahn wurde 1961 eingestellt.

Über den Fußweg, der rechts von dem Haus entlang der Alten Brookwetterung (einem Entwässerungsgraben) in Richtung Westen führt, kommen wir zurück auf die Vierlandenstraße. Dort nehmen wir die schräg gegenüber abgehende Straße Am Hohen Stege (an der links gelegenen Kreuzung gibt es eine Ampel). An deren Ende gehen wir rechts weiter durch die Wachsbleiche, deren Name an eine der ersten Fabriken, die sich am Schleusengraben ansiedelten, erinnert. Am Ende dieser Straße halten wir uns links und gelangen auf eine Fußgängerbrücke, die den Schleusengraben überquert. Vor uns liegt nun das Gebiet, auf dem sich die Entwicklung Bergedorfs zum Industriestandort maßgeblich vollzogen hatte: der **Kamp**, die einstige Gemeindeweide der Bergedorfer Ackerbürger.

Zollbeitritt und Industrialisierung

Zunächst hatte die Industrialisierung Bergedorfs nur langsam Fahrt aufgenommen. 1864 war die Actienbrauerei (später Vereinsbrauerei) im Nordosten der Stadt gegründet worden, und im selben Jahr hatte Wilhelm Bergner sein **Bergedorfer Eisenwerk** ebenfalls an der Bille angesiedelt – allerdings nicht in Bergedorf, sondern im benachbarten Sande (dem heutigen Lohbrügge), das nach dem Ende des Deutsch-Dänischen Kriegs preußisch und dadurch Mitglied des Deutschen Zollvereins geworden war. Der dortige Standort hatte also den Vorteil, im Zollinland zu liegen und einen großen zollfreien Absatzmarkt zur Verfügung zu haben.

1868 endete die beiderstädtische Zeit Bergedorfs, denn Hamburg hatte für 200 000 preußische Taler den Lübecker Anteil erworben. Im selben Jahr trat Bergedorf dem Deutschen Zollverein bei und wurde dadurch selbst attraktiv für **Industrieansiedlungen**. Da diese vor allem zwei Dinge voraussetzten, nämlich Platz und eine gute Verkehrsanbindung, bot sich als Standort das unbebaute Gelände nahe dem Schleusengraben und der Bahnlinien an. Einer ersten Glashütte folgten unter anderem die Honigfabrik Milde und Hell, eine Faserstoffzurichterei, die Glashütte Hein und Dietrichs, zwei Stuhlrohrfabriken, Zuckerraffinerien, eine Lederfabrik, eine Chemie- und eine Glycerinfabrik, ein Asbest-Werk, die Bergedorfer Maschinenfabrik und eine Fischkonservenfabrik. Einige dieser Betriebe ließen sich nicht auf dem Kamp, sondern auf der Ostseite des Schleusengrabens nieder. Im Zuge der Industrialisierung veränderte sich auch die Berufsstruktur in Bergedorf: Der Anteil der Handwerker ging zurück (wobei das Baugewerbe die größte Bedeutung behielt), die Zahl der Fabrikarbeiter nahm dagegen zu. Bereits in den 1870er Jahren wurden Arbeiterreihenhäuser gebaut, und in den folgenden Jahrzehnten entstand ebenfalls auf dem Kamp ein Wohnviertel für die Fabrikarbeiter.

Von dieser wichtigen Epoche Bergedorfs ist heute nicht mehr viel zu sehen. Letzte Relikte sind die drei Backsteingebäude mit den Bogendächern, die gegenüber der Fußgängerbrücke stehen: Sie wurden 1890 als Lagerhallen der Sievertschen **Stuhlrohrfabrik** erbaut. Daneben ist ein handbetriebener Kaikran von 1965 Zeuge der früheren Bedeutung des Schleusengrabens als Transportweg, an dem sich auch Lade- und Löschplätze für die Rohstoffe und Produkte der angrenzenden Fabriken befanden. Die meisten Industriebauten wurden jedoch nach der Stilllegung der Betriebe abgerissen, und auch das Wohnviertel der Fabrikarbeiter

Gebäude der Sievertschen Stuhlrohrfabrik

Kulturelles Zentrum SerrahnEINS

wurde 1989 durch den Bau des Südrings zerstört. Wir wenden uns hier nach Norden, gehen auf dem Kampdeich am Westufer des Schleusengrabens zurück zum Startpunkt des Rundgangs am Serrahn und kommen dabei noch einmal am Schiffwasser, dem ersten Bergedorfer Hafen, vorbei, der für die neuen Industriebetriebe auf dem Kamp auf der „falschen" Uferseite lag. Ende des 19., Anfang des 20. Jahrhunderts wurde folglich das Westufer des Serrahn weiter ausgebaut und modernisiert.
Zunächst betrachten wir die beiden nebeneinander liegenden Altbauten an dessen nördlichem Ende (Serrahnstraße 1). Deren lange und wechselvolle Geschichte ist geradezu beispielhaft für die Entwicklung Bergedorfs, die wir auf unserem Rundgang kennengelernt haben: In der ersten Hälfte des 19. Jahrhunderts erbaut, gehörten sie ursprünglich zum Betrieb des Holzhändlers und Zimmermeisters Ludwig Ahrens, der am Ufer des Serrahn ein Holzlager unterhielt. Zwischen 1891 und 1893 diente das Fachwerkhaus dann als **Kaffee- und Speise-Halle** für die Bergedorfer Hafenarbeiter. Anschließend wurde es für Wohn- und Geschäftszwecke umgebaut, während das Nebengebäude als Kohlenlager diente. Später befand sich dort der Firmensitz von Gummi Wegner, und heute beherbergen die Gebäude das soziale Kulturzentrum SerrahnEINS. Der davor stehende historische **Hafenkran**, ein elektrisch angetriebener Drehkran der Düsseldorfer Krahnbaugesellschaft Liebe-Harkort, wurde bald nach der Fertigstellung der Kaimauer im Jahr 1902 aufgestellt. Er gilt inzwischen als technisches Denkmal und konnte 2022 gründlich restauriert werden. Nun kann er noch viele Jahrzehnte das Ufer des Serrahn schmücken und gemeinsam mit UNS EWER an die Geschichte des Bergedorfer Hafens erinnern. ●

Bergedorfer Hafen mit historischem Hafenkran

AUSFLUGS- UND ENTDECKERTIPPS
IN BERGEDORF UND DEN VIERLANDEN

● FÜR DEERNS UND JUNGS

Mühlenspielplatz
Moorfleeter Hauptdeich/Tatenberger Weg
Als Kletterturm mit Rutsche dient der Nachbau einer Entwässerungsmühle.

Minigolf und Spielplatz am Schillerufer
Hamburg-Bergedorf

Paddel- oder Tretboot-Touren auf der Bille
Dove- und Gose-Elbe
Diverse Bootsverleihe, u.a. Bootshaus Bergedorf und Bootsvermietung paddel-meier, Hamburg-Kirchwerder

● SCHIFFSTOUREN

Bergedorfer Schifffahrtslinie
www.bergedorfer-schifffahrtslinie.de

Ewertörns mit UNS EWER
www.vierlanden-ewer.de

● HAFENKULTUR

Bergedorfer Mühle
Chrysanderstraße 52 A, Hamburg-Bergedorf
www.bergedorfer-muehle.de

Bergedorfer Schloss
Bergedorfer Schloßstraße 4, Hamburg-Bergedorf
Hamburgs einziges erhaltenes Schloss, mit denkmalgeschütztem Park und Museum

Museum für Bergedorf und die Vierlande
Dauerausstellung über die Geschichte Bergedorfs und der Vier- und Marschlande

Freilichtmuseum Rieck Haus
Curslacker Deich 284, Hamburg-Curslack
Das 1533 gebaute Hufnerhaus zeigt das traditionelle Leben in den Vier- und Marschlanden: Landwirtschaft, Bauerngarten, Entwässerung, Mühlen, Backhaus und mehr – mit Spielplatz

Elbschifffahrtsmuseum
Elbstraße 59, Lauenburg/Elbe
Geschichte und Geschichten der Schifffahrt auf der Elbe

KZ-Gedenkstätte Neuengamme
Jean-Dolidier-Weg 75, Hamburg-Neuengamme

Kultur- & Geschichtskontor
Reetwerder 17, Hamburg-Bergedorf
www.geschichts-kontor.de

Tomatenretter
www.tomatenretter.de

● VERPFLEGUNG

Hofladen Stender (mit Café)
Tatenberger Deich 154, Hamburg-Tatenberg

Restaurant Zum Eichbaum
Moorfleeter Deich 477, Hamburg-Allermöhe

Schmidtchen Bergedorf
Holzhude 1 (Körberhaus), Hamburg-Bergedorf

● STÜCKGUT

Museumsshop im Bergedorfer Schloss
(mit „Fliesomat")

Kaffeeröster Timm
Sachsentor 15, Hamburg-Bergedorf
Neben vielen Kaffee- und Teespezialitäten gibt es in diesem Traditionshaus auch Pralinen und Retrobonbons wie Brausebonsche, Knuspermünzen, Goldnüsse und Pfefferminzkissen.

● SCHIFFE

UNS EWER
Vierländer Gemüse-Ewer, gebaut 2013 auf dem Serrahn/Hamburg-Bergedorf, Länge 14,60 m, Breite 4 m, Tiefgang 0,90 m

FRIEDA
Giek-Ewer, gebaut 1909 bei Gustav Junge/Wewelsfleth, Länge 16,10 m, Breite 4,20 m, Tiefgang 1,10 m. Die Website des Schiffs bietet viele Infos über Ewer und die Vierlande: www.ewer-frieda.de

HARBURG IM WANDEL: HIGHTECH AM BINNEN-HAFEN

Start- und Endpunkt
S-Bahnhof Harburg Rathaus
(Linien S3 und S31)

Dauer
etwa 2,5 Stunden

Info
Die Überquerung der Harburger Hafenschleuse ist leider nur über Treppen möglich und daher nicht barrierefrei.

Route
Schloßmühlendamm → Lämmertwiete → Fußgängerunterführung → Harburger Schloßstraße → Kanalplatz → Blohmstraße → Holzhafenbrücke → Lotsekai → Zitadellenstraße → An der Horeburg → Dampfschiffsweg → Harburger Hauptdeich → Harburger Schleuse → Nartenstraße → Veritaskai → Schellerdamm → Karnapp → Fußgängerunterführung → Lämmertwiete → Schloßmühlendamm

9

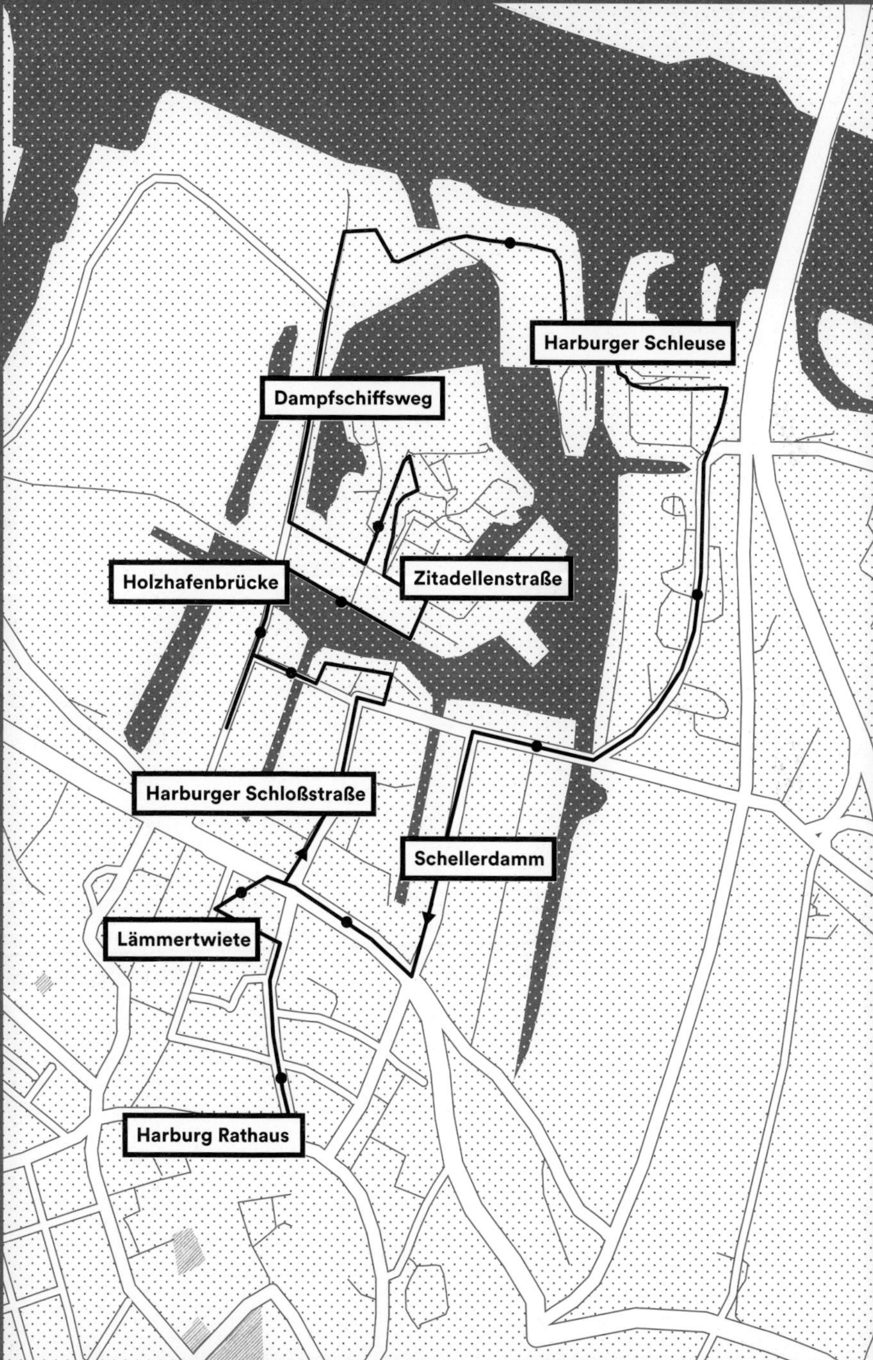
Harburger Schleuse
Dampfschiffsweg
Holzhafenbrücke
Zitadellenstraße
Harburger Schloßstraße
Schellerdamm
Lämmertwiete
Harburg Rathaus

Rund um die Schlossinsel: Historische Schiffe neben modernen Unternehmen, neue Nutzung alter Speicher, Kaikräne und weitere Zeugen der Hafengeschichte

Der Harburger Binnenhafen ist ein Ort mit einer langen und wechselvollen Geschichte. In seinem Zentrum liegt die Schlossinsel, der Standort der 1137 erstmals erwähnten Horeburg (was „Sumpfburg“ bedeutet). Diese befand sich, nahe der Mündung der Seeve, auf erhöhtem Gelände in der Elbniederung und war über einen Damm mit der südlich angrenzenden Geest verbunden. Seit 1236 gehörte die Horeburg zum Herzogtum Braunschweig-Lüneburg. In der Folgezeit entstand neben der Burg eine Siedlung, die 1297 das Stadtrecht erhielt und 1529 das Marktrecht. 1539 wurde ein Hafen für Holzumschlag in Betrieb genommen. Hundert Jahre später, also in den unruhigen Zeiten des Dreißigjährigen Krieges, wurde die Schlossinsel zu einer Festung ausgebaut und erhielt dabei, durch die Anlage der Zitadelle mit fünf Bastionen, die Form eines gezackten Sterns.

Das vorindustrielle Harburg

Ende des 18. Jahrhunderts ging es noch recht ruhig zu in Harburg, damals waren dort nur wenige Manufakturen ansässig. Die hauptsächlichen Erwerbszweige waren der **Fährverkehr** über die Süderelbe, das Speditions- und das Logiergewerbe. Auf einer Karte von 1757 ist außerdem im Südwesten Harburgs eine **Zuckersiederei** verzeichnet. In solchen Manufakturen wurde in einem aufwendigen Verfahren importiertes Zuckerrohr verarbeitet: Zunächst wurde ein Gemisch aus Rohzucker, Kalkwasser und Ochsenblut angesetzt, gut durchgerührt und aufgekocht. Die dadurch entstehende klebrige Zuckermasse wurde in Tonkegel gegossen, aus denen nach und nach die Flüssigkeit heraussickerte, wodurch

Lämmertwiete

schließlich die kostbaren Zuckerhüte entstanden (ein schönes Modell so einer Manufaktur befindet sich im Museum für Hamburgische Geschichte). Erst später wurde ein Verfahren entwickelt, mit dem man Zucker aus der einheimischen Zuckerrübe gewinnen konnte.
Die im 19. Jahrhundert einsetzende Industrialisierung veränderte nicht nur die Art der Zuckerherstellung. In Harburg führte sie zu einer völligen Neugestaltung des Gebiets rund um die Schlossinsel und zur Entstehung des Binnenhafens, den wir auf dieser Tour näher betrachten werden. Um nun vom S-Bahnhof Harburg Rathaus (Ausgang Schloßmühlendamm) zum Hafen zu gelangen, gehen wir entlang der Straße Schloßmühlendamm in Richtung Norden. Kurz vor der Kreuzung mit der Buxtehuder Straße/B 73 befindet sich mit der Hausnummer 25 die ehemalige Ratsapotheke von 1852. Dahinter biegen wir links ab und durchqueren die **Lämmertwiete**, eine kleine Straße mit einem Nebeneinander alter und rekonstruierter Gebäude. Einige der zum Teil recht schiefen Fachwerkhäuser stammen noch aus dem 17. und 18. Jahrhundert, wurden aber so oft verändert und erneuert, dass nicht mehr viel von der historischen Substanz erhalten ist. Heute befinden sich in der Straße viele Restaurants und Kneipen.

Die Festung Harburg im Jahr 1644, von Matthäus Merian, 1654 (Ausschnitt)

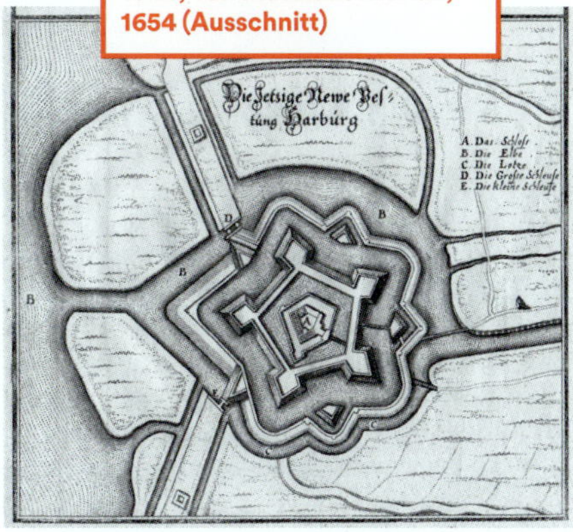

▷

Am Ende der Lämmertwiete nehmen wir die rechts abgehende Unterführung, die sowohl die Bundesstraße als auch die Bahngleise der **Niederelbebahn** unterquert. Die 1881 eröffnete Bahnlinie nach Cuxhaven bedeutete eine Trennung des neu entstandenen Stadtzentrums, das sich rund um den Schloßmühlendamm entwickelt hatte, von der ursprünglichen Harburger Altstadt im Umfeld der Schlossinsel. Die neben den Gleisen angelegte mehrspurige Bundesstraße verstärkt diese Barrierefunktion noch. Am Ende der Unterführung gelangen wir am „Museum der Elektrizität" electrum vorbei zu einer Kreuzung, an der wir links abbiegen auf die Harburger Schloßstraße.

Entlang der Harburger Schloßstraße

Diese Straße wurde auf dem Damm zwischen der Horeburg und der Geest angelegt, führt also direkt auf die Schlossinsel zu. Entsprechend der weit zurückreichenden Geschichte dieser Wegeverbindung finden sich hier, zwischen vielen modernen Neubauten, auch noch mehrere denkmalgeschützte, zumeist frisch restaurierte Häuser. Sie erinnern daran, dass dieses Viertel noch bis in die 1960er Jahre nicht nur von Verkehr, Hafen und Industrie geprägt war, sondern auch von Wohnhäusern, kleinen Betrieben, Geschäften und Gaststätten. An vielen Gebäuden sind Tafeln angebracht, die deren Geschichte erläutern. Hervorzuheben sind zunächst die Hausnummern 5 (ein um 1750 gebautes, 1975 erneuertes Wohnhaus), 7 (das frühere Gasthaus „Goldener Engel" von 1742/43, erweitert 1888, von dem nach einem Brand in den 1980er Jahren nur noch die Fassade im Original erhalten ist), 9 (ein Wohnhaus von 1828) und 13: Dieses Wohn- und Geschäftshaus wurde

Historisches Fachwerkgebäude in der Harburger Schloßstraße 29

bereits 1566 gebaut. Ab 1813 befand sich darin der Färbereibetrieb von Georg Ludwig Bornemann, weshalb es auch heute noch als „**Bornemannsches Haus**" bekannt ist. Ein Durchgang neben dem Haus gewährte Zugang zu dem dahinter liegenden Grundstück.
Das größere Gebäude mit der Nummer 20 auf der gegenüberliegenden Straßenseite gehört dagegen schon in das Zeitalter der Industrialisierung: Es wurde 1919 erbaut und von dem Unternehmen Thörl genutzt, der größten und bekanntesten **Ölmühle** Harburgs, die 1883 gegründet worden war und mit vollem Namen „F. Thörl's Vereinigte Harburger Oelfabriken Aktiengesellschaft" hieß. Weitere Standorte der Firma befanden sich auf der Schlossinsel, am Lauenbrucher Deich und am Schellerdamm. 1973 war Thörl eine der größten Ölmühlen weltweit. Die Verarbeitung von Ölsaaten stellte schon früh einen wesentlichen Industriezweig des Harburger Hafens dar: Kleinere Ölmühlen waren hier bereits im 16. und 17. Jahrhundert in Betrieb, damals natürlich noch mit vorindustrieller Technik und unter Verwendung einheimischer Rohstoffe. 1838 wurde dann die erste Dampfmaschine in einer Harburger Ölmühle eingesetzt, und ab 1859 kam es in der Ölmühle Gaiser & Co. am Dampfschiffsweg erstmals zur Verarbeitung überseeischer Pflanzensaaten (Palmöl/-kerne und Kopra/Kokosnüsse). 1913 waren in insgesamt neun Harburger Ölmühlen 2260 Arbeiter beschäftigt.
Das Gebäude in der Harburger Schloßstraße 20 beherbergte anfangs eine Weberei, später wurde es zum Verwaltungsgebäude umgebaut. Seit 1980 wird es von der 1978 gegründeten **Technischen Universität Hamburg** (TUHH) genutzt – was damals den allerersten Schritt einer Neuausrichtung des alten Hafenviertels darstellte, doch dazu etwas später mehr.

Zehrer & Petersen, vom Kaufhauskanal aus gesehen

Wir kommen nun linker Hand zunächst an einem neuen Quartier moderner Wohnhäuser vorbei. Dahinter ist noch ein Gebäude erhalten, das vermutlich im 18. Jahrhundert erbaut wurde (Nr. 29), ein paar Häuser weiter eine Villa aus dem 19. Jahrhundert (Nr. 43). Gleich daneben befindet sich ein Betrieb, der auf eine lange Geschichte an diesem Standort zurückblicken kann: Bereits 1889 wurde hier der Kohlengroß- und Einzelhandel Zehrer & Petersen gegründet, dessen immer noch original kopfsteingepflastertes Firmengrundstück bis zum dahinter liegenden Kaufhauskanal reicht. Ab 1955 kam zum Handel mit Kohle auch der Verkauf von Heizöl und anderen Mineralölerzeugnissen dazu, was der Hochtank aus den 1970er Jahren (seit 1991 stillgelegt) bezeugt.

EXTRA INFO

HARBURG IM 19. JAHRHUNDERT: INDUSTRIALISIERUNG UND HAFENAUSBAU

Mitte des 19. Jahrhunderts intensivierte sich der Handel zwischen dem Königreich Hannover, zu dem Harburg gehörte, und Großbritannien, mit dem Hannover in Personalunion verbunden war, und damit nahm auch in Harburg die Industrialisierung an Fahrt auf: Der Ausbaggerung des Köhlbrands, der dadurch für größere Schiffe befahrbar wurde (1841), folgte in den Jahren 1845 bis 1849 die Erweiterung des Hafens durch den Ausbau des rund um das Schloss liegenden Befestigungsgrabens. Nach Londoner Vorbild schottete eine Schleuse den Hafen von der Elbe ab, es entstand also ein Dockhafen mit stets gleichbleibendem Wasserstand. Die Eröffnung der Bahnlinie Harburg–Celle–Hannover mit dem gleichzeitigen Bau eines Güterbahnhofs am Hafen (1847, → **Tour 10**) sowie der Anschluss Hannovers an den Deutschen Zollverein (1854) sorgten für eine weitere Steigerung der Attraktivität Harburgs als Hafen- und Industriestandort. Unter den Industriebetrieben, die sich nun am Harburger Hafen ansiedelten, waren viele Hamburger Unternehmen, die den Standortvorteil des Zollinlands nutzen wollten. Auf die Verlagerung der Stockfabrik von H.C. Meyer nach Harburg und die Eröffnung des Eisenwerks Koeber im Jahr 1854 folgten zunächst vor allem Betriebe, die Kautschuk und Fette bzw. Öle importierten und verarbeiteten: Zu den größten

Der Binnenhafen

Am rechts von uns gelegenen Fußgängerüberweg überqueren wir die Straße **Kanalplatz** und gelangen so auf den gleichnamigen Platz, auf dem Bänke zum Pausieren einladen. Die beiden klassizistischen Gebäude an der Westseite des Kanalplatzes wurden Mitte des 19. Jahrhunderts erbaut, das ehemalige Wohn- und Geschäftshaus der Reederei Renck & Hessenmüller beherbergt heute die Kulturwerkstatt. Die Geschichte dieses Ortes reicht aber noch wesentlich weiter zurück, denn bei dem vor uns liegenden Lotsekanal handelt es sich um den früheren Festungsgraben, der die befestigte Schlossinsel umgab. Mitte des 19. Jahrhunderts wurde er schiffbar gemacht und in den 1890er Jahren zu einer Hafenanlage mit Kaistrecken, Kränen und Schiffsliegeplätzen ausgebaut. Wir sind nun also am Binnenhafen angelangt, einem wesentlichen Schauplatz der Harburger Industrialisierung. Inzwischen ist die Harburger Schlossinsel erneut im Umbruch: Denn seit den 1970er Jahren schlossen im Zuge der Wirtschaftskrise immer mehr Industriebetriebe oder wanderten ab. Auch die Bahnanlagen im Hafenbereich wurden

gehörten die „Hydrocarbür Fabrik und Gasanstalt H. Noblee & Co.“ (1855) und die Gummi-Fabrik der Gebrüder Albert und Louis Cohen (1856).
Die Verwendung und Verarbeitung von Kautschuk begann Mitte der 1850er Jahre unter anderem mit der Herstellung von Kämmen. Im Zuge der Industrialisierung ergaben sich immer neue Einsatzbereiche des Werkstoffs „Gummi“, unter anderem als Isolierung von Kabeln (Telegrafen-, Strom- und Telefonkabel) und zur Herstellung von Reifen (Fahrradreifen ab 1888, Autoreifen ab 1894) sowie von Schuhen. Ende des 19. Jahrhunderts kam es so zu einem weltweiten Kautschuk-Boom. Um die Nachfrage nach dem Rohstoff zu befriedigen, genügte es nun nicht mehr, nur wilde Kautschukbäume zu nutzen. Stattdessen wurden in den Kolonien vermehrt Plantagen angelegt, beispielsweise in Kamerun. Der Transport des gewonnenen Kautschuks aus dem Landesinneren an die afrikanischen Küsten erfolgte häufig durch gewaltsam rekrutierte und zur Arbeit gezwungene Trägerinnen und Träger.

In der Zwischenzeit hatte sich Harburg zu einer der führenden hannoverschen Industriestädte entwickelt – ab 1866, nach der Eroberung Hannovers durch preußische Truppen, als Teil Preußens. Mit der Zunahme der Betriebe stieg auch die Zahl der Fabrik- und Hafenarbeiter in Harburg stark an. 1856 waren es noch 750 gewesen, 1864 wurden in den 54 größeren und kleineren Fabriken Harburgs schon rund 1800 Arbeiter beschäftigt. Um weitere Flächen zu erschließen, wurde Ende des 19. Jahrhunderts der Binnenhafen mit dem Ziegelwiesenkanal, dem Überwinterungshafen und dem Verkehrshafen ausgebaut, wenig später folgten der Bau der neuen Seehafenbecken und eine weitere Vertiefung des Köhlbrands (→ **Tour 10**). Durch das Groß-Hamburg-Gesetz von 1937 wurde Harburg schließlich an Hamburg angeschlossen. ●

größtenteils stillgelegt. Eine Zeit lang versank der Hafenbereich in einem Dornröschenschlaf: Historische Bausubstanz bröckelte oder verschwand, Brachen entstanden, und die Brombeeren wucherten. Dies änderte sich, als der Binnenhafen 1990 zum „channel harburg“ (seit 2003 **channel hamburg**) erkoren wurde: Der historische Kern Harburgs sollte zu einem „Innovation Port“ werden, in dem sich Hightech-Firmen ansiedeln sollten. Zugleich sollte er sich aber auch zu einem modernen Stadtviertel entwickeln, in dem nicht nur gearbeitet, sondern auch gewohnt

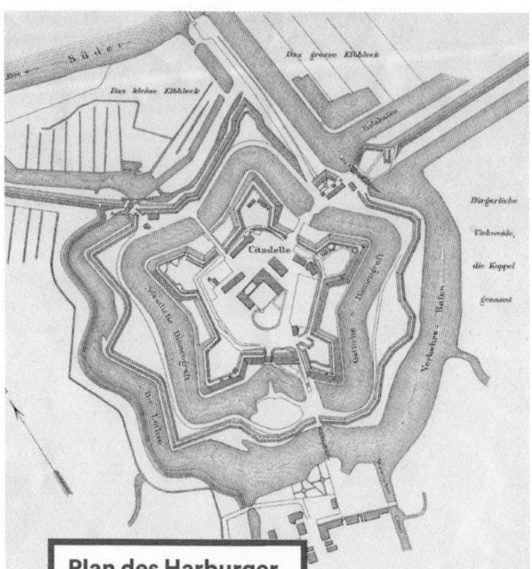

Plan des Harburger Hafens im Jahr 1848

und gelernt werden könnte. Auf dem Spaziergang rund um den Binnenhafen werden wir also viel Neues sehen, aber auch noch einige verbliebene Spuren der Geschichte entdecken.
Eine gleich vor uns liegende Fußgängerbrücke ermöglicht heute den direkten Zugang zur Schlossinsel, wir wenden uns hier jedoch nach links und gehen am Wasser entlang. Am Kai des Kanalplatzes hat seit 2019 die **SEA-EYE** ihren Liegeplatz gefunden: 1957 war dieses Schiff als Fischkutter STERNHAI gebaut worden, später wurde es vom Verein Sea-Eye gekauft, dessen Mitglieder dem Sterben schiffbrüchiger Menschen auf dem Mittelmeer nicht tatenlos zusehen wollten. Von 2016 bis 2018 war die umgerüstete und umgetaufte SEA-EYE auf dem zentralen Mittelmeer im Einsatz und konnte in der Zeit fast zwölftausend Menschen retten. Heute wird sie als „Dokumentationsschiff für Flucht und Rettung" erhalten, und der Verein ist mit neuen, größeren Schiffen weiterhin auf dem Mittelmeer unterwegs, um in Seenot geratenen Geflüchteten zu helfen.
Neben der SEA-EYE liegt zwischen Juli und September ein weiteres ungewöhnliches Schiff mit ambitionierter Besatzung, das jedoch den Rest des Jahres unterwegs ist: Der Frachtsegler **AVENTUUR**, der unter dem Motto MISSION ZERO seit 2016 Waren wie Rum, Kaffee und Kakao aus Bioanbau emissionsfrei über die Meere transportiert. Angesteuert werden auf diesen Reisen unter anderem Häfen auf den Kanarischen Inseln und den Azoren, in der Karibik, Kolumbien, Honduras und Mexiko. Mit dem Kauf der gesegelten und veredelten Produkte kann man das Projekt unterstützen.

Kiosk Blohmstraße

Menschen im Hafen

Bei dem schmalen Stichkanal, den wir am Ende des Kanalplatzes überqueren, handelt es sich um den Rest des Kaufhauskanals aus der ersten Hälfte des 19. Jahrhunderts, sein südliches Ende wurde inzwischen zugeschüttet. Der Name „Kaufhaus" bezieht sich hier nicht auf ein Geschäft, in dem man einkaufen konnte, sondern bezeichnete eine Lagermöglichkeit für Waren im Fernhandelsverkehr. Gleich nordwestlich der Brücke steht die 1906 erbaute frühere Städtische **Fischhalle**, die jedoch bald als Einteilungsstelle für Hafenarbeiter umgenutzt wurde. Diese Funktion behielt das Gebäude bis in die 1970er Jahre, ein anschließend drohender Abriss konnte von engagierten Bürgerinnen und Bürgern verhindert werden. Heute befinden sich in dem weiß getünchten Backsteinbau ein Galerie-Café, das auch als Veranstaltungsort genutzt wird, und die Räume der **Geschichtswerkstatt Harburg**. Deren Mitglieder setzen sich dafür ein, Zeugnisse aus Harburgs (Industrie-)Geschichte zu bewahren und daran zu erinnern. Hier wird geforscht und vermittelt, es gibt Veranstaltungen, Broschüren und Rundgänge. Mehrere Publikationen der Harburger Geschichtswerkstatt erläutern anschaulich den Arbeitsalltag typischer Berufe im Harburger Hafen.

Kurz vor der Kreuzung erinnert ein weiteres Gebäude an die Zeit, in der die Straßen von Hafenarbeitern bevölkert wurden: der **Kiosk Blohmstraße**, auch bekannt als „Trinkhalle seit 1876", der noch bis 2015 betrieben wurde. Das kleine Haus stand strategisch günstig am Weg, der die Harburger Innenstadt mit dem Fähranleger an der Süderelbe verband. Bereits 1818 war eine Dampfschiff-Fährverbindung zwischen Harburg und Hamburg aufgenommen worden. 1852 hatten sich die zwei Harburger Schiffergilden, die in diesem Geschäft aktiv waren und insgesamt fünf Schiffe betrieben, zur Hamburg-Harburger Dampfschiffahrts-Compagnie zusammengeschlossen. Sowohl Fahrgäste als auch Hafenarbeiter kamen also unweigerlich an der kleinen Trinkhalle vorbei. Nachdem der letzte Betreiber den Laden schließen musste, setzten sich Harburger Kulturschaffende dafür ein, das Gebäude zu erhalten. Schließlich übernahmen sie den Laden selbst und nutzen ihn nun für Kunstevents wie kleine Konzerte und Ausstellungen.

Wenn wir an dieser Stelle einen kleinen Abstecher nach Süden machen (also nach links), gelangen wir zu vier weiteren umgenutzten Relikten des 19. Jahrhunderts: In der **Blohmstraße** 22 befindet sich die frühere Fabrikantenvilla Lengemann, die heute eine Kita beherbergt. Bei dem dahinter stehenden Fachwerkbau handelt es sich um den 1827 entstandenen Kaufhausspeicher, der ursprünglich weiter südlich gestanden hatte. 1881 musste er dem Bau der Niederelbebahn weichen und wurde an den jetzigen Standort versetzt. Heute wird das umgebaute Gebäude für Events und kulturelle Veranstaltungen genutzt. Gleich daneben steht ein moderner Büroblock namens Goldfisch, Sitz des Deutschen Zentrums für Luft- und

Früheres Seenotrettungsschiff SEA-EYE

Lotseklappbrücke

Raumfahrt. Daneben wiederum stoßen wir mit der Nummer 18 auf die Villa Hans Lammerich aus dem Jahr 1874 (1920 Umbau, 2008 Sanierung), dahinter die sanierte und zum Bürohaus umgenutzte ehemalige Schmirgelfabrik von Schlesinger & Co. (von 1864). Weiter südlich wurden weitere Neubauten des Hamburg Innovation Ports errichtet. Wir drehen hier um, gehen nun am Kiosk Blohmstraße vorbei über die **Lotseklappbrücke** und gelangen so auf die Schlossinsel. Blicken wir nach links, sehen wir am Ende der Straße die denkmalgeschützte Holzhafenklappbrücke von 1929/30, die über den Harburger Holzhafen führt. Sie ersetzte eine gasbetriebene Drehbrücke von 1882. Geradeaus führt der Dampfschiffsweg, wie bereits erwähnt, zum Fähranleger an der Elbe. Wir wenden uns an dieser Stelle nach rechts und gehen ein Stück auf dem **Lotsekai** am Hafen entlang.

Diese Kaistrecke gehört zum **Museumshafen Harburg**, einem Verein, der sich dem Erhalt historischer Schiffe und Hafenanlagen widmet. Neben der vereinseigenen Hafenbarkasse JAN liegen hier auch viele Traditionsschiffe, die von Privatleuten gepflegt und erhalten werden wie das Küstenmotorschiff HILLE, der Elbewer WHITE ANGEL und das alte Binnenschiff LYDIOS, das heute als Hotelschiff genutzt wird. Zum Museumshafen gehören auch die drei alten Eisenbahnwaggons, die an die Bedeutung des Umschlags zwischen Schiff und Schiene erinnern, und die beiden **Kaikräne** auf dem Lotsekai: der große gelbe KulturKran (Baujahr 1972) und der blaue Peiner-Kran von 1960. Beide Kräne wurden fachgerecht restauriert und sind nach wie vor betriebsfähig. Das große Wandgemälde an dem Gebäude neben dem blauen Kran wurde von dem Berliner Künstlerkollektiv innerfields gestaltet und ist Teil der Freiluftgalerie **Walls Can Dance**: Seit 2017 entstanden bereits zwölf ganz unterschiedliche „Murals“ nationaler und internationaler Kunstschaffender in der Harburger Innenstadt und dem Binnenhafen.

Kulturkran und Schiffe des Museumshafens Harburg am Lotsekai

Auf der Schlossinsel

Wir biegen nun links ab auf die Zitadellenstraße, die von der Fußgängerbrücke aus in die Mitte der Schlossinsel führt. Der jetzt rechts von uns liegende Teil der **Schlossinsel** wurde schon im 19. Jahrhundert als Werftstandort genutzt, und zwar zunächst durch die Schlosswerft (1854 bis etwa 1930) von Renck und Holz. Seit 1933 ist hier die **Jöhnk Werft** ansässig, auf der viele kleinere Schiffe, Fischereifahrzeuge und Küstenmotorschiffe gebaut wurden. Noch heute sind das Trockendock und zwei Werftkräne aus den 1930er Jahren erhalten, inzwischen werden jedoch hauptsächlich Reparatur- und Umbauarbeiten vorgenommen. Vom Weg aus ist nicht viel von der Werft zu erkennen, aber später können wir sie vom gegenüberliegenden Ufer aus sehen. Nördlich des Geländes von Jöhnk lag früher die Hanseatische Werft, die jedoch nur von 1954 bis 1962 bestand. Heute befindet sich dort der Standort des Bildungszentrums Jugend in Arbeit, das Jugendlichen Umschulungen in den Bereichen Bootsbau und Tischlerhandwerk ermöglicht und viele Restaurierungen auch komplizierter und komplexer Objekte erledigt. Wir folgen dem Verlauf der Zitadellenstraße, die links abknickt, und biegen dann rechts ab auf die Straße Am Festungsgraben.

Gelände der Jöhnk-Werft

2010 wurde die Harburger Schlossinsel aus dem Hafengebiet entlassen, seitdem sind Teile des Areals als Projekt der IBA (→ **Tour 5**) zu einem Wohnquartier umgestaltet worden. Bei der neben uns liegenden Grünfläche handelt es sich um den südlichen Ausläufer des **Gebrüder-Cohen-Parks**, der seit 2012 das Zentrum der Schlossinsel darstellt. An mehreren Stellen reicht dieser Park bis an die Kaikanten der Hafenbecken heran. Auch die neu erbauten Wohnquartiere liegen am Wasser: So führt der bald rechts der Straße liegende Riegel der Wohnblöcke „Inselleben" und „Boathouse" bis zur Östlichen Binnengraft, einem früheren Kanal, in dem sich heute ein Sportboothafen befindet. Wir biegen hier jedoch links ab, gehen durch den Park zur parallel verlaufenden Straße An der Horeburg und auf dieser bis zu dem Wohnhaus mit der Hausnummer 8, das am Rande des Parks auf einer kleinen Anhöhe steht.

Wandbild von innerfields am Lotsekai

Torbogen vor dem Harburger Schloss

Hiermit sind wir an einem der ältesten Orte Harburgs angelangt, denn dies ist der Nachfolgebau der Anfang des 11. Jahrhunderts entstandenen Horeburg, mit anderen Worten: des **Harburger Schlosses**. In den ersten Jahrhunderten wurde die Horeburg immer wieder beschädigt oder zerstört und verändert wiederaufgebaut. Von 1527 bis 1642 residierten die Braunschweig-Lüneburgischen Herzöge in der **Horeburg**, die das Gemäuer dafür in eine dreiflügelige Schlossanlage umbauen ließen. Ab 1644 erfolgten dann der bereits erwähnte Ausbau des Schlosses zur Festung und die Anlage der Bastionen, die Ende des 18. Jahrhunderts wieder geschliffen wurden. Um die Mitte des 19. Jahrhunderts wurde dann auch das Schloss aufgegeben, um den neuen Hafenanlagen und Industriebetrieben Platz zu machen. Bei seinem heute noch bestehenden Rest handelt es sich um den früheren Westflügel, der um 1900 umgestaltet wurde, um als Beamtenwohnhaus genutzt zu werden. Auch heute noch wird in dem Gebäude gewohnt, doch das historische Kellergewölbe wird vom Archäologischen Museum Hamburg zu einem Ausstellungsort entwickelt.

Auf dem Hügel auf der Rückseite des Gebäudes stehen einige Bänke, von denen aus man den umliegenden Park überblicken kann. Weiter nördlich liegt am Rand des angrenzenden Hafenbeckens die 2014 fertiggestellte Wohnanlage Schlossinsel Marina, davor wurde ein größerer öffentlicher Spielplatz angelegt. Nach einer Umrundung der Horeburg und, wer mag, auch einer Erkundung des Parks gehen wir auf der Straße An der Horeburg wieder zurück Richtung Lotsekai. Gleich westlich der Straße liegt der Harburger Werfthafen mit dem früheren Standort der **Staatswerft**, deren um 1900 errichtete Slipanlage noch erhalten ist. Heute wird die Anlage von der HPA genutzt. An der Zitadellenstraße angelangt, biegen wir rechts ab und können durch den angrenzenden Zaun den Werfthafen überblicken. An der folgenden Kreuzung biegen wir rechts ab auf den Dampfschiffsweg, der am Werfthafen und dem daran anschließenden Überwinte-

Zum Wohnhaus umfunktioniertes früheres Getreidesilo

9

Süderelbe zwischen Harburg und Wilhelmsburg

rungshafen entlang bis zur Süderelbe führt. Am Ende der Straße befand sich der Anleger der Fährschiffe, woran das **Harburger Fährhaus** erinnert, das schon 1844 eröffnet wurde. Es diente vor allem dem Fahrkartenverkauf, beinhaltete aber auch eine Gaststätte. Um 1980 übernahm Rosi Krokos, die dort zuvor bereits als Bedienung gearbeitet hatte, den Laden und entwickelte ihn zu einer überregional beliebten Kneipe. Heute betreibt ihre Tochter Rosita die Gastwirtschaft und sorgt dafür, dass deren Beiname „Bei Rosi" weiterhin passt. Neben dem Fährhaus biegen wir rechts ab und folgen weiter dem Dampfschiffsweg, von dem aus wir nun weite Teile des Binnenhafens überblicken können. Gleich gegenüber, am anderen Ufer des **Überwinterungshafens**, fällt an der Ecke der neuen Wohngebäude der Schlossinsel-Marina ein älteres, höheres Gebäude aus dem Rahmen: Hierbei handelt es sich um ein früheres Silo von Thörl, das um 1920 erbaut und 2010 zu einem Wohnhaus umfunktioniert wurde. Bald überqueren wir die Alte Schleuse, die ab 1847 die Verbindung von der Süderelbe zum Überwinterungshafen und damit zum Harburger Binnenhafen darstellte. 1880 wurde sie durch eine etwas weiter östlich gelegene größere Schleuse, zu der wir gleich kommen werden, ersetzt. Nach der Sturmflut von 1962 wurde die Alte Schleuse zu einem Schöpfwerk umgebaut. Hinter der Schleuse geht der Dampfschiffsweg in den Harburger Hauptdeich über. Rechts davon liegt der Neubau des Wasserschutzpolizeikommissariats 3 mit seiner modernen Gestaltung, viel Glas und einer Verkleidung aus grünen Kupferplatten. Zu dem Revier gehört auch eine Pontonanlage mit Liegeplätzen auf der anderen Seite des Deichs, also am Ufer der Süderelbe. Die Polizeiboote sind mithin nicht im Binnenhafen, sondern außerhalb davon stationiert, um für Einsätze im südlichen Hamburger Hafengebiet nicht erst die Schleuse passieren zu müssen.

Portal der Süderelbbrücke

Über die Schleuse

Der Deich knickt nun nach Süden ab und führt zur neuen **Harburger Hafenschleuse**, die wir auf der Höhe ihres nördlichen Tors überqueren (leider nicht barrierefrei). Die 1880 eröffnete Schleuse ist 125 Meter lang und 17,50 Meter breit. Da nicht nur die Deiche und Fluttore im Hamburger Hafen wegen immer höherer Wasserstände erhöht werden müssen, sondern auch die Schleusen, wurde die Harburger Hafenschleuse 2012–14 an den aktuellen Sturmflut-Bemessungswasserstand von 8,60 Meter angepasst: Die Schleusentore und die Hochwasserschutzwände wurden erhöht, und in diesem Zusammenhang wurden auch das Betriebsgebäude und die Technik modernisiert und umgebaut.

Hinter der Schleuse folgen wir auf einem Fußweg dem Verlauf des Deichs, hinter dem sich die bereits 1927 gegründete **Bootswerft** Peter Knief befindet. Der Fortbestand des Betriebs an dieser Stelle ist allerdings durch die geplante Erhöhung und die damit verbundene Verbreiterung des Deichs gefährdet. Am Ende des Wegs gelangen wir über eine Treppe auf die Straße Alte Harburger **Elbbrücke**, und wenn wir uns dort nach links wenden, sehen wir auch schon das gewaltige Sandsteinportal, das die Südseite der früheren Straßenbrücke über die Süderelbe flankiert. 1872 war bereits der Bau einer Eisenbahnbrücke über die Süderelbe erfolgt, Fuhrwerke und erste Automobile mussten bis zur Eröffnung dieser Straßenbrücke im Jahr 1899 noch eine Fähre nutzen, um die Elbe zu queren. Heute steht sie unter Denkmalschutz und wird nur noch von Fußgängern und Radfahrern benutzt, Autos fahren nun über die benachbarte „Brücke des 17. Juni“ (erbaut 1937 als „Neue Harburger Elbbrücke“) und die daneben verlaufende Europabrücke (1983). Bahnen stehen die acht Gleise der etwas weiter östlich liegenden „Eisenbahnüberführung Süderelbe“ aus den 1970er

Kleiner Sportboothafen am Rand des Binnenhafens

bzw. 1990er Jahren zur Verfügung, die allerdings in den kommenden Jahren erneuert werden muss. Angesichts von eintausend S-Bahnen, Güter-, Nah- und Fernzügen, die täglich das Bauwerk queren, birgt dieses Projekt so einige logistische Herausforderungen.
Auf der Straße Alte Harburger Elbbrücke, dann auf der **Nartenstraße** gehen wir zurück in Richtung Stadt, wobei wir an Wassersport- und Segelvereinen sowie an großen Gewerbehallen und Tankstellen vorbeikommen. Auf der rechten Straßenseite ist auf dem Dekra-Gelände noch eine aus Backsteinen erbaute Fabrikhalle von 1913 erhalten, die zur Rohr-, Stock- und Fischbeinfabrik von H.C. Meyer gehörte. Am Ende der Straße, auf der linken Seite, wartet ein seit 2009 leerstehender Komplex der **New-York-Hamburger Gummi-Waaren Compagnie** auf seine (Altlasten-)Sanierung und eine mögliche Wiederbelebung. Einige der beeindruckenden Gebäude stammen aus den 1870er Jahren, die meisten aus den Jahren 1905 bis 1912. Auf der Klappbrücke von 1933/34 überqueren wir den Östlichen Bahnhofskanal, von hier aus bietet sich auch die Möglichkeit, quer über den sogenannten Verkehrshafen hinüber zur Jöhnk Werft am Südostufer der Schlossinsel zu blicken. Wir gehen nun auf der Straße Am Veritaskai weiter und nähern uns einem Industriedenk-

Leerstehende Gebäude der früheren New-York-Hamburger Gummi-Waaren Compagnie

Umgebautes früheres Silo von Thörl

mal, das bereits in eine neue Nutzung überführt wurde: Vor der nächsten Brücke steht rechts der Straße ein 1928 errichtetes ehemaliges Getreidesilo, das zur 1983 geschlossenen Harburger Mühlenbetrieb AG gehörte. Heute muss man genau hinsehen, um es zu bemerken, denn es wurde in den Neubau eines modernen Bürogebäudes integriert. Auf weitere solche Verbindungen von neuer und alter Bausubstanz stoßen wir, wenn wir gleich gegenüber dieses sogenannten Kaispeichers links in den **Schellerdamm** abbiegen. Auch das heute Fleethaus genannte Gebäude auf dessen rechter Straßenseite gehörte zum Harburger Mühlenbetrieb, der von dem Kaufmann Emil Scheller gegründet worden war. Nach längerem Leerstand wurde der ehemalige Getreidespeicher Anfang des 21. Jahrhunderts zu einem Büro- und Parkhaus umgebaut.

Neues Leben in alten Gebäuden

Kurz darauf gelangen wir zu dem markanten Bürogebäude **DAS SILO**, das wir schon von vielen Stellen des Binnenhafens aus sehen konnten. Der ursprüngliche Bau wurde 1935/36 errichtet und gehörte zu Thörl, seit 1955 zur Firma Andreas Hansen. In seinen insgesamt 16 hohen, runden Silozellen wurden bis 1993 Ölsaaten wie Erdnüsse, Soja und Kopra sowie Getreide gelagert. 2004 wurde das Silo umgebaut und aufgestockt, wobei neben sechs Silozellen auch die Schüttkegelhalle im Erdgeschoss erhalten und in den Neubau integriert wurde. In diesem Bereich befinden sich heute ein Restaurant und Geschäfte.

Auf der linken Straßenseite kommen wir anschließend an den letzten Relikten des früheren Güterbahnhofs vorbei (→ **Tour 10**), bevor der Schellerdamm in die Straße Karnapp mündet. Hier biegen wir rechts ab und können gleich die gro-

Historischer Hafenkran am Westlichen Bahnhofskanal

Hinterhöfe der denkmalgeschützten Häuser am Karnapp

ße Tordurchfahrt des Channel Towers nutzen, um einen Abstecher über den Parkplatz zum Westufer des **Westlichen Bahnhofskanals** zu machen. Dort befindet sich ein unter Denkmalschutz stehender Kran, der 1910 von der Benrather Maschinenfabrik gebaut wurde und ursprünglich am Harburger Seehafen gestanden hatte. Auf der linken Seite des Kanals steht außerdem der Palmspeicher von 1878, der zunächst zur Salpeterfabrik von Francke & Eger gehörte. Später wurde er von Thörl als Lagerspeicher für Ölsaaten genutzt, woher sein noch heute genutzter Name stammt, von 1953 bis 1987 befand sich darin eine Seifenfabrik der Firma Sunlicht (Unilever). Mitte der 1990er Jahre erfolgte der Umbau des alten Speichers zu einem Bürogebäude, in dem sich auch ein Restaurant befindet.

Durch den Hof gehen wir wieder zurück und können dabei schon die Rückseiten einiger an der Straße **Karnapp** noch erhaltener historischer Gebäude betrachten, auch ein alter Kamin überragt die Mauern eines verwilderten Hinterhofs. Wir biegen anschließend rechts ab und gehen nun vorne an den denkmalgeschützten Häusern vorbei. Das Gebäude Karnapp 17 stammt aus dem dritten Viertel des 19. Jahrhunderts, neben Wohnungen befand sich darin auch eine Schmiede, heute ein Dachdeckerbetrieb. Bei den Nummern 15 und 16 handelt es sich um zwei Mehrfamilienhäuser aus dem 19. Jahrhundert, die später für die Nutzung durch die **Likörfabrik Louis Hilke** erweitert wurden. Eine Gruppe engagierter Menschen aus Harburg bemühte sich um einen Kauf und Erhalt der lange vernachlässigten

Wandbild von Bernd Muss (Standort Großer Schippsee, Zugang von der Straße Am Wall)

Gebäude und erarbeitete ein Konzept für deren solidarische Nutzung, konnte sie jedoch nicht übernehmen. Die Etagenhäuser Karnapp 7, 8, 9, 13 und 14 stammen alle aus dem 19. Jahrhundert, besonders auffallend ist schließlich das Haus Nummer 5, ein früheres Wohnhaus aus dem Jahr 1642, in dem sich zuletzt die 2022 geschlossene Gaststätte „Grauer Esel" befand. An dieser Stelle sind wir schon fast wieder an der Unterführung angelangt, durch die wir auf demselben Weg, auf dem wir gekommen sind, wieder zurück zur S-Bahn gehen können. Wer noch Zeit für weitere Abstecher hat, sollte einen Spaziergang zu den Wandgemälden der Freiluftgalerie machen, von denen sich zwei gleich westlich der Lämmertwiete befinden. Die übrigen Standorte sowie weitere Infos über die Murals findet man auf der Website von Walls Can Dance (→ **Tipps**). Ganz in der Nähe des S-Bahnhofs Harburg locken außerdem die beiden Standorte des Archäologischen Museums mit ihren sehenswerten Dauer- und Sonderausstellungen. ●

AUSFLUGS- UND ENTDECKERTIPPS IN HARBURG

● FÜR DEERNS UND JUNGS

Spielplatz im Gebrüder-Cohen-Park
auf der Schlossinsel/Harburger Binnenhafen

Spielplatz neben dem Archäologischen Museum
Für kleinere Kinder. Mit Mammut-Rutsche!

Archäologisches Museum Hamburg
Harburger Rathausplatz 5, Hamburg-Harburg
Das Museum vermittelt die Vor- und Frühgeschichte Norddeutschlands gleichermaßen niedrigschwellig und anschaulich. Die Ausstellung will beklettert und angefasst werden, und die meisten der spannenden Artefakte befinden sich in Kinderaugenhöhe.

● HAFENKULTUR

Geschichtswerkstatt Harburg e.V.
Kanalplatz 16/Fischhalle, Hamburg-Harburg, Di 16–19 Uhr. www.geschichtswerkstatt-harburg.de

Kulturkiosk
Blohmstraße 28, Hamburg-Harburg

Kulturwerkstatt Harburg
Kanalplatz 6, Hamburg-Harburg
Ausstellungen, Vorträge und Lesungen. Exkursionen durch den Binnenhafen. Arbeitskreise, Kurse und Werkgruppen. Organisation des Harburger Binnenhafenfests „Leinen los!", das jedes Jahr Anfang Juni stattfindet. www.kulturwerkstatt-harburg.de

Museumshafen Harburg
www.muhahar.de

Walls Can Dance (Freiluftgalerie)
www.wallscandance.de

● STÜCKGUT

Museumsshop im Archäologischen Museum Hamburg (siehe oben)
Bücher, Spielsachen, Kuschelmammuts.

● VERPFLEGUNG

Harburger Fährhaus „Bei Rosi"
Dampfschiffsweg 21, Hamburg-Harburg

Fischhalle
Kanalplatz 16, Hamburg-Harburg
Café-Bistro mit regionaler und saisonaler Küche,

● SCHIFFE

AVENTUUR
Frachtsegler (2 Mast-Schoner), gebaut 1920 bei Otto Smit/Stadskanaal (Niederlande), Länge 43,5 m, Breite 5,88 m, Tiefgang 2,49 m. https://timbercoast.de/

JAN
Hafenbarkasse, gebaut 1921 auf der Schlüter-Werft, Uetersen. Länge 12,5 m, Breite 2,6 m

SEA-EYE
gebaut 1957 als Fischkutter STERNHAI in Boizenburg/Elbe, Länge 26,5 m, 2015/16 umgebaut zum Seenotrettungsschiff

SEUTE DEERN
Gaffel-Ketsch, gebaut 1939 als HAVET bei Ring-Andersen/Svendborg (Dänemark), Länge 36 m, Breite 7,15 m, Breite 3,40 m

SEEHÄFEN AN DER SÜDERELBE: HARBURG, MOORBURG, ALTENWERDER

Startpunkt
S-Bahnhof Harburg (S3 + S31)

Endpunkt
S-Bahnhof Neuwiedenthal (S3 + S31)

Dauer
etwa 3 Stunden

Route
Moorstraße → Hannoversche Straße → Seevestraße → Karnapp → Seehafenstraße → Moorburger Straße → Moorburger Bogen → Moorburger Hinterdeich → Moorburger Kirchdeich → Moorburger Elbdeich → Neuer Altenwerder Hauptdeich → Am Altenwerder Kirchtal → Altenwerder Kirchenweg → Waltershofer Straße → Vollhöfner Weiden → Moorburger Elbdeich → Francoper Hinterdeich → Francoper Straße → Rehrstieg → S-Bahnhof Neuwiedenthal

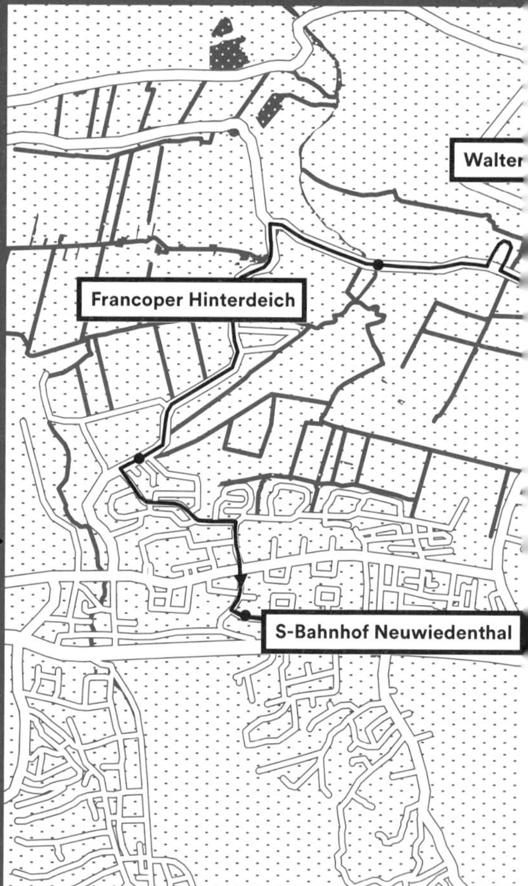

10

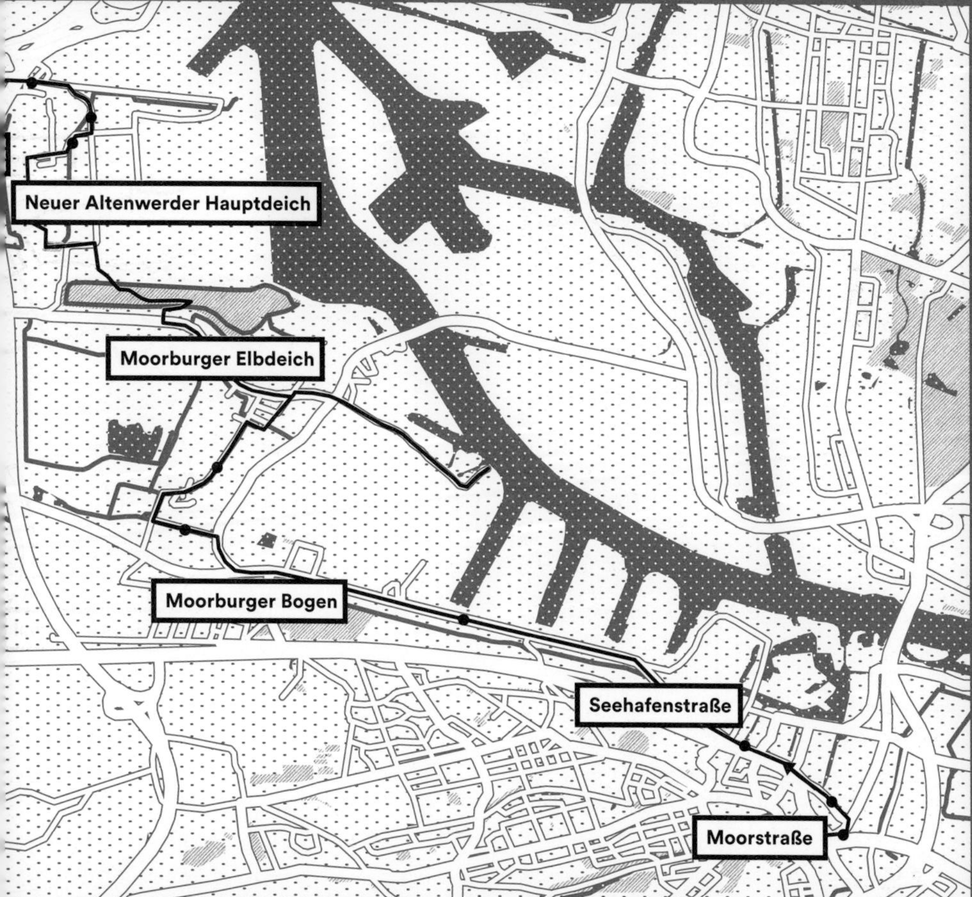
Neuer Altenwerder Hauptdeich
Moorburger Elbdeich
Moorburger Bogen
Seehafenstraße
Moorstraße

Kraftwerke und Hafenbecken, Raffinerien und Terminals, Straßen und Brücken: Von alten Dörfern und feuchten Wiesen, Hafenerweiterung und Widerstand

Wer zu dieser Tour mit der S-Bahn anreist, steigt an der Station Harburg aus und folgt den Schildern zum Ausgang Hannoversche Straße Nord/Moorstraße. Man gelangt so auf einen Platz über einem kleinen Wasserlauf, der einem natürlichen Bach ähnelt. Tatsächlich ist es ein Abschnitt des um 1540 angelegten **Seevekanals**, der ursprünglich der Entwässerung der Meckelfelder Moore diente, eine Wassermühle antrieb und als Transportweg zwischen der Seeve bei Maschen und der Süderelbe bei Harburg genutzt wurde. Leider kann man dem letzten Abschnitt seines Verlaufs nicht direkt folgen, da seine Ufer bebaut sind und er streckenweise unter Gebäuden oder Straßen verschwindet. Also schieben wir die Fahrräder zunächst zur Moorstraße, fahren auf dieser hoch bis zur Kreuzung und dort schräg links auf die Hannoversche Straße in Richtung Elbbrücken/Wilhelmsburg. An der nächsten Fußgängerampel biegen wir links ab auf die Seevestraße, die bald in den Karnapp übergeht. An dieser Stelle befindet sich, gleich rechts der Straße, die heutige Mündung des Seevekanals in den **Östlichen Bahnhofskanal**. Ein Ort, der gleich eine ganze Reihe wesentlicher Aspekte der Harburger Geschichte illustriert.

Harburger Industrialisierung

Erstens stellt er einen Knotenpunkt verschiedener **Verkehrswege** dar, was typisch ist für Harburg, wo das Transportwesen noch bis zur Mitte des 19. Jahrhunderts eine bedeutendere Rolle innehatte als das produzierende Gewerbe (→ **Tour 9**).
Zweitens befindet er sich am Rand des Harburger Hafens, der sich in der zweiten Hälfte des 19. Jahrhunderts schnell

Seevekanal

Alte Produktions- und Montagehallen von G. Koeber's Eisenhütte an der Seevestraße

zu einem **Industriestandort** entwickelte. Nachdem Harburg als Teil des Königreichs Hannover 1854 dem Deutschen Zollverein beigetreten war, ließen sich viele neue Industriebetriebe vor allem an den seeschifftiefen Wasserflächen und -wegen nieder. Darunter waren Maschinenfabriken und viele Kautschuk verarbeitende Betriebe, Ölmühlen und Produzenten von Futtermitteln, also Firmen, die Importgüter verarbeiteten.

Sie ersparten sich die Zölle, die sonst bei der Einfuhr der von ihnen erzeugten Produkte in das Zollgebiet fällig gewesen wären. Auch am Seevekanal siedelten sich Industriebetriebe an, darunter die Gummifabrik der Brüder Cohen (1856), die besser unter ihrem späteren Namen „Phoenix Gummiwerke Hamburg-Harburg AG" bekannt ist. Außerdem, von uns aus gesehen gleich auf der anderen Seite der Seevestraße, die Maschinenfabrik und Eisengießerei „Koeber's Eisenhütte" (1855), die ab 1910 unter dem Namen „Harburger Eisen- und Bronzewerke" firmierte. Viele der alten Betriebsgebäude sind noch erhalten und stehen inzwischen unter Denkmalschutz.

Drittens erinnert dieser Ort an die Bedeutung der **Eisenbahn** für die Entwicklung Harburgs: Die 1845 begonnene Modernisierung und Erweiterung der Harburger Häfen hatte das neue Verkehrsmittel Eisenbahn von Anfang an mit einbezogen. Parallel zum vor uns liegenden Östlichen Bahnhofskanal liegt sein westliches Pendant, und dazwischen befanden sich früher die Umschlags- und Rangiereinrichtungen des Güterbahnhofs, der an die Eisenbahnlinie Harburg-Hannover angeschlossen war. Dort war auch eine Einrichtung zur Wagenwäsche, in der Waggons, die beispielsweise Kali oder Schlachtvieh geladen hatten, gereinigt wurden.

Viertens wurde bei der Industrialisierung Harburgs wenig **Rücksicht auf die Umwelt und die Bewohner** genommen, ob Mensch (dazu später mehr) oder Tier: So wurde der Seevekanal 2004 beim Bau des Phoenix-Centers begradigt, streckenweise verrohrt und überbaut. Dieser Eingriff widersprach der Europäischen Wasserrahmenrichtlinie, als Ausgleichsmaßnahme wurde später hier am Karnappwehr eine Fischtreppe angelegt, die man durch den Zaun hindurch begutachten kann.

Und fünftens war und ist die Geschichte des Harburger Hafens ein **Prozess stetigen Wandels**. Viele der früheren Betriebe und auch der Güterbahnhof wurden inzwischen abgerissen und die Flächen neu bebaut, wodurch sich die Topografie des Harburger Binnenhafens in den letzten Jahrzehnten stark verändert hat (→ **Tour 9**). Wir werden nun der Entwicklung des Harburger Seehafens und seiner Nachbarn Moorburg und Altenwerder an der Süderelbe folgen, wobei wir uns mit der Geschichte der Orte befassen, die heutige Situation erforschen und auch die Zukunftspläne betrachten: Denn die Umstrukturierung ist weiterhin in vollem Gang.

Vom Bahnhofskanal zur Seehafenstraße

Zunächst fahren wir ein Stück auf dem Karnapp in Richtung Westen. Am bald rechts abgehenden Schellerdamm befand sich der 1847 eingeweihte Han-

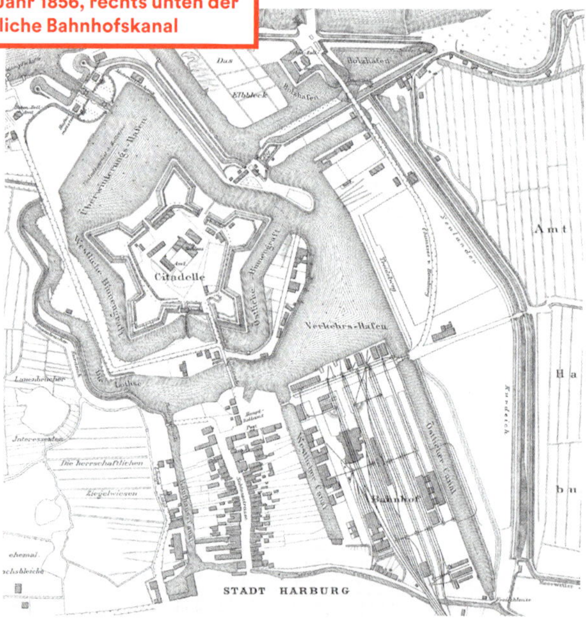

Karte des Harburger Hafens im Jahr 1856, rechts unten der Östliche Bahnhofskanal

Früheres Bahnhofsgebäude am Schellerdamm

noversche Staatsbahnhof, wo anfangs neben dem Güter- auch der Personenverkehr abgewickelt wurde. Ab 1872 wurde dieser dann zum neuen „Venlo-Hamburger Bahnhof" an der Hannoverschen Straße verlagert, während der **Güterbahnhof** im Hafen verblieb. Bis in die 1990er Jahre war er ein bedeutender Protagonist und Arbeitgeber im Harburger Hafengebiet, dann führten die Umstrukturierungen der Deutschen Bahn zu einem Einbruch des Güterverkehrs in Harburg. Die meisten Betriebsteile wurden stillgelegt und „rückgebaut", nur zwei der früheren Bahnhofsgebäude mit einigen Resten des alten Kopfsteinpflasters und der Bahngleise sind heute noch erhalten, der kurze Abstecher dorthin lohnt sich (Schellerdamm 19 + 21).
Alte Häuser bieten immer auch einer Vielzahl von Tieren ein Zuhause, unter anderem **Gebäudebrütern** wie Spatzen, Schwalben oder Mauerseglern, die in Spalten und Löchern nisten. Verschwinden solche Gebäude oder werden sie saniert, haben diese Tiere ein Problem, denn Ausweichquartiere sind häufig nicht einfach zu finden. Im Fall der sanierten Bahnschuppen am Schellerdamm wurde erfreulicherweise an die tierischen Mitbewohner gedacht: Mehrere extra angebrachte Kästen für Spatzen und Fledermäuse werden von diesen gut angenommen.
Auf dem Karnapp fahren wir anschließend an einer Reihe denkmalgeschützter Wohn- und Gewerbegebäude entlang (→ **Tour 9**). Nach ein paar Hundert Metern können wir zwischen zwei hohen Weiden durch einen Zaun auf den rechts liegenden **Ziegelwiesenkanal** blicken, einen Teil des Binnenhafens, der in der zweiten Hälfte des 19. Jahrhunderts ausgebaut wurde. Wir befinden uns nun auf der **Seehafenstraße**, die an den insgesamt vier Harburger Seehafenbecken vorbeiführt. Zunächst passieren wir jedoch an der Seehafenstraße 2 den Standort der Harburger Leinöl- und Firnisfabrik Brinckman & Co. GmbH, später Harburger Ölwerke Brinckman & Mergell GmbH & Co. oder kurz „HOBUM", die 1896 gegründet wurde. Einige der Gebäude auf dem weitläufigen Betriebsgelände der Pflanzenölraffinerie stammen noch aus dem Jahr 1911, 1998 wurde sie vom Unternehmen Cargill übernommen.

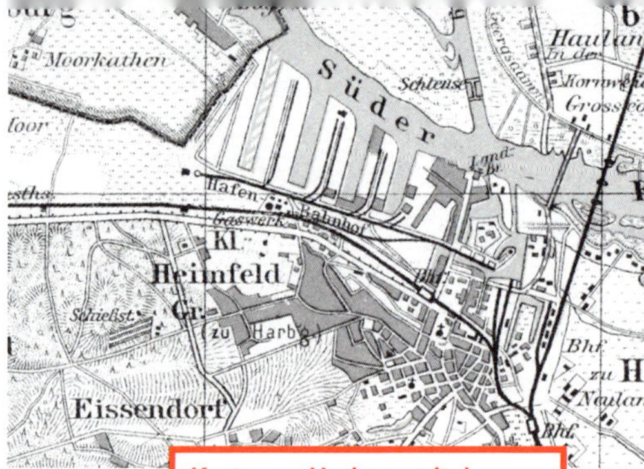

Karte von Harburg mit den vier Seehafenbecken, um 1910

Nachdem wir einige Wohnhäuser passiert haben, deren eigentlich schöne Substanz leider arg vernachlässigt wurde, gelangen wir zur Einmündung der kopfsteingepflasterten **Konsul-Ritter-Straße**. Hier steht ein dunkelrotes zweigeschossiges Backsteingebäude der „Hamburger Leistungsfutter GmbH", eines Unternehmens, das seit über 140 Jahren Tierfutter produziert. Der Bau fällt auf durch seinen eigenwilligen Grundriss mit einer leicht konkav gebogenen Fassade und seiner abgerundeten Spitze.

Nördlich der Konsul-Ritter- und der Seehafenstraße lag bis Ende des 19. Jahrhunderts das Fischerdorf **Lauenbruch**, an das unter anderem der Straßenname „Lauenbrucher Deich" erinnert. Dann mussten die Bewohner jedoch weichen, denn der Ort wurde für den Bau der Seehafenbecken 1 bis 3 (1904–1907) ausgelöscht – eine Maßnahme, der wir auf dieser Tour noch mehrmals begegnen werden. Die nach Norden abgehende 1. Hafenstraße liegt zwischen den Seehafenbecken 1 und 2, an ihr liegen unter anderem das Harburger Zollamt und der Hafenumschlagsbetrieb H. Jürgen Müller GmbH & Co. KG. Für Fans der Architektur der 1950er Jahre lohnt sich ein Abstecher bis zu dessen Werkstor, wo noch ein Pförtnerhäuschen von etwa 1958 seinen Dienst tut. Andere verzichten vielleicht lieber auf die etwas holprige Extratour und folgen gleich dem weiteren Verlauf der Seehafenstraße. Auf dem kombinierten Fuß- und Radweg sollte man jedoch etwas vorsichtig fah-

Industriegebäude an der Konsul-Ritter-Straße

ren, da gelegentlich schräg verlaufende **Bahngleise** den Weg queren. Geprägt wird die rechte Seite dieser Straße von den anliegenden Industriebetrieben, die häufig einen Mix aus alten und neuen Gebäuden und Anlagen darstellen. Zunächst passieren wir ein großes Betriebsgelände der mateco GmbH, auf dem viele ihrer mobilen Arbeitsbühnen geparkt sind, daneben liegt an der Seehafenstraße 17 das Gelände der Lethe GmbH, eines Betriebs, der auf Schiffbau und -ausrüstung spezialisiert ist. Gegenüber davon befindet sich ein alteingesessener **Imbiss**, der bei Lkw-Fahrern beliebte fleischlastige Speisen wie Gulasch und „Wurst des Hauses" anbietet. An der Seehafenstraße 20 folgt ein Standort des Logistikunternehmens Rhenus Midgard, das 1912 in Frankfurt a.M. gegründet wurde und seit 1969 zur Hugo Stinnes AG gehört. Das angrenzende Olenex-Werk verarbeitet Pflanzenöle, ebenso wie der nächste Nachbar Noblée & Thörl. Dieses Unternehmen wurde schon 1855 von Henri **Noblée** als „Hydrocarbürfabrik und Gasanstalt H. Noblée & Co." gegründet und befand sich damals noch an der Moorstraße. Ab 1860 wurde mit der Extraktion von

Kleiner Anwohner der Seehafenstraße

Imbiss an der Seehafenstraße

Palmkernen begonnen, 1908 zog das Unternehmen an diesen Standort am Seehafen 3 um. Dahinter hat die **Ölraffinerie** Nynas den früheren Standort der Deutschen Shell AG zwischen dem dritten und dem 1929 fertiggestellten vierten Seehafenbecken übernommen. Hier stehen Generationen von Tanks nebeneinander, alte genietete Relikte neben neuen, glänzenden Hightech-Tanks. Was für einen großen Stellenwert die Stadt Hamburg den Minaralölfirmen einräumte, verdeutlicht die Geschichte einer weiteren Ölraffinerie.

Vom Asphaltwerk zur Erdölraffinerie

1929 nahmen die kurz zuvor gegründeten Ebano-**Asphaltwerke** ihren Betrieb an der Westseite des Seehafenbeckens 4 auf. Das Areal war zuvor durch Baggergut aus einer vorangegangenen Elbvertiefung aufgehöht worden. In den Fabrikanlagen wurde aus Mexiko importiertes Rohöl verarbeitet, an der Südseite befand sich ein Tanklager für Benzin, Roh- und Gasöl, an der Nordseite vierzehn Asphalttanks. Später wurde Ebano zu einem Teil von Esso, und dieses Unternehmen brauchte mehr Platz. Also beschloss die Hamburger

Automaten-Kaffeeklappe am Moorburger Bogen

Bürgerschaft 1950, die östlich an das bisherige Betriebsgelände angrenzenden Flächen in Moorburg zu kaufen und sie Esso zur Verfügung zu stellen. Die Stadt war bereit, Grundbesitzer notfalls zu enteignen, wenn diese ihre Flächen nicht freiwillig verkaufen wollten. Das Gelände wurde dann mit Steuergeldern hergerichtet und an Esso verpachtet. Zur Versorgung mit Rohstoffen wurde 1955 eine neun Kilometer lange Ölleitung vom Neuen Petroleumhafen (→ Tour 11) zur Raffinerie gebaut, 1983 wurde zudem eine Pipeline vom Tiefwasserhafen in Wilhelmshaven nach Hamburg in Betrieb genommen.

Inzwischen ist die frühere Esso-Raffinerie von der **Holborn** Europa Raffinerie GmbH übernommen worden. Hier wird nun hauptsächlich Rohöl aus Libyen verarbeitet, was sich erklärt, wenn man die Besitzverhältnisse von Holborn betrachtet: Das Unternehmen mit Sitz auf Zypern ist ein Tochterunternehmen der in den Niederlanden ansässigen Oilinvest-Gruppe, diese gehört wiederum zu hundert Prozent dem libyschen Staat. Auf dem Gelände stehen noch Verwaltungsgebäude aus den Jahren 1928 und 1952, rechts der Zufahrt zum Betriebsgelände außerdem ein um 1942 errichteter Bunker. Bei dieser Zufahrt handelt es sich um die früher öffentliche Straße Moorburger Elbdeich, die nun leider als Werkstraße nicht mehr befahren werden darf. Wer inzwischen eine Stärkung braucht: In dem Häuschen gegenüber vom Bunker befindet sich ein kleiner Automatenshop mit Snacks und Getränken.

Von Bauern- und Fischerdörfern zum Hafenerweiterungsgebiet

Wir fahren nun auf dem Moorburger Bogen weiter und biegen an der nächsten Kreuzung rechts ab auf den **Moorburger Hauptdeich**. Parallel zur Straße verläuft der grüne Deich, links liegen ein Feuchtgebiet und ein angrenzendes Waldstück, und plötzlich fühlt man sich ganz weit weg vom Harburger und Moorburger Hafen- und Industriegebiet. Allerdings hat dieser Eindruck mit der Realiät nur wenig zu tun: Zum einen sind diese Reste des früher von Mooren und Auwäldern geprägten Naturraums schon jetzt geradezu umzingelt von Industrie- und Gewerbegebieten, Bahnanlagen und Straßen. Und zum anderen soll sich gerade hier ein Teilstück der geplanten A26 Ost „in Hochlage" in einem weiten Bogen über die Wiesen, das Wäldchen, die Straße und den Deich schwingen, um in eine vierspurige Brücke über die Süderelbe überzugehen. Doch dazu später mehr. Bevor wir einen Blick in die Zukunft wagen, gehen wir erst einmal zurück in die **Geschichte Moorburgs**. Die Stadt Hamburg erwarb dieses Gebiet schon 1375, um seine strategisch günstige Lage an der Süderelbe zu nutzen. Zur Überwachung der

Modell der Moorburg

Schifffahrt, Eintreibung von Zöllen und Durchsetzung des Stapelrechts wurde 1390 in dem niedrig liegenden, sumpfigen Gelände ein steinerner Wehrturm errichtet, der dem Ort seinen Namen gab. Neue und höhere Deiche wurden gebaut, um die Höfe, Äcker, Obstwiesen und Viehweiden der Bewohner vor Überflutungen zu schützen. Viele Häuser wurden am Moorburger Kirchdeich und dem Moorburger Elbdeich errichtet und ließen so das (Straßen-)Dorf Moorburg entstehen. Die Moorburg selbst wurde 1819 abgebrochen, doch am Moorburger Kirchdeich befindet sich ein 1975 von dem Zimmermeister Heinz Wiegel sen. gefertigtes Modell des Baus.
Um dorthin zu gelangen, biegen wir gleich am Ende der Wiese links ab auf den Moorburger Hinterdeich und an der nächsten Kreuzung rechts auf den Moorburger Kirchdeich. Das Modell steht hinter der Kurve auf der rechten Seite der Straße. Diese führt anschließend am „Alten Kirchhof" von 1309 vorbei, an den eine Infotafel gleich gegenüber vom Firmensitz des 1871 gegründeten Baustoff- und Fuhrunternehmens August Ernst erinnert. Kurz vor dem Ende der Straße biegen wir rechts ab auf den Moorburger Burgweg und gelangen so zum alten Modell der Moorburg, die um 1900 gebaut wurden. Nach einer Linkskurve befinden wir uns auf dem Nehusweg, an dem ein wenig versteckt, aber dafür sehr idyllisch die Kirche St. Maria-Magdalena liegt. Mit dem Bau dieser Kirche wurde bereits 1684 begonnen. Am Ende der Straße ist noch eine Kate aus dem 18.

Hier soll einmal die A26 Ost queren (in Höhe der Luftballons)

Jahrhundert erhalten, hier biegen wir rechts ab auf den Moorburger Elbdeich. Nach der Fahrt durch das alte Moorburg kommt einem das Umfeld der Kreuzung, die wir nun erreichen, recht surreal vor: Links geht der Kattwykdamm ab, der in die 1973 eingeweihte **Kattwykbrücke** übergeht, eine Hubbrücke mit einer Durchfahrtshöhe von dreiundfünfzig Metern. Anfangs war diese noch eine kombinierte Bahn- und Straßenbrücke, seit der Eröffnung der gleich nördlich von ihr verlaufenden Kattwyk-Bahnbrücke im Jahr 2020 gibt es auf ihr nur noch Straßenverkehr, auch der Rad- und Fußweg wurde auf die neue Bahnbrücke verlegt. Gleich daneben befindet sich das frühere Kohlekraftwerk Moorburg. Die Lage an der Süderelbe, die es den Moorburger Milchbauern früher ermöglichte, ihre Milch per Schiff „nach Hamburg“ zu bringen und dort zu verkaufen, ließ Moorburg im Zeitalter der Industrialisierung erneut in den Fokus der Hamburger Hafenplaner geraten. 1908 wurden in einem Generalplan Gebiete westlich der Süderelbe zu Hafengebieten erklärt, und ein 1929 geschlossener Staatsvertrag besiegelte die Gründung der Hamburgisch-Preußischen Hafengemeinschaft mit dem Ziel, Moorburg, Altenwerder und Finkenwerder zu industrialisieren. Um die nötige Infrastruktur zu schaffen, wurde im selben Jahr eine Brücke über die Süderelbe zwischen Moorburg und Altenwerder gebaut, über die eine Bahnverbindung nach Harburg verlief. Schließlich wurde Moorburg 1961 zusammen mit Altenwerder zum **Hafenerweiterungsgebiet** erklärt, was unter anderem zu einer „Veränderungssperre“ führte: Diese besagte, dass keine Neubauten mehr errichtet werden durften, noch nicht einmal Anbauten oder weitreichende Sanierungen waren gestattet. Hier gelten also spezielle Rahmenbedingungen, oder, wie es auf der Website des Moorburger Kulturvereins Elbdeich e.V. heißt: „Das Leben in Moorburg ist zwangsläufig ein Politikum.“
Wir überqueren den Moorburger Hauptdeich und fahren auf der Moorburger Schanze am früheren Kohlekraftwerk vorbei. Zunächst entstand hier 1974 ein Erdgaskraftwerk der Hamburgischen Electricitäts-Werke (HEW), für dessen Bau bereits einige Wohnhäuser verschwinden mussten. Von 1984 bis 2001 wurde es nur noch als Reservekraftwerk genutzt, 2004 wurde es abgerissen. Daneben befand sich von 1980 bis 2009 ein von Vattenfall betriebenes Gasturbi-

Alte und neue Kattwykbrücke

nenkraftwerk, das anschließend ebenfalls abgerissen wurde. Das etwa drei Milliarden Euro teure **Kohlekraftwerk Moorburg** nahm 2015, nach massiven Protesten der Bevölkerung und der Umweltverbände sowie nach langwierigen Auseinandersetzungen unter anderem über die Entnahme von Kühlwasser, seinen Betrieb auf, der jedoch nicht lange währte: Seit 2020 diente es als Reservekraftwerk, 2021 wurde es stillgelegt. Und was hat die Stadt nun vor mit dem Hafenerweiterungsgebiet Moorburg? Ein Entwurf sah vor, an der Stelle des alten Ortskerns ein neues Seehafenbecken für Containerschiffe mit angrenzenden Umschlags- und Logistikflächen anzulegen. Die HPA plant und betreibt in Moorburg bereits drei Spülfelder bzw. Deponien für Hafenschlick (Mitte, Ellerholz und Ost). 2022 veröffentlichte die Handelskammer schließlich die Vision eines **Energie- und Klimahafens Moorburg** mit Hightech-Park, E-Fuel-Hub, Elektrolyseur (einer Anlage zur Herstellung von Wasserstoff) und einem Brennstoffzellenwerk in nächster Nähe des Dorfes. Was davon verwirklicht wird, steht noch nicht fest. Sicher ist jedoch, dass die Moorburgerinnen und Moorburger eine Vetreibung aus ihrem Dorf sowie die Zerstörung der Kulturlandschaft und der verbliebenen Naturräume nicht stillschweigend hinnehmen werden, unterstützt werden sie dabei von mehreren Naturschutzverbänden.

Das ehemalige Kohlekraftwerk Moorburg

Alter Moorburger Hafen bei Niedrigwasser

Aufgegebene Häfen und Schiffe

An das rechts der Straße liegende Spülfeld grenzt etwas weiter östlich das Gelände der Holborn Raffinerie. Gegenüber von deren Werkstor befindet sich eine Öffnung in der Flutschutzwand, hinter der ein Weg bis zum Ufer der Süderelbe führt. Wenn wir ihm folgen, kommen wir an den Resten von zwei früheren Hafenbecken des **alten Moorburger Hafens** vorbei, die heute nicht mehr genutzt werden und sich zu verwilderten Biotopen entwickelt haben. Sie sind dem Tideeinfluss ausgesetzt und recht flach, fallen also bei Ebbe trocken und bieten so einen der früher an der Elbe so typischen, heute jedoch fast verschwundenen Lebensräume für Auenbewohner. Hier wachsen Wassermiere, Brunnenkresse, Wolfstrapp und Sumpf-Greiskraut, auch die Schlamm-Schmiele und der Schierlings-Wasserfenchel (→ **Tour 5**) lassen sich finden.
Vor dem Kraftwerk liegt im Uferbereich eines weiteren Hafenbeckens ein altes **Schiffswrack**: Der 1935 gebaute Fischdampfer MOUNTBATTEN wurde nach einer Havarie 1951 nach Hamburg geschleppt, havarierte erneut und sank. Da er nicht mehr zu retten war und nicht im Weg lag, ließ man ihn einfach liegen. Bei dem Hafenbecken handelt es sich übrigens um einen Rest der **Alten Süderelbe**, die früher zwischen Finkenwerder und Altenwerder im Norden und Moorburg im Süden verlief. Nach der Sturmflut im Jahr 1962 wurde sie vom Verlauf der Hauptelbe abgedeicht, doch momentan wird eine Wiederöffnung dieses Elbarms erwogen (→ **Tour 11**).

Containerterminal statt Fischerdorf

Nach diesem spannenden Abstecher kehren wir zurück zum Moorburger Elbdeich und können den auf dem Deich verlaufenden Fuß- und Fahrradweg für die Weiterfahrt in Richtung Westen nutzen. Neben dem Weg installierte Tafeln zeigen Fotos von den Schäden, die die **Sturmflut** im Februar 1962 hier angerichtet hat. Von der früher nördlich des Deichs verlaufenden Alten Süderelbe ist hier nichts mehr zu sehen, nur der Deich und sein Name erinnern daran, dass Moorburg früher direkt „an der Elbe" lag. Wir passieren unter anderem die Gast-

Wrack der MOUNTBATTEN am Ufer der Süderelbe

Blick vom Moorburger Berg auf das Containerterminal Altenwerder

stätte Wasserturm und Feuerteufel und das daneben stehende Gebäude einer alten Schmiede von 1894, bis wir nach etwa 1,3 Kilometern auf Höhe der Alten Schule Moorburg (Moorburger Elbdeich 249) rechts abbiegen. Durch ein schmales Waldstück gelangen wir zum Neuen Altenwerder Hauptdeich, wo uns ein Schild den Weg zu einem „Aussichtspunkt" weist: Auf unbefestigten Pfaden geht es nun bergan auf den sogenannten **Moorburger Berg**. Bei diesem 2005 freigegebenen Naherholungsgebiet mit Bänken, Wanderwegen und mehreren Aussichtspunkten handelt es sich um den aufgetürmten Aushub, der beim Bau des **Container Terminal Altenwerder** (CTA) angefallen ist. Die Magerrasenflächen, Streuobstwiesen und Gebüsche aus Weiden und Sanddorn ersetzen zwar nicht die an dieser Stelle verloren gegangenen Feuchtwiesen, die früher die Ufer der Alten Süderelbe säumten. Sie bilden aber zumindest einige neue Lebensräume für Pflanzen und Tiere, die es sonnig und trocken mögen. Oben auf dem fast 22 Meter hohen langgezogenen Berg angelangt, bietet sich uns nun ein weiter Blick auf das gleich nördlich liegende Gelände des 2002 eröffneten CTA, und man kann zusehen, wie die Schiffe von den 14 riesigen Containerbrücken be- und entladen werden. Diese Containerbrücken werden von Menschen gesteuert, die hoch oben in verglasten Kanzeln sitzen. Auf dem Terminalgelände selbst werden die Container von automatisierten Kränen auf „Automated Guided Vehicles" umgesetzt, die eigenständig den Transport zum Containerlager übernehmen. Zugmaschinen transportieren die Container dann weiter zum terminaleigenen Bahnhof oder zu einer der 104 Lkw-Spuren.

Der Name Altenwerder steht heute vor allem für dieses Hightech-Containerterminal am seeschifftief ausgebaggerten Köhlbrand. Doch ursprünglich war Altenwerder ein Dorf voller Menschen und Geschichten. Die nächste Etappe unserer Tour führt uns zu seinem letzten verbliebenen Gebäude: der Kirche St. Gertrud. Um dorthin zu gelangen, stehen verschiedene Wege auf und neben

Hinweisschilder an der Altenwerder Hauptstraße

dem Moorburger Berg zur Auswahl. Wir folgen einfach den Schildern Richtung Altenwerder Kirche und kommen so zur Altenwerder Hauptstraße. Auf dieser fahren wir ein Stück nach Norden und wechseln an einem weiteren Hinweisschild auf einen schmaleren Weg, der links von der Straße abgeht. Nach einiger Zeit biegen wir ab auf den links einmündenden Weg, der zwischen einem kleinen Teich (einem weiteren Rest der Alten Süderelbe) und einigen alten, sturmgeschädigten Rosskastanien hindurchführt und dann rechts abknickt. Wir befinden uns nun im Altenwerder Kirchtal auf dem Gebiet des früheren Dorfes Altenwerder. Und damit ist es an der Zeit, dass wir uns kurz auf die Vergangenheit dieses verschwundenen Ortes einlassen.

Altenwerder wurde bereits im 15. Jahrhundert besiedelt. Das tiefliegende Gelände der damaligen Insel, die zwischen der Alten Süderelbe und dem Köhlbrand lag, wurde bei Sturmfluten überspült, dann jedoch nach und nach eingedeicht, erhöht und entwässert. Auf dem fruchtbaren Grünland wurde Vieh gehalten und Obst angebaut. 1436 wurde eine erste Kirche gebaut, die der Heiligen Gertrud geweiht war, der Schutzpatronin in Not geratener Seeleute. Die Nähe zur Elbe prägte das Leben im Dorf: Es wurde Fischerei betrieben, und neben dem Altenwerder Fischereihafen am Köhlbrand gab es einen Fähranleger und mehrere Werften, darunter die alteingesessene Schiffswerft Rudolf Meier & Söhne. Dazu kamen viele im Ort ansässige Handwerksbetriebe, eine Seilerei, Gastwirtschaften und Gemischtwarenläden wie die 1890 von Adolf Wülfken gegründete „Colonialwarenhandlung“. Dieser Krämerladen war ein sogenannter Vollsortimenter, der zuletzt von Wülfkens Enkeltochter Magdalena Dufke betrieben wurde. Nach der Schließung des Geschäfts 1979 kam der **Dufke-Laden** mitsamt seinem verbliebenen Inventar ins Altonaer Museum (**→ Tour 12**), wo er seit 1991 als Bestandteil der Schausammlung besichtigt werden kann. Die Einrichtung und die Waren bilden ein anschauliches Zeitzeugnis der 1970er Jahre, als man im Laden um die Ecke noch Mausefallen und Tee-Eier bekam, Weckgläser und Apfelkorn, Wiener Würstchen für 45 Pfennig und Brauner Bär für 50. Und geraucht wurde immer und überall, woran der volle Aschenbecher auf dem Tresen erinnert.
Das friedliche Leben änderte sich mit dem bereits erwähnten Hafenerweiterungsgesetz von 1961, denn anders als

in Moorburg wurde es für Altenwerder gleich richtig ernst. Erste Bereiche mussten schon Mitte der 1960er Jahre für die Verbreiterung der Hafenbahn und den Bau der A7 geräumt werden. 1973 begann dann die eigentliche „**Entsiedlung**“ des Ortes, indem den Bewohnerinnen und Bewohnern der 714 Haushalte eine Perspektive in ihrer Heimat abgesprochen und stattdessen Kaufangebote für ihre Immobilien gemacht wurden. Viele gaben dem Druck der Stadt nach, verkauften und zogen nach Finkenwerder, Hausbruch oder Neugraben. Meistens wurden ihre Häuser und Gärten gleich am Tag nach dem Auszug abgebrochen. Ende der 1970er Jahre waren fast alle Einwohner Altenwerders fortgezogen, es geschah jedoch zunächst: nichts. Zwanzig Jahre lang lag das frühere Dorf mit seinen alten Obstgärten brach, und die Natur eroberte sich die Flächen nach und nach zurück.
Als Anfang der 1990er Jahre schließlich der Bau des Containerterminals konkreter wurde, stufte eine Biotoptypenkartierung weite Bereiche Altenwerders als

Tor zum Altenwerder Friedhof

ökologisch wertvoll ein. Ausgleichsmaßnahmen im nahegelegenen Moorgürtel sollten die Zerstörungen dieser Flächen kompensieren. Der Hamburger BUND klagte jedoch, dass deren Ausmaß nicht ausreichend sei, und bekam tatsächlich Recht. Als Ergebnis der Klage wurde die **Stiftung „Ausgleich Altenwerder“** gegründet, die ein Sondervermögen in Höhe von 18 Millionen Euro verwaltet und damit Naturschutzprojekte südlich der Norderelbe finanziert. Analog zum verlorenen Gebiet werden vor allem Grünland, Obstwiesen und Gewässer durch Ankauf und gegebenenfalls Aufwertung durch die Stiftung geschützt (→ **Tour 5**). Ende 1998 verließen auch die letzten noch verbliebenen Bewohner das frühere Dorf Altenwerder. Die Vegetation wurde gerodet und das Gelände durch Aufschüttung um 8,50 Meter erhöht, vier Jahre später wurde das Containerterminal eröffnet.
Bei dem Weg, auf dem wir uns befinden, handelt es sich um die alte Dorfstraße, über die wir schließlich zur **Kirche St. Gertrud** gelangen. Heute fällt es schwer, sich vorzustellen, dass diese damals auf dem höchsten Punkt der Insel stand. Das Kirchenschiff entstand 1831,

Altenwerder Kirche St. Gertrud

Baustelle der A26 West

der Turm wurde 1895 angebaut. In der Kirche befindet sich eine Ausstellung über das ehemalige Dorf Altenwerder, die man an „Tagen der offenen Tür“ besichtigen kann. Wir verlassen das Altenwerder Kirchtal über den Altenwerder Querweg in Richtung Norden, halten uns dann links und überqueren die neue Brücke. Von dort können wir bis zum Hamburger „Erzgebirge“ blicken: die Berge von Kohle und Eisenerz auf dem Gelände des 1977 eingeweihten **Hansaport-Terminals** am Sandauhafen. Wir wenden uns nach links, unterqueren die A7 und biegen dann wieder links ab in die Waltershofer Straße, die parallel zur Autobahn und dem Rangierbahnhof Alte Süderelbe verläuft. Nach etwa zwei Kilometern gelangen wir so wieder zum Moorburger Elbdeich mit der gleich südlich liegenden Großbaustelle. Dort entsteht ein Autobahnkreuz, an dem ein neues Autobahnteilstück, die von Stade kommende A26 West, an die A7 angeschlossen wird. Die A26 soll dort jedoch nicht enden, sondern als A26 Ost bis zur A1 bei Stillhorn weitergeführt werden.

Entlang der Alten Süderelbe

Für unsere Weiterfahrt in Richtung Westen können sichere Radfahrer ohne Überbreite oben auf dem (schmal gepflasterten) **Moorburger Elbdeich** fahren. Auch dort erinnern wieder viele Fototafeln an die Sturmflut von 1962 und somit auch daran, dass gleich nördlich des Deichs, umgeben von Wiesen und Feuchtgebieten, der Rest der Alten Süderelbe verläuft. Der Name des dahinterliegenden Waldgebiets ist inzwischen ebenso wie Altenwerder und Moorburg zu einem Symbol für Proteste gegen Hafenerweiterungen geworden: der **Vollhöfner Wald**. Neben einem kleinen Offenstall für Pferde geht ein Weg nach Norden ab, auf dem wir einen Abstecher bis zum Rand dieses Waldes machen können. Das Gebiet wurde früher „Vollhöfner Weiden“ genannt und als fruchtbares Grünland von den Altenwerder Bauern als Viehweiden genutzt. Als diese Nutzung entfiel, konnten die Flächen sich mehrere Jahrzehnte lang ungestört entwickeln – und wenn die großen Pflanzenfresser wegbleiben, dann entsteht irgendwann ein Wald:

Vollhöfner Wald

EXTRA INFO

A26 OST

Dieses auch „Hafenpassage“ genannte Teilstück der A26 soll mit etwa zehn Kilometern zwar nicht sehr lang, dafür aber mit über zwei Milliarden Euro sehr teuer werden. Die außerordentlich hohen Kosten kommen dadurch zustande, dass es sich nicht einfach um ein Stück Straße handelt, sondern eher um eine Aneinanderreihung hochkomplexer Bauwerke: Nach dem Anschluss an die A7 soll die A26 Ost zunächst die Feuchtgebiete im Moorburger Süden überspannen und den Moorburger Hauptdeich queren, um dann, gleich neben den Kattwykbrücken, in eine weitere Brücke mit zwei Fahrstreifen pro Richtung überzugehen. Auf der anderen Seite der Süderelbe soll sie dann als Hochstraße parallel zum Kattwykdamm und zur Hohe-Schaar-Straße weitergeführt werden und auf einer ebenfalls neuen Brücke den Reiherstieg queren. Schließlich soll das letzte Teilstück der Straße, vom Reiherstieg bis zum Anschluss an die A1 bei Stillhorn, in einem 1,5 Kilometer langen Tunnel verschwinden (auf openstreetmap.de ist der geplante Verlauf bereits verzeichnet). Nicht nur wegen der Kosten lehnen viele Anwohner und Naturschutzverbände den Neubau der A26 Ost ab: Die Gegner argumentieren unter anderem damit, dass der Bau große Mengen energieintensiver Ressourcen verbrauchen und wertvolle Naturräume zerstören würde, obwohl er angesichts veränderter Rahmenbedingungen überflüssig sei und sich bessere Alternativen böten. ●

In diesem Fall machten Silberweiden, Zitterpappeln und Birken den Anfang, nun werden sie nach und nach von Berg-Ahorn und Stieleichen abgelöst. Insgeheim hat sich hier inzwischen die größte zusammenhängende Waldfläche der Süderelbmarsch gebildet, neben der auch weitere Lebensräume wie Feuchtgebüsche, Röhrichte und Offenflächen mit Trockenrasen für eine hohe **Biodiversität** sorgen. Hier leben seltene Fledermäuse, Amphibien, viele unterschiedliche Insekten und gefährdete Vogelarten von- und nebeneinander. Ebenso wie das Dorf Altenwerder befindet sich dieser Wald allerdings im Hafenerweiterungsgebiet, und so wollte die HPA 2019 die Bäume fällen, das Areal roden, aufschütten und versiegeln lassen, um es als Logistikfläche zu erschließen. Es folgten viele Proteste, die dazu führten, dass der Vollhöfner Wald zunächst nicht angetastet werden soll. Die HPA fordert für diesen Verzicht allerdings nahe gelegene Alternativflächen und nennt dafür das Altenwerder Kirchtal, durch das wir

Hohenwischer Brack

vorhin auf dem Weg zur Kirche gefahren sind, oder die sogenannte Bullerrinne – ein artenreiches Feuchtgebiet zwischen CTA und Hansaport. Da auch diese beiden Flächen ökologisch wertvoll sind, könnten also bald neue Slogans den alten Schlachtruf „Völli bleibt" ersetzen. Wir fahren zurück zum Moorburger Elbdeich und auf diesem weiter in Richtung Westen. Dabei kommen wir an mehreren denkmalgeschützten Bauwerken vorbei, die sämtlich links des Deichs, also binnendeichs stehen, darunter ein Wohnwirtschaftsgebäude von 1849 (Moorburger Elbdeich 388), eine um 1800 erbaute Scheune (gegenüber Nummer 398) und eine alte Fachwerkkate, deren Anfänge im 18. Jahrhundert liegen. Dahinter reichen weite Obstanbauflächen bis zur Baustelle der A26 West. An der Kreuzung mit der Straße Hohenwischer Hinterdeich halten wir uns links, legen vor der Weiterfahrt jedoch noch einen Stopp an dem kleinen Gewässer neben der Kurve ein. Hierbei handelt es sich um ein Brack, also um eine Geländevertiefung, die bei einem Deichbruch durch die hereinbrechenden Wassermassen entstanden ist. In diesem Fall bei der Sturmflut von 1962, an die ein am Ufer des **Hohenwischer Bracks** errichtetes Flutdenkmal des Moorburger Bildhauers Winni Schaak erinnert.

Auf dem Hinterdeich, der bald in die Francoper Straße übergeht, fahren wir nun in Richtung Süden. Kurz hinter dem Brack kommen wir am Obsthof Brackenburg vorbei, der auf eine lange Geschichte zurückblicken kann: Schon auf der Lorichs'schen Elbkarte von 1568 (→ **Tour 5**) findet sich eine hier eingetragene Hofstelle. Seit etwa 1780 bewirtschaftet die Familie Harms den Hof, inzwischen in siebter Generation.

Die Francoper Straße quert noch einmal die Autobahn(baustelle), neben der Schilder daran erinnern, dass wir uns hier im **Naturschutzgebiet Moorgürtel** befinden, der Heimat des vom Aussterben bedrohten Wachtelkönigs. Zwischen dem Ende eines Kleingartengeländes und dem Ortseingang biegen wir links ab in den Rehrstieg, der sich durch die Neubaugebiete Neuwiedenthals schlängelt und schließlich am gleichnamigen S-Bahnhof endet. ●

Geplante Trasse der A26 West

AUSFLUGS- UND ENTDECKERTIPPS
AN DER SÜDERELBE

● FÜR DEERNS UND JUNGS

Spielplätze **Affenschaukel** und **Drachenthal** sowie **Skatepark am Rehrstieg**, Neuwiedenthal

Vögel checken auf dem Moorburger Berg:

O Amsel O Blaumeise O Buchfink
O Dorngrasmücke O Eichelhäher O Grünfink
O Heckenbraunelle O Kohlmeise
O Mäusebussard O Mönchsgrasmücke
O Möwe O Rotkehlchen O Stieglitz O Taube
O Turmfalke O Zaunkönig O Zilpzalp

● HAFENKULTUR

Elbdeich e.V.
Moorburger Elbdeich 249, Hamburg-Moorburg
Der in der Alten Schule Moorburgs ansässige Verein organisiert Feste, Kunst, Kultur und Musik.

Informationen zur A26 Ost
www.deges.de/projekte/projekt/hafenpassage
www.bund-hamburg.de, www.hamburg.nabu.de
www.verkehrswende-hamburg.net

Moorburger Art
Portal für Kunst und Kultur in Moorburg, darunter die Veranstaltungen „Kunst & Kirschen“ und „Kunst & Punsch“, www.moorburger-art.de

NABU Hamburg Gruppe Süd
Die NABU-Stadtteilgruppe kümmert sich um die verbliebene Natur im Süderelberaum und informiert darüber: www.hamburg.nabu.de/wir-ueber-uns/stadtteilgruppen/sued

St. Gertrudkirche Altenwerder
kirchesuederelbe.churchdesk.com/StGertrud

Stiftung Ausgleich Altenwerder
www.stiftung-ausgleich-altenwerder.de

Vollhöfner Wald
www.vollhoefnerwald.de

● SONGTIPP

Kurt Weill: Öl-Musik
(Oil Music), 1928/1975

● STÜCKGUT

Maier-Witt'scher Apfelhof
Moorburger Elbdeich 275, Hamburg-Moorwerder
Regional produzierter Saft aus alten Apfelsorten wie Finkenwerder Herbstprinz, Altländer Glockenapfel und Horneburger Pfannkuchen

Obsthof Brackenburg
Hinterdeich 8, Hamburg-Francop
Der Hofladen bietet unter anderem Obst, Gemüse, Marmeladen, Wein und Schafmilchseife.

● VERPFLEGUNG

Komm Du
Buxtehuder Straße 13, Hamburg-Harburg
Beköstigung vom Frühstück bis zum Abendessen und unterschiedlichste kulturelle Veranstaltungen

Wasserturm & Feuerteufel
Moorburger Elbdeich 161, Hamburg-Moorburg
Restaurant mit Terrasse, regionalen Köstlichkeiten, Kunst und Kulturprogramm

Gaststätte Trucker Treff
Tankstelle und Autohof Altenwerder, gegründet 1952 in Altenwerder, seit 1960 am heutigen Standort: Altenwerder Hauptdeich 22, Hamburg-Altenwerder

FINKENWERDER: SCHIFF- UND FLUGZEUG-BAU IM FISCHERDORF

Startpunkt
Bushaltestelle Aluminiumwerk
(Buslinien 146, 150, 251 und X40, u.a. ab Bahnhof Altona und S-Bahnhof Neugraben, auch ab Finkenwerder Fähranleger)

Endpunkt
Fähranleger Rüschpark
(Linie 64, von dort Überfahrt zum Finkenwerder Fähranleger möglich)

Dauer
etwa 2,5 Stunden (Abkürzung möglich)

Route
Finkenwerder Straße → Aue-Hauptdeich → Auedeich → Aue-Insel → Köhlfleet-Hauptdeich → Benittstraße → Butendeichsweg → Focksweg → Köhlfleet-Hauptdeich → Finkenwerder Hauptdeich → Promenade am Steendiekkanal → Leegerwall → Rüschpark → Neßpriel → Rüschweg → Rüschpark

11

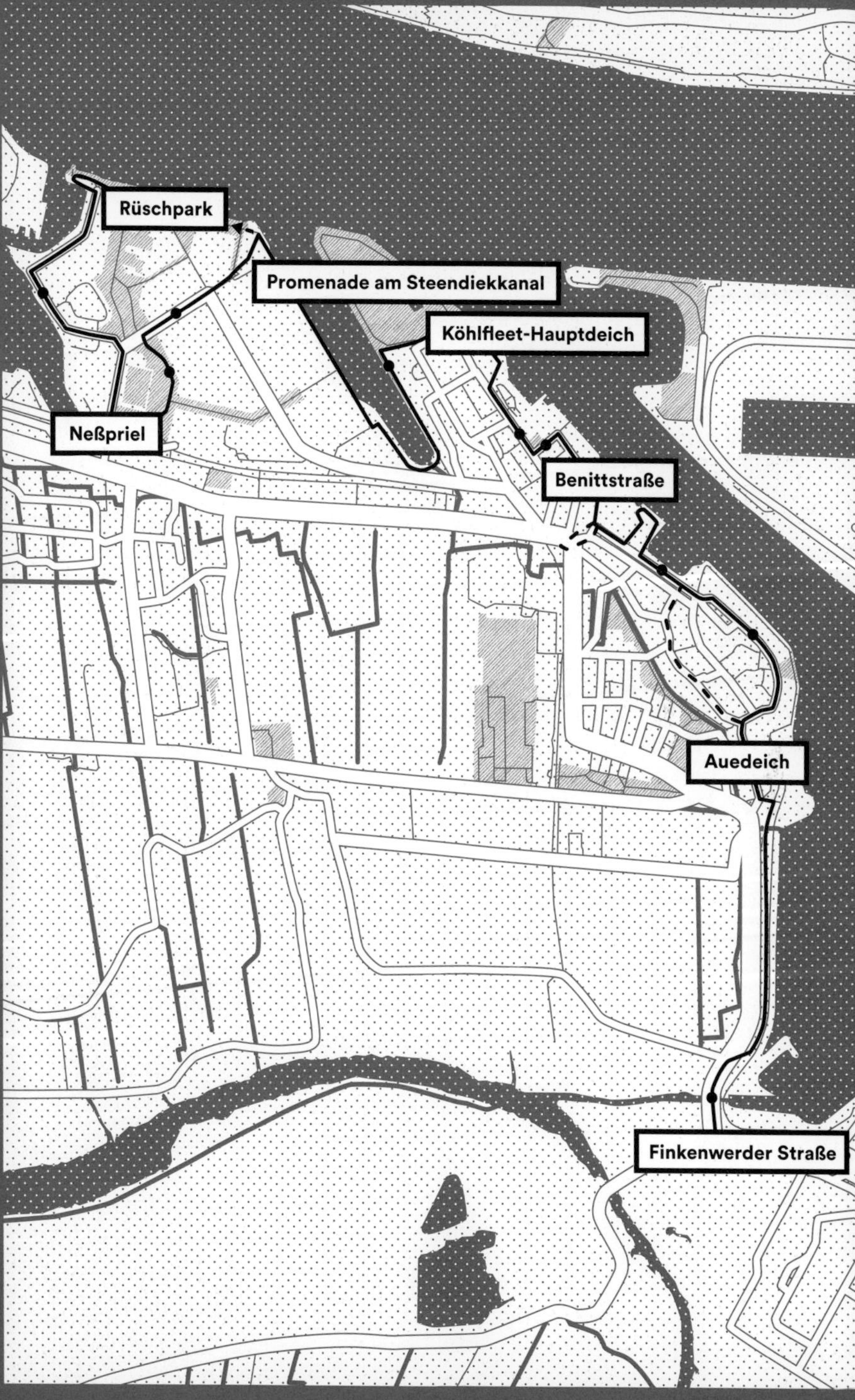

Rüschpark
Promenade am Steendiekkanal
Köhlfleet-Hauptdeich
Neßpriel
Benittstraße
Auedeich
Finkenwerder Straße

Deichspaziergang zwischen Stahlwerk und Apfelbäumen. Mit Fischkuttern und HADAG-Fähren, Hafenlotsen und Fahrwassertonnen, Parks und Werften. Bis zum Elbufer!

Fährt man mit dem Bus von Altona oder Neugraben zum Startpunkt dieser Tour, dann nähert man sich dem alten Fischerdorf Finkenwerder von Osten. Zunächst sieht hier nichts alt aus, an Fischer erinnert genauso wenig (wenn man von einzelnen Kormoranen absieht). Und ein Dorf? Das werden wir später noch entdecken. Zunächst steigen wir an der Haltestelle Aluminiumwerk aus, besteigen den Deich und verschaffen uns einen ersten Überblick.

Vor uns liegt der Finkenwerder Vorhafen, der vom weiter nördlich liegenden Köhlfleet abzweigt. Beim **Köhlfleet** handelt es sich wiederum um einen früheren Nebenarm des Köhlbrands, der diesen ursprünglich mit der Norderelbe verband. Seine östliche Hälfte wurde jedoch im Zuge des Waltershofer Hafenausbaus zugeschüttet. Die auf Stelzen angelegte Förderanlage, die vom Vorhafen kommend den Deich und die Straße überquert, führt auf das riesige Werksgelände von Trimet **Aluminium**. Es befindet sich auf einer Fläche mit Zugang zu seeschifftiefem Wasser, die im Hafenerweiterungsgesetz von 1961 zur Ansiedlung von Industriebetrieben vorgesehen war. Angelockt durch die Gewährung großzügiger Subventionen siedelte sich Anfang der 1970er Jahre die US-amerikanische Firma Reynolds Aluminium an der Finkenwerder Straße an. Es folgte eine wechselvolle Geschichte mit weiteren Beihilfen, Umbenennungen, Schließung und Arbeitskämpfen, 2006 wurde das Werk von Trimet übernommen. Über das in der Brücke verlaufende Förderband wird Bauxit, ein Grundstoff der Aluminiumproduktion, von der Umschlagsanlage am Ufer zum Werk transportiert.

Blick vom Deich auf den Finkenwerder Vorhafen

Ein Berg aus Hafenschlick

Wir gehen nun auf dem Deich in Richtung Westen und können dabei einen Eindruck davon bekommen, wie die Landschaft der Elbe und ihrer Nebenarme vor dem Umbau in Wasserwege und Hafenanlagen aussah: Die vor dem Ufer liegende Bucht wird von Wattflächen, Prielen und Weiden geprägt. Nach etwa 300 Metern knickt der Deich nach Norden, also nach rechts ab, und kurz darauf führt unser Weg unter einigen Rohrleitungen hindurch, die den Deich und die Straße überqueren. Sie führen zum Standort der **Metha** („Mechanische Trennung von Hafensediment"), einer Anlage der HPA, in der seit Anfang der 1990er Jahre hoch belastetes Baggergut aus dem Hamburger Hafen verarbeitet wird. Dafür wird das Gemisch aus Schlick, Sand und Wasser auf Schuten zum Anleger im Finkenwerder Vorhafen transportiert und von dort durch die etwa einen Kilometer langen Rohre zur Metha gepumpt, wo der Schlick in mehreren Schritten von Wasser und Sand getrennt wird. Der Sand wird dann gereinigt und weiterverwendet, doch übrig bleiben ungeheure Mengen an entwässertem **Schlick**, der stark mit Schwermetallen wie Quecksilber, Cadmium, Blei und Arsen belastet ist. Ein Teil dieser giftigen Masse wurde in den vergangenen Jahrzehnten auf dem gleich westlich der Anlage liegenden Blumensand zu einem 38 Meter hohen, langgestreckten Berg aufgetürmt und dieser begrünt. Es war geplant, die so entstandene Hügellandschaft am Ufer der Alten Süderelbe als Naherholungsgebiet freizugeben. Doch noch ist das Gebiet mit hohen Zäunen und Kameras vor unbefugtem Betreten gesichert. Unstrittig ist dieses Projekt nicht: So verändert der neue Berg das Mikroklima in seiner Umgebung derart, dass von zunehmenden Nachtfrösten in seiner Nähe ausgegangen wurde. Ein Problem für die benachbarten Obstbauern, die daher Geld für die Errichtung von Sprinkleranlagen erhielten, mit denen sie die

Bucht im Südwesten des Finkenwerder Vorhafens

11

Die Aue

empfindlichen Blüten ihrer Obstbäume vor den Frösten schützen können. Kritiker monieren außerdem, dass das giftige Baggergut durch den Entzug seiner unbelasteten Anteile, also von Wasser und Sand, in noch wesentlich stärker konzentrierten Sondermüll verwandelt wird.

Nur wenige Meter nördlich der Rohre überqueren wir ein kleines Flüsschen, die Aue, und befinden uns nun auf Finkenwerder Gebiet. Die Aue verbindet die Alte Süderelbe mit dem Finkenwerder Vorhafen, ist jedoch durch ein Pumpwerk, das sich in dem nissenhüttenartigen Bau am Rand des Deichs befindet, vom Vorhafen abgeschottet. Ursprünglich stellte die **Alte Süderelbe** einen der beiden Haupt-Elbarme dar, verlief zwischen Moorburg und Altenwerder und mündete westlich von Finkenwerder in die Elbe. Sie machte Finkenwerder also zur Insel, die durch einen schmaleren Wasserlauf, die sogenannte Kleine Elbe, auch von der benachbarten Dradenau und Altenwerder getrennt war. Noch Mitte des 20. Jahrhunderts liefen Finkenwerder Fischkutter in die Alte Süderelbe ein und machten dort fest, doch nach der Sturmflutkatastrophe von 1962, bei der auch Deiche in Finkenwerder brachen, wurde sie sowohl von der Norder- als auch von der Süderelbe abgetrennt. Momentan werden mehrere Planungen geprüft und diskutiert, die Alte Süderelbe wieder an die Elbe anzubinden. Befürworter der Öffnung versprechen sich davon unter anderem die Schaffung neuer Tidelebensräume und eine

Karte Finkenwerder um 1914

Alte Süderelbe

Verlangsamung des Flutstroms der Elbe, der jedesmal viel Schlick mit sich bringt, welcher dann wieder aufwendig ausgebaggert und entsorgt werden muss. Gegner kritisieren die damit einhergehende Zerstörung des in den letzten sechzig Jahren entstandenen Naturraums, zu dem das hundert Hektar große Naturschutzgebiet (NSG) Alte Süderelbe und das weiter westlich anschließende NSG Westerweiden gehören. Außerdem befürchten sie eine größere Bedrohung durch künftige Sturmfluten, sowohl durch Wassermassen der Elbe als auch aus dem Binnenland, denn die Alte Süderelbe entwässert als Vorfluter Finkenwerder und große Teile des Alten Lands. Wir setzen unseren Weg auf der Deichkrone entlang des **Finkenwerder Vorhafens** fort und können nach einer Kurve auf die Saugerstation der HPA blicken, wo die mit Baggergut beladenen Schuten festmachen und die Rohrleitungen zur Metha beginnen. Am gegenüberliegenden Ufer geht der Dradenauhafen ab, Standort des Stahlwerks ArcelorMittal, das 1969 als Hamburger Stahlwerke GmbH gegründet wurde. Einen starken Kontrast zu dieser Industriekulisse bilden links von uns die weitläufigen **Obstplantagen**, die sich hinter der binnendeichs liegenden Häuserzeile erstrecken. Bestimmt wächst dort auch der Finkenwerder Herbstprinz, eine alte Apfelsorte, die auch als Roter Hasenkopf bekannt ist. Die vor den Häusern verlaufende Straße heißt nicht nur Aue-Hauptdeich, sie verläuft auch auf dem früheren Deich, der

Saugerstation der HPA

Binnentankschiffe im Finkenwerder Vorhafen

wesentlich niedriger war als der heutige, welcher uns einen so weiten Blick über Wasser und Land bietet. Etwa auf Höhe des Hauses Aue-Hauptdeich 30 kann man nun in südwestlicher Richtung die Gebäude der Metha und den Schlickberg erkennen.

Finkenwärder & Finkenwerder

Auf unserem weiteren Weg kommen wir an einigen Brücken am Westufer des Finkenwerder Vorhafens vorbei, die als Liegeplätze für Binnen(tank)-schiffe dienen. Auf Höhe der letzten von ihnen steht auf der Deichkrone ein kleines Gebäude, und zwar genau über dem verrohrten Auslauf eines schmalen Grabens, der jenseits der Straße in west-östlicher Richtung verläuft. In dem Haus befindet sich die Pumpe des Schöpfwerks, das die Entwässerung des Grabens in den Köhlfleet ermöglicht. Bei diesem Graben handelt es sich um eine frühere Grenze, die **Finkenwerder Landscheide**, denn Finkenwerder war jahrhundertelang geteilt: Der nördliche Teil gehörte seit 1445 zu Hamburg und wurde „Finkenwärder" geschrieben, der südliche gehörte zunächst zum Herzogtum Braunschweig-Lüneburg, dann zum Königreich Hannover und seit 1866 zu Preußen. Durch das Groß-Hamburg-Gesetz kam 1937 dann auch der südliche, „Finkenwerder" geschriebene Teil zu Hamburg und bestimmte fortan die Schreibweise des gesamten Stadtteils. Nördlich der Landscheide geht die Straße **Auedeich** ab, in der noch mehrere Gebäude aus dem frühen 19. Jahrhundert erhalten sind, unter anderem eine um 1800 erbaute Kate (Auedeich 114) sowie zwei Fischerhäuser von 1842 (Nr. 52) bzw. 1817 (Nr. 24). Dort befand sich auch das beliebte Gasthaus Harmonie (Nr. 94), das im Zweiten Weltkrieg zerstört wurde. Ein Spaziergang durch diesen schönen Teil Finkenwerders lohnt sich, und statt am Wasser weiterzugehen, kann man auch die Straßen Auedeich/Sandhöhe/Kanalstraße nehmen und am

Kutterhafen wieder auf den eigentlichen Verlauf der Tour zurückkehren.
Die eigentliche Route bleibt zunächst noch auf dem Deich, der am Ende einer kleinen, parkähnlichen Grünfläche von der steinernen Hochwasserschutzanlage Köhlfleeter Hauptdeich abgelöst wird. Auf diesem führt eine **Fußgängerpromenade** immer am Wasser entlang. Bald geht der Finkenwerder Vorhafen in das Köhlfleet über, an dessen Ostufer man das „Multipurpose Terminal Dradenau“ von Rhenus-Midgard sehen kann. Gleich nördlich davon liegt der Anleger des Segel-Clubs Oevelgönne von 1901 e.V. (→ **Tour 15**). Schließlich macht die Promenade eine scharfe Linkskurve und eröffnet den Blick auf den **Kutterhafen**, früher der „Stack“ genannte Hauptliegeplatz der Finkenwerder Hochseekutter, heute ein von der Finkenwärder-Gaffel Gemeinschaft betriebener Traditionsschiffhafen. An der südlichen der beiden Brücken macht gelegentlich noch einer der letzten verbliebenen Elbfischer fest, doch bei den übrigen dort liegenden Schiffen handelt es sich um Traditionsschiffe. Sie erinnern an die Vergangenheit des Ortes, in der Fischfang eine zentrale Rolle spielte.

Buddeln verboten

Hochseekutter & Kutterhafen

Schon seit dem späten Mittelalter waren **Finkenwerder Fischer** auf der Elbe unterwegs, später erweiterte sich das Fahrtgebiet auf die Hochsee und führte im 19. Jahrhundert bis nach Dänemark, Holland und England. Anfangs kamen dabei vor allem Fischerewer zum Einsatz, später vermehrt die ebenfalls besegelten Fischkutter. Zeitweise war in Finkenwerder die größte Fischereiflotte Deutschlands beheimatet. Auch viele mit der Fischerei zusammenhängende Gewerbe wie Segel- und Netzmachereien, Seiler und Schmiede fanden in Finkenwerder ihren Platz und ihr Auskommen. Nicht zu vergessen die fischverarbeitenden Betriebe wie die Fischräucherei, die sich gleich oberhalb des Kutterhafens befand, und die Gaststätten, die neben Hamburger Pannfisch, Matjes und Grünen Heringen die „**Scholle** Finkenwerder Art“, eine gebratene Scholle mit Speckwürfeln, im Angebot hatten. Typisch war auch getrocknete Scholle, der auf diese Art haltbar gemachte sogenannte „dreugt Fisch“. Ab Anfang des 20. Jahrhunderts erschwerte jedoch die zunehmende Konkurrenz durch dampfbetriebene Fischtrawler das Leben der Finkenwerder Fischer. Die Fischdampfer waren schneller und größer, konnten größere Netze auswerfen und wetterunabhängiger, also zuverlässiger agieren als die Kutter. In der Folge fielen die Preise, die mit dem Fang erzielt werden konnten, und immer mehr Schiffe mit dem weithin sichtbaren HF für „Hamburg-Finkenwerder" am Bug wurden abgewrackt oder verkauft.

Finkenwerder Kutterhafen

Mit dem im Kutterhafen liegenden **LANDRATH KÜSTER** (HF 231) konnte ein besonders schönes Finkenwerder Fischereifahrzeug vor Ort erhalten werden. 1889 wurde der Hochseekutter auf der Sietas-Werft in Neuenfelde gebaut, anschließend war er achtzig Jahre auf der Nordsee und der Elbe im Einsatz. Er überstand dabei auch einen schweren Sturm im Dezember 1909 vor der dänischen Küste, in dem acht andere Finkenwerder Kutter mit 29 Männern an Bord untergingen. Von 1991 bis 1996 wurde er durch den ABM-Träger Jugend in Arbeit restauriert und wieder in den Originalzustand versetzt. Heute kümmert sich ein Verein um das schöne Schiff und hat es sich zur Aufgabe gemacht, es „als Kulturdenkmal zu erhalten, in Fahrt zu halten und der Öffentlichkeit zugänglich zu machen". Eine gut gemachte Website mit vielen Informationen und Fotos gehört auch dazu.

Am Nachbarsteg liegt die WILMA (HF 329), ebenfalls ein früherer Finkenwerder Fischkutter mit Gaffelrigg, im Unterschied zur älteren LANDRATH KÜSTER aber mit einem großen, genieteten Brückenaufbau. Auch der „Kunstbagger" ILMENAU und die alte Hafenfähre ALTENWERDER, die heute als Kulturschiff genutzt wird, haben

LANDRATH KÜSTER im Finkenwerder Kutterhafen

dort ihre Liegeplätze gefunden. Vom Kutterhafen ging früher noch ein Fleet ab, das **Müggenloch**, das von kleineren Wasserfahrzeugen befahren werden konnte und in dem sich unter anderem eine Kohlenhandlung und ein kleiner Werftbetrieb befanden. Später wurde es zugeschüttet, der Verlauf ist noch an der gleichnamigen Straße zu erkennen.

Werften & Bücher

Wir gehen nun um den Hafen herum, an dessen Südufer noch ein schöner alter Handkurbelkran erhalten ist. Auf dem Nordufer hatte sich seit 1910 die größte der traditionellen Finkenwerder Schiffswerften befunden, die **Pahl Werft** von August Pahl. Sie schloss in den 1980er Jahren, das frühere Werftgelände wurde anschließend aufgeschüttet und für den Bau zweier Supermärkte mit dazugehörigem Parkplatz genutzt. Weiter in Betrieb ist die **Behrens-Werft** von 1911 (zuvor Eckmann's-Werft), deren Anlage an das Supermarktgelände angrenzt. Wenn wir an der Wasserkante weitergehen, können wir bald die Slipanlage der Werft überblicken. Dort endet die Promenade allerdings, wir kehren also zur Straße zurück und gehen auf dem parallel verlaufenden Deich weiter, von dem aus wir das Mosaik einer Scholle entdecken können, das in die Mitte eines kleinen Kreisverkehrs eingelassen ist. Am Ende des Wegs machen wir einen Abstecher nach links, um uns die noch ungewöhnlichere Gestaltung des zentralen Finkenwerder Kreisels anzusehen: Seit Ende 2020 liegt dort das Modell eines Finkenwerder Fischkutters, das mit zwölf Metern Länge halb so groß ist wie die im Wasser schwimmenden Originale. Nach dessen Umrundung kehren wir zum Köhlfleet-Hauptdeich zurück, biegen auf den Weg links der beiden zwei Schranken ab und gehen nun an einem Zaun entlang. Dahinter befindet sich das Gelände der 1767 gegründeten **Schiffswerft von Cölln**, auf der über zweihundert Jahre lang Schiffe gebaut wurden. Inzwischen werden dort vor

Historischer Kaikran am Kutterhafen

11

Blick auf das Gelände der Behrens-Werft

allem Reparaturen, Aus- und Umbauarbeiten vorgenommen. Nordwestlich davon hatte sich von etwa 1800 bis zur Sturmflut 1962 (mit Unterbrechungen) die **Wriedewerft** befunden, die lange als Familienbetrieb geführt worden war. An der nächsten Schranke biegen wir links ab auf den Focksweg. Benannt ist diese Straße nach dem in Finkenwerder geborenen Schriftsteller Johann Wilhelm Kinau (1880–1916), der unter seinem Künstlernamen **Gorch Fock** zumeist auf Plattdeutsch Gedichte, Geschichten, Erzählungen und Lieder wie das „Ewerfohrerleed" schrieb. Sein bekanntestes Buch mit dem Titel „Seefahrt ist not!" thematisiert das Leben von Finkenwerder Fischern – eine Welt, die Kinau als Sohn eines Hochseefischers selbst gut kannte. Kinaus Künstlername wurde nicht nur Namensgeber für das Segelschulschiff der Bundesmarine, sondern auch für das Gebäude, das hier etwas versteckt zwischen den hohen Bäumen einer kleinen Grünanlage steht, durch die wir nun weitergehen: Die Gorch-Fock-Halle, 1929/30 nach einem Entwurf des damaligen Oberbaudirektors Fritz Schumacher als Turnhalle und Ort für kulturelle Veranstaltungen erbaut, wird auch heute noch vom 1893 gegründeten Turn- und Sportverein Finkenwerder genutzt. Am Ende der Grünfläche überqueren wir die Straße und folgen den Schildern Richtung **Dampferbrücke**. So wird die Finkenwerder Landungsbrücke noch genannt, auch wenn die dort anlegenden HADAG-Fähren der Linien 62 und 64 schon zu Zeiten der MS ALTENWERDER mit Dieselmotoren statt mit Dampfmaschinen angetrieben wurden. Eine regelmäßige Fährverbindung von und zu den Hamburger Landungsbrücken gibt es schon seit 1860. Denn Finkenwerder war ein beliebtes Ausflugsziel, Besucher konnten an der Elbe spazieren, den alten Dorfkern besichtigen und in verschiedenen Gaststätten wie dem Fährhaus Butendeich und dem Finkenwärder Hof einkehren.

Die erweiterte, mit Bänken und Treppen gestaltete Promenade oberhalb der Dampferbrücke lädt zu einer Pause

Kreisel mit Kutter

Tonnenhafen der Stackmeisterei

mit Blick auf die schon nahe Elbe, den gegenüberliegenden Köhlfleethafen und den benachbarten **Tonnenhafen** der Stackmeisterei ein. Der Köhlfleethafen wird heute von einem großen Anleger mit vielen Rohrleitungen dominiert, an dem Tankschiffe be- und entladen werden (→ Tour 15). Früher befand sich dort der 1913 eröffnete Hamburger **Jachthafen**. Die Zufahrt zum Hafenbecken lag damals an der Nordseite, also direkt zur Elbe hin. An seinem Südufer steht noch das frühere Vereinshaus des Jachtclubs, ein Backsteinbau, an dessen Planung Fritz Schumacher ebenfalls beteiligt war. 1961 mussten die Segelboote den Köhlfleethafen wieder verlassen und fanden im Neßkanal oder dem neuen Hamburger Jachthafen in Wedel eine neue Heimat, die zuvor ebenfalls hier ansässige Jacht- und Bootswerft folgte. Das Hafenbecken wurde umgebaut, indem die Öffnung zur Elbe geschlossen, stattdessen die Zufahrt zum Köhlfleet geschaffen und die Anlage für die Abfertigung der Tankschiffe eingerichtet wurde.

Lotsen & Tonnen

Am Nordwestufer des Hafens befindet sich das Seemannshöft, auf dem sich die 1914 erbaute Lotsenstation der Hafenlotsen befindet (auch bei diesem Gebäude handelt es sich um einen Schumacher-Bau). Zu der Station gehört ein Anleger für die Lotsenversetzboote im Köhlfleethafen.

Lotsenstation auf dem Seemannshöft

EXTRA INFO

ELB- UND HAFENLOTSEN

Lotsen sind Fachleute für bestimmte Fahrtgebiete und unterstützen die Schiffsführungen bei der Navigation. Dabei handelt es sich nicht um ein optionales Angebot: Auf der Elbe besteht schon seit 1639 Lotsenzwang für größere Schiffe. Im zum Teil engen und flachen Fahrwasser, das sich noch dazu durch die Tide ständig verändert, ist die Gefahr, auf Grund zu laufen, sonst einfach zu groß. Liegen gebliebene Schiffe sind außerdem nicht nur ärgerlich für die Besatzung, die Eigner und die Kaufleute, die auf ihre Waren warten: Havaristen behindern auch die Schifffahrt und können den gesamten Verkehr zum Erliegen bringen. Und je nach Ladung können Havarien durch auslaufendes Öl und andere Schadstoffe zu schweren Umweltkatastrophen führen.

Größere Seeschiffe, Tanker und Massenguttransporter müssen auf ihrer Fahrt nach Hamburg bereits auf Höhe der Tonne E3 in der Deutschen Bucht einen Lotsen an Bord nehmen. Dafür stehen die Seelotsen des in Brunsbüttel ansässigen Lotsbezirks 2 zur Verfügung, sie sind für das Revier zwischen der Deutschen Bucht und Brunsbüttel

▷

Neben der Lotsenstation befindet sich außerdem die **Nautische Zentrale**, deren Crew mittels 150 im Hafengebiet installierter Videokameras und 13 Radarstationen alle Schiffsbewegungen im Hafen im Blick behält, koordiniert und den Schiffsführungen beratend zur Seite steht.

Wir wenden uns nun nach Osten und betrachten als Nächstes die frühere **Seemannsschule** am Butendeichsweg 2. Die Hamburger Seemannsschule war bereits 1862 gegründet worden und befand sich anfangs auf Steinwerder. Dieser Standort gehörte seit dem Zollanschluss Hamburgs allerdings zum Freihafen, so dass die Schule 1888 nach Waltershof verlegt wurde. Da dieses Gebiet bald darauf weiträumig neu gestaltet wurde (→ **Tour 15**), zog die Schule 1913 in dieses neu errichtete Gebäude auf Finkenwerder, in dem sie bis 1944 blieb. Nach dem zwischenzeitlichen Umzug auf ein Schulschiff fand der Unterricht anschließend am zweiten Standort der Schule am Falkensteiner Ufer statt, bis sie 1957 in den Finkenwerder Finksweg umzog. 1974 wurde auch dieser Standort geschlossen. In dem Gebäude am Butendeichsweg war nach seiner Zeit als Schule bis 2007 das Ortsamt untergebracht, heute befinden sich darin Büros und eine Polizeiaußenstelle.

Wir gehen auf dem Butendeichsweg am Gebäude der Seemannsschule vorbei, an deren Südfassade noch ein Relief an ihre maritime Vergangenheit erinnert. An der nächsten Kreuzung biegen zuständig und betreiben auch die Seestation nahe der Leuchttonne Elbe sowie eine Station in Cuxhaven. Vor Brunsbüttel wird dieser Lotse von einem Kollegen des Lotsbezirks 1 abgelöst, der nun bis Teufelsbrück an Bord bleibt. Auf Höhe Teufelsbrück übergibt der Elblotse die Brücke schließlich an einen Hafenlotsen. Zu den Schiffen gelangen sie jeweils mit Lotsenversetzbooten. Während der nur verlangsamten Fahrt geht das Lotsenboot längsseits, und der Lotse klettert über eine Strickleiter auf das Schiff. Umgangssprachlich wird diese Leiter als Jakobsleiter bezeichnet, der fachsprachliche Terminus dafür lautet „Lotsengeschirr nach Kapitel V Regel 23 SOLAS“. Auf der Nordsee werden die Lotsen bei schwerer See auch mit Hubschraubern auf die Frachter gebracht. Der Hamburger Sitz der etwa 300 Elblotsinnen und Elblotsen befindet sich am Nordufer der Elbe in Teufelsbrück, sie arbeiten freiberuflich und sind in der 1957 gegründeten Lotsenbrüderschaft Elbe zusammengeschlossen. Die Hafenlotsen waren dagegen ursprünglich Angestellte der Stadt. 1858 waren es noch drei, 1889 bereits zwölf, für die 1902 eine Station auf dem Lotsenhöft (heute Gelände von Blohm + Voss) errichtet wurde. 1925 zogen sie in das uns gegenüberliegende Gebäude auf dem Seemannshöft. Seitdem 1981 das Hafenlotsenwesen neu organisiert wurde, sind auch die Hafenlotsen nicht mehr Stadtbedienstete, sondern selbständig und entsprechend der Brüderschaft der Elblotsen in der Hafenlotsenbrüderschaft organisiert. ●

wir rechts ab auf den Focksweg, auf dessen rechter Seite sich das Gelände der **Stackmeisterei** der HPA befindet. Deren Mitarbeiter sind für die Sicherung der Wasserwege im Hamburger Hafengebiet zuständig, also unter anderem für die Tonnen und Bojen, die das Fahrwasser oder Gefahrenstellen markieren. Schon Mitte des 15. Jahrhunderts begannen die Hamburger, erste Fahrwassertonnen in der Elbe zu verankern. Auf der Elbkarte des Melchior Lorichs aus dem Jahr 1568 sind 18 Tonnen und fünf Baken verzeichnet (→ **Tour 5**). 1760 sollen bereits einhundert Tonnen, die damals noch aus Holz hergestellt wurden, im Einsatz gewesen sein. Über einen kleinen Weg kommen wir direkt am Betriebsgelände der Stacker vorbei auf den Köhlfleet Hauptdeich, von wo wir sowohl die auf dem Trockenen liegenden Seezeichen als auch den Tonnenhafen überblicken können.

HPA-Schilder

Einsatz eines Tonnenlegers auf der Elbe

Rechts und links vom Steendiekkanal

Unser Weg führt noch ein Stück am Wasser entlang, biegt dann links ab und setzt sich am **Gorch-Fock-Park** mit dem schön gelegenen Freibad entlang Richtung Westen fort. Auf dieser Fläche zwischen Köhlfleet, Elbe und Steendiekkanal befand sich seit 1918 ein Teil der Deutschen Werft, auf die wir gleich noch genauer eingehen werden. Mitte der 1920er Jahre verlagerte sich der Werftbetrieb komplett auf die andere Seite des angrenzenden Steendiekkanals, und der umtriebige Fritz Schumacher plante die Umnutzung der dadurch freigewordenen Fläche zu einem Park, in dem sich auch eine noch heute genutzte Sportanlage befindet.

Beim **Steendiekkanal** handelt es sich um den östlichsten von ursprünglich vier parallel zueinander liegenden Kanälen, die Anfang des 20. Jahrhunderts ausgehoben und befestigt wurden. Zwei dieser Kanäle wurden inzwischen wieder zugeschüttet, zum anderen noch verbliebenen kommen wir später. Im Steendiekkanal liegt heute an mehreren Brücken und Pontons eine Vielzahl gewerblicher und privater Schiffe. Ab 1918 wurde das Westufer des Steendiekkanals jedoch von den Gebäuden und Anlagen der **Deutschen Werft AG** dominiert. Der Bau dieser Großwerft war bereits während des Ersten Weltkriegs geplant worden, an der Gründung waren unter anderem die AEG und die Hapag beteiligt. Unter Führung von William Scholz entwickelte sich die Werft in den folgenden Jahrzehnten sehr erfolgreich: Schon beim Konzept des Geländes und der Anlagen war auf einen bestmöglichen „Material- und Arbeitsfluss“ geachtet worden: eine Art Just-in-Time-Produktion mit kurzen Wegen und perfektionierten Arbeitsabläufen. Auf der modernen Werft wurde dann eine ganze Reihe von Innovationen entwickelt, sei es im Zusammenhang mit dem Bau von Motorschiffen (1912 hatte das erste Motorschiff den Atlantik überquert), Trawlern, Tankern, Massengut-, Container- und Fahrgastschiffen. Der Umwelt kam die Entwicklung des

11

Tonnenhafen

Turbulo-Bilgenwasser-Entölers zugute, und auch der heute im Museumshafen Oevelgönne liegende Schwimmkran Karl Friedrich Steen (1928) sowie die Cap San Diego (1962, → **Tour 14**) wurden dort gebaut. In den 1950er/60er Jahren nahm die Deutsche Werft eine weltweite Spitzenposition ein, etwa 10 000 Menschen waren dort beschäftigt. Neben dem Gelände entstand in einer Siedlung Wohnraum für Mitarbeiter der Werft. Als Reaktion auf veränderte Wirtschaftslagen und Überkapazitäten fusionierte die Deutsche Werft 1968 mit den Hamburger und Kieler Howaldtswerken zur Howaldtswerke-Deutsche Werft AG, nur fünf Jahre später wurde der Standort Finkenwerder geschlossen. Als letztes hier gebautes Schiff lief am 5. März 1973 das Containerschiff CITY OF EDINBURGH vom Stapel. Etwas zynisch kommentierte die betriebseigene Werkszeitung: „Es handelt sich nicht um den Tod einer Werft, sondern um eine Maßnahme zeitgemäßer Unternehmenspolitik" – viele Menschen auf Finkenwerder werden das anders empfunden haben. Wir setzen unseren Weg auf der Westseite des Steendiekkanals fort und gehen dort fast bist zu dessen Mündung in die Elbe, wo noch zwei ehemalige Verwaltungsgebäude der Deutschen Werft erhalten sind: ein 1958 gebautes Hochhaus und ein kleineres Gebäude von 1922. Der Rest des früheren Werftgeländes wurde völlig neu gestaltet. Heute finden sich dort vor allem IT-Unternehmen und Firmen mit Verbindung zur Luftfahrt.

Freibad Finkenwerder

Grünflächen & Sportboothäfen

Wer hier den Spaziergang beenden möchte, kann einfach noch ein Stückchen weitergehen und kommt so zum Elbufer mit einer Grünanlage, Bänken, einem Café und dem Endpunkt dieser Tour am Fähranleger Rüschpark. Für den letzten Teil der Tour biegen wir dagegen noch vor dem Hochhaus links ab auf einen Fußweg, der in die Straße **Leeger-**

wall übergeht. Zunächst führt die Straße durch das Gewerbegebiet, das auf dem früheren Werftgelände entwickelt wurde. Parallel zum Hein-Saß-Weg, den wir überqueren, lag früher das zweite der vier Hafenbecken, das mit Baggergut aufgefüllt wurde und so die Fläche der Werft vergrößerte. Der Leegerwall führt anschließend durch eine Grünanlage, in die wir bei der nächsten Gelegenheit nach links abbiegen. Der **Rüschpark** wurde 2006 als Ausgleich für die Erweiterung des Airbus-Geländes angelegt, in ihm befinden sich unter anderem ein Fußballplatz, eine Halfpipe, Grillplätze und ein Spielplatz, den wir nun halb rechts überqueren. Am Südwestende des Rüschparks gelangen wir so zur Kreuzung der Straßen Neßpriel und Rüschweg. Gleich gegenüber erinnert ein Mahnmal daran, dass sich auf dem Werftgelände ab Oktober 1944 ein Außenlager des KZ Neuengamme befand. Neben den etwa 600 Häftlingen, die vor allem im U-Boot-Bau eingesetzt wurden, mussten mehrere Tausend Kriegsgefangene und Zwangsarbeiter an anderen Standorten der Deutschen Werft und in weiteren Hafenbereichen arbeiten. Hunderte von ihnen kamen durch die unmenschlichen Arbeitsbedingungen, Hunger und Luftangriffe ums Leben. Die stillgelegte Güterbahnstrecke, die früher südlich des Neßpriels an den Hafenbecken und dem Werftgelände vorbeiführte, wurde inzwischen zurückgebaut, ihr Verlauf ist aber noch in der Straßentopografie zu erkennen.

Wir gehen nun ein Stück den Neßpriel entlang und kommen so zum **Rüschkanal**, bei dem es sich um den dritten der vier früheren Kanäle handelt. Hier befinden sich sowohl die schon 1924 gegründete Bootswerft Heuer als auch die Feltz-Werft (von 1945), auf der auch das Modell des Fischkutters im Kreisverkehr gebaut wurde. Doch die Gestalt und die Nutzung des Rüschkanals haben sich in den letzten Jahrzehnten stark verändert: Heute liegen keine Kutter und Ewer mehr an den Pontons des zur Elbe offenen Hafens, sondern Segel- und Motoryachten mehrer Segelclubs. Und die Hafenausfahrt öffnet sich nicht mehr nach Nordwesten, sondern knickt nach Nordosten ab – Grund dafür ist die direkt hinter dem Hafen liegende Start- und Landebahn von Airbus, mit der die frühere Hafeneinfahrt überbaut wurde. Das etwas weiter westlich liegende vierte Hafenbecken ist komplett unter dem Airbusgelände verschwunden.

Gebäude der ehemaligen Deutschen Werft

Flugzeuge statt Löffelenten

Die Geschichte des Finkenwerder Flugzeugbaus begann schon in den 1930er Jahren mit der Ansiedlung der Hamburger Flugzeugbau GmbH, einer Tochterfirma von Blohm & Voss, die am Mühlenberger Loch Flugboote und Flugzeuge produzierte. Nach diversen

„Beluga“ im Anflug auf Finkenwerder

Zusammenschlüssen, Beteiligungen und Übernahmen entwickelte sich daraus die **Airbus** Deutschland GmbH. Nachdem das Unternehmen und die Stadt Hamburg beschlossen hatten, dort auch den A380 zu bauen, einen Koloss von einem Passagierflugzeug mit Platz für bis zu 850 Fluggäste, wurde eine Werksvergrößerung in das westlich angrenzende **Mühlenberger Loch** hinein geplant. Hierbei handelte es sich um ein in vielerlei Hinsicht wertvolles Gebiet: In dem größten Süßwasserwatt Europas kamen Unmengen von Krebsen, Würmern und anderen Kleinstlebewesen vor, die als Nahrung für Jungfische und Vögel wie Möwen, Watvögel und Enten zur Verfügung standen, darunter bedeutende Bestände der geschützten Löffelente. Die Algen und Mikroorganismen der Flachwasserzonen verbesserten die Wasserqualität des Flusses, indem sie ihn mit Sauerstoff anreicherten und überschüssige Nährstoffe abbauten. Außerdem konnte die Fläche große Wassermengen aufnehmen, minderte also als sogenannte Auslauffläche sowohl die Geschwindigkeit als auch die Höhe von Sturmfluten.

Dennoch wurde 2001 ein Viertel der Fläche des Mühlenberger Lochs zugeschüttet, ausgerechnet dessen ökologisch wertvollster Teil. Wenig später wurde auch noch die Landebahn des Werks verlängert, worunter die Bewohner des benachbarten Dorfs Neuenfelde am meisten zu leiden hatten. 700 Millionen Euro Hamburger Steuergelder flossen in diese Maßnahmen. Zwar entstanden dadurch nicht die versprochenen 4000 neuen Arbeitsplätze, doch der Standort wurde zum Auslieferer des neuen Superflugzeugs, was mit viel Prestige und Publicity verbunden war. So formulierte der damalige Chef von Airbus Deutschland: „Es kommt nur darauf an, dass Hamburg ein Delivery-Center bekommt. Sonst ist Hamburg kein Key-Player mehr.“ Heute wird in dem Airbuswerk wieder an kleineren Flugzeugtypen gebaut. Einige der dafür verwendeten Bauteile werden per Schiff von anderen Unternehmensstandorten und Zulieferern in Deutschland, Frankreich, Großbritannien und Spanien angeliefert, wofür das Airbuswerk über Hafenanlagen am Elbufer verfügt, andere kommen mit einem Frachtflieger, der wegen seiner rundlichen Form als „Beluga" bekannt ist. An einem weiteren Anleger legen Fähren der Linie 68 an, die nur für den Transport von Airbus-Mitarbeiterinnen und -Mitarbeitern zwischen Teufelsbrück und dem Werksgelände zur Verfügung steht.

Wir gehen nun zurück zur Kreuzung, biegen dort links ab und folgen dem Rüschweg, der nach einer Linkskurve nah am Rüschkanal entlangführt. Hinter der nächsten Kurve bietet er einen Blick auf die Überreste des **U-Boot-Bunkers Fink II**, der 1941–44 auf dem Gelände der Deutschen Werft errichtet worden war. Kurz vor Kriegsende wurde er von mehreren Bomben getroffen, wodurch 58 Menschen ums Leben kamen. 2006 wurde die zwischenzeitlich zugeschüttete Bunkerruine zu einem Mahnmal und Gedenkort umgestaltet. Der Rüschweg endet schließlich am Ufer der Elbe, wo wir noch einen kleinen Aussichtsturm direkt an der Einfahrt zum Rüschkanal erklettern können, bevor wir am Elbufer entlang durch den Rüschpark zum gleichnamigen **Fähranleger** spazieren. Unterwegs laden zwischen Silberweiden und Sanddornbüschen Bänke und Tische zu einer Pause mit Elbblick ein, und vielleicht lässt sich auch eins der vielen Kaninchen blicken, die diesen Teil des Parks bevölkern. Vom Anleger fahren HADAG-Fähren der Linie 64 im Halbstundentakt entweder zur Finkenwerder Dampferbrücke, wo man in einen Bus oder auf ein Schiff der Linie 62 Richtung Landungsbrücken umsteigen kann, oder gleich hinüber auf die andere Elbseite zum Anleger Teufelsbrück (u.a. Bus X21 nach Altona). ●

Ruine des Finkenwerder U-Boot-Bunkers

AUSFLUGS- UND ENTDECKERTIPPS IN FINKENWERDER

● FÜR DEERNS UND JUNGS

Hallen- und Sommerfreibad
Finkenwerder, Finksweg 82
Mit großer Liegewiese, Elbblick und viel Platz zum Spielen und Toben

Rüschpark
mit Spielplatz, Halfpipe, BMX-Kurs, Tischtennisplatten und Basketballkorb

Kleiner Spielplatz am Butendeichsweg/Ecke Focksweg

● HAFENKULTUR

Deichpartie Finkenwerder
Stadtfest mit kunterbuntem Kulturprogramm zum Spazieren, Erleben und Mitmachen, alle zwei Jahre Ende August

Interessengemeinschaft Alte Süderelbe e.V.
(IAS), www-alte-suederelbe.de

Finkenwerder Geschichtswerkstatt e.V.
www.finkenwerder-geschichtswerkstatt.de

Kulturkreis Finkenwerder
www.kulturkreis-finkenwerder.de
Auf der Website dieses Vereins findet man u.a. die digitalisierten Ausgaben der Werkszeitungen der Deutschen Werft/HDW von 1952 bis 1976.

● STÜCKGUT

Bücherinsel Finkenwerder
Steendiek 41
Krimskams, Spielsachen und Bücher, darunter viele zur Geschichte von Finkenwerder

Wochenmarkt
Finksweg, Di + Sa 7–12 Uhr

● VERPFLEGUNG

Bäcker Körner
Müggenburg 5 und weitere Filialen in Finkenwerder. Traditionelles Bäcker-Handwerk seit 1959

Finkenwerder Elbblick
Focksweg 42
Restaurant mit vielen Gerichten rund um Scholle & Co.

Yachtblick
Neßpriel 12
Café und Restaurant am Finkenwerder Yachthafen

● SCHIFFE

MARIA (HF 31)
Fischerewer, gebaut 1880 bei Sietas/Neuenfelde, Länge 19,85 m, Breite 5,75 m. In Fahrt bis 1950, heute Ausstellungsstück im Deutschen Museum, München

LANDRATH KÜSTER (HF 231)
Hochseekutter, gebaut 1889 bei Sietas/Neuenfelde, Länge 22 m, Breite 6,1 m, Tiefgang 2 m. Infos unter www.hf231.de

PRÄSIDENT FREIHERR VON MALTZAHN (HF 294)
Finkenwerder Hochseekutter (Gaffelketsch), gebaut 1928 bei Sietas/Neuenfelde, Länge 22,80 m, Breite 6,80 m, Tiefgang 2,60 m

WILMA (HF 329)
Hochseekutter, gebaut 1936 auf der Behrens-Werft/Finkenwerder, Länge 26 m, Breite 6 m

MS ALTENWERDER
Fahrgastsschiff, gebaut 1953, Länge 27 m, Breite 7,86 m. Personenverkehr und Rundfahrten im Hamburger Hafen bis 1979

HAFEN ALTONA: ZWISCHEN FISCHMARKT UND NEUMÜHLEN **TEIL 1**

An der Wasserkante:
Kurs West

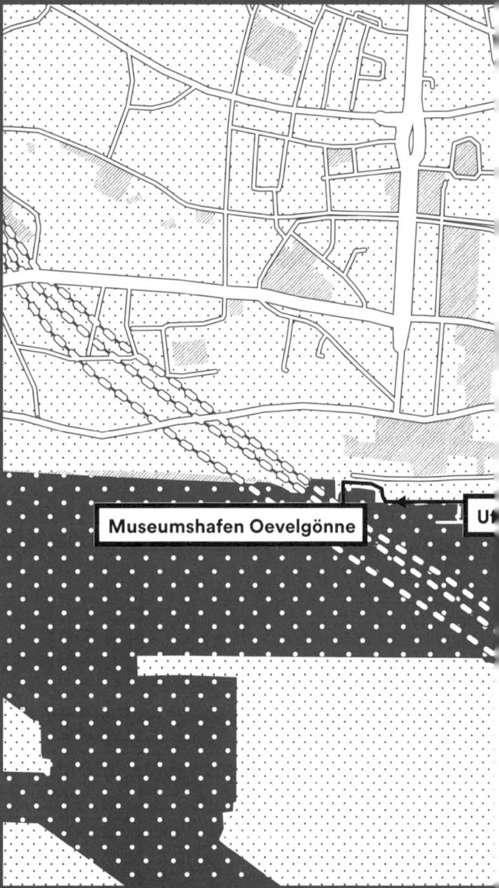

Startpunkt
Fischmarkt
(HADAG-Fähre Linie 62 und Bus Linie 2)

Endpunkt
Museumshafen Oevelgönne (HADAG-Fähre Linie 62 und Bus Linie 113)

Dauer
etwa 1,5 Stunden

Info
barrierefrei

Route
Fischmarkt → Große Elbstraße → Van-der-Smissen-Straße → Uferpromenade Neumühlen → Neumühlen

12.1

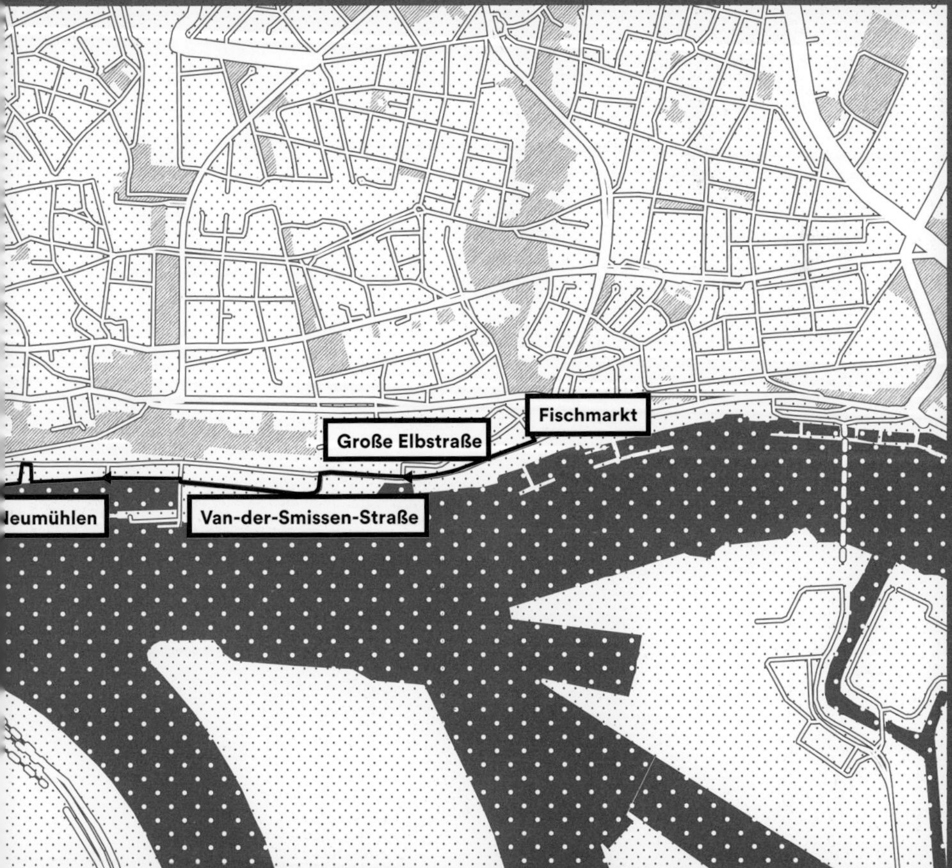
Fischmarkt
Große Elbstraße
Neumühlen
Van-der-Smissen-Straße

Viel zu entdecken an Altonas Elbufer: Unten Fischmarkt, Kneipen und Kräne, Hafenbahn, Schlepper und Museumshafen, oben der Höhenweg mit Parks und Aussicht

Altona wurde 1534 als Fischer- und Handwerkssiedlung gleich westlich der Hamburger Stadtgrenze gegründet. Das Verhältnis der Nachbarinnen war seitdem wechselweise von Konkurrenz und Kooperation geprägt: Einerseits hatten sie als Hafenstädte am Ufer der Elbe ganz ähnliche Interessen, andererseits wurden sie von unterschiedlichen politischen und geografischen Bedingungen beeinflusst. Ein kurzer Rückblick in die **Geschichte Altonas** hilft uns, die späteren Entwicklungen der Stadt und ihres Hafens einzuordnen.

Multikulturelles Altona

Ähnlich wie in Hamburg ging es auch in Altona zunächst darum zu wachsen: So galt schon ab 1601 in einem Teil Altonas Religionsfreiheit, wodurch der Ort für Zuwanderer verschiedener Glaubenszugehörigkeit attraktiv wurde, darunter Mennoniten aus den Niederlanden und sephardische Juden, die aus Spanien und Portugal vertrieben worden waren. In diesem „**Freiheit**“ genannten Bezirk war außerdem der Zunftzwang aufgehoben, was den Zuzug von Handwerkern beförderte.

1640 kam Altona unter **dänische Herrschaft** und erhielt 1664 das Stadtrecht. König Friedrich III. wollte den damals noch kleinen Ort zum Konkurrenten Hamburgs aufbauen, wofür er ihm auch Zollfreiheit (also den Status eines Freihafens) sowie das Stapelrecht gewährte: Alle über Altona verschifften Waren mussten zunächst auch dort zum Verkauf angeboten werden. Diese Handelsvorteile führten tatsächlich zur Ansiedlung zahlreicher Händler, Handwerker und Manufakturen. Die Einwohnerzahl stieg von etwa 3000 im

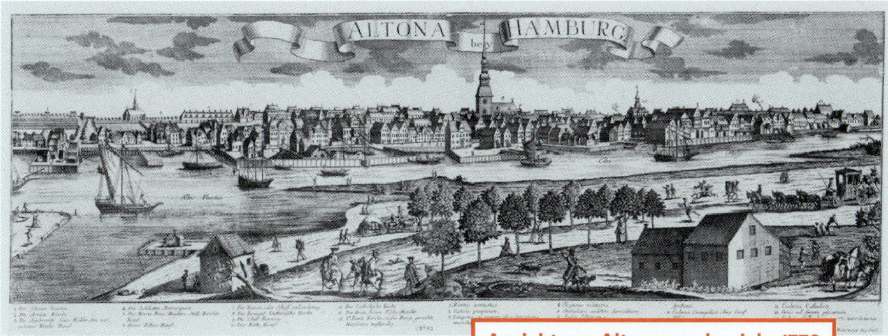

Ansicht von Altona um das Jahr 1730

Jahr 1650 auf 12 000 im Jahr 1710. 1774 wurden in Altona schon 148 Fabriken gezählt, außerdem gab es acht Werften. Für den Holzschiffbau der damaligen Zeit wurden allerdings keine Docks und Schwerlastkräne benötigt, die Schiffe wurden direkt am Strand gebaut. Einen weiteren Wirtschaftszweig stellte seit dem späten 17. Jahrhundert der Walfang dar: Der Speck der auf der Grönlandfahrt erlegten Meeressäuger wurde in Tranbrennereien verarbeitet.

Nach der Niederlage Dänemarks im Deutsch-Dänischen Krieg (1767) wurde Altona zu einem Teil Preußens. Dessen Handelsbeziehungen belebten die Schifffahrt, beispielsweise im Verkehr nach Nordamerika, doch besonders bedeutsam war für Altona der zunehmende Umschlag von und der Handel mit **Fisch**. Ende des 19. Jahrhunderts wurde Altona zum größten deutschen Fischereihafen, bekannt als „die Fischereistadt an der Elbe“ und „Stadt der Bücklinge“. Eine besondere Funktion kam dem Fischmarkt zu, an dem diese Tour nun beginnt.

Skulpturen der Marktfrau und des Fischhändlers am Altonaer Fischmarkt

Nachtschwärmer und Frühaufsteher

Auf dem Ende der 1980er Jahre größtenteils neu bebauten **Altonaer Fischmarkt** erinnern nur wenige Details an dessen Vergangenheit: zum einen der Brunnen im oberen Bereich des Platzes, der 1742 eingeweiht wurde, außerdem die Bronzestatuen der Marktfrau und des Fischhändlers auf der Ostseite des Platzes (Gerhard Brandes, 1992). Ein Markt wird hier seit 1703 jeden Sonntag zwischen 5 und 9.30 Uhr abgehalten. Früher ging

Möwen über dem Fischmarkt

es dabei tatsächlich vor allem um Fisch, später kamen Gemüse, Obst und Blumen sowie andere Waren unterschiedlichster Art dazu. Heute ist der Fischmarkt eine beliebte und bekannte Hamburger Attraktion. Scharen von Touristen und Einheimischen kommen, um den berühmt-berüchtigten Marktschreiern zuzusehen, Schnäppchen zu machen, eine lange Nacht auf zünftige Weise zu beenden oder die Möwen zu beobachten, die sich am Ende des Markttages um die Fischreste zanken.

Wir überqueren die Große Elbstraße und gehen zum Ufer der Elbe. Gleich östlich verlief die Grenze zu Hamburg, wo sich seit 1870 auch der Hamburger Fischmarkt befand. Bald wurde dort damit begonnen, den Fisch nicht einfach zu verkaufen, sondern zu versteigern, wofür 1897/98 eine Auktionshalle errichtet wurde. Auf Altonaer Gebiet stand bereits seit 1836 eine Fischhalle zum Sortieren, Verpacken und für den Verkauf der Fische zur Verfügung. Ab 1844 wurde der Hafen durch die Altonaer Hafenbahn an die Eisenbahnlinie nach Kiel angeschlossen, was sowohl den Fischhandel als auch die Ansiedlung von Industriebetrieben beförderte. 1889 wurde dann auch am Altonaer Fischmarkt eine erste **Fischauktionshalle** errichtet, und als in den Folgejahren die Nordsee- und Hochseefischerei stark zunahm, folgte schon 1896 der Bau einer größeren. Diese steht bis heute gleich oberhalb des Anlegers. Die Altonaer Fischauktionshalle veränderte durch Anbauten, Kriegszerstörungen und vereinfachten Wiederaufbau mehrfach ihr Erscheinungsbild und wurde ab den 1970er Jahren nicht mehr genutzt. Im Gegensatz zur Hamburger Fischauktionshalle, die 1971/72 abgebrochen wurde, erfolgte jedoch in den 1980er Jahren ihre umfassende Sanierung. Heute finden dort nicht nur am allsonntäglichen Fischmarkt Veranstaltungen statt, wobei jedoch immer beachtet werden muss, dass sich das Gelände auf recht niedrigem Niveau befindet: Bei höher auflaufenden Fluten werden der Fischmarkt und die Auktionshalle überflutet.

Altonaer Fischauktionshalle

12.1

Alter Speicher am Fischmarkt vor und nach dem Umbau (rechts)

Kurs West

Wir gehen nun entlang der **Großen Elbstraße** in Richtung Westen. Während auf der rechten Straßenseite Wohnhäuser dominieren, die um die Jahrhundertwende herum gebaut wurden, entstanden an der Wasserkante Speicher- und Industriegebäude wie die Dampfmühle der Firma Lange (Große Elbstraße 27, 1880). Bis 1993 wurde das Backsteingebäude noch als Lager genutzt, dann wurde es saniert und in mehreren Phasen zum modernen Stadtlagerhaus mit Büros, Gastronomie und Apartments umgebaut. In dem direkt angrenzenden Silogebäude (1903/04) werden heute statt Getreide Autos gelagert: Ein Paternoster befördert die Pkw auf die verschiedenen Parkebenen. Im gleich danebenstehenden Getreidespeicher (1936) sollten Vorräte für den Kriegsfall angelegt werden. Auch dieses Gebäude wurde Ende der 1990er Jahre in ein Bürohaus umgebaut. Eine stählerne Brücke, die als Fluchtweg im Hochwasserfall dient, schwingt sich von einer der früheren Silozellen hinüber zur Großen Elbstraße 68: In der ehemaligen Malzfabrik von G. Naefeke (1906–11) befindet sich seit ihrem Umbau Mitte der 1990er Jahre das stilwerk, ein auf Inneneinrichtung und Wohnen spezialisiertes Design-Kaufhaus. Zwischen einigen eher gesichtslosen Neubauten fallen anschließend die 1911 bzw. 1908 errichteten Wohnhäuser Große Elbstraße 96 und 100 besonders auf.

Wenig später bietet eine Lücke zwischen dem früheren Getreidespeicher und dem nächsten modernen Bürogebäude die Möglichkeit, auf die Elbe und das gegenüberliegende Containerterminal Tollerort zu blicken. Kurz dahinter zeugt eine weitere Fußgängerbrücke über der Straße erneut davon, dass wir uns hier in sturmflutgefährdetem Gebiet befinden. Der Neubau auf der linken Straßenseite ist daher auf erhöhtem Gelände errichtet worden (→ **Tour 13**), während der Altbau auf der rechten Straßenseite durch wasserdichte Schotts vor **Hochwasser** geschützt werden kann. Im Erdgeschoss und ersten Stock dieses inzwischen umgebauten und aufgestockten Gebäudes von 1860, in dem früher einmal Straßenbahnpferde untergebracht waren, residiert seit 1996 der engagierte Musikclub Hafenklang.

Die Große Elbstraße um 1990 und dieselbe Perspektive 2023

Bald dahinter öffnet sich die Große Elbstraße zu beiden Seiten. Rechts liegt ein Platz, an dessen Ende die 1887 eingeweihte Köhlbrandtreppe hoch auf den steilen Geesthang führt. Hier wird deutlich, wie schmal der Uferstreifen ist, der an Altonas Wasserkante zur Verfügung stand. Für große Hafenbecken wie in Hamburg fehlte der Platz, stattdessen wurde das Elbufer zu einer langen Kaistrecke mit parallel dazu verlaufenden Dalbenreihen und Pontonanlagen ausgebaut, an denen die Seeschiffe abgefertigt wurden.
Am Platz vor der Köhlbrandtreppe befindet sich die Hafenkneipe Zum Schellfischposten, bekannt unter anderem als Location der Fernsehsendung „Inas Nacht“. Um die Ecke bietet auch die Haifischbar maritimes Ambiente, raue Sprüche und Astra vom Fass. Der schmale Gang links der Kneipe lohnt einen Abstecher, denn an dessen Mauern prangt das „östlichste“ Bild der **FrauenFreiluftGalerie**, auf deren Bilder wir im Lauf dieser Tour noch öfter treffen werden. Das Projekt, das auf großen, collageartigen Wandgemälden regionaler und internationaler Künstlerinnen Frauen in verschiedenen Bezügen zum Hafen und spezifischen Hafenberufen darstellt, startete 1994 und wurde lange von der Kulturhistorikerin Elisabeth von Dücker kuratiert.

Holzhafen

Ein Teil dieses Wandgemäldes, das Frauenarbeit in den Häfen von New York und Hamburg darstellt, wurde auf die Mauer der **Seemannsmission** gemalt. Seit 1926 steht dieses Gebäude Seeleuten als ein Stück Heimat auf Zeit offen, dazu gibt es vielfältige Unterhaltungs- und Unterstützungsangebote. Auch Nicht-Seeleute können in dem Haus übernachten, das mit seiner Lage viel Glück gehabt hat: Denn es ist eine der wenigen Stellen, an denen das Elbufer nicht zugebaut wurde. Hier hat man freien Blick auf den Fluss und auf den Holzhafen, der 1722/24 angelegt wurde. Später lag vor dem Holzhafen auch eine Landungsbrücke für den Verkehr der Hafenfähren. Heute schmücken zwei **historische Kräne** das Ufer des ältesten noch erhaltenen Hafenbeckens Hamburgs: Dabei handelt es sich um elektrisch betriebene Roll-Dreh-Wippkräne, die 1939 von Kampnagel gebaut wurden, zum Hafenmuseum gehören und 2021/22 aufwendig restauriert wurden.
Am Westufer des Holzhafens ragt der sogenannte „Kristall“ empor, ein 72 Meter hoher Wohnturm, der laut Beschreibung des Projektträgers einen „brillanten Kontrast“ zum angrenzenden Bürogebäude darstellt. Gleich gegenüber stellen zwei Relikte aus Altonas Vergangenheit

ihrerseits einen markanten Kontrast zu der etwas überdimensionierten Neubebauung an der Wasserkante dar: Das verputzte Bürgerhaus Große Elbstraße 146, heute eine Weinhandlung mit Bistro, stammt aus dem Jahr 1772. 1880 wurde das Haus von der Maschinenfabrik Groth & Degenhardt erworben, die auch eine Werft für Schiffsreparaturen unterhielt und den Betrieb 1899 um das anschließende Fabrik- und Speichergebäude erweiterte.
Ein Stück weiter die Straße hinunter kommen wir zu den nächsten Wandbildern, die unter anderem Frauen bei der Kaffee- und Tabakernte zeigen. Hinter dem Gebäude finden sich etwas versteckt weitere Gemälde, darunter die Darstellung zweier Prostituierter. Tatsächlich wurde die Große Elbstraße noch Mitte der 1990er Jahre allabendlich als Straßenstrich genutzt, wobei die Frauen jedoch nicht hinter den Häusern an Mauern, sondern auf der Straße an ihren Autos lehnten.

Historische Hafenkräne am Holzhafen

Kanzel des Kaikrans

Arbeitsplatz Fischmarkt

Vor uns liegt nun rechts und links der Großen Elbstraße das weitläufige Areal des von der HHLA betriebenen **Fischmarkts Hamburg-Altona**: ein Handels- und Gewerbezentrum mit insgesamt über 120 Unternehmen rund um den Fisch. Die heute dort stehenden langgestreckten Gebäude wurden nach dem Zweiten Weltkrieg errichtet, doch schon vor hundert Jahren wurde hier Fisch angelandet, verkauft und verarbeitet. Die Arbeit in den Fischfabriken war anstrengend, kalt und nass, dazu schlecht bezahlt und oft auf die Hauptfischfangsaison beschränkt. Heute würde man sagen: Es waren prekäre Arbeitsverhältnisse, in denen vor allem Frauen beschäftigt waren. Die Feststellung „Ohne Not geht niemand zu den Fischen“ beschreibt deren Situation treffend. Nachdem Altona durch das Groß-Hamburg-Gesetz 1937 zu einem Teil Hamburgs wurde, stieg die Menge des umgeschlagenen Fischs weiter an, während des Zweiten Weltkriegs wurden auch Zwangsarbeiterinnen im Fischfang und in den Fabriken eingesetzt. Ab 1961 wurden dann Frauen aus der Türkei für die Arbeit am Altonaer Fischmarkt angeworben. Auch andere

An Bord der Englandfähre

Wirtschaftszweige Altonas basierten auf der Verarbeitung von Fisch, beispielsweise Konservenfabriken oder Betriebe, die Mayonnaise herstellten, und so hing zeitweise jeder zehnte Arbeitsplatz in Altona mit der Fischerei zusammen. Wir biegen nun links ab in die Van-der-Smissen-Straße, nähern uns wieder der Elbe und gelangen zum ehemaligen **England Fährterminal**, an dem von 1993 bis 2002 die Fähren der Reederei DFDS für ihre Fahrt zwischen Hamburg und Harwich abgefertigt wurden. Diese Verbindung bestand bereits seit 1969, damals legten die Schiffe noch an den St. Pauli-Landungsbrücken an. Heute befinden sich in dem Gebäude unter anderem ein Restaurant und die Spielstätte Opernloft. Es mutet etwas paradox an, dass 2011 direkt neben dem außer Dienst gestellten Terminal ein neues errichtet wurde, nämlich das **Altona Cruise Center**, an dem Kreuzfahrtschiffe abgefertigt werden (→ **Tour 13**). Leider nehmen nur die wenigsten dieser Schiffe die Möglichkeit in Anspruch, sich während der Liegezeiten mit Landstrom versorgen zu lassen. Am westlichen Ende des Gebäudes wurde auf dem Dach eine öffentliche Aussichtsplattform eingerichtet, die man über eine Treppe erreicht. Auch das benachbarte **Dockland**, ein rautenförmiges Bürohaus aus Stahl und viel Glas, kann man über eine Freitreppe besteigen. Das 2005 von BRT Architekten entworfene Gebäude erinnert an einen stilisierten, stark überzogenen Schiffsbug und wurde auf einer künstlichen Landzunge am Anfang eines Leitdamms errichtet, der das daneben liegende Hafenbecken von der Strömung und dem Wellenschlag der Elbe abschottet. Früher legten hier große und kleine Fischfangschiffe an, deren Fang in den Auktionshallen verkauft wurde. Die Kaistrecke wird von einem ehemaligen Kühlhaus aus den 1960er Jahren gesäumt, das 1998/99 durch gmp Architekten in ein Bürogebäude namens Elbkaihaus verwandelt wurde. Dass wir heute an diesem Kai entlang weiter in Richtung Neumühlen gehen können, war nicht immer selbstverständlich: Zwischen 1998 und 2006 lagen hier die umzäunten Wohnschiffe BIBBY ALTONA und BIBBY CHALLENGE, auf denen geflüchtete und obdachlose Menschen untergebracht wurden.

Hafenbahnhof

Uferpromenade Neumühlen

Das nächste Gebäude, an dem wir vorbeikommen, entstand nach dem Zweiten Weltkrieg, zuvor hatte sich dort der Kohlenkai mit seinen vier großen Ladebrücken befunden. Dahinter lohnt sich ein kleiner Abstecher zur Großen Elbstraße (nicht barrierefrei), denn auf deren Nordseite konnte ein kleiner, alter Backsteinbau der großflächigen Neugestaltung seines Umfelds entkommen: Das Haus diente einst als Unterkunft der **Hafenbahn**rangierer und versteckte sich damals noch nicht in einem Tal hinter der Straße: Deren Niveau wurde erst im 21. Jahrhundert angehoben und nahm dem Bahnhof den Elbblick. Ursprünglich stand das Gebäude zwischen mehreren Gleissträngen direkt neben dem Stellwerk, die Rangiergleise lagen noch etwas weiter westlich.

Dass der Altonaer Hafen seit Mitte des 19. Jahrhunderts an das Eisenbahnnetz angeschlossen war, haben wir bereits erfahren. Es gab jedoch ein Problem: Der steile Elbhang konnte von beladenen Zügen nicht überwunden werden. Zunächst half man sich damit, die Waggons auf Rollwagen über eine sogenannte geneigte Ebene von den Kaianlagen hoch zum Bahnhof zu ziehen. Ab 1849 wurde die dafür verwendete Seilwinde mit Dampfkraft betrieben. Die Kapazität dieser etwas umständlichen Technik war jedoch begrenzt, und auch die Stabilität der Rampe war zweifelhaft. Eine Zunahme der Umschlagsmengen führte dann zum Bau eines zunächst 395 Meter langen Eisenbahntunnels zwischen dem Altonaer Hafen und dem Bahnhof, der sich damals noch gleich nördlich des Fischereihafens befand. 1876 wurde der Hafenbahntunnel, besser bekannt als **Schellfischtunnel**, eingeweiht.

Umgebautes Speichergebäude an der Uferpromenade Neumühlen

Ende des 19. Jahrhunderts wurden jährlich bis zu 150 000 Tonnen Fisch durch diesen Tunnel transportiert. Zu dieser Zeit war der Bahnhof bereits nach Norden verlegt und der Tunnel auf 961 Meter verlängert worden (1895). Das nördliche Ende findet man heute, wenn man von der Präsident-Krahn-Straße in die Tiefgarage unter dem Bahnhof Altona geht, die Einfahrt ist allerdings ebenso wie das südliche Ende, dem wir auf dem zweiten Teil dieser Tour näherkommen werden, durch ein hohes Tor versperrt.

Bis zur Mitte der 1970er Jahre wurde der Tunnel intensiv genutzt, ab da nahm seine Bedeutung ab, bis er 1992 gänzlich stillgelegt wurde. Überlegungen, ihn beispielsweise für den Personenverkehr wieder zu öffnen, wurden bislang nicht konkret. Doch noch wird der älteste Eisenbahntunnel Norddeutschlands zumindest erhalten und kann gelegentlich sogar im Rahmen von Führungen begangen werden.
Mit dem Ende der Altonaer Hafenbahn verschwanden auch die Rangierer aus ihrem kleinen Haus an der Großen Elbstraße. Doch es kamen andere Menschen, die das Haus nutzten, sich darum kümmerten und es letztlich davor bewahrten, abgerissen zu werden: Zunächst waren es Bands, die in dem Gebäude ihre Übungsräume einrichteten, später wurde der **Hafenbahnhof** gegründet: ein Musik-Club mit Konzerten, Kneipe, Bar und Sonntagscafé.

Schlepper an der Pontonanlage Mittelkai Altona

Schlepper BUGSIER 21 im Dock der Norderwerft

Neue Büros am alten Kai

Wir kehren zurück zur Promenade an der Wasserkante, auf der wir nun bis zum Museumshafen weiterspazieren können. Zunächst kommen wir dabei an einem großen Speichergebäude vorbei, das 1923/24 von der Altonaer Quai- und Lagerhaus-Gesellschaft für Stückgutumschlag errichtet wurde, später wurde darin Fisch umgeschlagen. Bei den ab 1985 erfolgten Sanierungs- und Umbaumaßnahmen wurde ein Teil eines Halbportalkrans erhalten. Heute befinden sich in diesem Gebäude, ebenso in dem benachbarten früheren Getreidesilo von 1936, Büros. Der weitere Verlauf führt an fünf Neubauten vorbei, die ab den 1990er Jahren als Bestandteile der vom damaligen Oberbaudirektor Egbert Kossak propagierten sogenannten **Perlenkette** das Elbufer beleben und aufwerten sollten. Einige Freitreppenanlagen zwischen den Gebäuden laden zum Sitzen und Schiffegucken ein, und die Aussicht ist durchaus interessant: Gleich gegenüber geht der Köhlbrand ab, daneben liegt der Athabaskakai des Containerterminals Waltershof (→ **Tour 15**). Und direkt vor der Promenade befindet sich eine Pontonanlage mit Liegeplätzen für **Schlepper**. Diese kompakten Schiffe haben die Aufgabe, Seeschiffen bei Manövern zu assistieren, weshalb man sie auch als Assistenzschlepper bezeichnet. Es handelt sich dabei um einen Schiffstyp, der erst mit der Dampfschifffahrt aufkam, denn die Schlepper brauchten enorm viel Kraft, um die Seeschiffe zu ziehen, aufzustoppen oder in die richtige Position zu bugsieren. Ihre dafür ebenfalls benötigte Wendigkeit, die sie jedes Jahr auf dem Hafengeburtstag in Form eines Schlepperballetts vorführen, verdanken sie speziellen Antriebsanlagen wie dem Voith-Schneider-Propeller (einer waagerecht rotierenden Scheibe mit senkrecht stehenden, verstellbaren Flügeln) oder dem Schottel-Ruderpropeller (um die Hochachse drehbaren Propellergondeln).

Am Ende der Uferpromenade gelangen wir schließlich zu einem markanten Gebäude in bester Lage: Zwischen dem Elbufer und dem Neumühler Hafen wurde 1926 das **Union-Kühlhaus** errichtet, in dem vor allem aus Argentinien importiertes Fleisch, aber auch Butter, Eier und Fisch gelagert wurde. Nach der Stilllegung des Gebäudes Anfang der 1970er Jahre kam die Idee auf, darin ein Hafenmuseum zu gründen, doch andere Interessenten wollten es zu einem Hotel umbauen. Eine architektonische Herausforderung für diesen Plan war die Bauweise des Kühlhauses mit seinen massiven, fensterlosen Mauern. Bevor

Union-Kühlhaus in der Ära der Dampfschifffahrt

jedoch aufwendige Umbaumaßnahmen in Angriff genommen werden mussten, kam es 1991 zu einem Brand, der einen Neuaufbau des Gebäudes nach sich zog: Dessen Ausmaße, Form und Gestaltung entsprechen dem historischen Vorbild, ergänzt wurden jedoch Fenster und die gläserne Kuppel auf dem Dach, unter der sich ein Restaurant befindet. Das Gebäude stellte den ersten Baustein der „Perlenkette" dar und dient seit 1993 als Seniorenresidenz.

Museumshafen Oevelgönne mit benachbarter Seniorenresidenz

Museumshafen Oevelgönne

Das direkt daneben liegende Hafenbecken wurde 1870 als Liegeplatz für kleinere Schiffe und Boote angelegt und verfügte über befestigte Kaianlagen und Gleisanschluss, westlich davon befanden sich zwei weitere Hafenbecken für Seeschiffe und Fischereifahrzeuge. Hundert Jahre später wurde der Hafen für schwimmende Arbeitsgeräte genutzt, die am Bau des Elbtunnels beteiligt waren. Nach dessen 1975 erfolgter Fertigstellung gründete eine Gruppe engagierter Segelschiffenthusiasten den Verein Museumshafen Oevelgönne, der gleichnamige **Traditionsschiffhafen** wurde 1977 eröffnet. Seine Mitglieder schafften es, ihn zu einem überaus lebendigen Liegeplatz für historische Gebrauchsfahrzeuge der Niederelbe zu entwickeln. Neben alten Frachtseglern und Fischkuttern finden sich an den

Dalben und am Ponton inzwischen auch unter Dampf und Motor fahrende Hafenfahrzeuge wie Festmacher, Schleppbarkassen und ein Schwimmkran. Einige der Schiffe sind in Vereinsbesitz, andere gehören Museen oder Privatleuten, allen ist jedoch gemeinsam, dass sie von Ehrenamtlichen gepflegt und in Fahrt gehalten werden. Der Name Museumshafen bedeutet daher nicht, dass jederzeit alle Fahrzeuge im Hafen liegen, vielleicht sind einige gerade unterwegs oder auf der Werft. Wenn man aber Besatzungsmitglieder an Bord anspricht, werden diese, sofern es möglich ist, gern ihre Schiffe erläutern und zeigen. Gruppen können Führungen vereinbaren, es gibt viele Gelegenheiten für Mitfahrten auf den Schiffen und über einen QR-Code steht außerdem ein **Audioguide** für einen Rundgang durch den Hafen zur Verfügung. Bald soll zudem auf einem Ponton ein schwimmendes Besucher- und Informationszentrum entstehen. Außer den Schiffen finden sich auch auf den Kaiflächen Zeugnisse der Hafengeschichte: darunter der an der östlichen Kaikante stehende Kampnagelkran von 1898, der früher am Rüschkanal in

Liegt das Schiff zwischen den Pfählen, muss man wriggen.

Finkenwerder arbeitete, 1989 in den Museumshafen kam und heute als ältester noch erhaltener Elektrokran des Hamburger Hafens nach wie vor funktionsfähig ist. Unübersehbar ist der rote Leuchtturm, der von 1934 bis zu seiner Außerdienststellung 2015 die Südspitze der Elbinsel Pagensand markierte. Im Museumshafen gibt es so viel zu entdecken, dass man für einen Besuch genügend Zeit einplanen oder einfach öfter dorthin kommen sollte: Sei es an trubeligen Sommerwochenenden, nebeligen Herbsttagen oder zum Hafenfest mit Wettwriggen, maritimem Flohmarkt und Musik. ▶

Traditionsschiffe im Museumshafen

HAFEN ALTONA: ZWISCHEN FISCHMARKT UND NEUMÜHLEN **TEIL 2**

Auf Wanderwegen: Kurs Ost

Startpunkt
Museumshafen Oevelgönne

Endpunkt
Fischmarkt

Dauer
etwa 1,5 Stunden

Info
mit diversen Steigungen und einigen Treppen

Route
Neumühlen → Donners Park → Heine-Park → Schopenhauerweg → Rainvilleterrasse → Kaistraße → Elbberg → Altonaer Balkon → Olbersweg → Carsten-Rehder-Straße → Buttstraße → Fischmarkt

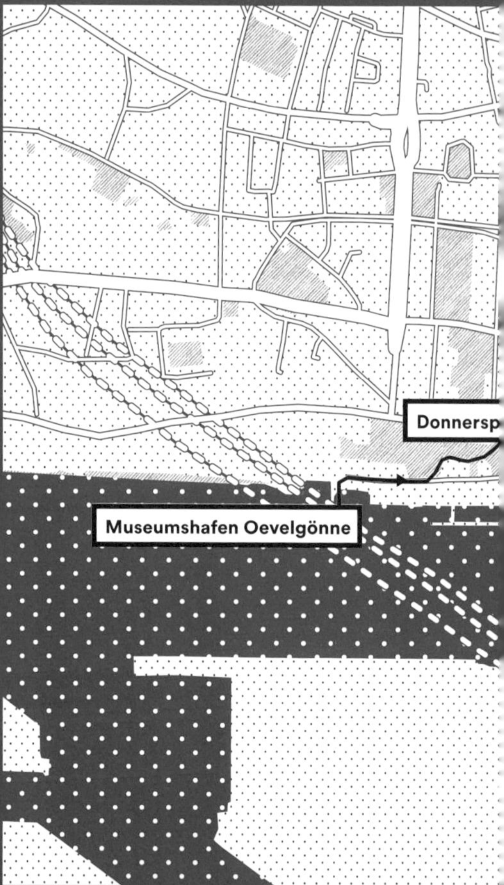

12.2

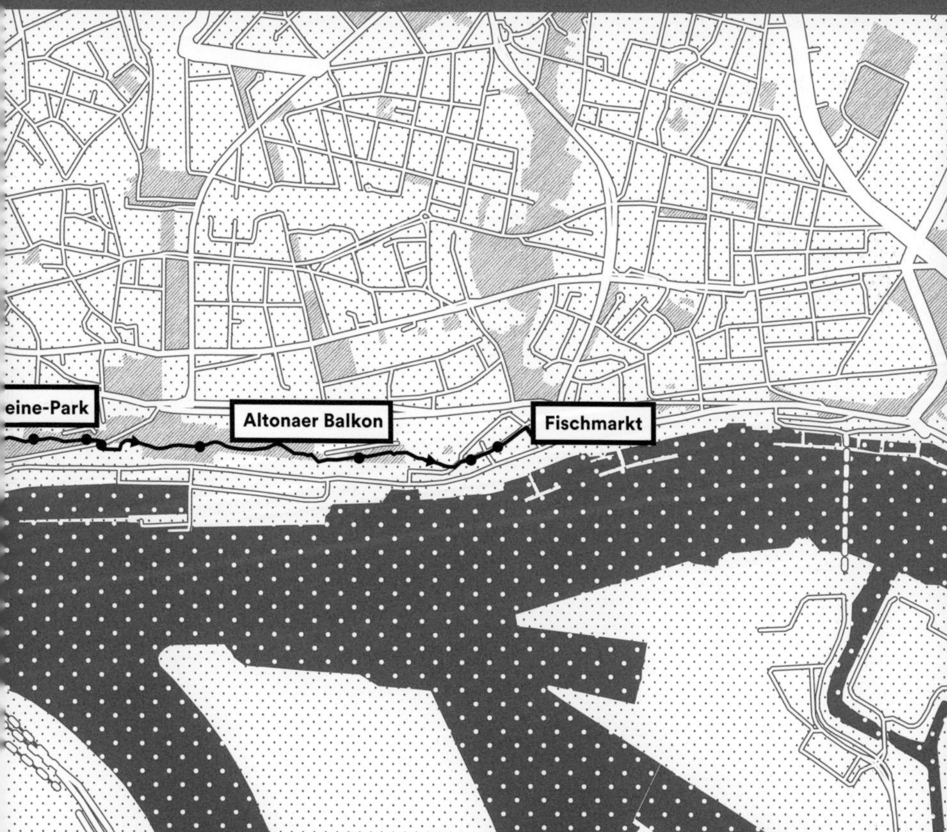
eine-Park
Altonaer Balkon
Fischmarkt

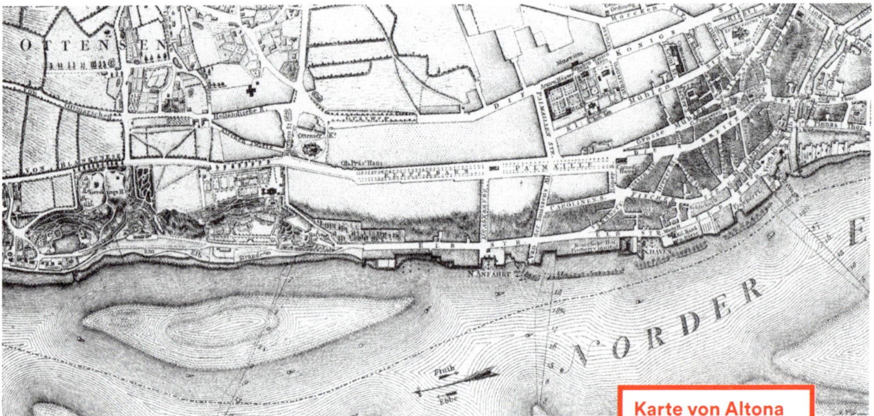

Karte von Altona aus dem Jahr 1802

Der zweite Teil des Altonaer Hafen-Spaziergangs verläuft nicht an der Wasserkante, sondern „baben de Elf", also oberhalb der Elbe, wie es auf einer Flurkarte aus dem späten 18. Jahrhundert heißt. Fast auf der gesamten Strecke zwischen Neumühlen und dem Fischmarkt durchziehen Wanderwege die Parks auf dem und am Elbhang. Die sich von dort aus immer wieder bietenden Hafenblicke müssen wir uns allerdings durch diverse An- und Abstiege über Treppen und Pfade erarbeiten.

Historisches Neumühlen

Für die Menschen in Neumühlen und Oevelgönne gehören die **Treppen** zum Alltag. Ein früherer Bewohner Oevelgönnes war der Lyriker Peter Rühmkorf, der sich gewünscht hatte, dass sein Name nach seinem Tod in die unterste Stufe der hoch zur Elbchaussee führenden Ringelnatztreppe eingeritzt werden möge (was 2019 geschah). Sowohl diese Treppe als auch das Denkmal der zwei Ameisen an der Elbchaussee, die an das gleichnamige Gedicht des früheren Seemanns und Dichters Joachim Ringelnatz erinnern, liegen allerdings westlich des Museumshafens und somit nicht auf der Route unserer Tour. Werfen wir stattdessen einen kurzen Blick zurück in die bunte Hafengeschichte von Oevelgönne und Neumühlen.

Der Neumühler Hafen war lange unter dem Namen **Heuhafen** bekannt, denn von hier aus setzten Bauern aus Othmarschen, Bahrenfeld und Ottensen auf die südlich gelegenen Elbinseln über, um von dort Heu für ihr Vieh einzuholen. Viele Bewohner von Neumühlen und Oevelgönne betrieben Fischfang auf der Elbe, andere fuhren auf Walfang in die Gewässer vor Grönland. Der Fang wurde anschließend hier am Elbstrand zerlegt. In der Folge siedelten sich in der Nachbarschaft Leimsiedereien und Trankocher an, außerdem Bootsbauer, Gastwirtschaften, eine Sägemühle, eine Tabakfabrik, eine Seilerei, eine Kalk- und eine Pulvermühle. Einen weiteren Erwerbszweig der hiesigen Fischer und Seeleute stellte das **Lotsenwesen** dar: Eine querab vor Neumühlen liegende Sandbank zwang vollbeladen Richtung Hamburg segelnde Schiffe, bereits hier

einen Teil ihrer Ladung zu löschen und anschließend vorsichtig über die Untiefe zu navigieren. Da bot es sich an, vor Ort einen kundigen Lotsen zu Hilfe zu nehmen. Die Oevelgönner und Neumühlener Lotsen professionalisierten dieses Geschäft und schlossen sich 1745 in einer Lotsenbruderschaft zusammen. An der Nordseite der Straße Neumühlen sind etliche Gebäude aus den letzten Jahrhunderten erhalten, darunter das alte Oevelgönner Fährhaus (erbaut 1861) und die noch älteren Häuser mit den Nummern 44/45 und 34/35 (um 1800) sowie Nummer 33 (1756). Das am Ende der Häuserzeile auf der rechten Straßenseite liegende Haus Neumühlen 21 war Mitte des 19. Jahrhunderts als Kopfgebäude des Ottenser Zollamts errichtet worden, ab 1912 wurde es von der benachbarten Hedrich'schen Dampfmühle als Bürogebäude genutzt. Diese Mühle wurde im Zweiten Weltkrieg beschädigt und später abgerissen, das Bürohaus überstand den Krieg. 1995 kaufte die **Segler Vereinigung Altona Oevelgönne** das Gebäude, das zuvor lange leergestanden hatte, ließ es sanieren und aufstocken und nutzt es seitdem als Clubhaus. Als der Segelverein 1905 gegründet wurde, lagen die Boote der Vereinsmitglieder noch an Bojen vor dem Elbstrand. Später wurden viele in den 1913 eröffneten Jachthafen auf Waltershof verlegt (→ **Tour 11**).
Nordöstlich des Segelclubs befindet sich ein weiteres historisches Gebäude: das 1801/02 erbaute frühere Hauptgebäude der **Lawaetzschen Fabrik**. Auf dem Gelände der früheren Pulvermühle, die 1738 explodiert war, hatte der Altonaer Konferenzrat Johann Daniel Lawaetz um 1800 damit begonnen, verschiedene Manufakturen zu gründen. In einer Zeit zunehmender Arbeitslosigkeit schuf er so gezielt Arbeitsplätze, um „Armen und Hülfsbedürftigen" ein Einkommen zu verschaffen. Die 1986 gegründete Lawaetz-Stiftung bietet heute ebenfalls Förderungs- und Entwicklungsangebote für Menschen in herausfordernden Situationen.

Gebäude der ehemaligen Lawaetzschen Fabrik

Den Elbhang empor

Wir gehen nun auf einem noch vor dem Lawaetzhaus abgehenden Fußweg zwischen den Häusern 24 und 26 hindurch und halten uns an dessen Gabelung rechts. Der Weg führt den Elbhang hinauf bis zum Schopenhauerweg, dem wir weiter in Richtung Osten, also nach rechts, folgen. Bald gelangen wir zu einer Gruppe von Häusern, die unterhalb des Wegs an der **Elbtreppe** stehen. Sie wurden zwischen 1740 und 1888 errichtet und stellen heute den Rest der ursprünglich dichten Bebauung des

Blick vom Heine-Park auf Elbe und Köhlbrand

Elbhangs mit Wohnhäusern, Gaststätten, Mühlen und Manufakturen dar. Ein Anfang dieses Jahrhunderts geplanter Abriss der städtischen Häuser, die nach lange ausgebliebenen Sanierungsarbeiten in schlechtem Zustand waren, konnte nach breiten Protesten verhindert werden.
Wir verlassen auf Höhe der Elbtreppenhäusern den Weg und gehen über die links beginnende Treppe hangaufwärts. Der anschließende Weg führt an einer kleinen Aussichtsterrasse mit Bänken vorbei, biegt dann rechts ab und durchquert den **Donners Park**. Hier stand früher eine staatliche Wassermühle, die 1420 erstmals erwähnt wurde. Mitte des 19. Jahrhunderts kaufte der Bankier Bernhard Donner das Grundstück, ließ die Mühle abreißen, das Gelände zu einem Park umgestalten und darin ein schlossähnliches Landhaus für seine Familie errichten. Zu dieser Zeit gönnten sich viele reiche Hamburger Kaufmannsfamilien Landsitze an der Altonaer Elbchaussee, um hier fern der stinkenden Innenstadt die Sommermonate zu verbringen. Nach Zerstörungen während des Zweiten Weltkriegs wurde „Donners Schloss" 1949 abgebrochen.
An der kleinen Dreieckskreuzung gehen wir hinter der Eiche wieder bergauf, kommen so an einem Spielplatz vorbei und über eine kleine Brücke hinweg in die nächste Grünanlage, den **Heine-Park**. Das heute am Elbhang stehende Gebäude ließ der Mühlenbesitzer Georg Plange (→ Tour 4) Anfang des 20. Jahrhunderts errichten. Zuvor hatte sich dort das Landhaus von Salomon Heine befunden, das 1880 abgebrochen wurde. Erhalten ist jedoch noch das Gärtnerhaus, das der Bankier 1832 errichten ließ (heute als Heine-Haus eine Außenstelle des Altonaer Museums). Verschiedene Wege führen durch den Park mit seinem beeindruckenden alten Baumbestand, hinter dem Spielplatz kommen wir wieder auf den Elbuferhöhenweg und von dort auf die Rainvilleterrasse. Hier thront die ehemalige Altonaer **Seefahrtschule**, die 1931–35 im Stil der Neuen Sachlichkeit erbaut wurde und heute, nach ihrer Schließung im Jahr 2005 und anschließender Modernisierung, unter anderem eine Architekturakademie und ein Hotel

Elbberg-Campus

beherbergt. Über eine alte Treppenanlage gehen wir nun hinunter zur Kaistraße, überqueren diese und gelangen über die einmündende, für den Autoverkehr gesperrte Straße auf das Gelände des Elbberg Campus (2000–03), der aus drei von BRT Architekten entworfenen Bürobauten besteht. Freiflächen und Terrassen können als öffentlicher Raum genutzt werden, leider ist jedoch kein Zugang zum südlichen Ende des Schellfischtunnels möglich, das sich zwischen dem westlichen Gebäude und dem Elbhang befindet.

Altonaer Balkon

Über die Treppe zwischen den Gebäuden gehen wir zurück Richtung Kaistraße und halten uns, oben angelangt, zweimal rechts. Der Pfad am Rande des Elbhangs führt zu einer kleinen **Grotte**, die um 1900 als Teil eines künstlichen Wasserfalls angelegt wurde, und anschließend hinauf auf den Altonaer Balkon: Eine große Freifläche mit vielen Bänken, einer Grünfläche und einem Spielplatz. Ebenfalls um 1900 wurde der dahinter liegende frühere Bahnhof Altona zum Rathaus umgebaut. Der Altonaer Balkon selbst ist einer der wenigen Orte, von denen man noch eine freie **Aussicht auf den Hafen**, die Elbe und den Köhlbrand hat, an klaren Tagen sieht man von hier bis zu den Harburger Bergen. Viele andere frühere Ausblicke wurden durch die neuen Bauten der sogenannten Perlenkette versperrt, so schieben sich auch vor dem Altonaer Balkon das schmale, spitz zulaufende Lofthaus am Elbberg (gebaut 1996/97, Sitz von Hadi Teherani architects) und das Dockland ins Bild. 2010 kam ein Faltblatt in Umlauf, das den offiziellen Publikationen der Stadt auf den ersten Blick sehr ähnlich sah, inklusive Hamburg-Logo und Grußwort der damaligen Stadtentwicklungssenatorin Anja Hajduk. Statt die neuen Bauten der Perlenkette zu feiern, wird darin erkennbar satirisch die Entwicklung kritisiert, vormals öffentlichen (Sicht-)Raum durch Bebauung zu versperren und zu privatisieren. Der Elbwanderweg wird in dem Flyer kurzerhand in **Sichtachsen-Wanderweg** umbenannt.

Hafenaussicht vom Altonaer Balkon

Am östlichen Ende des Altonaer Balkons führt der Weg zunächst bergab, dann wieder bergauf. Wir kommen an einem maritimen Ensemble aus einem Denkmal für österreichische Marinesoldaten, die bei einer Schlacht vor Helgoland fielen, zwei großen Ankern und einer Schiffsschraube vorbei, dahinter sorgt eine Blühwiese der Altonaer NABU-Gruppe für bunte Farbtupfer und Insektensummen. Wenig später liegt vor einem beeindruckend großen Ginkgobaum eine weitere kleine Terrasse mit einer Treppe zum darunter verlaufenden Weg, der am Restaurant „Zum **Elbblick**" vorbeiführt. Früher waren mehr Hafenarbeiter unter den Gästen dieses Traditionsgasthauses, es war mehr Elbblick, und Kuno, der langjährige Wirt, sang noch selbst. Inzwischen ist die freie Sicht auf die Elbe ziemlich zugebaut worden, aber trotzdem kann man hier noch sehr schön sitzen, trinken und essen.

Der vor dem Restaurant endende Olbersweg führt wieder hangaufwärts zu einer weiteren Grünanlage, an der eine von Bäumen umstandene Station des Hamburger Luftmessnetzes Schadstoffe dokumentiert. Der Fußweg führt an einem kleinen Spielplatz vorbei, hinter dem die Köhlbrandtreppe hinunter zur Elbe führt. Wir bleiben jedoch oben auf dem Elbhang, von wo sich noch einmal eine Sichtachse zwischen dem „Kristall" und dem Bürogebäude am Ostufer des Holzhafens hindurch auftut. Der Weg endet an der Carsten-Rehder-Straße, von der wir auf die halbrechts abgehende Buttstraße gelangen – und passenderweise geleitet uns so eine Straße, die nach einem Plattfisch benannt ist, geradewegs zurück zum Fischmarkt.

Für komplette Schiffe ist diese Sichtachse zu schmal.

AUSFLUGS- UND ENTDECKERTIPPS
IM UND UM DEN HAFEN ALTONA

● FÜR DEERNS UND JUNGS

Schiffe gucken! Welche hast du gesehen?
O Festmacher O Lotse (Pilot) O Barkasse O Feuerwehrboot O Polizeiboot O Hafenfähre O Hafenrundfahrts-Schiff O Schlepper O Bagger O Schwimmkran O Binnenschiff O Schute O Segelschiff O Feederschiff (kleines Containerschiff) O Großes Containerschiff O Autotransporter O Tanker O Massengutfrachter

Spielplätze auf dem Altonaer Balkon, im Donners Park, im Heine-Park und am Olbersweg
Und im Winter: **Rodeln am Elbhang**

● BUCHTIPPS

Hans Leip: Jan Himp und die kleine Brise
Der Schriftsteller lebte zeitweise in Oevelgönne, und dort spielt auch sein 1934 erschienener Roman rund um Jan und Kyri, Segelabenteuer und erste Liebe.

Peter Schössow: Baby Dronte
Käpt'n Horatio Lüttich und seine Jungs vom Schlepper KRAUTSAND machen eine ganz besondere Entdeckung mit überraschenden Folgen. Spannend, witzig und schön.

Luis Sepúlveda: Wie Kater Zorbas der kleinen Möwe das Fliegen beibrachte
Natürlich kann man einer sterbenden Möwe keinen letzten Wunsch abschlagen. Ehrensache, dass der Hafenkater Zorbas sich um ihr Küken kümmert. Und wenn man es alleine nicht schafft, braucht man eben Hilfe.

● STÜCKGUT

Museumshafenladen „Treibgut"
Ponton Neumühlen

● HAFENKULTUR

Museumshafen Oevelgönne
Ponton Neumühlen, www.museumshafen-oevelgoenne.de

Altonaer Museum
Museumstraße 23, Hamburg-Altona
Viele Exponate zu Altonas Regionalgeschichte, Hafen und Fischerei, unter anderem die Kajüte des Blankeneser Fischerewers MARIA von 1846. Mit gut bestücktem Museumsshop.

FrauenFreiluftGalerie
www.frauenfreiluftgalerie.de

Sichtachsen-Wanderweg
https://sichtachsen.wordpress.com/

Hamburger Unterwelten e.V.
Infos über und Führungen durch den Schellfischtunnel, www.hamburgerunterwelten.de

● VERPFLEGUNG

Entlang der Großen Elbstraße bieten diverse **Fischimbisse und -restaurants** Fisch in verschiedensten Preisklassen und Varianten, auch wenn die Ware hier längst nicht mehr mit dem Schiff ankommt.

Restaurantschiff Bergedorf
Ponton Museumshafen, Neumühlen

Zum Elbblick
Olbersweg 49, Hamburg-Altona
Essen und trinken, drinnen und draußen

● FILMTIPP

Der Amerikanische Freund
Gedreht unter anderem am Hafenrand rund um den Pinnasberg (1977, Regie: Wim Wenders)

● SCHIFFE

MICHEL
Assistenzschlepper, gebaut 2014 bei Damen/Galati (Rumänien), Länge 29,10 m, Breite 13,50 m, Tiefgang 5,50 m

FIETE
Festmacherboot, gebaut 1960 bei H. Zehbe/Hamburg-Wilhelmsburg, Länge 8,34 m, Breite 2,73 m, Tiefgang 1,28 m

SUHR & CONSORTEN II
Schleppbarkasse, gebaut 1930 auf der Jastram-Werft/Hamburg-Allermöhe, Länge 14,70 m, Breite 2,60 m, Tiefgang 1,10 m

TIGER
Dampfschlepper, gebaut 1910 bei Janssen & Schmilinsky/Hamburg-Steinwerder, Länge 15,98 m, Breite 4,80 m, Tiefgang 2 m

MÖWE
Besanewer (Gaffelketsch), gebaut 1907 bei Heinrich Fack/Itzehoe, Länge 17,86 m, Breite 4,11 m, Tiefgang 1 m

KARL FRIEDRICH STEEN (HHLA I)
Schwimmkran, gebaut 1928 bei der Deutschen Werft/Hamburg-Finkenwerder, Länge 26,47 m, Breite 15,10 m, Tiefgang 1,40 m

HAFENCITY-AUSFLUG: STADTENTWICKLUNG AUS DER VOGELPERSPEKTIVE

Start-und Endpunkt
Elbphilharmonie (U-Bahnhof Baumwall: U-Bahn Linie U3. Bushaltestelle Am Kaiserkai/Elbphilharmonie: Bus Linien 2+11. Anleger Elbphilharmonie: HADAG-Fähre Linie 72)

Dauer
etwa 2 Stunden

Route
Platz der Deutschen Einheit → Sandtorhafen (Am Kaiserkai) → Sandtorpark → Tokiostraße → Überseeboulevard → Osakaallee → Störtebeker Ufer → Osakaallee → Magdeburger Brücke → Elbtorpromenade → Versmannkai → Baakenhafen-Brücke → Baakenallee → Lola-Rogge-Platz → Baakenpark → Baakenparkbrücke → Versmannkai → Lohsepark → Koreastraße → Elbtorpromenade → Magdeburger Brücke → Überseeallee → San-Francisco-Straße → Hübenerstraße → Marco-Polo-Terrassen → Dalmannkai → Platz der Deutschen Einheit

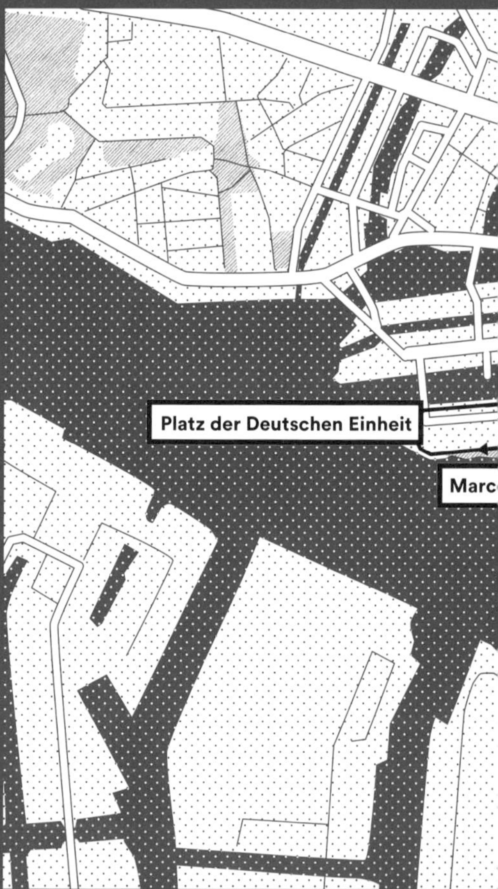

13

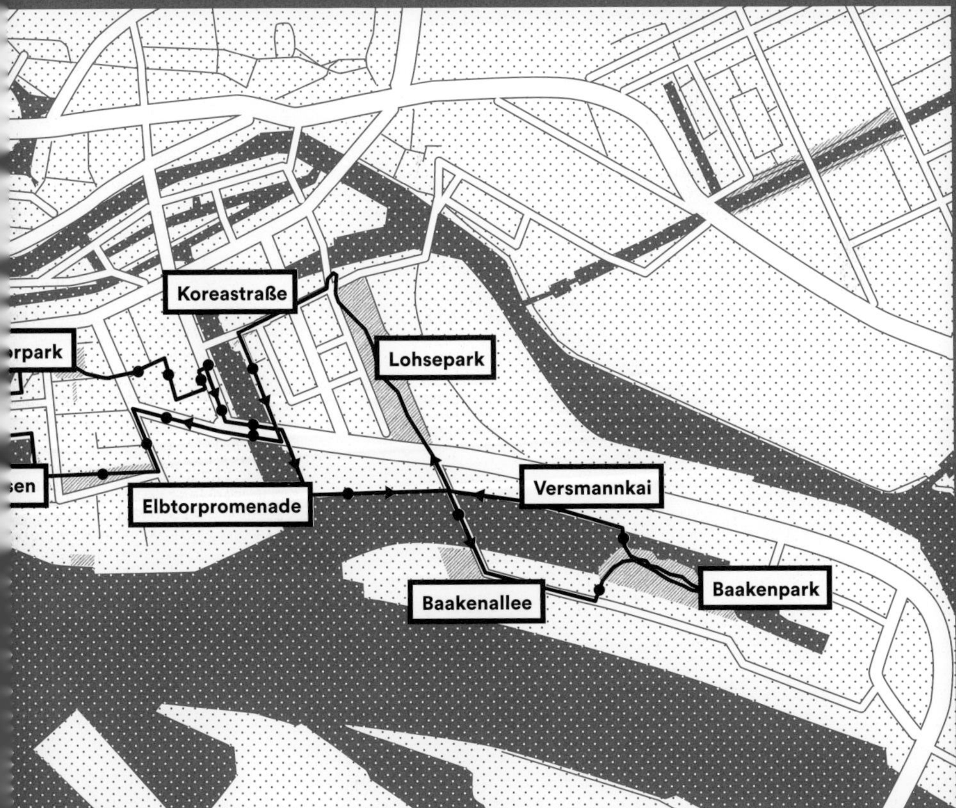

Koreastraße
rpark
Lohsepark
sen
Elbtorpromenade
Versmannkai
Baakenallee
Baakenpark

Vom Hafengebiet zum nachhaltigen Stadtteil – geht das? Auf der Suche nach ökologischen Strategien zwischen Hochhäusern, Kreuzfahrtschiffen und Apfelbäumen

Die Stadt erobert den Hafen

Viele Jahrhunderte lang galt in Hamburg eine alles dominierende Prämisse: Der Hafen muss wachsen, und dafür bekommt er den Platz, den er braucht. Für neue Hafenflächen wurden Wohnviertel und ganze Dörfer abgerissen, die Elbe und ihre Nebenflüsse wurden begradigt, vertieft und befestigt, neue Hafenbecken gruben sich in die Elbinseln zwischen Norder- und Süderelbe, alte Hafenbecken wurden zugeschüttet und bebaut. Wenn der Hafen kam, mussten die Natur und die Bewohner weichen. Dieses Prinzip gilt noch immer, jedoch nicht überall: Auf dem Großen Grasbrook verschwand der Hafen und machte Platz für das „größte innerstädtische **Stadtentwicklungsprojekt** Europas": die Hafencity. Vorangegangen war die Containerisierung des Warentransports über See, die ab Mitte der 1960er Jahre auch zu einer Neustrukturierung des Hafenumschlags geführt hatte. Der klassische Stückgutumschlag, für den Häfen wie der Sandtorhafen entwickelt und angelegt worden waren (→ **Tour 1**), verlor an Bedeutung, stattdessen entstanden neue Containerterminals im Westen des Hafengebiets. In der Folge wurden viele stadtnahe Hafenanlagen nicht mehr genutzt. In den 1990er Jahren erkannten einige Architekten und Stadtplaner das Potenzial des Areals und konnten den damaligen Ersten Bürgermeister Hamburgs, Henning Voscherau, für die Idee einer **City im Hafen** begeistern. In aller Heimlichkeit kaufte die Stadt die Grundstücke, die ihr noch nicht gehörten, und begann mit den Planungen für den neuen Stadtteil. Für die damals noch erhaltenen alten Hafen- und Industrieanlagen rund um den Sandtor-, Grasbrook- und Baakenhafen war in diesem Entwurf

Kaiserspeicher 1931

Sandtorhafen Ende der 1990er Jahre und dieselbe Perspektive 2023

kein Platz, auch wenn Museumsleute im Nachkriegsschuppen am Sandtorkai gern ein Hafenmuseum eingerichtet hätten. Doch der wurde ebenso abgerissen wie die Kaffeelagerei der Neumann-Gruppe, das alte Kraftwerk und die Kaischuppen am Baakenhafen.

Vom Kaispeicher zum Konzerthaus

Zu den wenigen Gebäuden, die stehen bleiben durften, gehörte der Kaispeicher A auf dem Kaiserhöft zwischen dem Sandtor- und dem Grasbrookhafen, der Ausgangspunkt dieser Tour. An dieser Stelle war bereits 1875 sein Vorgänger, der sogenannte **Kaiserspeicher**, errichtet worden. Er hatte den Grundriss eines gleichschenkligen Dreiecks mit etwa einhundert Meter langen Seiten und stand direkt am seeschifftiefen Wasser, so dass die Schiffe von den Kais unmittelbar in den Speicher mit Keller, Parterregeschoss und vier darüberliegenden Böden löschen konnten. Weithin sichtbar war sein markanter Turm, bei dem es sich um den Schornstein der Dampfkesselanlage handelte. Auf diesem befand sich ein sogenannter **Zeitball**: eine Kugel, die täglich um kurz vor 12 und 13 Uhr hochgezogen wurde und mit Erreichen der vollen Stunde herabfiel. Dies war eine in vielen Hafenstädten übliche Einrichtung, die es ermöglichte, die Borduhren der Schiffe zu stellen. Die Kenntnis der genauen Zeit an einem bestimmten Ort war wesentlich für die Navigation auf See, denn die Abweichung der jeweiligen Ortszeit von einem Referenzort ermöglichte die Längengradbestimmung. 1963 wurde der Kaiserspeicher, der im Zweiten Weltkrieg schwer beschädigt worden war, abgerissen.

Kaispeicher A von Osten gesehen (1990er Jahre)

An seiner Stelle entstand nach Plänen des Architekten Werner Kallmorgen der neue **Kaispeicher A**, der 1966 fertiggestellt wurde. Statt der historisierenden Zinnen, Türmchen und Giebel seines Vorgängers regierte nun der reine Funktionalismus eines geschlossenen, kubischen Baukörpers aus Stahlbeton. Lediglich die Gestaltung der Außenmauern aus rotem Backstein nahm Bezug auf die traditionelle Architektur der Hamburger Speicherbauten. Mithilfe von vier Halbportalkränen wurde die Ware (vor allem Kaffee und Kakao) in den Speicher gelöscht – drei dieser Kräne wurden restauriert und schmücken heute wieder die Südseite des Gebäudes. Als bald nach der Eröffnung des Speichers der konventionelle Stückgutumschlag erst langsam und dann immer schneller von der Containerschifffahrt abgelöst wurde, hätte dies auch sein Ende bedeuten können, doch für ihn wurde eine ungewöhnliche neue Nutzung gefunden: Er dient als Sockel für die vom Architekturbüro Herzog & de Meuron entworfene **Elbphilharmonie**, deren Bauphase von vielen Problemen, Verzögerungen und Kostensteigerungen begleitet war. Beim 2007 erfolgten Baustart waren die Baukosten noch mit 186 Millionen Euro veranschlagt worden. Bis zur Fertigstellung im Jahr 2017 summierten sich die Gesamtkosten auf mindestens 866 Millionen Euro, von denen 789 Millionen aus dem Haushalt der Stadt Hamburg stammten.

Neben dem Großen und dem Kleinen Saal beherbergt das Gebäude der Elbphilharmonie auch ein Hotel, mehrere Restaurants und, nach Westen hin, 45 Wohnungen. Öffentlich zugänglich ist die sogenannte **Plaza**, die auf dem Dach des Kaispeichers A, also unter dem Neubau angelegt wurde. Man benötigt dafür allerdings ein Ticket, das man vor Ort bekommen oder für zwei Euro im Vorwege reservieren kann. Anfang 2023 war das Vor-Ort-Ticket noch kostenlos, es wurde jedoch erwogen, auch dafür eine Gebühr zu erheben.

Vogelperspektiven

Ist man über die lange, gebogene Rolltreppe (oder einen Aufzug) auf die Plaza gelangt, bietet sich von dort aus ein weiter Blick aus 37 Metern Höhe über den Hafen, die Stadt und natürlich auch die Hafencity. Diese Vogelperspektive stellt gleich im doppelten Sinn das Motto dieser Tour durch die Hafencity dar: Zum einen ist das Viertel inzwischen so groß geworden, dass uns die Blicke von verschiedenen erhöhten Standorten dabei helfen, uns zurechtzufinden und Zusammenhänge zu erfassen. Zum anderen wird der Ausdruck ganz wörtlich genommen: Denn die Hafencity rühmt sich damit, in Planung und Umsetzung **Nachhaltigkeit und Biodiversität** zu berücksichtigen. Ist das gelungen? Sind die kleinen Rasenflächen und Jungbäume zwischen den massiven Bauten aus Glas, Stahl und Beton mehr als rein dekoratives Architektengrün? Nehmen wir also die Vögel in den Fokus, die sich in dem neuen Stadtteil beobachten lassen und zum Teil sogar dauerhaft angesiedelt haben. Als Bioindikatoren zeigen sie uns, wo eine nachhaltige

Elbphilharmonie im Bau (2010)

Stadtentwicklung geglückt ist und wo noch nachgebessert werden muss. Von der Plaza aus können wir mit Sicherheit **Möwen** beobachten, vor allem Lach-, Sturm- und Silbermöwen. Über der Elbe segelnd, auf ihren Wellen schaukelnd oder von erhöhten Sitzwarten aus nach etwas Essbarem Ausschau haltend. Hafenmöwen sind stets bereit, sich auf nahrhafte Funde zu stürzen und diese mit viel Geschrei gegen hungrige Artgenossen zu verteidigen. Neben diesem sehr lebendigen Treiben kann man auf der Plaza gelegentlich auch weniger schöne Entdeckungen machen: tote Vögel, die gegen die Fassade der Elbphilharmonie geflogen und an den Folgen des Aufpralls gestorben sind. Leider kommt es an den Glasscheiben hoher Gebäude häufig zu solchen tödlichen Kollisionen, denn wie es in einer Untersuchung zum Thema Vogelschlag an Hamburger Hochhäusern heißt: „Evolutiv sind Vögel nicht auf unerwartete Hindernisse im Luftraum vorbereitet.“ (→ **Tour 7**)

Brütende Silbermöwen im Hansahafen

Die Plaza ermöglicht eine vollständige Umrundung des Gebäudes, und von ihrer Ostseite kann man den **Sandtorhafen** überblicken, an dem die ersten Neubauten der Hafencity errichtet wurden. Das Quartier, das aus Büro- und Wohngebäuden besteht, wurde 2005 fertiggestellt, drei Jahre später erfolgte die Einweihung des Traditionsschiffhafens, an dessen geschwungener Pontonanlage unter anderem alte Segelboote, Arbeitsschiffe und Barkassen festgemacht haben. Gleich neben der Mahatma-Gandhi-Brücke, die als Klappbrücke für die Durchfahrt größerer Schiffe geöffnet werden kann, startet unsere Tour. Zunächst spazieren wir auf der Promenade des **Kaiserkais**, also auf der Südseite des Hafens, bis zum Ende des Hafenbeckens. Die beiden alten Kaikräne, an denen wir vorbeikommen, sind nicht mehr in Funktion, erinnern aber an die Geschichte des Sandtorhafens als erstem modernen Hafenbecken der Stadt (→ **Tour 1**). Auf den Wasserflächen lassen sich häufig Reiherenten und Kormorane beobachten, ein Stockentenpaar schaffte es sogar, hier zu brüten und seine Jungen aufzuziehen. Das Füttern von Wasservögeln, so gut es auch gemeint sein mag, ist in Hamburg übrigens nicht gestattet. Das ins Wasser geworfene Brot schädigt das Gewässer, und die Teigwaren entsprechen so gar nicht dem eigentlichen Nahrungsspektrum der Enten.

Der erste Bauabschnitt

In den Anfangsjahren der Hafencity erregte allerdings kein Vogel die Aufmerksamkeit, sondern ein ganz anderes Tier: die Brückenspinne (Larinioides sclopetarius). Zeitweise kamen nicht nur an den Brücken, sondern auch an den Wänden, Fenstern und Balkonen der Gebäude Millionen dieser Gliedertiere vor, da ihnen zum einen der Lebensraum zusagte (Wassernähe, Bauwerke mit Nischen und nächtliche Beleuchtung, die Insekten anzieht) und zum anderen natürliche Feinde fehlten: Wo keine Bäume sind, sind auch keine Vögel, die sich über die fetten Spinnen hermachen würden. Die einzelnen Gleditschien und Kirschbäume auf dem Kaiserkai stellen jedenfalls keinen Lebensraum für Kohlmeisen und andere Insektenfresser dar, hier lassen sich allenfalls einmal Straßentauben oder Haussperlinge für eine schattige

Blick von der Elbphilharmonie-Plaza auf den Sandtorhafen

Pause nieder. Auch die wenigen Bachstelzen konnten die Spinnen mit ihren hohen Reproduktionsraten nicht dezimieren. Als Investoren begannen, sich um den Wert ihrer Immobilien zu sorgen, wurden Biologinnen und Biologen der Uni Hamburg beauftragt, die Spinnen zu erforschen und Mittel zu finden, wie man ihre Ausbreitung eindämmen könnte. Eine Stadtplanung, die von Anfang an biologische Vielfalt angestrebt und gefördert hätte, hätte das Problem gar nicht erst aufkommen lassen.

Beim Betrachten der rings um den Sandtorhafen liegenden Gebäude fällt auf, dass deren Erdgeschosse größtenteils fensterlos sind. Da das Areal nicht eingedeicht ist, muss der **Hochwasserschutz** hier auf andere Art hergestellt werden. In diesem Fall dadurch, dass die Bauwerke auf stabilen Sockelgeschossen errichtet wurden, den sogenannten Warften, deren Zugänge bei Sturmfluten mit Schotts abgeriegelt werden können. Zusätzlich ermöglichen erhöhte Fußgängerwege auch im Hochwasserfall das Verlassen der Gebäude und des Viertels in Richtung Innenstadt.

Sandtorhafen mit Kaiserkai (links) und Elbphilharmonie

Auf die verschiedenen Gebäude selbst kann hier aus Platzgründen nicht näher eingegangen werden. Informationen über die Architektur der Hafencity findet man jedoch in vielfältigen Publikationen und im Internet (siehe Tipps am Ende dieser Tour). Lange informierte das HafenCity-InfoCenter im nahe gelegenen Kesselhaus über den aktuellen Stand der Entwicklungen, dort befand sich auch ein großes Modell der Hafencity. Anfang 2023 stand noch nicht fest, wo dieses Stadtmodell seinen zukünftigen Platz finden wird. Ein Besuch lohnt sich auf jeden Fall, schließlich ermöglicht uns das Modell, die Hafencity aus der Vogelperspektive zu erleben: So sehen also kreisende Seeadler oder überfliegende Kraniche unsere Stadt.
Wir dagegen müssen auf dem Boden bleiben und überqueren nun die am Ende des Sandtorhafens liegenden Magellan-Terrassen, auf denen ein Sammelsurium vor allem exotischer Jungbäume gepflanzt wurde. Anschließend überqueren wir die Straße und gelangen in den **Sandtorpark**, der auf einem zugeschütteten Teil des Sandtorhafens angelegt wurde. „Park" ist allerdings ein recht großes Wort für diese eher kleine, durch Hügel aufgelockerte Rasenfläche, auf der wieder eine bunte Baumvielfalt vertreten ist. Neben Scharlacheichen, Ahorn- und Kirschbäumen finden sich hier auch einige Magnolien und Edelkastanien. Zwischen dem Park und der südlich davon liegenden Grundschule, deren Schulhof sich auf deren Dach befindet, gehen wir nun weiter in Richtung Osten, überqueren die Straße Am Sandtorpark und folgen der Tokiostraße, die bald den Überseeboulevard kreuzt: eine von Geschäften und Restaurants umgebene Fußgängerzone. Obwohl das Wegekonzept der Hafencity bestrebt ist, vom Autoverkehr losgelöste Verbindungen für Fußgängerinnen und Radfahrer zu schaffen, orientiert es sich doch am Autoverkehr. Viele große Straßen durchkreuzen das Viertel, Radwege sind schmal oder wurden nachträglich auf die Straßen gemalt, und wer zu Fuß geht, muss vor der Straßenüberquerung oft an Ampeln warten.

Sandtorpark

Perspektivwechsel

Zumindest auf dem Überseeboulevard kann man also autofrei flanieren. Die großen Schaufenster der Läden erscheinen dabei zunächst selbstverständlich, verwundern aber, wenn man sich an die fensterlosen Sockelgeschosse der Gebäude am Sandtorhafen erinnert.
Im Unterschied zu diesen wurden die Gebäude im Überseequartier nicht auf einzelnen Warften errichtet, sondern das gesamte Gelände wurde als Flutschutzmaßnahme einige Meter hoch aufgeschüttet. Dies wird deutlich, wenn wir uns das schräg gegenüberliegende

historische Backsteingebäude auf der Ostseite des Überseeboulevards ansehen: Es sieht tiefergelegt aus, als wäre es in den Boden gesunken. Tatsächlich steht das denkmalgeschützte **Alte Hafenamt**, der ehemalige Sitz des Amts für Strom und Hafenbau, noch genau dort, wo es 1885/86 errichtet wurde. Doch der Standort erscheint durch das stark erhöhte Bodenniveau der umliegenden Neubauten inzwischen wie eine Grube – ein recht merkwürdiger Anblick. Wenn wir gegen den Uhrzeigersinn um das Gebäude, das heute zu einem Hotel umgebaut wurde, herumgehen, können wir auch einen Blick in seinen schönen Innenhof werfen. Die dort stehende **Linde** ist deutlich älter als die Gebäude der Hafencity und sicherlich der älteste Baum, dem wir auf der bislang zurückgelegten Strecke begegnet sind. Ein Baum dieses Alters könnte tatsächlich einigen Vogelarten einen Brutplatz bieten, und auf seinem Stamm, den Ästen, Zweigen und Blättern lassen sich bestimmt so einige nahrhafte Insekten aufpicken. Wer in seinem Schatten Platz nimmt, muss sich allerdings mit der ungewohnten Froschperspektive auf die angrenzende Straße begnügen. An der links von uns liegenden Ampel überqueren wir die Osakaallee und gehen anschließend rechts hinunter auf die Promenade am Magdeburger Hafen, an der sich der Zugang zum HafenCity **Nachhaltigkeits-Pavillon Osaka 9** befindet. Dort gibt es Informationen und eine Ausstellung, die zum Thema dieser Tour passen, denn es geht um ökologische und nachhaltige Stadtentwicklung, außerdem werden unter fairen Bedingungen produzierte Getränke und Snacks in Bioqualität angeboten.

Altes Hafenamt am Überseeboulevard

Unser Route führt nun noch ein Stück am Magdeburger Hafen entlang und dann zurück auf die Osakaallee. Während diese Straße von nicht-heimischen **Japanischen Schnurbäumen** gesäumt ist, die keinem tierischen Hafencity-Bewohner Nahrung bieten, stellt die kleine, grüne Böschung vor der Magdeburger Brücke einen passenden Standort für die drei schönen **Silberweiden** dar. Im April und Mai sind die Blüten dieser Bäume eine wichtige Nahrungsquelle für Bienen und Schmetterlinge. Wir überqueren nun die Brücke, halten uns gleich dahinter rechts und gelangen auf einen Platz und eine Promenade am Wasser. Von hier eröffnet sich ein Blick hinüber zum Überseequartier auf der Westseite des Magdeburger Hafens, dessen Neubauten aus Glas und Beton einen starken Gegensatz zu der alten Hafenmauer aus Basaltsteinen bieten. Nach Süden hat man freie Sicht auf und über die Elbe, nach Osten öffnet sich der Baakenhafen, an dem sich der jüngste Teil der Hafencity im Bau

13

View Point am Baakenhafen

befindet. Dessen Südwestspitze, der Baakenhöft, wird zumindest temporär von einem futuristischen Ufo-artigen Gebäude namens „Lighthouse Zero“ dominiert: der Prototyp eines Gebäudes, das sich dank seiner Errichtung auf einem einzelnen Schaft auch auf schwierigen Baugründen wie Ufern oder Bergen errichten ließe. Wir gehen nun am Gebäude der **HafenCity Universität** (HCU) für Baukunst und Metropolenentwicklung und einem weiteren kleinen Platz entlang bis zur Baakenhafenbrücke und über diese auf die Südseite des Baakenhafens.

Gleich dahinter eröffnet sich die nächste Möglichkeit für eine Vogelperspektive: Der 13 Meter hohe orangefarbene **View Point** begleitet seit 2004 an wechselnden Standorten die Entwicklung der Hafencity. Von hier aus kann man sowohl den Baakenhafen überblicken als auch den westlich liegenden Schuppen 29. Dessen Dach bietet „bodenbrütenden“ Vogelarten die Möglichkeit, ihre Nester in einer Umgebung anzulegen, in der sich keine Prädatoren wie Fuchs und Marder mit ihrem Appetit auf Eier oder Jungvögel herumtreiben. Tatsächlich brütete hier viele Jahre lang eine Kolonie Sturmmöwen. An heißen Tagen ließ sich beobachten, wie die auf den Eiern sitzenden Altvögel zur Kühlung durch die geöffneten Schnäbel atmeten und wie sich später die Jungvögel in den schmalen Schatten der Dachbrüstung kauerten. Zwar können Vögel Hitze besser vertragen als Säugetiere, doch kann man ihnen das Leben erleichtern, wenn man ihnen an heißen Sommertagen im heimischen Garten oder auf dem Balkon flache Schalen mit sauberem Wasser bereitstellt, von dem sie trinken und in dem sie baden können.

Kreuzfahrtschiffe und Luftbelastung

Bei dem gleich südlich des Schuppens liegenden Gebäude handelt es sich um das **Cruise Center Baakenhöft**. Das erste Kreuzfahrtschiff-Terminal der Hafencity wurde bereits 2004 eröffnet, lag damals noch etwas weiter westlich und führte zu einiger Kritik: Denn während der Liegezeiten im Hafen lassen die Schiffe zur Erzeugung des Bordstroms ihre Maschinen, sprich ihre Dieselmotoren, laufen. Eine Studie quantifizierte die dabei von den Kreuzfahrtschiffen ausgestoßenen Schadstoffe und machte deren Menge durch einen griffigen Vergleich fassbar: Ein Kreuzfahrtschiff stößt pro Stunde etwa so viel **Feinstaub** aus wie 50 000 Pkw, die 130 Stundenkilometer fahren. Dazu kommen weitere giftige Substanzen wie Schwefeldioxid, Stickoxid und Benzol. Doch während die Proteste von Anwohnern und Umweltschutzverbänden gegen die Luftverschmutzung durch Kreuzfahrtschiffe andauern, preist die Stadt Hamburg den Kreuzfahrttourismus weiterhin als wirtschaftlichen Faktor und fördert ihn nach

Kräften: durch die Einrichtung von inzwischen drei Terminals, die Ausrichtung von Kreuzfahrtschifftaufen als medialen und touristischen Großereignissen sowie die jährlich stattfindenden Hamburg Cruise Days, zu denen sich gleich mehrere Kreuzfahrtriesen gleichzeitig durch den Hamburger Hafen schieben und die Schadstoffbelastung nicht nur in der Hafencity in die Höhe schießen lassen. 2022 liefen 313 Kreuzfahrtschiffe den Hamburger Hafen an.

Ein grüneres Quartier

Wir drehen dem Terminal nun den Rücken zu und gehen auf der Baakenallee nach Osten. Auch an dieser Straße wurden vereinzelte Straßenbäume gepflanzt, deren Attraktivität deutlich dadurch gewinnt, dass sich engagierte Menschen aus der Nachbarschaft um die Bepflanzung der Baumscheiben kümmern. Die bunt blühenden Blumen und Kräuter sehen nicht nur schön aus, sie bieten auch Insekten Nahrungs- und Unterschlupfmöglichkeiten. Und diese Tiere sind wiederum Nahrung für Vögel, von denen wir bislang auf der Tour, abgesehen von einigen Möwen, Haussperlingen und Straßentauben, nur wenige gesehen haben. Dies ändert sich, wenn wir auf dem Lola-Rogge-Platz links abbiegen und den **Baakenpark** betreten. Diese Grünanlage ist deutlich größer dimensioniert als der Sandtorpark, für sie wurde eigens eine Halbinsel im Baakenhafen aufgeschüttet. Im Gegensatz zu den meist geraden und rechtwinklig verlaufenden Straßen der Hafencity schlängeln sich hier Wege mit vielen Windungen am Wasser entlang, über Wiesen und Hügel, vorbei an Sportflächen und einem „Treibgut-Spielplatz". Bei der Auswahl der Bäume wurde hier offensichtlich mehr Wert auf Naturnähe gelegt, denn statt rein dekorativer

Baakenhafen

Strandgutspielplatz im Baakenpark

Neophyten finden sich hier Eichen, Kiefern, Lärchen und Apfelbäume. Neben monoton grünen Rasenflächen wurden auch einige Blühwiesen angelegt, und die Uferbereiche bieten sogar Raum für kleine **Schilfröhrichte**. Tatsächlich haben verschiedene Vögel wie Hausrotschwänze, Meisen und Elstern diese grüne Nische entdeckt und bereichern den Stadtraum mit ihrem Gesang und ihrer bloßen Anwesenheit. Welche positiven Auswirkungen das Vorkommen von Vögeln in Städten haben kann, beschreibt der Journalist Thomas Krumenacker, der verschiedene Studien dazu ausgewertet hat. Sie konnten zeigen, „dass Vögel einen positiven Einfluss auf die psychische Gesundheit und das verträgliche Zusammenleben von Menschen in dicht bebauten Großstadtvierteln haben können. [...] Viele Vögel in der Umgebung machen Menschen zufrieden.“ Um von diesem positiven Effekt zu profitieren, müssen wir die Vögel natürlich auch beobachten können, wofür sich besonders gut der 15 Meter hohe **Himmelsberg** am östlichen Ende des Parks eignet. Auf dessen Gipfel befindet sich eine Aussichtsplattform mit Sitzgelegenheiten im Schatten zweier tapferer, kleiner Eichen, deren Stämme leider durch unzählige in die Rinde geschnittene Initialen beschädigt wurden. Gleich gegenüber des Himmelsbergs steht das mit 64 Metern Höhe höchste Holzgebäude Deutschlands. Dessen untere vier Geschosse werden von der Deutschen Wildtier Stiftung gemietet, die dort ihre Zentrale und eine Ausstellung zum Thema Natur- und Artenschutz unter dem Namen „Fuchs, Hase & Co.“ eröffnet. Auch Filmvorführungen, Veranstaltungen und Bildungsangebote können dort stattfinden.
Vom Baakenpark aus führt eine **Fußgängerbrücke** auf die Nordseite des Baakenhafens. Auf dessen breiter Uferpromenade, an deren Kante noch alte Poller der früheren Kaistreckeninfrastruktur zu finden sind (→ **Tour 3**), gehen wir anschließend wieder in Richtung Stadt. Nach der Unterquerung der Baakenhafenbrücke führt unser Weg über die Terrassen des Platzes hoch zur Überseeallee. Hier befindet sich auch der Eingang zur U-Bahn-Station HafenCity Universität (Linie U4). Die moderne Gestaltung der Station nimmt mit Materialien wie geätztem Stahl, speziellem Lichtdesign und einer akustischen Klangcollage Bezug auf das Thema Hafen.

Himmelsberg

Blick vom Himmelsberg über den Baakenhafen

Nördlich der Straße betreten wir nun die größte Grünfläche der Hafencity, den 2016 eröffneten **Lohsepark**. Auf 4,4 Hektar finden sich hier Rasenflächen, fünfhundert Bäume, Spielplätze, Sportanlagen und die Hochbeete des Urban Gardening-Projekts vom Verein Spielhaus HafenCity. Ein kleines Areal wurde eingezäunt und darf sich nach einigen Initialanpflanzungen als sogenannte **Mini-Wildnis** weiterentwickeln. Für Höhlenbrüter wie Spatzen und Meisen wurden etliche Nistkästen aufgehängt. Längst haben Stadtplaner erkannt, welch vielfältige Funktionen Grünflächen in der Stadt erfüllen. Sie halten Wasser zurück und senken an heißen Tagen durch Schatten und Verdunstungskälte die Umgebungstemperatur, sie stellen attraktive Aufenthaltsorte für Menschen sowie Lebensräume für Tiere und Pflanzen dar. In dieser Hinsicht hat der Lohsepark jedoch noch einigen Verbesserungsbedarf. Die AG Grün des

Apfelbaum im Lohsepark

denk.mal Hannoverscher Bahnhof

Netzwerks HafenCity e.V. hat eine Liste mit Empfehlungen erarbeitet, um die ökologische Vielfalt des Quartiers zu verbessern. Darunter fallen die Anpflanzung von Hecken aus einheimischen, fruchttragenden Gehölzen, die Schaffung von Bade- und Trinkmöglichkeiten für Vögel, die Entsiegelung von Flächen, das Anlegen von Blühwiesen unter Verwendung von Regio-Saatgut und ein verbindliches Vogelschutzkonzept für neue und bestehende Gebäude.
Auf unserem weiteren Spaziergang durch den Park gelangen wir nun zum runden Lohseplatz, dem früheren Vorplatz des Hannoverschen Bahnhofs, der im Zweiten Weltkrieg beschädigt und später abgerissen wurde. Von diesem Bahnhof aus wurden zwischen 1940 und 1945 8000 Juden, Sinti und Roma in Ghettos, Konzentrations- und Vernichtungslager deportiert. Der Ort spielte im öffentlichen Gedächtnis lange keine Rolle, zuletzt wurde er als Lkw-Parkplatz genutzt. Im Zuge der Entwicklung der Hafencity entstand jedoch der Wunsch, hier einen Gedenk- und Lernort einzurichten. Ein „Fuge" genannter, schottergesäumter Weg verbindet nun den Lohseplatz mit dem früheren Gleis 2, das zum **denk.mal Hannoverscher Bahnhof** umgestaltet wurde: Seit 2017 erinnern Tafeln mit den Namen und Geburtsdaten an die Deportierten. Außerdem wurde am Lohseplatz ein Infopavillon eingerichtet, der in den nächsten Jahren noch durch ein Dokumentationszentrum ergänzt werden wird.

Biodiversität im Fokus

Am nördlichen Ende des Lohseparks lohnt sich noch ein Blick auf die naturnah mit Schilf und Weiden gestaltete Uferböschung des Ericusgrabens. Anschließend biegen wir links ab und folgen der Koreastraße bis zum Magdeburger Hafen, wo wir uns wieder links halten und auf der Promenade in Richtung Süden gehen. Im Atrium des angrenzenden Bürobaus befindet sich eine Ausstellung von **Greenpeace**, die Informationen zu Themen wie Meeresverschmutzung, Vernichtung der Regenwälder, Energie und Landwirtschaft sowie zu Kampa-

EXTRA INFO

VÖGEL IN DER STADT

Haussperling im Grasbrookpark

Auch wenn es auf den ersten Blick merkwürdig wirkt: Tatsächlich stellen Städte für viele Vögel einen attraktiven Lebensraum dar. Im Gegensatz zur flurbereinigten Agrarlandschaft finden sie hier eine Vielfalt unterschiedlicher Strukturen. Ursprüngliche Felsenbewohner wie Dohlen, Mauersegler, Turm- und Wanderfalken nutzen Gebäude und andere Bauwerke wie Brücken oder Kamine als Brutplätze. Waldbewohner sowie Arten halboffener Kulturlandschaften wie Amseln, Buntspechte, Habichte, Kolkraben, Rotkehlchen, Uhus und Zaunkönige bevölkern die Gärten und Grünanlagen der Stadt, in denen nicht gejagt wird und (hoffentlich) keine Pestizide verwendet werden. An den Gewässern kommen noch Vögel wie Blässrallen, Enten, Graureiher, Haubentaucher und Teichhühner dazu. Insgesamt brüten in Hamburg etwa 160 Vogelarten, in der Hafencity wurden bislang 24 davon als Brutvögel festgestellt – da könnte also noch wesentlich mehr gehen, wenn man in der Planung die Belange der tierischen Mitbewohner verstärkt berücksichtigen würde. ●

gnen der Umweltschutzorganisation bietet. Auf dem Dach des Gebäudes befinden sich drei Windräder und eine Photovoltaik-Anlage zur Versorgung des Hauses mit erneuerbaren Energien. Die Technik der Windenergieanlagen, die sich im Warftgeschoss des Hauses befand, wurde allerdings bei einem Hochwasser so stark beschädigt, dass eine Wiederinbetriebnahme der Anlagen nicht möglich war. Sie sollen nun durch weitere Photovoltaikanlagen ersetzt werden. Bei den Windrädern handelt es sich übrigens um vertikale **Windkraftanlagen**, deren Rotoren sich um den Mast selbst herum drehen. Solche Anlagen gelten zum einen im Vergleich mit den üblichen horizontalen Windrädern als leiser und als optisch weniger störend, wodurch sie sich für einen Einsatz im Stadtgebiet eignen könnten. Zum anderen sind ihre Rotoren für Vögel und

Baustelle des Westfield-Übersee-Quartiers von der Elbe aus gesehen

Fledermäuse deutlich besser zu erkennen, wodurch die Gefahr einer tödlichen Kollision stark reduziert wird.
Bei der Standortsuche für den Bau von Windrädern wird häufig darüber gestritten, ob durch deren Betrieb „nur" Individuen oder ganze Populationen zu Schaden kommen. Der Entstehung von Arten, also der Entwicklung der Biodiversität, wird sich das neue Naturkundemuseum **Evolutioneum** widmen, das auf dem gleich südlich angrenzenden Baufeld angesiedelt wird. Selbstverständlich wird in dem Projekt des Leibniz-Instituts zur Analyse des Biodiversitätswandels, das von dem Evolutionsbiologen Matthias Glaubrecht geleitet wird, auch das globale, rasant fortschreitende und weitreichende Artensterben eine zentrale Rolle einnehmen.

Höher, größer, dichter

Am Ende der Promenade angelangt überqueren wir die Baakenbrücke in westlicher Richtung, folgen der Überseeallee und biegen vor dem Blockheizkraftwerk, das die Hafencity mit Energie versorgt, links ab in die San-Francisco-Straße. Wir umrunden so das 2023 noch im Bau befindliche **Westfield-Überseequartier**. Hier wird noch einmal in ganz großem Maßstab rangeklotzt: So entstehen unter anderem drei sechzig bzw. siebzig Meter hohe Bürogebäude, mehrere Gebäude mit hochpreisigen Wohnungen, drei Hotels und ein Einkaufscenter mit überdachter Shoppingstraße, fünfzig Gastronomiebetriebe sowie ein Großkino. Für das ursprünglich ebenfalls an diesem Standort geplante Science Center, für das schon ein Entwurf des Architekten Rem Koolhaas vorlag, ist hier nun kein Platz mehr. Den westlichen Abschluss des sogenannten Mixed-use-Projekts wird außerdem das neue Cruise Center HafenCity mit gleich zwei Liegeplätzen für Kreuzfahrtschiffe und einer unterirdischen Busstation bilden. An diesem Terminal wird zwar die Infrastruktur für eine Landstromversorgung der Schiffe bereitgestellt, deren Nutzung wird jedoch nicht vorgeschrieben.

Insgesamt prognostiziert der Entwickler des Überseequartiers, die Unibail-Rodamco-Westfield-Gruppe, pro Jahr 16,2 Millionen Besucherinnen und Besucher des neuen Viertels. Viele Anwohner der Hafencity sehen diese Entwicklung mit Sorge, befürchten sie doch eine starke Zunahme des Verkehrs durch Zulieferer und Publikum. Auf einer Demonstration gegen die Fällung einiger Straßenbäume im September 2022 kritisierten Protestplakate die „für diesen Ort viel zu große“ Dimension des geplanten **Shoppingcenters** und forderten mehr Information und Beteiligung. Kritisiert wird auch die geplante Verkehrsführung des Zuliefererverkehrs durch mehrere Wohnstraßen. Der Nachbarschaftsverein Netzwerk HafenCity propagiert sogar ein generelles Tempo 30 in der Hafencity sowie den Rückbau aller vierspurigen Straßen, um Verkehrslärm und Schadstoffemissionen im Quartier zu senken. Würde man Vögel nach ihrer Meinung zum Überseequartier befragen, würden sicherlich zwei Kritikpunkte im Vordergrund stehen: zu wenig Grün und zu viel Glas. Vogelperspektive wird hier tatsächlich nur als Blick von oben verstanden, sei es aus einem Penthouse oder der Sky Bar.

Grasbrookhafen

Plätze für Vögel und Kinder

Einen kleinen Rückzugsraum finden Vögel noch im benachbarten **Grasbrookpark**, zu dem wir gelangen, wenn wir am Ende der San-Francisco-Straße rechts abbiegen. Der Park mit dem integrierten Spielplatz ist von Büschen und Bäumen bestanden und von dichten Feldahorn- und Hainbuchen-Hecken umgeben, die besonders Spatzen zu schätzen wissen. Wo Kindern naturnahe Spiel- und Freiräume eingeräumt werden, profitiert also auch die Vogelwelt. Wie Kinder selbst die Städte planen würden, kann zukünftig im Kinder-Architekturzentrum HOCHFORM am gleich westlich anschließenden Strandkai ausprobiert und erforscht werden. Die dort entstehenden Entwürfe werden sicherlich zu neuen Sichtweisen und spannenden Diskussionen anregen.

Der langgestreckte Park reicht bis zur Straße Großer Grasbrook, von der aus wir linker Hand das folienumhüllte Ex-Unilever-Haus sehen können, daneben steht der wie verdreht wirkende Marco Polo Tower. Nicht nur die auffällige Architektur dieses Wohnturms von Behnisch Architekten, sondern auch seine Lage haben sicherlich dazu beigetragen, dass sich in ihm die zur Zeit seiner Fertigstellung (2009) teuersten Wohnungen Hamburgs befanden. Damals handelte es sich bei dem 55 Meter hohen Turm um das höchste Bauwerk der Umgebung, doch seine Zeit als weithin sichtbare Landmarke ist schon wieder vorbei: Nun wird er von den Neubauten des Überseequartiers und der neuen Bebauung des Strandkais eingerahmt und überragt.

Wir betreten nun die gleich nördlich des Turms liegenden Marco-Polo-Terrassen am **Grasbrookhafen**. Dieses Hafenbecken wurde kurz nach dem Sandtorhafen als zweiter moderner Hafen Hamburgs eingerichtet (1872), seit dem Bau der Hafencity wird er nicht mehr genutzt. Frühe Planungen sahen hier den Bau einer Marina mit einer Pontonanlage ähnlich der im Sandtorhafen vor, doch vermutlich erschweren die erwartbar hohen Kosten für die Ausbaggerung des stark verschlickten Hafenbeckens sowie die Frage, wohin dieses Baggergut verbracht werden könnte, eine Umsetzung dieses Vorhabens. Der in verschiedenen Ebenen angelegte Platz am Ostende des Hafens verfügt über einige kleine Rasenflächen, auf denen unter anderem Sumpfzypressen angepflanzt wurden. Auf dem **Dalmannkai** können wir nun am Nordufer des Hafens entlang zurück zur Elbphilharmonie spazieren. Am Ende dieser Kaistrecke laden die begrünten Terrassen der Dalmannkai-Treppen zu einer letzten Pause ein, bei der einem vielleicht einige Hafencity-Spatzen Gesellschaft leisten. Was hat der Rundgang nun ergeben: Wird die Hafencity ihrem Anspruch, eine „ökologisch nachhaltige Stadt“ zu sein, gerecht? Antworten darauf gibt es viele, so wie es „die Hafencity“ nicht gibt. In den ersten Bauphasen spielte Biodiversität noch keine Rolle, in den neuen Teilen versucht man sie von Anfang an mitzudenken, zum Beispiel durch mehr begrünte Fassaden und Dächer und vielleicht sogar einige wilde Ecken. Und das nicht zuletzt, weil die Bewohnerinnen und Bewohner festgestellt haben, wie wichtig „Natur“ auch in ultraurbanen Quartieren ist: Kohlmeisen fressen Spinnen, Schwalben jagen Mücken, Bäume liefern Schatten und Luft, auf Gras kann man toben, Grün entspannt, Blumen sind schön, Kräuter duften, Insekten sind unverzichtbar, Möwen cool, und Spatzen machen Spaß. Die Hafencity könnte sicherlich mehr von allem gebrauchen, und zum Glück versteht sie sich als ein Stadtteil in ständiger Entwicklung. Wenn sich dort also mehr Vögel, Hummeln und andere Tiere niederlassen sollen, muss tendenziell mehr und hochwertigeres Grün entstehen – und dafür lohnt es sich bestimmt, immer wieder einmal die Vogelperspektive einzunehmen. ●

Dalmannkai-Treppen am Grasbrookhafen

AUSFLUGS- UND ENTDECKERTIPPS
IN DER HAFENCITY

● FÜR DEERNS UND JUNGS

Baakenpark an der Baakenallee/Baakenhafen
Mit Strandgut-Spielplatz, Sportplatz und Berg

Lohsepark
nördlich der U-Bahn-Station HafenCity Universität. Rasenflächen, Spielgeräte, Schaukeln, Basketballplatz, Skatepark

Piratenspielplatz im Grasbrookpark
zwischen Hübenerstraße und Am Grasbrookpark

● HAFENKULTUR

HafenCity
www.hafencity.com
Informationen über Gebäude, Quartiere, Stadtentwicklung und Veranstaltungen

HafenCity NachhaltigkeitsPavillon Osaka 9
Osakaallee 9, Zugang von der Uferpromenade am Magdeburger Hafen. Infos über ökologisch nachhaltige Stadtentwicklung, Rundgänge

Luftverschmutzung durch Kreuzfahrtschiffe
www.nabu.de/umwelt-und-ressourcen/verkehr/schifffahrt/kreuzschifffahrt/index.html

● BUCHTIPP

Matthias Glaubrecht: Das Ende der Evolution
Der Mensch und die Vernichtung der Arten. Prof. Dr. Glaubrecht, wissenschaftlicher Projektleiter des Evolutioneums, schildert in diesem fulminanten Buch die Verantwortung der Menschen für das Artensterben. Sein Fazit: „Wir müssen unsere Verhaltensweisen ändern, und zwar jetzt!“

● VERPFLEGUNG

In der Hafencity gibt es viele **Kioske**, **Bäckereien** und **gastronomische Betriebe**. Produkte aus ökologischer Landwirtschaft, die Lebensräume schafft und die Biodiversität fördert, bekommt man unter anderem im:

Buhjah Bowls
Baakenallee 19
vegan und vielfältig, Außenplätze am Baakenhafen

Weltcafé ElbFaire
Shanghaiallee 12
Frühstück, Mittagstisch, Café und Bistro im Ökumenischen Forum HafenCity (mit grünem Innenhof)

Alnatura Super Natur Markt
Überseeboulevard 5
Biolebensmittel, -backwaren und -kaffee

● SCHIFFE

CATARINA (ALT 287)
Fischer-Ewer (Gaffelketsch), gebaut 1889 bei Johann Brandt/Neuhof, Länge 13,96 m, Breite 4,57 m, Tiefgang 1,63 m

JONNE
Hafenbarkasse, gebaut 1942 bei Pohl & Jozwiak/Hamburg, Länge 10,30 m, Breite 2,50 m, Tiefgang 0,95 m

WELLENKRONE
Segelschiff, gebaut 2013 auf dem Piratenspielplatz/Grasbrookpark, Länge 15,98 m, Breite 5,10 m, Tiefgang etwa 1,50 m. Klar zum Entern!

GROSSE HAFEN-RUNDFAHRT: BARKASSEN, HADAG-FÄHREN UND MUSEEN

<u>**Start- und Endpunkt**</u>
St. Pauli-Landungsbrücken (S- und U-Bahnlinien S1, S2, S3, U3 sowie Hafenfähren)

<u>**Dauer**</u>
eine Stunde bis ein Tag

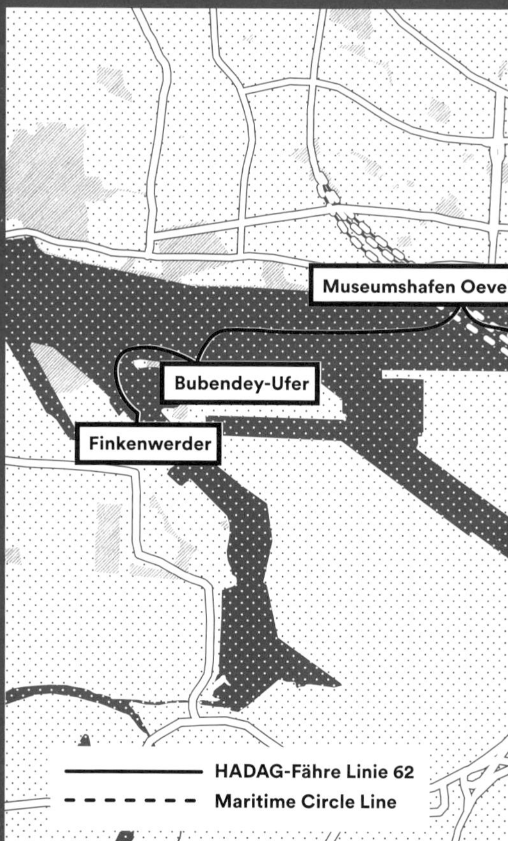

14

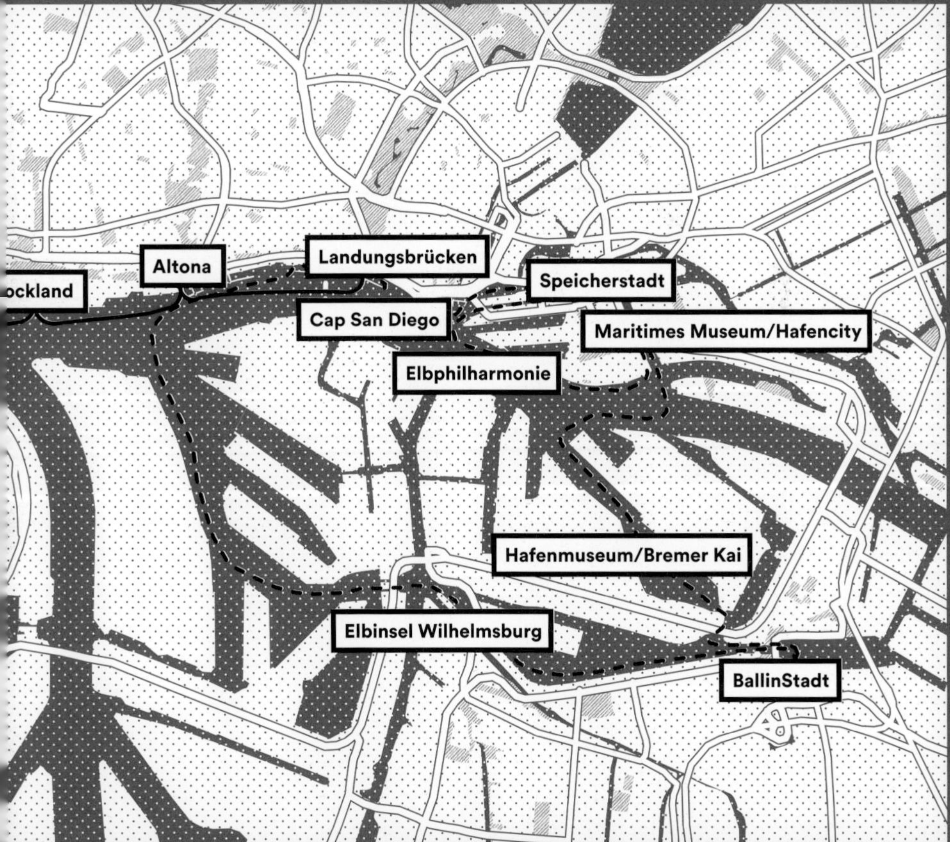

ockland
Altona
Landungsbrücken
Speicherstadt
Cap San Diego
Maritimes Museum/Hafencity
Elbphilharmonie
Hafenmuseum/Bremer Kai
Elbinsel Wilhelmsburg
BallinStadt

Alle an Bord, wir legen ab! Eine Auswahl unterschiedlicher Hafentouren zu Frachtschiffen und Großseglern, tollen Orten und interessanten Themen

Große Hafenrundfahrt

Eine Große Hafenrundfahrt ist natürlich die traditionellste Art und Weise für eine Tour durch den Hamburger Hafen. Unterschiedlichste Schiffe und Anbieter stehen dafür zur Verfügung, und längst nicht alle dieser Fahrten starten an den Landungsbrücken: Auch an der Überseebrücke, am Anleger Vorsetzen im City- und Sportboothafen sowie an der Hohen Brücke im Binnenhafen finden sich Standorte von Reedereien, die Törns mit historischen Barkassen oder modernen Fahrgastschiffen anbieten. Die St. Pauli-Landungsbrücken sind allerdings der klassische Einsteiger für Hafenrundfahrten, weshalb auch diese Tour dort beginnt.

Landungsbrücken

Wenn wir uns dem Komplex der Landungsbrücken von der Landseite nähern, nehmen wir zunächst das langgestreckte Sandsteingebäude wahr, das 1907–09 nach einem Gesamtentwurf der Baudeputation errichtet wurde. Auffallend sind die figürlichen Darstellungen der vier Himmelsrichtungen, deren allegorische Verkörperungen völkische Stereotypen aufgreifen. Mehrere Passagen ermöglichen den Durchgang zur Wasserseite und den davor liegenden, über mehrere **Brücken** erreichbaren Pontons, die zusammengenommen 685 Meter lang sind. Diese Brücken sind von 1 bis 10 durchnummeriert, wobei man Brücke 8 allerdings vergeblich suchen würde. Wir gehen als Erstes zur Brücke 1, die ganz im Osten der Anlage liegt (also in Richtung Cap San Diego oder Elbphilharmonie) und blicken dort erst einmal zurück in die Geschichte des Ortes.
1839 wurden an dieser Stelle die ersten hölzernen Landungsbrücken für die neu aufkommenden Dampfschiffe eingerichtet. Um die Segelschiffe nicht zu gefährden, lagen sie etwas außerhalb des damaligen Hafens. Als 1866 der

Sandtorhafen und sechs Jahre später der Grasbrookhafen für Dampfschiffe eröffnet hatten, wurden die Landungsbrücken frei für große und kleine Passagierschiffe. Bald wurden **touristische Fahrten** mit Ruder- und Dampfbooten quer durch den Hafen angeboten, wobei häufig auch Kaianlagen besichtigt wurden. Zum Teil konnten dabei Schuppen und sogar Schiffe betreten werden. 1888, im Jahr des Zollanschlusses, wurde für den Personenverkehr im Hafen die **Hafen-Dampfschiffahrts-A.G.**, kurz HADAG, gegründet. Während morgens und abends der Transport von Hafenarbeitern im Vordergrund stand, wurden während des Tages Hafenrundfahrten unternommen, um die Schiffe auszulasten. Es kamen aber auch Liniendienste in das Gebiet der Niederelbe hinzu, wo besonders Cuxhaven als beliebtes Ausflugsziel lockte, außerdem gab es Fahrten nach Helgoland und Sylt. Die Anlegestelle an den Landungsbrücken entwickelte sich in der Folgezeit zum zentralen Ort für den Nordsee- und Bäderverkehr, sogar die großen Englandfähren wurden hier später abgefertigt. Mit der 1912 erfolgten Eröffnung der U-Bahn-Station St. Pauli-Landungsbrücken verbesserte sich die Erreichbarkeit der Anlegestelle sowohl für Hafenarbeiter als auch für Touristen. Gleichzeitig fielen durch den neu in Betrieb genommenen St. Pauli-Elbtunnel viele Fahrten für die Jollenführer weg, die zuvor auch Hafenarbeiter transportiert hatten. Da passte es, dass Schifffahrt zu dieser Zeit ein überaus beliebtes Thema war. Unter Kaiser Wilhelm II. hatte es einen enormen Ausbau der **Marine** gegeben. Immer größere und höhergerüstete Schlachtschiffe wurden gebaut, und auch Zivilisten und Binnenländer steckten ihre Kinder jetzt gern in Matrosenanzüge. Rundfahrten durch den Hafen mit all seinen Fracht- und Hafenschiffen, großen Passagierdampfern und Werften, auf

Große Hafenrundfahrt

Blick von den Landungsbrücken elbaufwärts

denen die imposanten Stahlkolosse gebaut wurden, stießen auf reges Interesse und große Nachfrage. Die Schiffsführer der Rundfahrten fungierten nun gleichzeitig als „Hafenerklärer" und tischten zuweilen, um ihre Passagiere auch gut zu unterhalten, gehöriges Seemannsgarn auf – von kundigen Zuhörern oft mit dem Kommentar „He lücht!" bedacht. Im Konkurrenzkampf um zahlende Passagiere wurden immer rabiatere Methoden angewandt. Schließlich griff die Stadt regulierend ein, und 1921 erhielt die HADAG von der Finanzdeputation die alleinige Konzession für Hafenrundfahrten. Dieses Monopol behielt sie bis in die 1970er Jahre.

Nach dem Zweiten Weltkrieg wurde 1948 der Seebäderdienst wieder aufgenommen, der stark florierte, da Hamburger auf den Fahrten an die deutsche Nordseeküste versuchten, in der Stadt knappe und dringend benötigte Lebensmittel zu erstehen. Heute spielen die Landungsbrücken vor allem eine touristische Rolle, was auch das Angebot der Läden auf der größtenteils zweigeschossigen **Pontonanlage** zeigt: Neben Imbissen, Restaurants und Bars finden sich vor allem Souvenirläden mit maritimem Schnickschnack. Menschen aus aller Welt bevölkern die Pontons, während über ihnen freche Hafenmöwen auf Reste und Schnäppchen lauern. Ausrufer preisen die „Große Hafenrundfahrt" an, Barkassen und Rundfahrtschiffe legen an und wieder ab, dazwischen bahnen sich die resoluten Hafenfähren und der Hochseekatamaran auf dem Weg nach Helgoland ihren Weg.

Einige Schiffe haben hier aber auch ihre neue Heimat gefunden, so etwa der Großsegler **RICKMER RICKMERS** an Brücke 1. Der Dreimaster wurde 1896 auf der Bremerhavener Rickmers-Werft gebaut, transportierte unter anderem Salpeter aus Chile und war später Schulschiff der portugiesischen Marine. 1983 wurde er vom Verein Windjammer für Hamburg übernommen, in jahrelanger Arbeit überholt und wieder in Schuss gebracht. Seit 1987 kann die Bark täglich an ihrem Liegeplatz am Fiete-Schmidt-Anleger/Ponton 1a besichtigt werden, auch ein Restaurant befindet sich an Bord.

RICKMER RICKMERS

Hafenfähren

Deutlich kleiner, dafür aber wesentlich agiler als die RICKMER RICKMERS sind die Hafenfähren. Fünf Linien der **HADAG** starten und enden an den Landungsbrücken, sie alle gehören zum Hamburger Verkehrsverbund und können beispielsweise mit HVV-Tageskarten auch für individuelle Hafenrundfahrten unbegrenzt genutzt werden. Sogar Fahrräder können ganztägig mitgenommen werden. Je nach Fahrtgebiet haben die einzelnen Linien allerdings sehr unterschiedliche Fahrpläne.

Brücke 1 ist der Abfahrtsort der Fährlinien 72 und 73. Die Schiffe der **Linie 72** verkehren zwischen den Landungsbrücken, der Elbphilharmonie und dem Anleger Arningstraße auf der anderen Elbseite (samstags und sonntags nur bis Elbphilharmonie). Die **Linie 73** fährt leider nur montags bis freitags auf die andere Elbseite, wo sie zunächst am Theater im Hafen stoppt und dann den Reiherstieg entlangfährt. Dort hält sie an der Argentinienbrücke und am Anleger Ernst-August-Schleuse, von wo man zu Fuß nach Wilhelmsburg gehen kann (→ **Tour 4**).

An Brücke 2 der Landungsbrücken verkehren die Fährlinien 75 und 61. Auch diese beiden Linien sind nur an Werktagen im Einsatz, und an ihren Fahrplänen kann man erkennen, dass sie keinen touristischen Zwecken dienen. In nur fünf Minuten fährt die **Linie 75** frühmorgens hinüber nach Steinwerder, und vermutlich sind dann vor allem Menschen an Bord, die bei Blohm + Voss oder einem der benachbarten Unternehmen arbeiten. Nachmittags nimmt die Linie noch einmal ihren Betrieb auf. Die **Linie 61** ist deutlich weiter und länger unterwegs: Sie fährt bis zum Anleger Neuhof am östlichen Ufer des Köhlbrands, auf dem Weg wird auch am Anleger Waltershof auf dessen Westseite Halt gemacht (→ **Tour 15**). Bis in die 1990er Jahre fuhr

HADAG-Fähre Typ „Bügeleisen" vor Finkenwerder

Kühner Steinbock auf Bismarck-Denkmal

diese Linie noch bis Altenwerder, doch mit dem Auszug der letzten Bewohner und dem Abriss der verbliebenen Häuser verschwand auch der dortige Anleger (→ **Tour 10**).

Die Landungsbrücke 3 ist nun der Ankunfts- und Abfahrtsort für eine Fährlinie, die längst kein Geheimtipp mehr ist: Hier fahren die sogenannten „Bügeleisen" der **Linie 62** täglich und alle fünfzehn Minuten Kurs West, also elbabwärts, bis nach Finkenwerder. Eine knappe halbe Stunde dauert eine solche Fahrt. Gehen wir einmal an Bord und fahren mit, vom großen Oberdeck aus haben wir die beste Sicht auf den Hafen, die Schiffe, die Möwen, die Elbe und ihre Ufer.

Auf nach Finkenwerder …

„Zurückbleiben bitte, die Gangway wird bewegt", heißt es, bevor sich die Fähre in Bewegung setzt. Nu geit los! Den Bug in den Wind, das Fisch- oder Franzbrötchen festhalten und erst mal gucken – der Einfachheit halber immer nach rechts, also nach Steuerbord. Die andere Seite sehen wir dann ja auf der Rückfahrt. Oberhalb der Landungsbrücken thront zunächst die 1953 eröffnete Jugendherberge auf dem Stinftang, dem früheren Standort der Deutschen **Seewarte** (1867 bis 1943). Diese Einrichtung kümmerte sich um den Wetterdienst, Sturmwarnungen und Kompassregulierungen und erstellte Gezeitentafeln und Seekarten. Dahinter erhebt sich das 1906 errichtete Bismarck-Denkmal am Ort der einstigen Bastion Casparus über den Elbpark, ein 34 Meter hohes Monument aus Granit. Eine Installation des österreichischen Künstlerkollektivs Steinbrener/Dempf & Huber kommentierte 2015 die Massivität der Statue, indem sie diese mit der naturgetreuen Nachbildung eines Steinbocks krönte. Der grimmige Kopf des früheren Reichskanzlers mutierte so zu einem simplen Felsen im Hochgebirge, der lediglich als Sockel für den Auftritt des Steinbocks diente.

Wir kommen nun am Kuppelbau des **St. Pauli-Elbtunnels** vorbei, was logischerweise bedeutet, dass wir jetzt den Elbtunnel überqueren. Für die Fähre ist das kein Problem, doch für Schiffe mit

Hotel Hafen Hamburg

Sitz des Deutschen Wetterdienstes

großem Tiefgang ist vor der sogenannten „Elbtunnelschwelle“ Schluss – der Wasserstand über den Tunnelröhren liegt bei etwa 16 Metern. Der Elbhang wird hier vom Hotel Hafen Hamburg dominiert, dessen Altbau 1858–62 als Seemannshaus erbaut wurde: Darin befanden sich Unterkünfte, ein Krankenhaus, eine Navigationsschule und Freizeitangebote für Seeleute, die während der Zeit zwischen zwei Heuern eine Herberge an Land benötigten. Gleich daneben liegt das **Bundesamt für Seeschifffahrt und Hydrographie** (BSH), links davon, im Gebäude der früheren Hamburger Seefahrtsschule von 1903/05, das Seewetteramt, eine Niederlassung des Deutschen Wetterdienstes (DWD). Beide Institutionen entstanden aus der 1946 aufgelösten Deutschen Seewarte. Westlich an den DWD angrenzend beschließen der Altbau und der 2008 fertiggestellte Neubau des **Bernhard-Nocht-Instituts für Tropenmedizin** (BNITM) das Gebäudeensemble der Hafenkrone. Vorgänger des BNITM war das 1900 gegründete Institut für Schiffs- und Tropenkrankheiten unter der Leitung des Hafenarztes Bernhard Nocht. Im Auftrag der Kolonialabteilung des Auswärtigen Amts wurden dort Tropenkrankheiten wie Malaria erforscht, die nicht nur für die deutschen Kolonialisten und die in den Kolonialgebieten stationierten Truppen problematisch waren. Es ging auch um die Gesundheit der Afrikanerinnen und Afrikaner, die als billige Arbeitskräfte vor Ort gebraucht wurden, aber durch den Einfluss der Europäer viel häufiger erkrankten als zuvor: zum einen dadurch, dass auf Plantagen, im Eisenbahnbau oder in Minen viele Menschen auf engem Raum arbeiteten und lebten, Krankheiten also leicht weitergegeben werden konnten, und zum anderen dadurch, dass mit den Europäern neue Krankheiten nach Afrika kamen.

Bald gelangen wir zum ersten Halt der Fähre am Anleger Altona (Fischmarkt), gleich neben der alten Fischauktionshalle (→ **Tour 12**). Anschließend fahren

Kurs West mit kreuzendem Schwimmkran

Schleppereinsatz vor Finkenwerder

wir parallel zur Großen Elbstraße weiter, kommen am Holzhafen vorbei, am früheren England Fährterminal und dem neuen Cruise Center Altona. Dahinter liegt die Haltestelle Dockland, die nach dem daneben liegenden rautenförmig Bauwerk benannt ist. Gleich dahinter bietet sich die Möglichkeit, eine Reihe von großen **Schleppern** von Nahem zu bewundern. Die Schiffe mit den schwarzen und blauen Rümpfen gehören zu den Schleppreedereien Lütgens & Reimers, Louis Meyer, Petersen & Alpers, Fairplay und Bugsier, die roten zur niederländischen KOTUG.

Als Nächstes steuern wir den Ponton Neumühlen/Oevelgönne an, der auch von den Schiffen des dort beheimateten **Museumshafens** genutzt wird (→ Tour 12). Außen liegen der Dampfeisbrecher STETTIN und der Schwimmkran HHLA I, an der Innenkante die alte HADAG-Fähre Bergedorf, die zum Restaurantschiff umgebaut wurde, und in den beiden dahinterliegenden Hafenbecken die traditionellen Segelboote, Hafenschlepper und -barkassen. Das Westende des Pontons wird seit 1989 von einem grünen Wartehäuschen geschmückt, das nach Originalplänen aus dem Jahr 1903 gebaut wurde und für private Veranstaltungen gemietet werden kann. Nach dem Ablegen passiert die Fähre noch das frühere Feuerschiff ELBE 3, quert dann die Elbe und läuft nach einem etwaigen Zwischenstopp am Bubendeyufer in das Köhlfleet ein, wo wir mit dem Anleger Finkenwerder (→ Tour 11) die Endhaltestelle bzw. den Wendepunkt dieser Linie erreichen. Wir fahren gleich wieder zurück, denn schließlich sind wir auf

Historisches Wartehäuschen (Döns) des Museumshafens bei Hamburger Wetter

einer HafenRUNDfahrt, und das südliche Elbufer haben wir noch gar nicht unter die Lupe genommen.

... und wieder zurück zu den Landungsbrücken

Nach dem Ablegen umrundet die Fähre das Lotsenhaus auf dem Seemannshöft und fährt zunächst am baumbestandenen Bubendeyufer entlang (→ Tour 15). Dahinter geht der Parkhafen von der Elbe ab und eröffnet einen Blick hinein in den Waltershofer Hafen mit den beiden Containerterminals EUROGATE und Burchardkai. Die Fähre bleibt jedoch auf der Elbe und wechselt auf deren Nordseite, um die dort gelegenen Haltestellen erneut abzuklappern. Zwischen den Stopps Neumühlen und Dockland können wir in den **Köhlbrand** blicken, (noch) unverkennbar wegen der gleichnamigen Brücke, die 2034 abgerissen werden soll. Die silbernen, eiförmigen Faultürme des Klärwerks Köhlbrandhöft liegen gleich neben dem Container Terminal Tollerort (CTT), dessen Containerbrücken am Europakai des Vorhafens stehen. Das von der HHLA betriebene Terminal kam Ende 2022 in die Schlagzeilen, da es Unstimmigkeiten über einen geplanten

Weite Sicht vom Oberdeck der Fähre

Einstieg der chinesischen Staatsreederei COSCO gab. Statt der gewünschten 35 Prozent wurde COSCO aufgrund von Sicherheitsbedenken nur der Kauf von 24,9 Prozent der Anteile zugestanden. Gleich östlich des Vorhafens erstreckt sich das Gelände der 1877 gegründeten Großwerft **Blohm + Voss**, das im Laufe der Jahrzehnte immer weiter ausgebaut wurde. Mehrere Gebäude von 1911 sind dort noch erhalten. Sowohl im Werftha-

Feuerschiff ELBE am Westponton des Museumshafens

Schrottberge am Rosshafen

fen und im Kuhwerder Hafen als auch am Ufer der Elbe liegen mehrere Schwimmdocks, gegenüber den Landungsbrücken befindet sich außerdem das große Trockendock Elbe 17, das 1938–42 für Marineschiffe gebaut wurde. Zu den größten Schiffen, die dort gerade noch hineinpassen, gehört das 345 Meter lange Kreuzfahrtschiff QUEEN MARY II. Merkwürdigerweise verwechseln viele Binnenländer die Begriffe **Schwimm- und Trockendock**, dabei ist es eigentlich sehr einfach: Schwimmdocks schwimmen. Um Schiffe aufzunehmen, werden ihre Wände geflutet, woraufhin sich das Dock absenkt. Das Schiff fährt ein, wird fixiert, und die Seiten werden leergepumpt, wodurch das Dock wieder aufschwimmt und den Boden mitsamt dem auf Holzpallen aufliegenden Schiff aus dem Wasser hebt. Trockendocks sind dagegen in das Ufer gegrabene „Buchten", die durch ein Schott vom Wasser abgetrennt werden können. Bei Hochwasser fährt das Schiff ein, das Tor wird hinter ihm geschlossen, und das Dock wird leergepumpt.

Wieder an den Landungsbrücken angelangt, flanieren wir auf den Pontons entlang bis zu ihrem westlichen Ende. Denn hier an **Brücke 10** legen Schiffe ab, die eine noch größere Hafenrunde drehen als die Linie 62: die Barkassen der Maritime Circle Line. Dreimal am Tag begeben sie sich auf eine neunzigminütige Fahrt, die man an sieben Stopps unterbrechen kann. Und diese Haltestellen lohnen sich, denn an ihnen liegen mehrere Museen und andere Sehenswürdigkeiten. Klingt gut? Also alle an Bord, geit wedder los!

Hafenrunde mit der Maritime Circle Line

Start: Landungsbrücke 10

Zunächst geht es elbabwärts, doch schon auf Höhe des Altonaer Fischmarkts quert die Barkasse die Elbe und fährt zwischen Tollerort und Steinwerder in den Vorhafen. Von hier hat man einen guten Einblick in den Kuhwerder Hafen mit den Schwimmdocks von Blohm + Voss, und wenn Schiffe am Container Terminal Tollerort liegen, kommt die Barkasse sehr nah an sie heran. Der **Kaiser-Wilhelm-Hafen** wurde früher von der Hapag-Reederei genutzt, heute befindet sich auf der südlich angrenzenden Kaifläche ein Terminal für Kreuzfahrtschiffe (Cruise Center Steinwerder). Die Barkasse dreht nun nach Osten, fährt durch den Ellerholzhafen am Oder- und Travehafen vorbei und anschließend durch die Ellerholzschleuse (→ Tour 3) auf den Reiherstieg, von dem der Klütjenfelder Hafen abgeht.

Container Terminal Tollerort und Kuhwerder Hafen mit Schwimmdocks von Blohm + Voss

Brütende Blässralle im Müggenburger Zollhafen

Erster Stopp: Elbinsel Wilhelmsburg

Wer hier aussteigt, kann einen Spaziergang ins nahegelegene Reiherstiegviertel unternehmen oder den **Spreehafen** vom Deich aus erkunden. Diesen durchfährt man auf der nächsten Etappe der Fahrt. Die schmale Fahrrinne führt nah an den vielen Hausbooten und Liegern entlang, während bei niedrigem Wasserstand weite Teile des Hafenbeckens trockenfallen und die Schlickmassen zeigen, die sich dort angesammelt haben. Vom Spreehafen fährt die Barkasse in den Müggenburger Zollhafen (→ Tour 5) und erreicht dort ihren zweiten Halt.

Zweiter Stopp: BallinStadt

Hinter dem Namen dieses Anlegers verbirgt sich das erste der Museen, die von den Barkassen der Maritime Circle Line angesteuert werden, nämlich das **Auswanderermuseum** BallinStadt. Benannt wurde es nach dem früheren Generaldirektor der „Hamburg-Amerikanischen Packetfahrt-Aktiengesellschaft", kurz „Hapag" oder auch „Hamburg-Amerika-Linie".

EXTRA INFO

DIE ENTWICKLUNG DER PASSAGIER-SCHIFFFAHRT UND DER HAPAG

Seereisen dienten schon immer nicht nur dem Transport von Waren, sondern auch von Menschen. Entdecker brachen auf, um fremde Erdteile zu erforschen, Kolonialisten folgten ihnen, um diese in Besitz zu nehmen, und Missionare schlossen sich an, um den Einflussbereich ihrer Kirchen zu vergrößern und fremden Völkern ihr Seelenheil zu predigen. Viele Menschen reisten aber auch über die Meere, um auf anderen Kontinenten ein besseres Leben zu finden. Die ersten Auswanderungswellen begannen mit der Unabhängigkeit der vormals englischen Kolonien in Nordamerika (1783) sowie der südamerikanischen Staaten. Ab den 1830er Jahren nahm die Auswanderung stark zu, denn in weiten Teilen Europas machten Bevölkerungswachstum, Missernten, politische Verfolgung und zunehmende Verarmung den Menschen das Leben schwer. Der immer größer werdende Bedarf an Fahrten nach Übersee führte zur Trennung von Passagier- und Güterbeförderung, der Gründung neuer Reedereien und der Einrichtung von Liniendiensten.

Die 1847 gegründete Hapag setzte zunächst noch auf Segelschiffe und schickte erst 1856 das erste Dampfschiff auf die Reise nach New York. 1889 nahm sie ihre ersten beiden Schnelldampfer in Betrieb, die auch als „Windhunde“ und „Blitzzüge des Ozeans“ bezeichnet wurden: Sie schafften die Fahrt nach New York in sieben Tagen und zwei Stunden. 1897 war die Hapag mit 58 Überseeschiffen die größte Reederei der Welt und bot bald auch Liniendienste nach Shanghai, Hongkong und Wladiwostok an. Der Erste Weltkrieg und die folgende Weltwirtschaftskrise führten ab 1914 zu einem starken Rückgang der Auswanderungszahlen, zu einem erneuten Anstieg kam es in den 1930er Jahren mit der Flucht vieler Juden aus Europa. Nach dem Zweiten Weltkrieg bauten die Hapag und die Bremer Reederei Norddeutscher Lloyd ihre schon 1900 begonnene Kooperation aus, 1970 fusionierten sie zur Hapag-Lloyd AG. ●

Vor jeder Abfahrt standen zunächst die Ankunft der Passagiere in der Hafenstadt und ihre Unterbringung während des Wartens auf die Ausreise. Plakate und Informationsbroschüren der Reedereien warnten die oft arglosen Reisenden, die zumeist vom Land kamen und keine Großstädte kannten, vor den dort herrschenden Gefahren. Dennoch wurden viele bestohlen, ausgeraubt oder von betrügerischen Pensions- und Kneipenwirten ausgenommen, wodurch sie das Geld verloren, von dem sie die Passage nach Übersee hatten bezahlen wollen. Ein weiteres Problem war der Gesundheitszustand der vielen Auswärtigen, die nach oft langer und beschwerlicher Reise in Hamburg ankamen. Die Stadt befürchtete das Einschleppen von **Krankheiten und Seuchen**, und auch die Reedereien bemühten sich, nur gesunde Menschen auf ihren Schiffen mitfahren zu lassen, um den Ausbruch von Krankheiten an Bord zu verhindern. 1868 waren beispielsweise während einer siebzigtägigen Überfahrt eines Schiffes der Sloman-Reederei von Hamburg nach New York hundert Menschen an Typhus gestorben. Das war nicht nur eine Tragödie, sondern auch schlechte Werbung für die Reederei und für den Schifffahrtsstandort Hamburg.

Als Reaktion auf diese Probleme ließ die Hapag im Jahr 1892 am Amerika-Kai des Segelschiffhafens (→ **Tour 3**) Baracken errichten, in denen sie „ihre" Auswanderer bis zur Abfahrt unterbrachte. Ab etwa 1900 wurde dann von der Reederei unter ihrem neuen Generaldirektor Albert Ballin eine ganze Anlage auf der nahegelegenen Elbinsel Veddel (→ **Tour 5**) gebaut, die sogenannte **Auswandererstadt**: Diese bot in 27 Wohnheimen Platz für bis zu 5000 Menschen, denen auch mehrere Speisehallen und Kirchen, eine Synagoge und ein Musikpavillon zur Verfügung standen.

Plan der Auswandererhallen

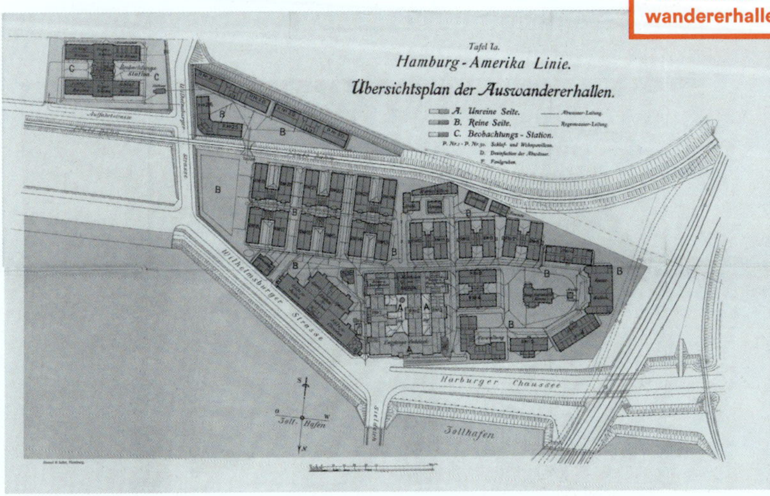

Gebäude des Auswanderermuseums BallinStadt

Die historischen Gebäude sind leider nicht erhalten: Die meisten mussten schon in den 1930er Jahren dem Bau der Wilhelmsburger Reichsstraße weichen, die letzte noch verbliebene Halle wurde Anfang dieses Jahrhunderts abgerissen. Heute befinden sich an dem historischen Ort die neu errichteten Häuser des Auswanderermuseums **BallinStadt**, das anschaulich und interaktiv verschiedene Aspekte von Aus- und Einwanderung thematisiert.
Nach dem Ablegen fährt die Barkasse zunächst zurück zum Spreehafen und von dort in den Saalehafen. Noch vor den Lagerhäusern am Dessauer Ufer (→ **Tour 3**) dreht sie ab und gelangt unter der Brücke hindurch in den **Hansahafen**. An Steuerbord liegt das Mehrzweckterminal O'Swaldkai, an dem Südfrüchte, Autos, Schwergut und Container umgeschlagen werden, während sich am gegenüberliegenden Bremer Kai ein ganz anderes Bild bietet: Vor den letzten traditionellen Kaischuppen des Hamburger Hafens liegen die Traditionsschiffe der Stiftung Hamburg Maritim und des Hafenmuseums, und dort ist auch der nächste Halt unserer Barkasse.

Dritter Stopp: Hafenmuseum/Bremer Kai

Das Hafenmuseum im Schuppen 50A am Bremer Kai des Hansahafens entstand bereits im Jahr 2003 als Außenstelle des Museums der Arbeit und wurde seitdem stetig weiterentwickelt und ausgebaut. Seit 2022 gehört es als **Standort Schuppen 50A** zum Deutschen Hafenmuseum (im Aufbau), dessen zweiter Standort in einem Neubau auf dem Großen Grasbrook entstehen soll. Von einzigartigem Wert ist aber gerade dieses historische Ensemble aus Kaischuppen, -fläche und Pontonanlage am Hansahafen. Unterschiedlichste Aspekte des Hafens werden hier anhand originaler Exponate, Modelle oder Erzählungen früherer Hafenarbeiter erläutert und in spannende Zusammenhänge gebracht. Werkzeuge und Maschinen vom Niethammer bis zum Dampfkessel treffen auf Fotos und Filme und illustrieren Hafenberufe wie

Kopfbau und Kaischuppen des Hafenmuseums, Standort Schuppen 50A

Querschnitt eines typischen Hamburger Kaischuppens und der angrenzenden Kaifläche

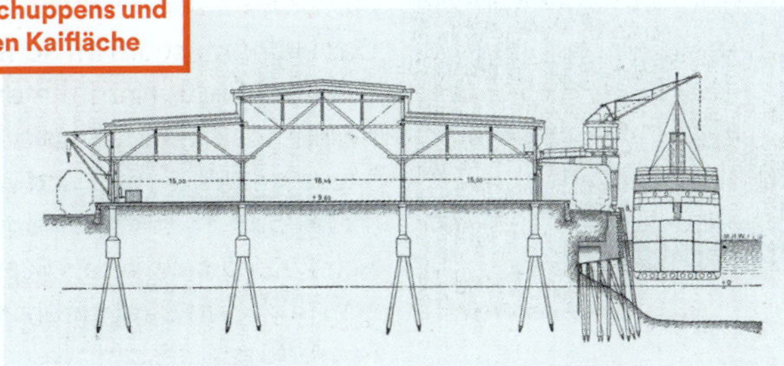

Schauerleute, Kranführer oder Taucher. Auch Werften, Lotsenwesen und Revierschifffahrt werden thematisiert. Auf dem großen Freigelände beeindrucken die unterschiedlichen Van Carrier, die Kaikräne sowie die Lokomotiven und Waggons der alten Hafenbahn, im Wasser laden der Schwimmdampfkran SAATSEE, der SCHUTENSAUGER IV und die Kastenschute zur Besichtigung ein. An den Wochenenden finden Vorführungen und Aktionen zu wechselnden Themen wie Umschlag, Dampf und Ewerführerei statt. Die Viermastbark PEKING darf vorerst jedoch nur im Rahmen von Führungen betreten werden.

Weil so viel Hafenluft hungrig und durstig macht, kann man sich im Hafenmuseum mit Speisen und Getränken aus der **Kaffeeklappe** stärken, die nach der volkstümlichen Bezeichnung für Hafenarbeiterkantinen benannt ist. Da kommerzielle Speisewirtschaften und der Verkauf von Lebensmitteln im Freihafengebiet untersagt waren, wurde 1887 für die Verpflegung der Arbeiter der „Verein für Volkskaffeehallen" gegründet. Zunächst entstanden zwei „Speise- und Kaffeehallen" auf Steinwerder und eine auf dem Kleinen Grasbrook, die Raum für bis zu tausend Personen boten, bis zum Jahre 1896 folgten zehn weitere. Arbeiter, die sich keine eigene Verpflegung mitbrachten, waren auf die sogenannten Kaffeeklappen angewiesen, kritisierten allerdings die oft zu hohen Preise, die zuweilen schlechte Qualität des Angebots und die in Stoßzeiten langen Wartezeiten. Die von Ehrenamtlichen betriebene Kaffeeklappe des Hafenmuseums ist dagegen äußerst beliebt.

Startet man mit einer der ersten beiden Fahrten der Maritime Circle Line des Tages, hat man zwei oder sogar vier Stunden Zeit für einen Besuch des Hafenmuseums. Anschließend geht es wieder an Bord, und die Barkasse nähert sich jetzt wieder der Innenstadt. Vorbei an den Schiffen der Stiftung Hamburg Maritim und dem Hansahöft fährt sie zurück auf die Norderelbe und von dort in den Magedeburger Hafen.

Vierter Stopp: Maritimes Museum/Hafencity

Das Internationale Maritime Museum Hamburg zeigt die Privatsammlung des 2016 verstorbenen Peter Tamm sen., der sich vor allem für Marine-, also für Militärgeschichte interessierte. Es befindet sich im 1878/79 erbauten früheren **Kaispeicher B** am Magdeburger Hafen, der für diese neue Nutzung Anfang der 2000er Jahre umfassend saniert und umgebaut wurde (→ **Tour 3**). Die Stadt Hamburg übernahm die Kosten in Höhe von dreißig Millionen Euro für diese Arbeiten sowie für den Aufbau des Museums, das nun Liebhaber von Seestücken, Schlachtengemälden und Schiffsmodellen erfreut. Die Barkasse legt wieder ab und steuert als Nächstes den früheren Kaispeicher A an, heute besser bekannt als Elbphilharmonie.

Fünfter Stopp: Elbphilharmonie

Kein Museum, sondern ein Gesamtkunstwerk (→ **Tour 13**). Wer an Bord bleibt, fährt anschließend weiter in die Speicherstadt. Die schmalen **Fleete** zwischen den hohen, alten Backsteinspeichern schaffen eine ganz eigene Atmosphäre und stimmen ein auf den nächsten Halt, der in der Nähe von fünf ganz unterschiedlichen Attraktionen liegt.

Sechster Stopp: Speicherstadt

Von diesem Anleger ist es nicht weit zur weltberühmten Modelleisenbahnanlage Miniatur Wunderland, zur Gruselwelt Hamburg Dungeon, die „600 Jahre dunkle Geschichte" inszeniert, zum Zollmuseum (→ **Tour 3**), zum Gewürzmuseum und zum Speicherstadtmuseum (→ **Tour 2**), einem schönen und informativen Ort, der sich bestens als Abschluss eines Hafenrundfahrtstages eignet. Unsere kleine rot-weiße Barkasse ist jedoch noch gar nicht am Ende ihrer Fahrt angelangt, nun dreht sie den Bug nach Westen und stoppt als Nächstes neben einem sehr großen rot-weißen Frachtschiff.

Siebter Stopp: Cap San Diego

Nicht an den Landungsbrücken, sondern an der benachbarten Überseebrücke von 1929 liegt die CAP SAN DIEGO. Der universelle **Stückgutfrachter** wurde 1962 von der Deutschen Werft auf Finkenwerder gebaut (→ **Tour 11**) und nahm anschließend für die „Hamburg-Südamerikanische Dampfschiffahrtsgesellschaft", kurz „Hamburg-Süd", den Liniendienst zwischen Hamburg und Südamerika auf. Für den Umschlag stan-

City- und Sportboothafen sowie die Überseebrücke

Bug der CAP SAN DIEGO

den mehrere bordeigene Kräne und Ladebäume zur Verfügung, darunter auch ein Fünfzig-Tonnen-Schwergutbaum, der sogenannte Jumbo. Exportiert wurden Industrieprodukte wie Maschinen, Fahrzeuge und chemische Erzeugnisse, Importgüter waren vor allem Agrarprodukte: Obst wie Orangen, Bananen und Feigen, wofür sich Kühlräume an Bord befanden, außerdem Kaffee und Tee, Öle, Fleisch, Leder, Häute und vieles mehr. Es handelte sich dabei um Stückgut, das heißt, die Güter waren zumeist in Kisten, Fässern und Säcken verpackt oder zu Ballen zusammengeschnürt.
Die Fahrten der CAP SAN DIEGO über Bremen, Rotterdam, Antwerpen, Rio de Janeiro, Santos und Montevideo nach Buenos Aires und zurück waren planbar und verhältnismäßig schnell, daher bot sie in vier Doppel- und vier Einzelkabinen auch Plätze für insgesamt zwölf **Passagiere**. Der Aufenthalt an Bord war so angenehm, dass die Fahrten auch als Kreuzfahrten gebucht wurden. 1972 kostete eine Acht-Wochen-Rundreise nach Südamerika etwa 5000 DM. Wenige Jahre nach Indienststellung des Schiffs begann sich die Seeschifffahrt jedoch völlig zu verändern: Die Containerisierung des Warentransports über See, die den Umschlag schneller werden ließ und die benötigten Arbeitskräfte reduzierte, zog den Bau neuer Schiffstypen nach sich.
1981 wurde die CAP SAN DIEGO verkauft und sollte schon fünf Jahre später abgewrackt werden. Diesen Verlust wollte Achim Quaas, damaliger Mitarbeiter der Kulturbehörde und späterer Initiator des Hafenmuseums, jedoch nicht einfach hinnehmen. Es gelang ihm und einigen Mitstreitern nicht nur, das inzwischen in SANGRIA umbenannte Schiff ausfindig zu machen und den Hamburger Senat davon zu überzeugen, es zu erwerben. Die Gruppe fuhr auch selbst nach Hongkong, wo nur wenige Tage vor der geplanten Verschrottung der Kaufvertrag für die CAP SAN DIEGO unterschrieben werden konnte. Mithilfe einer Besatzung aus indischen Seeleuten brachte man das Schiff anschließend über Bangkok zurück nach Deutschland.
Heute kann die CAP SAN DIEGO als beeindruckendes maritimes **Industriedenkmal** täglich vom Oberdeck bis zum Wellentunnel besichtigt werden. Eine große Zahl Ehrenamtlicher kümmert sich um das Schiff und hält es fahrtüchtig: Immer wieder werden kleine und größere Ausfahrten veranstaltet, auf denen auch Passagiere mitgenommen werden.

Achter Stopp: Landungsbrücke 10

Die letzte Etappe der Maritime Circle Line-Barkasse führt jetzt noch einmal an den Pontons der Landungsbrücken entlang bis zu ihrem Liegeplatz an Brücke 10. Was für eine schöne Fahrt! Welche ist die nächste?

WEITERE HAFEN-RUNDFAHRTEN

● ANBIETER VON HAFENRUNDFAHRTEN

Adler-Schiffe + Altonaer BarkassenContor + ATG Alster-Touristik + Barkassenbetrieb Andre Neuy + Barkassenbetrieb Bülow + Barkassenbetrieb Pilgram + Barkassen-Centrale Ehlers + Barkassen-Meyer + Barkassenvermietung Jonny Karstens + Barkassenvermietung Rieck + Bergedorfer Schifffahrtslinie + HADAG + Hafencity Riverbus + Hermann Hansen + Kapitän Prüsse + Käpt'n Schwarz + Maritime Circle Line + Rainer Abicht Elbreederei + Spezial-Binnenschiffahrt Max Jens GmbH + und andere mehr

● HAFENRUNDFAHRTEN ZU SPEZIELLEN ORTEN & THEMEN

Fahrten auf der Bille
rund um Wilhelmsburg oder nach Finkenwerder: Infos und Buchung über www.elbinsel-tour.de

Fahrten mit historischen Schiffen
Museumshafen Oevelgönne

Hafenrundfahrt mit Musik (Live/DJs)
Frau Hedis Tanzkaffee, https://frauhedi.de

Hafenrundfahrt mit Erläuterungen in Gebärdensprache
https://dialog-in-hamburg.de

Historische Fleetfahrt zur Binnenalster
www.barkassen-centrale.de

Barkassenfahrt durch Hammerbrook, Hamm und Rothenburgsort
www.barkassen-meyer.de, Infos und Buchung über die Stadtteilinitiative Hamm, https://hh-hamm.de

Maritime Circle Line
www.maritime-circle-line.de

Vierlandenfahrt
Bergedorfer Schifffahrtslinie (→ Tour 11)

Fahrt vom Jungfernstieg nach Wilhelmsburg
veranstaltet vom Museum Elbinsel Wilhelmsburg: www.museum-wilhelmsburg.de

Literarische Hafenrundfahrten der „Stromableser"
www.stromableser.com

Hafenrundfahrten zu Ökologie und Umweltverschmutzung
www.rettet-die-elbe.de

Hafenrundfahrten u.a. zu Arbeits- und Lebensbedingungen von Seeleuten
Kirchlicher Entwicklungsdienst
www.ked-nordkirche.de/veranstaltungen/weltreisen.html

Hafenrundfahrten zum Thema Migration
www.grenzgaenger-hamburg.de

Hafenrundfahrt zu Orten im Hamburger Hafen die von Zwangsarbeit, Widerstand und Verfolgung im Nationalsozialismus erzählen
www.kz-gedenkstaette-neuengamme.de

Bleicherhaus e.V.
Touren durch Stadt und Hafen zu Fuß, mit dem Fahrrad und per Schiff zu aktuellen und historischen Themen, www.bleicherhaus.de

Hafenrundfahrten mit Barkasse und Fahrrad sowie Stadtrundgänge zu verschiedensten (Hafen-)Orten und Themen
Stattreisen Hamburg e.V.
www.stattreisen-hamburg.de

Hafenrundfahrten der Hafengruppe Hamburg
zu Themen wie Migration und Rassismus / Der Hamburger Hafen im ungleichen Welthandel / Deutscher Kolonialismus / Frauenarbeit / Arbeit auf See und im Hafen / Energiepolitik / China / Kaffee / Literatur / Bananen u.a.m.
www.hafengruppe-hamburg.de

CAP SAN DIEGO in Fahrt

AUSFLUGS- UND ENTDECKERTIPPS
AUF DER HAFENRUNDFAHRT

● FÜR DEERNS UND JUNGS

Deutsches Hafenmuseum
Standort Schuppen 50A **(siehe unten)**
Hier können Kinder (fast) alles anfassen, echten Hafensenior/-innen Löcher in den Bauch fragen, einen Schwimmkran und einen Schutensauger erforschen und sich vielleicht sogar mit dem Muli-Express durch den alten Kaischuppen fahren lassen. Sonntags gibt es außerdem das „Sonntagskinder"-Angebot, das Kindern die Berufe Maschinist, Hafentaucher, Hafenarbeiter, Lotse und Schiffbauer nahebringt.

● HAFENKULTUR

Auswanderermuseum BallinStadt
Veddeler Bogen 2, Hamburg-Veddel

Deutsches Hafenmuseum
Standort Schuppen 50A, Australiastraße, Hamburg-Kleiner Grasbrook
Der erste Standort des Deutschen Hafenmuseums im originalen Kaischuppen, mit umfangreicher Sammlung, Van Carriern, Kaikränen, Kastenschute, Schwimmdampfkran und Schutensauger

Internationales Maritimes Museum
Koreastraße 1 (Kaispeicher B), Hamburg-HafenCity

Miniatur-Wunderland
Kehrwieder 2, Block D, Hamburg-Speicherstadt

Speicherstadtmuseum
Am Sandtorkai 36, Hamburg-Speicherstadt

Deutsches Zollmuseum
Alter Wandrahm 16, Hamburg-Speicherstadt

Spicy's Gewürzmuseum
Am Sandtorkai 34, Hamburg-Speicherstadt

● VERPFLEGUNG

Auf den Pontons der Landungsbrücken reihen sich viele gastronomische Betriebe aneinander, darunter viele **Fischimbisse**. Zum Beispiel Fisch(brötchen) König an Brücke 6.

Kantine des BSH (Bundesamt für Seeschifffahrt und Hydrographie)
Bernhard-Nocht-Straße 78, Hamburg-St. Pauli
Mo–Fr von 12-13.30 Uhr, auch für externe Besucher zugänglich

● BUCHTIPPS

Henning Rademacher (Hg.): Der Hafen
Fotografien des Hamburger Hafens 1930-1970. Sehr schönes, informatives Buch mit starken Fotos.

Gezeitenkalender
Hoch- und Niedrigwasserzeiten für die Deutsche Bucht und deren Flussgebiete. Jährlich herausgegeben vom Bundesamt für Seeschifffahrt und Hydrographie, informativer Begleiter von Elbspaziergängen, Hafenrundfahrten und Strandwanderungen

Gerd Fuchs: Die Auswanderer
Ein Roman, der im Hamburg des späten 19. Jahrhunderts angesiedelt ist. Mit Hafenarbeitern, der Cholera, der Hapag, Missionarinnen und natürlich Auswanderern, ihren Motiven und Geschichten

● SCHIFFE

RICKMER RICKMERS
Frachtsegler (Dreimastbark), gebaut 1896 auf der Rickmers-Werft/Bremerhaven, Länge 97 m, Breite 12,20 m, Tiefgang 6 m. Heute Museumsschiff: Besichtigung, Sonderausstellungen, Restaurant

ST. PAULI
HADAG-Fähre (Typ 2000), gebaut 1997 bei Heinrich Grube/Oortkaten, Länge 29,95 m, Breite 8,15 m, Tiefgang 1,70 m

MAGDALENE I
Hafenbarkasse, gebaut 1923 bei Blohm & Voss/ Hamburg, Länge 18,30 m, Breite 4,55 m, Tiefgang 1,35 m

CAP SAN DIEGO
Stückgutfrachter, gebaut 1962 auf der Deutschen Werft/Finkenwerder, Länge 159,4 m, Breite 21,47 m, Tiefgang 8,46 m. Heute Museumsschiff: Rundgang, Ausstellungen, Veranstaltungen, Bistro, Übernachtungen und manchmal sogar Gästefahrten

PEKING
Frachtsegler (Viermastbark), gebaut 1911 bei Blohm & Voss/Hamburg, Länge 115 m, Breite 14,40 m, Tiefgang max. 7,24 m. Heute Museumsschiff (Deutsches Hafenmuseum) mit temporärem Liegeplatz im Hansahafen

ELBE 3
eh. Feuerschiff, gebaut 1888 auf der Werft von H. Johann Lange/Vegesack, Länge 45,10 m, Breite 7,20 m, Tiefgang 3,95 m

WALTERSHOFER CONTAINERTERMINALS: GROSSE SCHIFFE, BUNTE BOXEN

Start- und Endpunkt
Fähranleger Dockland (Fischereihafen), Linie 61 (Richtung Neuhof)

Dauer
etwa 3 Stunden

Info
Da die HADAG-Fähren der Linie 61 am Wochenende nicht fahren, kann diese Tour nur an Wochentagen (Mo–Fr) unternommen werden. Die Fahrt ist auch ab/zu den Anlegern Altona (Fischmarkt) oder Landungsbrücken möglich.

Route
Linie 61 → Fähranleger Waltershof → Weg am Köhlbrand → Maakenwerder Höft → Weg am Köhlbrand → Altenwerder Damm → Waltershofer Damm → Kurt-Eckelmann-Straße → Zellmannstraße → Kurt-Eckelmann-Straße → Waltershofer Damm → Altenwerder Damm → Rugenberger Damm → Weg neben Finkenwerder Straße → Hornsand → Finkenwerder Straße → Dradenaustraße → Antwerpenstraße → Tankweg → Am Jachthafen → Bubendeyweg → Fähranleger Bubendeyufer → Linie 62

15

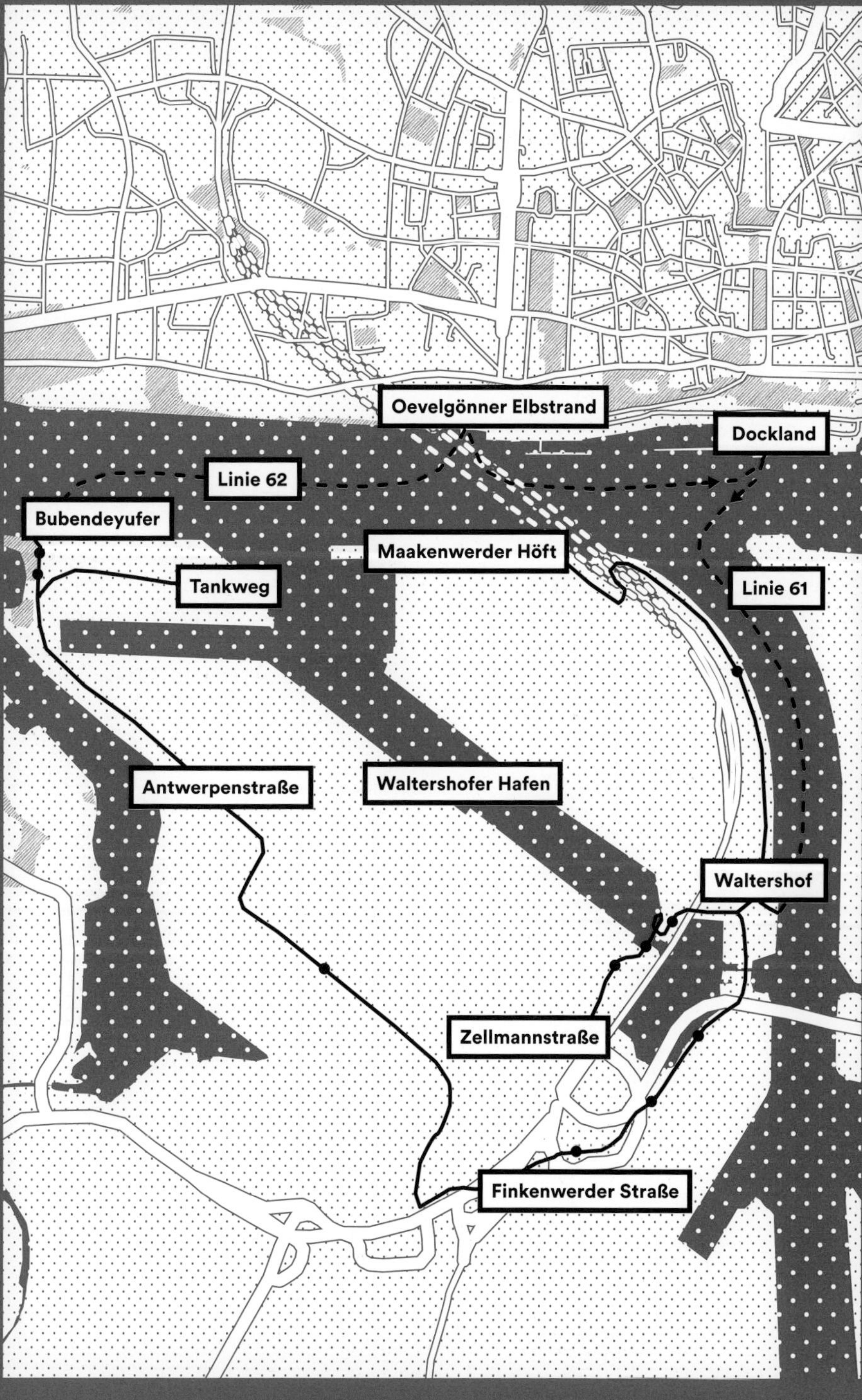

Oevelgönner Elbstrand
Dockland
Linie 62
Bubendeyufer
Maakenwerder Höft
Tankweg
Linie 61
Antwerpenstraße
Waltershofer Hafen
Waltershof
Zellmannstraße
Finkenwerder Straße

Hafenumschlag im 21. Jahrhundert: Viel Technik, wenig Romantik. Containerbrücken, Van Carrier und Reachstacker. Shipspotter und Billigflaggen, ITF, GHB und TEU

▷

Variante 1

Mit dem Fahrrad ganz nah ran

Diese Fahrradtour zu den Containerterminals auf Waltershof beginnt mit einer Schifffahrt – beziehungsweise mit deren Planung: Denn die HADAG-Fähren der **Linie 61** verkehren nur alle ein bis zwei Stunden, so dass man den Start mit deren Fahrplan abstimmen sollte (→ **Tipps**). Die Rückfahrt mit der Linie 62 ist dagegen ganz flexibel im Viertelstundentakt möglich, und Fahrräder können jederzeit mitgenommen werden. Die Überfahrt selbst dauert nicht lange: Vom Fähranleger Dockland geht es quer über die Elbe, mit Kurs Süd auf den Köhlbrand, und schon nach neun Minuten erreicht die Fähre den Ponton Waltershof. Damit sie dort auch anlegt, sollte man rechtzeitig auf den „Schiff hält"-Knopf drücken, sonst fährt sie eventuell ohne Zwischenstopp weiter nach Neuhof.

Am Köhlbrand

Am Fähranleger Waltershof auf der Westseite des Köhlbrands steigen wir aus und verschaffen uns einen ersten Überblick. Südlich von uns überspannt die Köhlbrandbrücke, über die wir später noch mehr erfahren werden, den Fluss. Auf dem gegenüberliegenden Ufer fällt ein weißes, würfelförmiges Gebäude mit einem kuppelförmigen Dach auf, worin sich der Hauptsitz der **Festmacher**firma Hamburg Lines Men befindet. Die Schiffsbefestiger fahren mit speziellen Windenfahrzeugen und Booten (Mooring Tugs), die häufig auch am Waltershofer Fähranleger liegen, zu den

Containerterminals am Waltershofer Hafen

Köhlbrandbrücke

Seeschiffen, um deren Leinen an Land, an Dalben oder Pfählen zu befestigen. Nördlich des Pontons können meistens große Ansammlungen von Möwen, Enten oder Gänsen beobachtet werden. Die Anwesenheit der Vögel an dieser Stelle ist kein Zufall, sie hängt mit den silbernen, eiförmigen Bauwerken zusammen, die wir am Ostufer des Köhlbrands beim Blick in Richtung Elbe ausmachen können: Es sind Faultürme des **Klärwerks Köhlbrandhöft**. Dieses Klärwerk wurde 1961 in Betrieb genommen, und anfangs fand dort nur eine sehr einfache Reinigung der Hamburger Abwässer statt. Der anfallende Klärschlamm wurde auf sogenannten „Ködeldampfern" in die Deutsche Bucht gebracht und dort verklappt. Dies blieb nicht ohne Folgen für das sensible Ökosystem des Wattenmeeres: Unter anderem kam es zu einer so starken Zunahme von Fischkrankheiten, dass ein Teil des Klärschlamms ab 1981 weiter draußen im Atlantik verklappt wurde, den Rest brachte man auf die Sondermülldeponie Schönberg, die sich kurz hinter Lübeck in der damaligen DDR befand und diesem Staat lukrative Deviseneinnahmen bescherte. Gleichzeitig wurde das Klärwerk Köhlbrandhöft ausgebaut (1981 Inbetriebnahme des Werks Köhlbrandhöft Süd) und erweitert. Ende der 1980er Jahre wurde das auf der westlichen Seite des Köhlbrands liegende **Klärwerk Dradenau** eröffnet, in dem die Abwässer nicht nur mechanisch und biologisch, sondern auch chemisch gereinigt werden. Im weiteren Verlauf unserer Tour werden

EXTRA INFO

DIE CONTAINERISIERUNG DES WARENTRANSPORTS ÜBER SEE

Am Anfang war das Stückgut. Die zu verschiffenden Güter wurden so verpackt, dass sie von Menschen getragen und verstaut werden konnten, und so wurden über Jahrhunderte Fässer, Ballen, Körbe, Kisten und Säcke über Flüsse und Meere transportiert. Doch Mitte des 20. Jahrhunderts kamen gleich zwei Neuerungen auf: die Palette und der Container. Auf den ersten Blick haben sie vieles gemeinsam. Sie sind normiert, lassen sich stapeln und können nur mit technischen Hilfsmitteln umgeschlagen und bewegt werden. Während Paletten jedoch sehr günstig sind und abgesehen von Lastkränen und Gabelstaplern keine spezielle Infrastruktur benötigen, erfordern Container einen wesentlich höheren finanziellen und logistischen Aufwand und führten zu grundlegenden Veränderungen der Schifffahrt und des Hafenumschlags.

Die ersten Container erreichten Hamburg Mitte der 1960er Jahre noch auf Stückgutfrachtern und wurden mit althergebrachten Kaikränen gelöscht. Zunächst stellte sich der Hamburger Hafen nur zögerlich auf die neue Technik ein, noch 1965 sahen die Verantwortlichen der HHLA kein großes Potenzial in der Containerschifffahrt. Doch bald wurden sie von der tatsächlichen Entwicklung des Stückgutumschlags überholt. Am 6. Mai 1966 wurde in Bremen mit der MS FAIRLAND der US-amerikanischen Reederei Sea-Land das erste Mal in Deutschland ein Vollcontainerschiff abgefertigt, und wenn Bremen vorlegte, dann musste Hamburg nachziehen. Schnell wurde der Burchardkai am Waltershofer Hafen für den Containerumschlag ertüchtigt, und als dort Ende Mai 1968 die AMERICAN LANCER der United States Lines anlegte, begann auch in Hamburg die Ära der Container-Linienschifffahrt.

Zehn Jahre später betrug der sogenannte Containerisierungsgrad des Stückguts im Hamburger Hafen bereits gut dreißig Prozent, 1986 lag er über 55 Prozent, und heute erreicht er fast hundert. Der Containerumschlag findet inzwischen an den vier Containerterminals Burchardkai, Eurogate, Tollerort und Altenwerder (→ Tour 10) sowie an einigen Mehrzweckterminals statt. ●

Ablauf des Klärwerks in den Köhlbrand

wir auch daran vorbeikommen. Die beiden Klärwerkstandorte sind durch eine in achtzig Metern Tiefe unter dem Köhlbrand verlaufende Druckrohrleitung miteinander verbunden. Und nun kommen auch die Möwen ins Spiel: Denn der Ablauf Dradenau, durch den die gereinigten Abwässer schließlich wieder in den Köhlbrand geleitet werden, befindet sich gleich nördlich des Fähranlegers. Die warmen Abwässer locken Fische an und stellen so für Vögel einen attraktiven Standort sowohl zum Ruhen als auch zur Nahrungssuche dar.

Wir gehen an Land und kommen oberhalb des Pontons auf eine schmale Straße, die zwischen dem Köhlbrand und einer Flutschutzwand verläuft. Dort wenden wir uns nach rechts, also nach Norden, und folgen der Straße. Deren Rand wird von unterschiedlichen Weidenarten und einigen Birken gesäumt, die sich auf der mit Schlackesteinen befestigten Uferböschung angesiedelt haben. Wer genauer hinsieht, kann dazwischen auch verschiedene Steinbrechgewächse entdecken. Nach knapp zwei Kilometern gelangen wir zur Einmündung des Köhlbrands in die Elbe, deren östliche Landspitze, der Köhlbrandhöft, von einem modernen **Radarturm** markiert wird. Eine daran angebrachte große Anzeige informiert über den aktuellen Pegelstand der Elbe sowie die Gezeitenphase. „E“ steht für Ebbe, also ablaufendes Wasser, und „F“ dementsprechend für Flut, die Ziffern benennen die Wasserhöhe bezogen auf den Pegelnullpunkt. „480 F“ bedeutet beispielsweise 4,80 Meter über dem Pegelnullpunkt bei auflaufendem Wasser. Dieser Wert ist wichtig für Schiffe mit großem Tiefgang, um davon ausgehend sowohl die tatsächliche Wassertiefe

Radarturm auf dem Köhlbrandhöft

Maakenwerder Hafen

berechnen zu können als auch deren Tendenz zu kennen. Um von dem angezeigten Wert auf die Tiefe des Fahrwassers zu kommen, addiert man dessen Solltiefe hinzu, also die Mindesttiefe, die durch Messungen kontrolliert und durch Unterhaltsbaggerungen gehalten werden sollte.

Athabaskakai

Die Straße endet schließlich an einer kleinen, parkähnlichen Grünfläche am Maakenwerder Höft. Unser Weg ist an dieser Stelle aber noch nicht zu Ende, er wird nur etwas abenteuerlicher: Wir wenden wir uns jetzt nach links, folgen dem schmalen Pfad, der weiter an der Flutschutzwand entlangführt, und gelangen so an das Ufer eines schilfbestandenen Gewässers, bei dem es sich um den Rest des 1924 gebauten **Maakenwerder Hafens** handelt. In seinen Anfangsjahren wurde dieser Hafen vor allem von kleineren Schiffen genutzt, ab 1968 wurden in ihm dann Segmente für den Bau des Elbtunnels hergestellt, der direkt unter dem Hafen verläuft.

Nach der Eröffnung des Tunnels (1975) wurde das Hafenbecken größtenteils zugeschüttet, der verbliebene Teil durfte verwildern. Der Fußweg führt um den Hafen herum und endet schließlich an einem Zaun. Das daran angebrachte Schild „Zollzaun“ stammt noch aus der Freihafenzeit des Hafens, und auch wenn der Freihafen längst Geschichte ist, bleibt uns der Durchgang verschlossen: Denn gleich dahinter liegt das von der Hamburger Hafen und Logistik AG (HHLA) betriebene **Containerterminal Burchardkai** (CTB). Die Containerbrücken am Elbufer stehen auf dem Athabaskakai, benannt nach dem hier 1891 gesunkenen britischen Frachter ATHABASKA, dessen Wrack in das westliche Ende des Kais eingebaut wurde (von dem man heute also nichts mehr sehen kann). Auch wenn wir das vor uns liegende Terminalgelände nicht betreten dürfen, können wir von hier aus nächster Nähe die dort eingesetzten Geräte und Arbeitsabläufe beobachten: Die Van Carrier und Reachstacker (Greifstapler) beim Transportieren und Stapeln der

Container, die Containerbrücken beim Be- und Entladen der Schiffe, die Hafenarbeiter beim Laschen und Kontrollieren der Container oder beim Festmachen und Loswerfen der Schiffe. Viele der Menschen, die auf den Terminals und in anderen Bereichen des Hafens arbeiten, sind direkt bei der HHLA angestellt, weitere bei der Gesamthafenbetriebs-Gesellschaft: Die GHB ist als gemeinsame Einrichtung von ver.di und den Hafenunternehmen ein Personaldienstleister, der neben seinen festen Mitarbeiterinnen und Mitarbeitern auch tageweise Aushilfskräfte vermittelt und Aus- und Fortbildungen anbietet.

Bei den **Van Carriern**, kurz VC genannt, handelt es sich um Portalhubwagen, die Container anheben, transportieren und stapeln können. Moderne VC stapeln bis zu „vier hoch", und ihre Fahrerinnen und Fahrer sollten nicht an Höhenangst leiden: Ihr Arbeitsplatz in der Kanzel befindet sich in etwa elf Metern Höhe. Standard-VC stapeln „drei hoch". In den Anfangsjahren fuhren den VC noch Einweiser auf Fahrrädern voran und lotsten sie über das Terminalgelände. Später fand die Kommunikation per Funk statt, und seit 1984 befinden sich Computer an Bord, die längst auch GPS-Navigation ermöglichen. Die Arbeit in der Kanzel ist wegen der nach vorne gebückten Sitzhaltung anstrengend und birgt die Gefahr von Nacken- und Rückenproblemen. Außerdem erfordert sie ein hohes Maß an Konzentration und Gewissenhaftigkeit. Die VC sind schnell und haben einen sehr kleinen Wendekreis, und gerade wenn der transportierte Container während der Fahrt nicht abgesenkt wird, können die Fahrzeuge in flott gefahrenen Kurven umkippen.

Blick von der Brücke eines Containerschiffs über das verschneite Terminal

Wenn wir das **Terminalgelände** mit den traditionellen Kaizungen der älteren Teile des Hamburger Hafens vergleichen, fallen zwei wesentliche Unterschiede auf: Erstens ist das Gelände sehr weitläufig, und zweitens fehlen die Kaischuppen, in denen die umgeschlagenen Güter früher vor Wind, Wetter und Diebstahl geschützt zwischengelagert wur-

Suchbild mit Reachstacker

Blick über die Norderelbe

den. Tatsächlich waren die Dimensionen der konventionellen Kaischuppen an die Größen der damals üblichen Frachter angepasst: Lag ein Schiff am Kai, musste der danebenstehende Kaischuppen die gesamte Ladung des Schiffes aufnehmen können. Dementsprechend waren mit den immer größer werdenden Schiffen im Lauf der Jahrzehnte auch immer größere Kaischuppen gebaut worden. Im Containerumschlag ist nun für die Zwischenlagerung der Güter kein Schuppen mehr nötig, dafür aber Platz: zum Rangieren der Van Carrier und zum Abstellen der Container. Aus diesem Grund hatte sich der Burchardkai für die Anlage des ersten Containerterminals angeboten, denn hier war bereits eine große Fläche vorhanden, die bis dahin für den Umschlag von Kraftfahrzeugen genutzt worden war.

Die **Containerschiffe** der ersten Generation waren maximal zweihundert Meter lang und konnten eintausend TEU („Twenty-Foot-Equivalent-Units“ bzw. Standardcontainer von sechs Metern Länge) laden. Doch das war erst der Anfang. Die Reedereien gaben immer größere Schiffe in Auftrag und lieferten sich einen Wettbewerb, wer gerade das größte Containerschiff der Welt in seiner Flotte hatte. Lange Zeit ging man noch davon aus, dass mehr als 10 000 TEU pro Schiff nicht möglich sein würden. Als 2011 das erste 13 000-TEU-Schiff im Hamburger Hafen einlief, war das eine Sensation. Heute sind die größten Containerschiffe vierhundert Meter lang und transportieren bis zu 24 000 TEU. Die Folgen der Elbvertiefungen, die den Schiffsriesen ihre Passage nach Hamburg erst ermöglichen, werden im letzten Kapitel dieses Buches genauer erläutert.

Tor 36

Zum Waltershofer Hafen

Da es sich bei dem Weg zum Athabaskakai um eine Sackgasse handelt, müssen wir hier leider umkehren und fast bis zum Fähranleger zurückfahren. Kurz hinter dem Ablauf des Klärwerks, erkennbar an dem Bauwerk am Rand der Böschung und der die Straße überspannenden Metallbrücke, gelangen wir an eine Öffnung in der Flutschutzwand („Tor 36"). Hier heben wir unsere Fahrräder über deren Schwelle und folgen anschließend den Hinweisschildern Richtung „CTB, HHLA, Duckdalben". Zunächst geht es nach links, dann bleiben wir auf dem Fahrradweg auf der linken Seite des Altenwerder Damms und fahren am Ufer des Rugenberger Hafens entlang, in dem mehrere Arbeitsschiffe der HPA sowie die **LNG-Hybrid-Barge** HUMMEL liegen. Bei diesem Schiff handelt es sich um ein schwimmendes Flüssiggaskraftwerk, das Kreuzfahrtschiffe während ihrer Liegezeiten im Hamburger Hafen mit Energie versorgen könnte. Dafür wird Strom durch die Verbrennung von Flüssiggas in Blockheizkraftmotoren und Generatoren erzeugt, was mit einer geringeren lokalen Luftverschmutzung verbunden ist als der sonst übliche Betrieb der bordeigenen Generatoren mit Schiffsdiesel (→ **Tour 12**). Doch auch bei Flüssiggas, das zur Speicherung und zum Transport zudem aufwendig gekühlt werden muss, handelt es sich um einen fossilen Brennstoff, dessen Verbrennung nicht zur Einhaltung notwendiger Klimaziele beiträgt. Wir unterqueren nun die A7 und den Waltershofer Damm (einfach der Radweg-Beschilderung folgen), biegen nach dem kurzen Anstieg scharf rechts ab und gelangen so auf die **Waltershofer Brücke**, von der wir den von vielen Containerbrücken umstandenen Waltershofer Hafen bestens überblicken können. Das wissen auch die Shipspotter, die hier häufig stundenlang verweilen und Hafenanlagen, Schiffe und Manöver fotografieren. Am südlichen Ende der Brücke befinden sich sogar Bänke für längere Aufenthalte, außerdem eine Infotafel der HPA-Hafenerlebnisroute.

Waltershofer Hafen

▷

Der **Waltershofer Hafen** wurde 1915 angelegt. Vorangegangen war der 1908 erfolgte Abschluss des 3. Köhlbrandvertrags mit Preußen, der Hamburg weitere strombauliche Eingriffe in den Lauf des Köhlbrands gestattete (so wurde dessen Mündung verlegt und die Fahrrinne vertieft). Im selben Jahr wurde ein neuer Generalplan für den Ausbau des Hamburger Hafens beschlossen, der unter anderem die Einbeziehung von Finkenwerder, Waltershof und der Dradenau in das Hafengebiet vorsah und den Bau mehrerer Hafenbecken nach sich zog. Früher wurde der Waltershofer Hafen für den Getreideumschlag genutzt: Getreidefrachter machten an Dalben fest, und die schwimmenden Getreideheber (→ **Tour 4**) übernahmen den Umschlag in Schuten oder Binnenschiffe. Heute befinden sich am Waltershofer Hafen gleich zwei Terminals: auf der nördlichen Seite (von uns aus gesehen rechts) das uns bereits bekannte Containerterminal Burchardkai (CTB), das 1968 eingeweiht wurde, auf der südlichen Seite das EUROGATE-Container Terminal (CTH). Dieses Unternehmen entstand 1999 aus dem Zusammenschluss der 1961 von Kurt Eckelmann gegründeten Eurokai KG und der BLG Logistics (1877 gegründet als Bremer Lagerhaus-Gesellschaft). Der Zusammenschluss von Terminalbetreibern folgt einem Trend, den **Reedereien** schon lange vorgezeichnet haben: verstärkte Zusammenarbeit mit anderen Unternehmen, um Konkurrenz zu mindern und größere Marktmacht zu erlangen. Zum einen erfolgt dies durch Fusionen wie die der Hamburger Reederei Hapag mit dem Norddeutschen Lloyd zur Hapag-Lloyd AG (1970) oder wiederum der Hapag-Lloyd AG mit der United Arab Shipping Company (UASC) im Jahr 2017. Zum anderen schließen sich einzelne Reedereien zu Allianzen zusammen. Heute dominieren drei Allianzen den weltweiten Containerverkehr: Die Ocean Alliance mit den Reedereien CMA-CGM (Frankreich), Evergreen (Taiwan), COSCO und OOCL (beide China), die 2 M-Allianz der Reedereien Maersk (Dänemark) und MSC (Schweiz) sowie die THE Alliance mit Hapag-Lloyd (Deutschland), Yang Ming (Taiwan), ONE (Japan) und Hyundai (Südkorea).
Der Sitz der Reederei hat übrigens nicht unbedingt etwas mit dem Heimathafen und der Flagge ihrer Schiffe zu tun. Viele Reedereien nutzen die Möglichkeit, ihre Schiffe „auszuflaggen", also unter den Flaggen von Staaten fahren zu lassen, in denen niedrigere Steuern und Arbeitslöhne anfallen und geringere Sicherheits-, Umwelt- und Sozialstandards gelten. Beliebt sind beispielsweise die sogenannten **Billigflaggen** von Panama, Liberia, Zypern, Singapur, Malta, der Marshallinseln und der Bahamas. Eine weitere Möglichkeit zur Kostendrückung ist die Nutzung des sogenannten Zweitregisters, nach dem ausländische Seeleute zu den Lohnbedingungen ihrer Heimatländer auf den Schiffen fahren.

Seeleute

Die meisten Containerschiffe sind heute auf festen Routen unterwegs, und die Liegezeiten in den Häfen sind kurz. Die Menschen, die an Bord der Schiffe arbeiten, haben nur selten die Gelegenheit für einen Landgang, und sie kommen meist

Container auf dem Außengelände des Duckdalben

monatelang nicht nach Hause. Umso wichtiger ist es, ihnen in den Häfen Möglichkeiten zur Erholung und für unterschiedlichste Erledigungen zu bieten. Wir biegen nun gleich hinter der Brücke rechts ab auf die Kurt-Eckelmann-Straße (Radweg auf der linken Straßenseite), die bald in die Zellmannstraße übergeht. In der folgenden Rechtskurve biegen wir links ab und kommen so zu einem Ort, an dem tatsächlich die Seeleute im Mittelpunkt stehen: dem 1986 eröffneten Internationalen **Seemannsclub „Duckdalben“**, der von der Deutschen Seemannsmission Hamburg-Harburg e.V. betrieben wird. Deren engagiertes Team aus Haupt- und Ehrenamtlichen fährt mit Kleinbussen durch den Hafen und holt die Seeleute an ihren Schiffen ab. Im Duckdalben werden sie willkommen geheißen, sie können günstig einkaufen, telefonieren und bekommen ärztliche Hilfe. Neben einer Bar gibt es ein grünes Außengelände und verschiedene Spiel- und Sportmöglichkeiten. Außerdem stehen den Besucherinnen und Besuchern eine Kleiderkammer, eine Bibliothek mit internationalen Büchern und Zeitschriften und der wohl ziemlich einzigartige „Raum der Stille“ zur Verfügung: Darin sind Andachts- und Gebetsnischen für alle großen Religionen der Welt eingerichtet, friedlich und ruhig, ohne trennende Wände oder Mauern.
Wenn nicht gerade eine Pandemie soziale Kontakte einschränkt, können auch Nicht-Seeleute im Duckdalben einkehren. Vielleicht ergeben sich dann spannende Gespräche, eine Partie Billard oder ein Tischtennis-Match mit

Seemannsclub Duckdalben

Köhlbrandbrücke von unten

Menschen von den Philippinen, aus China, Indonesien, Ägypten oder der Ukraine. Geld und Sachspenden (fremdsprachige Bücher, warme Kleidung) werden gerne angenommen. Neben den Seemannsmissionen kümmern sich auch die Gewerkschaft ver.di und die Internationale Transportarbeiter-Federation (ITF) um die Belange der Seeleute: So haben **ITF-Inspektoren** die Möglichkeit, an Bord der Schiffe zu gehen und die dortigen Verhältnisse (unter anderem im Hinblick auf Sicherheit, Hygiene, Verpflegung, Internetzugang, Arbeitszeiten und Bezahlung) zu kontrollieren. Es wundert nicht, dass vor allem unter Billigflaggen fahrende Schiffe von den Gewerkschaftern aufgesucht werden. Um unsere Tour fortzusetzen, müssen wir hier kehrtmachen und noch einmal zurück Richtung Fähranleger fahren – die Welt der Containerschiffe ist landseitig auf Lkw und Güterzüge eingestellt, aber weniger auf Fahrräder. Wir fahren also noch einmal sowohl am Waltershofer als auch am Rugenberger Hafen vorbei, in der folgenden Kurve biegen wir dann rechts ab. Rechts der Straße liegt bald ein in diesem Umfeld auffallend altes Gebäude: Die frühere Ölmühle von Ernst Brennicke wurde 1975 vom Saatenhandel Hartmann & Popp übernommen. Kurz darauf überqueren wir die **Rugenberger Schleuse**, für deren Bau die Hamburger Seemannsschule, die gleich nördlich davon zwischen 1889 und 1913 ansässig war, abgerissen wurde. Hinter der Schleuse lohnt sich der kleine Abstecher zum Ufer des Köhlbrands, denn hier kann man direkt unter der Köhlbrandbrücke stehen. In der Nähe nisten Wanderfalken, die man häufig bei ihren rasanten Flugmanövern zwischen den gewaltigen Stützpfeilern aus Beton beobachten kann. Die **Köhlbrandbrücke** (→ Tour 3) stellt eine wichtige Verbindung zwischen den westlichen und östlichen Hafengebieten dar, 2034 soll sie jedoch abgerissen werden und bis dahin durch einen Tunnel ersetzt worden sein. Schon Ende der 1920er Jahre hatte es übrigens Pläne für eine Untertunnelung des Köhlbrands gegeben, die jedoch nicht realisiert wurden.

Rugenberger Schleuse

Industriebetriebe links der Dradenaustraße

Dradenau

Wir folgen nun dem Rugenberger Damm bis zu einer Kreuzung, an der wir halblinks auf dem Fahrradweg neben der Finkenwerder Straße weiterfahren. Bald geht rechts davon ein Weg ab, der quer durch ein an dieser Stelle etwas unerwartet auftauchendes Wäldchen führt und schließlich wieder auf die Finkenwerder Straße mündet. An der nächsten großen Kreuzung biegen wir rechts ab auf die Dradenaustraße (Richtung Bubendey-Ufer/Fähre). Gleich rechts dieser Straße entsteht eine sogenannte Gas- und Dampfturbinenanlage (GuD), die als Teil des geplanten Energieparks Hafen das Kraftwerk in Wedel ersetzen soll. Die hier produzierte **Fernwärme** soll durch eine neue Leitung unter der Elbe hindurch, dann durch Othmarschen und Flottbek bis nach Bahrenfeld transportiert werden, von wo aus sie weiterverteilt werden soll. Mitglieder des „Hamburger Energietischs“ kritisieren dieses Projekt, unter anderem wegen der hohen Kosten für den Bau der Fernwärmetrasse.
Der weitere Verlauf der Dradenaustraße führt nun an den großen Becken und Anlagen des Klärwerks Dradenau vorbei, es folgt ein **Leercontainer**-Depot. Erkennbar ist das einerseits am Firmenschild, andererseits kann man bei sehr hoch gestapelten Containern eigentlich immer davon ausgehen, dass sie leer sind: Das auf den untersten Ebenen lastende Gewicht wäre sonst zu hoch. Auf der linken Seite beginnen nun die weitläufigen Anlagen des Stahlwerks von ArcelorMittal, dahinter folgt das Rhenus Midgard Terminal. Nach der Kurve geht die

Leercontainer-Depot

Güterzug mit Containern von ArcelorMittal

Dradenaustraße in die Antwerpenstraße über, neben der rechts die Gleise des Hafenbahnhofs Waltershof verlaufen. Hinter mehreren Hallen des Segel-Clubs Oevelgönne (gegründet 1901) und der Elb-Segler-Vereinigung (gegründet 1923) auf der linken Seite der Straße verbirgt sich auch eine Pontonanlage am Ufer des Köhlfleets. Segelboote mögen einem in diesem Umfeld etwas merkwürdig vorkommen, doch haben sie hier eine längere Tradition als die Container und Industriebetriebe, was sich auch noch an den Straßennamen ablesen lässt: Die Antwerpenstraße geht zunächst über in den Tankweg, und von diesem geht die Straße Am Jachthafen ab. Tatsächlich führt sie zum früher hier gelegenen Hamburger **Jachthafen** (→ Tour 11). Ein Abstecher über den links der Straße abzweigenden Jachtweg ermöglicht einen Blick auf das frühere Vereinshaus des Jachtclubs, das heute als Location für Feiern und Veranstaltungen genutzt wird. Die eigentliche Tour folgt jedoch dem Tankweg, der zwischen einigen Tankanlagen in eine Rechtskurve übergeht und anschließend parallel zum rechts der Straße liegenden Petroleumhafen auf altem Kopfsteinpflaster in Richtung Osten führt.

Alter Tank am Tankweg

15

Petroleumhafen

Der 1914 eingeweihte Neue Petroleumhafen war einst der größte Petroleumhafen des europäischen Kontinents. So fand 1924 der größte Teil der Einfuhr von **Mineralölen** in Deutschland über diesen Hafen statt, nämlich 500 000 von etwa 700 000 Tonnen. Neben Anlagen zum Umschlag und der Lagerung von Mineralöl, für die Dutzende großer Tanks zur Verfügung standen, befand sich hier auch eine Fasswäscherei: Täglich wurden Hunderte gebrauchte, schmutzige Schmieröl- und Benzinfässer gereinigt, gewartet und neu befüllt. Kein Wunder also, dass die Flächen stark belastet sind. Zu den alltäglichen Verschmutzungen kam auch ausgelaufenes Öl aus Tanks, die im Zweiten Weltkrieg von

Bomben getroffen wurden. Später wurde das Gelände von einer Erdölraffinerie der BP genutzt, die 1985 stillgelegt wurde. 2007 beschloss man, die Flächen für eine Erweiterung des EUROGATE Terminals zu nutzen, wofür dann auch der Petroleumhafen zugeschüttet werden müsste. 2010 wurde damit begonnen, die Flächen zu sanieren, wofür zunächst 130 000 Kubikmeter Boden ausgehoben wurden. 2019/2020 wurden mit einem speziellen Verfahren (TUBA = Thermisch unterstützte Bodenluftabsaugung) weitere Altlasten aus tiefer liegenden Bodenschichten herausgeholt. Momentan kann man auf dem Tankweg noch bis zum Parkhafen fahren, der die Einfahrt des Waltershofer Hafens darstellt. Über einen Fußweg kommen wir auf die Spitze der Kaizunge, den Parkhöft mit seinem kleinen Leuchtfeuer, von wo aus sich noch einmal beste Aussicht auf den Waltershofer Hafen bietet: Wenn jetzt zufällig ein Containerschiff ein- oder ausläuft, ist man wirklich nah dran. Und wenn man sich nicht auf den Zufall verlassen möchte, kann man einerseits den Tidenkalender zu Rate ziehen (die großen Schiffe kommen meist rund um Hochwasser in Hamburg an, sind also mit auflaufendem Wasser die Elbe hochgefahren) oder man schaut ins Internet: Die Website **www.vesselfinder.com** zeigt Schiffe und deren Bewegungen nicht nur im Hamburger Hafen. Seit 2022 gibt es außerdem die „Port of Hamburg"-App von Hafen Hamburg Marketing mit vielfältigen Informationen über den Hamburger Hafen.

Gleise und Anlagen des Hafenbahnhofs Waltershof

Leuchtfeuer auf dem Parkhöft

Bubendeyufer

Beim Tankweg handelt es sich um eine Sackgasse, so dass wir wieder umdrehen und zurück zur Straße Am Jachthafen fahren müssen. Dort biegen wir rechts ab und folgen der Straße bis zum Bubendeyufer. An dessen westlichem Ende steht das Lotsenhaus (→ **Tour 11**), nach Osten hin führt ein immer schmaler werdender Weg zwischen einer Reihe hoher **Pappeln** und einer Flutschutzwand am Elbufer entlang theoretisch bis zum Parkhöft. Praktisch endet der Weg jedoch vorher an einem Zaun, so dass wir auf diesen letzten Abstecher verzichten. Angeblich wurde die Anpflanzung der schnellwüchsigen Pappeln von einem reichen Hamburger finanziert, der gegenüber an der Elbchaussee lebte und sich seine Aussicht über den Fluss nicht durch den Blick auf die Tanks des Petroleumhafens verschandeln lassen wollte. Vom Bubendeyufer können wir unsererseits hinüber zu den Villen am Elbhang blicken, die heute manchmal dadurch Schlagzeilen machen, dass auf einigen Grundstücken allzu großzügig Bäume gefällt werden, um der Baumschutzsatzung zum Trotz freie Sicht auf die Elbe zu bekommen. Doch wenn die Erweiterung des EUROGATE-Geländes tatsächlich erfolgt, werden sich einige Bewohner vermutlich ihre Bäume zurückwünschen: Dann wird auf dem Bubendeyufer anstelle der Pappeln eine Reihe von Containerbrücken aufragen, und dahinter wird in den Abend- und Nachtstunden das mit

Blick vom Parkhöft in den Waltershofer Hafen

Bubendeyufer

Lichtmasten ausgestattete Terminalgelände hell über die Elbe leuchten.
Am Bubendey-Ufer mag man sich recht fern der Stadt fühlen, doch tatsächlich wird der gleichnamige Anleger viertelstündlich von den HADAG-Fähren der **Linie 62** Richtung Landungsbrücken (bzw. Finkenwerder) angefahren. Auf dem Weg zurück zum Nordufer fahren wir am Parkhafen vorbei und blicken noch einmal in den Waltershofer Hafen, anschließend passieren wir den Athabaskakai und den verwilderten Maakenwerder Hafen. Und im Gegensatz zu den Touristen an Bord, die große Augen und viele Fotos machen, können wir uns sagen: Das kennen wir schon alles, da waren wir eben, und zwar ganz nah dran.

Variante 2

Mit der Großen Hafenrundfahrt mitten rein und durch

Ein Abstecher zu einem der Containerterminals gehört zu den meisten „Großen Hafenrundfahrten", man hat also die Wahl zwischen unterschiedlichen Anbietern und Schiffen. Sehr stilvoll ist die Fahrt mit der alten **HADAG-Fähre KIRCHDORF**. Sie legt an den Landungsbrücken (Brücke 2) ab und steuert auf ihrer einstündigen Fahrt unter anderem den Waltershofer Hafen an. Zu empfehlen sind außerdem die kleinen **Hafenrundfahrtsbarkassen**: Sie fahren besonders nah heran an die riesigen Containerfrachter und können auch die Schleusen durchqueren, wodurch sie in Bereiche des Hafens gelangen, die den größeren Schiffen verwehrt bleiben.

Stillleben an der Antwerpenstraße

Variante 3

Mit dem Bus aufs Terminal

Das Hamburger Busunternehmen Jasper bietet unter dem Namen **Tour der Giganten** eine Bustour durch den Hamburger Hafen inklusive Fahrt auf ein Terminalgelände. Je nach Möglichkeit handelt es sich dabei um eins der Containerterminals Burchardkai oder Altenwerder, das Mehrzweckterminal O'Swaldkai oder den Hansaport, ein Terminal für Eisenerz- und Kohleumschlag zwischen der Köhlbrandbrücke und Altenwerder. Mit Pause im Duckdalben oder im Trucker-Treff.

Variante 4

Mit den Füßen im Sand

Extrablick vom **Oevelgönner Elbstrand**, gleich neben dem Museumshafen und direkt gegenüber vom Containerterminal Burchardkai. Mit den Füßen im Sand hat man von hier aus freie Sicht auf den Athabaskakai und Sonnenuntergänge über der Elbe. Doch Vorsicht bei der Vorbeifahrt großer oder schneller Schiffe: Sog und Schwell können starke Wellen verursachen, mit denen man nicht gerechnet hat. ●

AUSFLUGS- UND ENTDECKERTIPPS FÜR WALTERSHOF

● FÜR DEERNS UND JUNGS

Elbstrand Oevelgönne
Hamburg-Altona/Othmarschen
Im Sand buddeln, mit den Füßen in der Elbe planschen, Möwen und Schiffe gucken

● HAFENKULTUR

HADAG-Fähren
Linien und Fahrpläne: https://hadag.de/de/linien
International Seamen's Club DUCKDALBEN
Zellmannstraße 16, Hamburg-Waltershof
Bustour aufs Terminalgelände
www.jasper.de/tour-der-giganten
Schiffspositionen und -informationen
www.vesselfinder.com

● VERPFLEGUNG

Duckdalben **(siehe oben)**
Trucker Treff
Autohof Altenwerder (Shell Tankstelle), Altenwerder Hauptdeich 22, Hamburg-Waltershof

● FILMTIPP

Die Festmacher
von Klaus Ellrodt und Christian Widuch, NDR 1971

● CONTAINER

1-TEU-Container (20-Fuß-Container)
Länge 6 m, Breite 2,44 m, Höhe 2,6 m

● SCHIFFE

MOORING TUG II
gebaut 1985 auf der Oelkers Werft/Hamburg-Neuhof, Länge 11,25 m, Breite 4,10 m
EDITH MAERSK
gebaut 2007 auf der Odense Staalskibsværft/Lindøværftet (Dänemark), Länge 398 m, Breite 56 m, Tiefgang max. 16,5 m
EVER APEX
Containerschiff, gebaut 2022 von Jiangnan Shipyard/Shanghai (China), Länge 399,99 m, Breite 61,5 m, Tiefgang 17 m, Platz für 24 004 TEU
HUMMEL
LNG Hybrid Barge, gebaut 2014 in Komárno (Slowakei), Länge 76,7 m, Breite 11,4 m
KIRCHDORF
HADAG-Fähre (Typ III-Schiff), gebaut 1962 bei Sietas/Neuenfelde, Länge 30,10 m, Breite 7,50 m, Tiefgang 3,18 m; heute nicht mehr im Liniendienst, sondern auf Großer Hafenrundfahrt
LOTSE 4
Lotsenversetzschiff, gebaut 2013 bei Hermann Barthel/ Derben, Länge 18 m, Breite 4,80 m, Tiefgang 1,25 m

DIE ZUKUNFT DES HAMBURGER HAFENS

Die Entwicklung des Hamburger Hafens beeinflusst weite Teile der Stadt. Die vielen Menschen, die im Umfeld des Hafens leben oder arbeiten, die Reedereien, Hafenfirmen und Industriebetriebe, und natürlich die Topografie der Elbe, ihrer Nebenflüsse, Ufer und Inseln. Doch wer entscheidet eigentlich darüber, was im Hafen geschieht, was erhalten wird, was zerstört und was erneuert?
Die „planerischen Grundzüge" für die nächsten etwa 15 Jahre werden regelmäßig in den Hafenentwicklungsplänen (HEP) zusammengefasst und veröffentlicht. Die jeweiligen Prognosen und Planungen sind auch in der Rückschau überaus spannend zu lesen: So plante Hamburg 1976, die im Wattenmeer liegenden, aber zu Hamburg gehörenden Inseln Neuwerk und Scharhörn in ein monströses Hafen- und Industriegebiet zu verwandeln. Angedacht waren ein Tiefwasserhafen, die Ansiedlung von Chemie- und Schwerindustriebetrieben, einer großen Werft sowie eines Atomkraftwerks. Es handelte sich dabei um eine Zukunftsvision des Hamburger Wirtschaftssenators Kern. Die Idee des Neuwerker Tiefwasserhafens nahm zwischenzeitlich sogar recht konkrete Gestalt an. Erst Ende der 1970er Jahre wurde das Projekt endgültig begraben.
Interessant ist auch der Vergleich der prognostizierten Hafenentwicklung mit tatsächlichen Zahlen: So ging der 2012 vorgelegte HEP „Hamburg hält Kurs" von einer Steigerung des Containerumschlags von 9 Mio. TEU im Jahr 2011 auf 25,3 Mio. im Jahr 2025 aus. Wie wir heute wissen, weichen diese Zahlen deutlich von der realen Entwicklung ab. So stieg der Umschlag zunächst leicht auf 9,7 Mio. TEU im Jahr 2014, doch dieser Wert wurde seitdem nie mehr erreicht. 2021 wurden 8,7 Mio. TEU umgeschlagen. Was tatsächlich stieg, war die Zahl der Kreuzfahrtschiffe: 2011 waren es noch 118 Anläufe, 2022 schon 313. Und was auch geschah: Die Fahrrinne der Elbe wurde verbreitert und vertieft.
Bereits nach der vorangegangenen achten Elbvertiefung der Jahre 1998/99 hatten sich viele unerwünschte Begleiterscheinungen verstärkt: Die Flutgeschwindigkeit hatte zugenommen, was zu erhöhtem Sedimenteintrag, der Verschlickung von Nebengewässern, dem Verlust von Flachwasserzonen und hohen Kosten für die ständig erforderliche Unterhaltsbaggerung führte. Der höhere Tidenhub bewirkte die Zerstörung von Ufern und ufernahen Lebensräumen. Die Stint-Bestände brachen ein, der Salzgehalt der Elbe stieg, und es entstanden Sauerstofflöcher, also Zonen mit fischkritischen bis -tödlichen Sauerstoffwerten. Dennoch gelang es der Koalition aus Hafenwirtschaft und Politik, eine weitere Elbvertiefung gegen massive Proteste durchzusetzen.
Die 2019-2022 erfolgte neunte Elbvertiefung kostete etwa 1 Mrd. Euro und verursachte wie erwartet eine weitere "Radikalisierung der Tide". Die Kosten

für die ständige Unterhaltungsbaggerei der Unterelbe und des Hafens, die schon 2020 150 Mio. Euro/Jahr überstiegen, sprangen 2021 auf über 220 Mio. Euro. Doch 2022 fuhr kaum ein Schiff auf der Elbe, das die neue Tiefe gebraucht hätte. Stattdessen wurden von dem stärkeren Flutstrom solche Massen an Schlick in die Fahrrinne geschwemmt, dass die Tiefe an vielen Stellen sogar geringer war als zuvor. Die Bagger kamen gegen die Schlickmengen nicht mehr an, und Lotsen fuhren mit den riesigen Schiffen Slalom um die Untiefen herum. In der Folge erklärte die niedersächsische Regierung die Elbvertiefung für gescheitert. Sie war nicht notwendig, sie war zu teuer, sie war technisch nicht erfolgreich und sie zerstörte nicht nur die Elbe, sondern den gesamten Lebensraum der Unterelbe.

Wie soll es also weitergehen mit dem Hamburger Hafen? Einfach auf immer größere Schiffe zu setzen wird auf Dauer nicht funktionieren. Im Zuge der Erarbeitung des neuen Hafenentwicklungsplans 2040* konnten auch Bürgerinnen und Bürger ihre Meinung dazu äußern. 70,5 Prozent konstatierten, dass ihnen die Umweltverträglichkeit der Hafennutzung wichtiger sei als wirtschaftliches Wachstum. 83 Prozent forderten eine stärkere Kooperation deutscher Seehäfen. Auch Henning Vöpel, Leiter des Centrums für Europäische Politik (cep), propagiert ein Ende des ruinösen Konkurrenzdenkens, denn von einer Kooperation Hamburgs mit dem Tiefwasserhafen JadeWeserPort würden beide Häfen, die Elbe und auch die Haushalte profitieren.

Nach Henning Vöpel muss die Entwicklung des Hamburger Hafens langfristig geplant werden: Nicht nur als Teil einer europäischen Verkehrsinfrastruktur, sondern auch als Ort für innovative Forschung, Technik und Wirtschaft, und das alles digital vernetzt und selbstverständlich klimaneutral. Denn bei der Entwicklung des Hamburger Hafens müsse dessen Nutzen für die Stadt im Zentrum der Überlegungen stehen. Und die Stadt, das sind wir alle: Das sind Hafenarbeiter, Kinder und Elbfischer, Barkassen, Schwimmkräne und Containerschiffe, Feuchtwiesen und Steuergelder. Das sind Kneipenwirtinnen und Strandspaziergänger, Hafenbecken und Museumsschiffe, Stinte, Seeschwalben und Schweinswale. Das sind die Möwen, Brandgänse und Graureiher. Und es sind all die Menschen, die es immer wieder an die Ufer der Elbe zieht, die den großen und kleinen Schiffen hinterherblicken und den Hafen auf neugierigen Touren erkunden. ●

* Zum Zeitpunkt der Drucklegung dieses Buchs war der Hafenentwicklungsplan 2040 noch nicht veröffentlicht. Ob und inwieweit die Wünsche und Vorstellungen der Hamburger Bevölkerung und kritischer Expert:innen darin berücksichtigt wurden, konnte also noch nicht festgestellt werden.

LITERATUR UND INTERNETQUELLEN

Altenwerder Ansichten. Eine Reise in die Vergangenheit und Gegenwart. Hg. Thomasgemeinde Hausbruch-Neuwiedenthal-Altenwerder, Hamburg o.J.
Altstaedt, Karl Heinrich: Schauermann im Hamburger Hafen, Hamburg 1999
Arbeit im Hafen – Hafen in Arbeit. Der Harburger Binnenhafen im Spiegel von Zeitzeugenberichten, Teil 2. Werkstatt-Reihe Harburg Band 3. Hg. Geschichtswerkstatt Harburg e.V., Hamburg 2015
Aufgaben und Perspektiven der Hafendenkmalpflege. Schriftenreihe des Deutschen Nationalkomitees für Denkmalschutz, Band 40, Bonn 1989
Berlin, Jörg/Schmoock, M.: Auswandererhafen Hamburg, Hamburg 2000
Braun, Harry/Engel, D. : Vom Brook zur Speicherstadt, Erfurt 2010
Braun, Harry: Kräne im Hamburger Hafen, Erfurt 2014
Dahms, Geerd: Bergedorf. Altes neu entdeckt, Hamburg 2009
Decker, Eva/Schilling, J.: Wasserkunst Elbinsel Kaltehofe. hamburger bauheft 15, Hamburg 2017
Der Tunnel. Hamburgs neuer Weg unter der Elbe. Staatliche Pressestelle, Hamburg 1974
Die Cap San Diego wird 60. Cap San Diego Betriebsgesellschaft mbH, Hamburg 2021
Ellermeyer, Jürgen/Postel, R. (Hgg.): Stadt und Hafen. Hamburger Beiträge zur Geschichte von Handel und Schiffahrt. Arbeitshefte zur Denkmalpflege in Hamburg Nr. 8, Hamburg 1986
Evans, Richard: Kneipengespräche im Kaiserreich. Stimmungsberichte der Hamburger Politischen Polizei 1892–1914, Reinbek 1989
Evans, Richard: Tod in Hamburg, Reinbek 1996
Evans, Richard: Das europäische Jahrhundert, München 2018
Frühauf, Anne: Fabrikarchitektur in Hamburg. Arbeitshefte zur Denkmalpflege in Hamburg, Band 10, Hamburg 1991
HAFENLOTSE. Wegweiser durch den Museumshafen. Hg. Museumshafen Oevelgönne e.V., Hamburg 2004
HAFENSAFARI 5. Hg. HAFENSAFARI e.V., Hamburg 2008
Hamburg Porträt, Heft 9. Walter Kresse: Der Hafen. Hg. Museum für Hamburgische Geschichte, Hamburg 1981
Hamburg Porträt, Heft 15. Wolfgang Geierhos: Arbeiterbewegung in Hamburg bis 1918. Hg. Museum für Hamburgische Geschichte, Hamburg o.J.
Hansen, Ingrid: Hamburger Bau- und Kulturdenkmale. Innenstadt und Hafenrand, Hamburg 1992
Hücking, Renate/Launer, E.: Tuten & Blasen. Hamburger Hafenrundfahrten durch acht Jahrhunderte, Hamburg 1989
Jödicke, Klaus/Mitschke, A.: Vogelschlagmonitoring an ausgewählten Hamburger Hochhäusern während der Vogelzugzeiten 2020. Studie im Auftrag der FHH, Hamburg 2021
Kaufmannshäuser, Speicher und Kontore – von der Deichstraße zur Speicherstadt. Hg. Museum der Arbeit, Hamburg 1989
Kleßmann, Eckart: Geschichte der Stadt Hamburg, Hamburg 1988
Klimabericht für die Metropolregion Hamburg. Hg. KlimaCampus Hamburg, Hamburg 2015
Kludas, Arnold: Die Schiffe der Hamburg-Süd 1871-1951, Oldenburg 1976
Kludas, Arnold/Maass, D. / Sabisch, S.: Hafen Hamburg, Hamburg 1988
Kostbarkeiten im Harburger Binnenhafen. Hg. Geschichtswerkstatt Harburg e.V., Hamburg 2015
Lange, Ralf: HafenCity + Speicherstadt, Hamburg 2010
Lange, Ralf: Die Hamburger Speicherstadt, Hamburg 2019
Lange, Ralf/Rademacher, H.: Hafenführer Hamburg, Hamburg 1999
Maass, Dieter : Der Ausbau des Hamburger Hafens 1840–1910, Hamburg 1990
Mathies, Otto: Hamburgs Reederei 1814–1914, Hamburg 1924
Merkel, Michael/Suchowa, K.-P. : Der Harburger Binnenhafen, Hamburg 2016
Möhle, Heiko (Hg.): Branntwein, Bibeln und Bananen, Hamburg 1999
Poppendieck, Hans-Helmut/Bertram, G./ Engelschall, B. (Hgg.): Der Botanische Wanderführer für Hamburg und Umgebung, München/ Hamburg 2016

Rath, Jürgen: Arbeit im Hamburger Hafen, Hamburg 1988
Schilling, Jörg: 50er Schuppen im Hafen 1907–1912. hamburger bauheft 05, Hamburg 2015
Siewert, Klaus: Die Kedelkloppersprook. Geheimsprache aus dem Hamburger Hafen, Hamburg 2002
Springer, Christin: Wilhelmsburg & Elbinselbuch, Hamburg 2013
Stahncke, Holmer: Der Hamburger Hafen. Von 1820 bis heute (Szene Hamburg Geschichte), Hamburg 2011
Strohbusch, Erwin: Deutscher Seeschiffbau im 19. und 20. Jahrhundert, Bremerhaven 1975
Vom Freihafen zum Seezollhafen – Der Hamburger Hafen im Wandel der Zeit. Hg. Bundesfinanzdirektion Nord, Hamburg 2013
Wasser in Hamburg, Teil 3. Hg. Umweltschutzgruppe Physik/Geowissenschaften e.V., Hamburg 1991
Wehler, Hans-Ulrich: Das Deutsche Kaiserreich 1871–1918, Göttingen 1994
Westphal, Uwe/Nimtz-Köster, R.: Das Mühlenberger Milliardenloch, Hamburg 2005
Wendemuth, L./Böttcher, W.: Der Hafen von Hamburg, Hamburg 1927
Wiegandt, Jochen: Hallo, hier Hamburg! Lieder und ihre Geschichte(n), Hamburg 2017
Wiese, Eigel: Die Unterelbe. Lebensader, Land & Leute, Hamburg 2016
Witthöft, Hans Jürgen: HAPAG – Hamburg-Amerika-Linie, Herford 1973
20 Stadtteil-Spaziergänge, Hamburg 2012
www.bbs40.de
www.billebogen.de
www.christian-terstegge.de
www.denkmalschutzamt.hamburg.de
www.denkmalverein.de
www.geschichtswerkstatt-billstedt.de
www.geschichtswerkstatt-harburg.de
www.hamburg.de
www.wallscandance.de

DANK

Mein herzlicher Dank geht an Steffen Herrmann und Maren Schlierkamp für die Realisierung dieses Buchs in schwierigen Zeiten. An Jakobus Durstewitz, der viele grandiose Hafenbilder gemalt hat und damit einverstanden war, dass eins davon nun den Titel der Hamburger Hafentouren schmückt. An Simone Andjelković für das tolle Layout. An Achim Quaas, Björn Nicolaisen, Carsten Jordan und Henning Rademacher für ihre Bereitschaft, ihr grenzenloses Hafenwissen mit mir zu teilen. An Carsten & Christine, Janna, Jutta, Nikola und Ulrike für ihre offenen Augen, Ohren und Worte. Und natürlich ganz besonders an Ole, nicht nur für die ungezählten gemeinsamen Touren durch den Hamburger Hafen.

BILDNACHWEIS

FOTOS

Alle im Buch abgedruckten Fotos stammen von der Autorin, mit Ausnahme der Bilder auf Seite 238 „Union-Kühlhaus in Oevelgönne“ (HHLA/ Gustav Werbeck) und Seite 250/251 „Kaispeicher A an der Norderelbe“ (HHLA/Gustav Werbeck).

ABBILDUNGEN/KARTEN/PLÄNE UND ZEICHNUNGEN:

Tour 1
→ Nikolaifleet im 15. Jahrhundert, Abbildung eines Dioramas im Museum für Hamburgische Geschichte (Ansichtskarte des MHG)

Tour 3
→ Der Hafen von Hamburg, 1905 und 1925 (Ausschnitte), Kartographisches Bureau der Wasserbaudirektion Hamburg, aus: Wendemuth, L./Böttcher, W.: Der Hafen von Hamburg, Hamburg 1927, S. 152 ff.

Tour 4
→ „Der Elbtunnel. Längsschnitt durch einen Schacht“, aus: Wendemuth, L. / Böttcher, W.: Der Hafen von Hamburg, Hamburg 1927, S. 127

Tour 5
„Die Hamburger Elbkarte aus dem Jahr 1568 gezeichnet von Melchior Lorichs“ (Ausschnitt), Reproduktion des Staatsarchivs der Freien und Hansestadt Hamburg

Tour 14
→ Querschnitt eines Kaischuppens und der angrenzenden Kaifläche (S. 79)

Alle weiteren Karten stammen von der sehr empfehlenswerten Website von Christian Terstegge (www.christian-terstegge.de). Der Künstler und Mediendesigner stellt dort digitalisierte Dokumente (Landkarten, Stadtpläne, Zeitungen und anderes) mit einem Bezug zur Geschichte Hamburgs zum Forschen, Betrachten und zum Download bereit.

Tour 1
→ Plan von Hamburg im Jahr 1250 aus: E.H. Wichmann: Atlas zur Geschichte Hamburgs, 1896
→ Plan von Hamburg im Jahr 1550: ebd.
→ Sandtor- und Grasbrookhafen, Karte von 1882 aus: Imprimerie Nationale (Hg.), Plocq, Laroche: Étude sur les principaux ports de commerce de l'Europe septentrionale, Pl. VI Hambourg (Plan des bassins), Paris 1882

Tour 2
→ Karte der durch den Zollanschluss veranlassten Veränderungen, 1883, (zwei Ausschnitte) aus: Vor dem Zollanschluss, Ansichten aus den zum Abbruch bestimmten Stadttheilen.
→ Karte des zukünftigen Freihafengebietes, 1884, aus: Vor dem Zollanschluss, Ansichten aus den zum Abbruch bestimmten Stadttheilen, zweite Serie.

Tour 9
→ Festung von Harburg 1644, (Ausschnitt) aus: Matthäus Merian 1654
→ Hafen von Harburg 1848 (Ausschnitt), aus: Zeitschrift für Bauwesen 1895, Jg. XLV Bl.16

Tour 10
→ Hafen von Harburg 1856 (Ausschnitt), aus: Zeitschrift für Bauwesen 1895, Jg. XLV Bl.17
→ Umgebung von Hamburg um 1910 (Ausschnitt), aus: Meyers Konversations-Lexikon, 6. Auflage

Tour 11
→ Karte von Finkenwerder Anfang 20. Jahrhundert/1914 (Kartenausschnitt) aus: Meyers Konversations-Lexikon, 6. Auflage

Tour 12
→ „Elbansicht von Altona um das Jahr 1730“: Lichtdruck nach Zeichnungen von Georg B. Probst (1730). Verlag der Schlüter'schen Buchhandlung, Altona 1894
→ Altona 1802, photolithograhisches Replikat eines Stichs von C. L. Mirbeck. Verlag der Schlüter'schen Buchhandlung, Altona 1894 (evtl. Ausschnitt)

Tour 14
→ Übersichts-Plan der Auswanderer-Hallen, aus: Die Auswanderer-Hallen der Hamburg-Amerika Linie in Hamburg, Hg.: Hamburg-Amerika-Linie. Hamburg, o. J. (1907), Tafel Ia. Zeichnungen: Architektur und Ingenieurbüro Gustav Schrader, Hamburg